莫世祥————著

共命中
中華革在
香港

1920
—
1949

中華書局

目錄

序　言　　　　　　　　　4

第一章 ◈ **洪 波 初 泛 1920 － 1926**

　　一、潮起香江　　　　10

　　二、海員轉向　　　　23

　　三、省港罷工　　　　29

第二章 ◈ **地 火 潛 行 1927 － 1934**

　　一、省委遷港　　　　46

　　二、猛龍過江　　　　59

　　三、艱難苦鬥　　　　75

第三章　**抗　日　烽　煙　1935 － 1945**

　　一、乘勢再起　　　　　104

　　二、秘密營救　　　　　139

　　三、武裝殺敵　　　　　174

　　四、光榮撤退　　　　　197

第四章　**迎　接　黎　明　1945 － 1949**

　　一、靜水潛流　　　　　212

　　二、再起波瀾　　　　　231

　　三、策應北上　　　　　259

　　四、分局返粵　　　　　278

　　五、華潤商機　　　　　284

　　六、發動「起義」　　　303

　　大事記　　　　　　325

　　參考文獻　　　　　378

　　後　記　　　　　　384

序 言

在近代中華民族爭取國家獨立、民主、富強的奮鬥歷程中，遭受英國殖民統治的香港曾經以其自由進出的自由港優勢和香港華人血濃於水的愛國情懷，先後兩度成為近代中國民主革命運動的海外基地。

首先是孫中山領導的清末辛亥革命和民初歷次革命，香港在這些革命中的作用已經逐漸廣為人知。筆者曾著《中山革命在香港（1895—1925）》一書（香港：三聯書店，2011年），詳敘其事。

其次是中國共產黨領導的新民主主義革命，香港在中共革命中的作用至今還鮮為人知。

筆者因此主要依據記錄1920年代初至1949年間中共在香港活動的黨內檔案文件，輔以相關歷史資料和當事人回憶，寫成本書，以展示國共兩黨合作前後中共在香港扎根發展，國民黨「清黨」反共期間堅持在港艱難苦鬥，抗日戰爭期間重新崛起、迅速壯大，解放戰爭期間迎接華南黎明的光輝歷史。

這段歷史表明：中共香港黨史是中國共產黨完整歷史的重要組成部分之一。兩者緊密聯動，同步演進。

早在1920年中共籌建期間，香港就和內地少數幾個城市一樣，幾乎同步出現進步青年組織的馬克思主義學習小組。香港進步青年還和中共創始人之一的陳獨秀建立聯繫，隨後成為中共黨、團組織在香港扎根發展的最早精幹。

二十世紀二十年代中後期，由國民黨加入共產黨的香港海員工人領袖林偉民、蘇兆徵，相繼成為全國工人運動的著名領袖和中共最高領導成員。省港大罷工期間加入中共的香港青年中的佼佼者，後來也鍛煉成為中共的中高層領導人。

二十年代末至三十年代中，香港成為中共廣東省委和中央南方局指揮華南革命的潛伏之地。中共高層領導或來往香港，或在香港領導地下工作。其中包括中華人民共和國成立以後的國務院總理周恩來、中共中央總書記鄧小平、聶榮臻元帥、葉劍英元帥、徐向前元帥、劉伯承元帥、賀龍元帥、陳毅元帥、李富春副總理等。中共香港黨組織還根據中央部署，向內地紅軍輸送兵員，向內地黨組織輸送幹部。在香港堅持地下工作而被捕犧牲的眾多革命烈士當中，有廣東省委書記李源、蔡和森、代理省委書記陸更夫。在港英政府和內地國民黨政府聯合鎮壓下，中共香港黨組織不斷遭受嚴重破壞，共產黨人仍然前赴後繼，頑強抗爭。

三十年代中後期至四十年代中，中共中央在抗日戰爭的烽煙中，給香港派來精兵強將，重建香港各級黨組織，建立廣泛團結中外各界人士的抗日統一戰線，大量吸收同仇敵愾的香港青年學生、工人加入中共和抗日隊伍。中共領袖毛澤東親自指導八路軍駐港辦事處與港英政府的秘密抗日談判。香港淪陷後，中共隨之開展獨立自主的抗日游擊戰爭，成為英勇抗擊香港日軍的中堅力量，為中共在香港的長遠發展創造有利條件和奠定堅實的社會基礎。

四十年代後期，中共依託先前積聚的政治力量和社會基礎，在香港重新建立領導南方革命的指揮中心。中共中央香港分局轄屬廣東、廣西兩省黨委和瓊崖、粵贛湘邊區、閩粵贛邊區、滇桂黔邊區、粵桂湘邊區、粵桂邊區和粵中臨時區等七個區域的黨組織及其領導的游擊隊，後來，根據中國人民解放軍總部命令，除瓊崖之外的六個區域游擊縱隊列入中國人民解放軍序列。與此同時，中共黨組織還在香港進行報刊宣

傳、文化教育和工人運動，護送民主黨派人士北上參加籌備新中國成立的全國政協會議，開拓香港與北方解放區貿易，策動兩航起義以及國民政府在港資產管理機構的起義，最終迎來全國解放的偉大勝利。

這段歷史還表明：1949 年前的中共香港黨史也是近代香港本地歷史的重要組成部分之一。史實俱在，不應無視，也無法避而不談。

首先，中共黨組織在香港扎根發展，艱難苦鬥，最終成長壯大，並不是「外來組織滲透」的結果，而是香港一批又一批熱血青年在祖國革命感召下，認同馬克思主義和中共理念，毅然加入中共及其領導的革命活動，甚至不惜作出犧牲的自覺行為所致。他們愛國救國的革命壯舉猶如電光石火，劃亮港英政府殖民統治的長夜，指明港英政府試圖切割、主宰的香港歷史終歸要和祖國歷史匯合演進的未來路向。

其次，中共在香港進行革命活動的歷程，其實也是香港華人社會逐漸認知中共及其理念的過程。從最初將其貶為「過激派」、「共匪」，到轉為中性的稱呼「共黨」、「紅軍」（當時港人對中共游擊隊的稱謂），再到抗戰時期大批青年學生踴躍加入中共及其外圍組織，以及在省港罷工期間與抗戰勝利後大批工人加入中共及其領導的工會，這種社會認知的重大轉變，構成近代香港歷史演進的潛在動能。

最後，當年冒着被捕風險而加入中共及其外圍組織的香港青年人，在香港人口當中雖然屬於「小眾」，卻是代表未來歷史發展方向並對當時港英政府殖民統治形成有力挑戰的「關鍵少數」。隨着中華人民共和國建立和國家實力的增強，這些「小眾」和「關鍵少數」逐漸發展壯大，構成在香港社會產生重要影響的左派愛國陣營。香港回歸祖國之後，他們隨之成為擁護和實行「一國兩制」的核心力量。

　　史實表明，中共革命在香港並非洪水猛獸，因而無需「恐共」。在香港從事革命活動的中共黨人亦非盡善盡美，因而不必溢美。扎根香港的中共黨人有理想、有信仰、有奮鬥、有犧牲，也有失誤、彷徨乃至叛變。他們既是團結一致的整體，也是各具特色的個體。他們不屈不撓的奮鬥與靈活應變的策略，是贏取勝利的法寶；他們的左傾冒險，卻是招致失敗的因由。奮鬥在香港特殊環境的中共黨人，其實也在學習、探索和成長。毛澤東、周恩來逐漸形成長期打算、充分利用香港的戰略方針，凝聚着中共黨人在香港長期奮鬥的經驗教訓的結晶。

　　因此，無論是完整講述中共黨史，還是完整講述香港歷史，都不應該迴避中共革命在香港的紅色歷史脈絡。如實講述和彰顯這段歷史，不僅是回歸歷史真相的學術需要，而且是重振愛國情懷和不忘革命初衷的現實要求。

　　現在，就讓我們一起了解和緬懷對國家、對香港都不可忘卻的這段歷史。

作者　莫世祥

2021 年 5 月 30 日自序於香港寶馬山

同年 10 月 5 日略改於深圳梅林一村

1920

—

1926

第一章 ◆

洪波初泛

一、潮起香江

經歷 1919 年北京、上海等全國大中城市先後爆發「外爭國權、內懲國賊」的大規模五四群眾運動之後，1920 年的中國似乎平靜下來。

然而，五四運動喚起中華民族新覺醒以開展反帝反封建新鬥爭的時代新潮並未因此減退，反而醞釀日後更加波瀾壯闊的巨浪。

1920 年 2 月，五四新文化運動的兩位主將──北京大學圖書館主任李大釗和北京大學文科學長（相當於文學院院長）陳獨秀，決定分別在北京和上海開展活動，組建學習馬克思主義的共產黨小組，以全新的革命理念，肩負起救國的責任。

於是，組黨成為五四一代激進知識份子在這一年進行的秘密活動。

這年夏秋，上海、北京、武漢相繼成立共產黨小組，長沙、天津、濟南、廣州等地分別建立馬克思主義研究團體。東京、巴黎的中國留學生也組織起共產黨小組。

這年 10 月，孫中山和國民黨領導下的護法軍隊推翻桂系軍閥在廣東的統治，開展「二次護法」運動。11 月，新上任的廣東省省長陳炯明函邀陳獨秀出任廣東省教育委員會委員長（相當於教育廳廳長）。

陳獨秀和李大釗等人認為，此行正好可以將新文化、新思想進一步傳播到國民黨執政的廣東，發展當地的共產黨組織。於是，陳獨秀和來華幫助組建中國共產黨的共產國際代表維經斯基以及翻譯袁振英等一

行四人，在 12 月下旬乘輪船離開上海，前往廣州。袁振英是廣東東莞人，1912 年至 1915 年就讀香港皇仁書院，隨後入讀北京大學西洋文學系。1920 年，他應陳獨秀邀請，在《新青年》雜誌主編「俄羅斯研究」專欄，並以「震瀛」的筆名，陸續發表介紹蘇俄革命的譯著、論著數十篇。他因此成為北京早期中共黨組織的一名青年創建者。

大約 12 月 22 日至 23 日，輪船途經香港，照例停泊一兩天，以便補給和上下旅客。香港三位年青人登上了輪船，謁見久仰的五四名人陳獨秀。他們還帶來自費出版的《真美善》雜誌，請陳獨秀指正。同月 25 日，陳獨秀乘船抵達廣州。

四十多年之後，即 1960 年代初，昔日登船謁見陳獨秀、如今已成香港老人的張仁道，仍然對當年拜訪情景記憶猶新。他在臨終前，向老朋友、廣東早期中共黨人梁復然講述這段往事。他去世後，梁復然對前來採訪廣東早期黨史的人複述張仁道的回憶：

> 一九一九年「五四」運動發生後，馬克思主義書報、雜誌已有較多的翻譯中文介紹到我國來。香港一些青年受着蘇聯革命成功的影響，抱着追求真理的精神，開始研究馬克思主義。一九二〇年—一九二一年之間，有林昌熾（當時在香港政府任視學員）、張仁道（皇仁中學畢業生）、李義寶（小學教師）三人，本着研究馬克思主義的目的，出版一種刊物，刊名叫「真善美」。它是一份不定期出版的刊物，有時一個月出版一期，有時則一個半月甚至兩個月才出版一期。這份刊物是幾個人捐錢合資出版的，出錢最多的是林昌熾，其次是張仁道、李義寶。「真善美」雜誌的主要內容是介紹馬克思主義的基本原理。
>
> 一九二一年，陳獨秀自上海搭船到廣州，船經香港，中途停泊於香港碼頭。林昌熾、張仁道、李義寶三人早已從報紙、雜誌上

看到陳獨秀所寫的介紹馬克思主義的文章，知道他是宣傳共產主義的人物，所以三人特意到船上會見陳獨秀，並攜帶「真善美」刊物給陳獨秀看。他看了以後，倍加讚許，鼓勵三人組織馬克思主義研究小組，深入鑽研馬克思主義的基本原理。三人聽到這些意見後，回到李義寶家中（香港跑馬地黃泥涌一間廟堂，是蒙養小學校的校址），成立馬克思主義研究小組。[1]

梁復然轉述的張仁道回憶是可信的，不過其中難免有失誤。例如誤稱陳獨秀在 1921 年來粵，其實陳在 1920 年 12 月 25 日抵達廣州，因為 1920 年 12 月 27 日上海《申報》刊出 26 日發自香港的電訊：「陳獨秀昨抵粵。」又如誤稱林昌熾等人所辦刊物叫《真善美》，其實應為《真美善》，因為 1923 年 10 月中國社會主義青年團（S.Y.）香港地委臨時委員長梁鵬萬寫信給負責團中央工作的鄧中夏說：「這裏有《真美善》小冊子（月刊），是彭月笙等辦的，我欲其改組為我們的宣傳月刊，已得同意，大概下期可改組了。」[2] 此時，彭月笙與林昌熾等人都是團香港地委執委。

張仁道的回憶和梁鵬萬的信函表明，1920 年 12 月林昌熾等人自費編輯出版並送給陳獨秀指正的《真美善》月刊，是香港馬克思主義研究小組的宣傳刊物，並在 1923 年 10 月改組為團香港地委的機關刊物。不過，到 1925 年 5 月，《真美善》月刊已因經費困難而停辦。[3]

---

[1]　梁復然：〈廣東黨的組織成立前後的一些情況〉，《「一大」前後：中國共產黨第一次代表大會前後資料選編》（北京：人民出版社，1980）。

[2]　中央檔案館、廣東檔案館編：《廣東革命歷史文件彙集》（以下均簡稱《彙集》），甲（1），頁 158，1987 年。此後本書引用的歷史檔案文獻，凡未注明所載出處及各冊頁碼者，均出自該《彙集》。

[3]　《彙集》，甲（2），頁 195。

　　1920 年 12 月下旬陳獨秀在香港接見林昌熾等三位年輕人之後，早期中共黨人便將香港青年自發學習和宣傳馬克思主義的活動，納入早期中共組黨活動的一部分。

　　因此，1921 年 3 月，中共北方支部黨員張太雷向共產國際遠東書記處報告說：「截止於 1921 年 5 月 1 日，中國共產黨已經有了七個省級黨組織（均由選設的委員會），即上海、廣州、北京、天津、武漢和香港等。」

　　同年 6 月 10 日，他在致共產國際第二次代表大會的書面報告中，又寫道：「到今年 5 月 1 日，中國共產黨已經有 7 個省級地方黨組織。」它們是：北京組織、天津組織及其唐山站分部、漢口組織、上海組織、廣州組織、香港組織、南京組織。其中，「香港組織，它不僅依靠香港 30 個工會組織中的 12 個工會組織，而且還同汕頭、福州、澳門等城市的工人保持着聯繫。」[4]

　　張太雷的說法，是將當時中國各地分別組建的共產黨小組、社會主義青年團以及馬克思主義小組，都視為早期中共的組黨行動。

　　張太雷向共產國際提交報告之後的一個多月，即 1921 年 7 月 23 日至 8 月 3 日，中國共產黨第一次全國代表大會在上海法租界和浙江嘉興南湖船上相繼舉行，宣告中共作為一個全國性的新的革命黨正式誕生。

　　至於香港本地青年組黨的具體進程，則經歷組織馬克思主義小組，組建社會主義青年團組織，進而組建中共黨組織的三個階段。

　　1920 年，林昌熾、張仁道、李義寶等人首先在港島黃泥涌蒙養學堂組織馬克思主義小組，創辦《真美善》月刊，並且與正在領導上海、廣州組黨活動的陳獨秀取得聯繫。這意味，當年香港的進步青年與內地

---

[4]　中共中央黨史研究室第一研究部編：《共產國際、聯共（布）與中國革命文獻資料選輯（1917－1925）》（北京：北京圖書館出版社，1997），頁 97、177。

激進知識份子幾乎同步開始組黨。

　　1923 年 6 月 4 日，社會主義青年團（簡稱 S.Y.）廣東區委書記阮嘯仙致函負責團中央工作的施存統，報告廣東團組織的活動情況，其中說到：「香港方面，新組織一組，共八人（教員、學生、工人）。」這表明，香港青年的組黨行動進入歸屬廣東團組織領導的第二階段。

　　香港最早的團小組，由林君蔚、李義葆（即李義寶）、譚浩峰、彭月笙、杜滄洲、黃麟、梁九、蘇南等八人組成的，林君蔚任組長。阮嘯仙對林的評價是：「人很切實。」當時，林君蔚二十八歲，任香港政府視學委員。李義葆二十一歲，譚浩峰二十三歲，彭月笙十九歲，三人都是小學教員。杜滄洲三十八歲，蘇南三十二歲，兩人是木匠工人。黃麟二十三歲，梁九三十七歲，兩人是機器工人。[5]

　　這年 8 月下旬，香港 S.Y. 人數增至十六人，分為四個小組。第一組組長為梁九，團員有蘇南、陳冠球、楊兆、梁貴，開會地點在油麻地木匠支會。第二組組長為杜滄洲，團員有鄭全、鄧理中、梁鵬萬，開會地點在鴨巴甸街木匠總會。第三組組長為林君蔚，團員有區直之、譚浩峰、潘子仲，開會地點在黃泥涌蒙養學校。第四組組長為彭月笙，團員有黃麟、李義葆，開會地點也在黃泥涌蒙養學校。8 月 22 日晚上，香港團組織開全體團員選舉會，選出林君蔚為幹事會主任，梁鵬萬、梁九為幹事。[6]

　　10 月初，香港 S.Y. 增加到二十三人。同月 25 日晚上，S.Y. 在香港召開全體團員大會，選舉梁鵬萬、林君蔚、彭月笙、梁九、區直之為團香港地委執行委員會委員，蘇南、李義葆、杜滄洲為候補委員。次日晚上，團香港地委開第一次會議，決定執委會成員的分工：臨時委員長梁

5　〈阮嘯仙致施存統信〉，《廣東區黨團研究史料（1921 — 1926）》（廣州：廣東人民出版社，1983）。

6　〈嘯仙致存統信〉（1923 年 6 月 19 日）、〈團香港特支關於成立幹事會的通告〉（1923 年 8 月 24 日），《彙集》甲（1），頁第 79、82。

鵬萬，秘書彭月笙，教育委員林君蔚，勞動委員區直之，會計委員梁九。會議還決定將香港團員分為三個支部、六個小組：一是中環支部，支部書記張孝德，下轄三個小組；二是灣仔支部，支部書記李義葆，下轄一個小組；三是紅磡、油麻地支部，支部書記梁寶廉，下轄兩個小組。從此，香港團組織形成地委、支部和團小組的三級架構。

1924 年 1 月下旬，香港團員人數增加到二十九人。這時，團香港地委接到團中央第 22 號通告，指示年逾二十八歲的超齡團員應盡量介紹加入共產黨。由於當時香港尚未建立中共黨組織，團香港地委便於 1924 年 1 月 28 日致函團中央，請示如何辦理超齡團員的入黨手續。

同年 5 月 13 日，團香港地委在給團粵區委的工作報告中，注明已經加入「C 校」（即共產黨）的團員有：李乙褓（義葆）、林均惠（君蔚）、杜純鋼、羅郎佳、楊開、易全、黎熾等七人。11 月 19 日，團粵區委在關於 S.Y.（社會主義青年團）與 C.P.（共產黨）組織關係的報告中，提到上述七位香港同志「已入西校，成立 C 組」，即已組成中共香港黨小組。

香港最早的七名中共黨員都是一直居港的青年人。他們的簡況如下：

李義葆，二十一歲，生於香港，受過中等教育，時任黃泥涌蒙養小學教師，團內職務為支部書記。他的家住在港島黃泥涌村 81 號，該處成為中共香港早期黨、團組織的主要聚會場所之一。

林君蔚，二十八歲，生於廣州，廣東專門法政學校畢業，時任香港政府視學委員，團內職務為香港地委代理委員長。

杜純鋼（滄州），三十八歲，生於順德，讀過五年書，在香港做木匠，團內職務為地委委員。

羅郎佳，從事勞工運動。

楊開，三十四歲，生於廣州，讀過兩年書，在香港當起落貨物的苦力，團員。

易全，三十二歲，生於花縣（今花都市），讀過三年書，在港做木匠，團員。

黎熾，三十二歲，生於廣東新興，讀過六年書，在港做木匠，團員。[7]

其中，杜純鋼、羅郎佳、楊開、易全、黎熾是第一批在香港本地轉正成為共產黨員的香港工人。他們的職業多為木匠，相繼加入中共團組織和黨組織，應該是受同在木匠工會的梁鵬萬影響。

梁鵬萬出身貧寒，長期在廣州、香港兩地打工，與香港木匠工會關係密切，在工人夜校裏教英文、國語、筆算。1920 年底至 1921 年初，他在廣州和陳獨秀有直接聯繫。1923 年下半年香港團小組成立後，中共廣東區委派他到香港工作，由中共中央每月發給在港活動津貼五十元，他曾親自從陳獨秀處領取此款。據此推測，他應已加入中共。1923 年 10 月，他出任香港團地委臨時委員長，直接和中共中央鄧中夏等人通信聯絡。旋因為人粗魯，與林君蔚等知識份子出身的黨、團員不和，主動辭去香港團地委職務，前往南洋工作，「以免內部因我而分裂」，「此乃（共產）國際之主意」。[8] 香港早期中共黨人最早出現的內部矛盾，最終因當事人一方主動離去而化解。

至此可以確定，1920 年底到 1924 年春夏之交，在英國殖民資本主義制度統治下的香港，自動組合起來的一批愛國熱血青年，經由馬克思主義小組——社會主義青年團小組、團香港地方委員會——中共香港黨小組的演進，已經主動集結在初升的中國共產黨的旗幟下，為促進祖國的民主革命運動而奮鬥。

隨着隸屬中共廣東區委領導的香港團組織和黨組織相繼建立，香港

7　1924 年 5 月 13 日團香港地委報告（第一號），1924 年 11 月 19 日團粵區委報告（第二號）。

8　《彙集（1922－1924）》，頁 163、225。相關情形，詳見莫世祥：〈中共黨、團組織在香港的最初建立與發展〉，載《昨天的革命》（香港：新苗出版社，1999）。

早期中共黨人積極開展各項活動，回應正在廣州醞釀的國共合作的國民革命。

1923 年 10 月，按照團粵區委關於香港工作的議案，團香港地委着手調查香港的勞工生活、工會組織以及教育文化界的現狀。在現存的團香港地委檔案文獻中，有香港早期中共黨人寫下的多種調查報告。其中包括對各階層、各行業政治態度的概述，也有對香港各地區、各廠礦企業僱傭工人生活的介紹，還附有清末民初以來在香港先後成立的 140 個行業工會的名錄。這不僅使早期中共黨人對香港現狀有較為清楚的認識，也給後人留下珍貴的歷史考察記錄。

同年 11 月 1 日，團香港地委創辦的工人免費補習學校正式開學，校址位於港島鴨巴甸街香港木匠總工會。由於地方窄小，第一期學生只有二十八人。所設課程有國文（彭月笙、張孝德任教）、英文（區直之、梁鵬萬任教）、國語（注音字母，梁鵬萬任教）、筆算（梁鵬萬任教）、信劄（張孝德任教）。不過，該校只開辦一個月，就因木匠總會人士反對而停辦。

11 月 7 日晚上，團香港地委在木匠總工會舉辦紀念蘇俄十月革命六周年大會。這是香港團組織首次「半公開」地舉行的政治聚會。事前，團香港地委發出專門通告，指出：「十月革命不僅關係俄國的命運，俄國應當紀念；中國人民處在內外雙重壓迫之下，對於這個日子，尤當紀念。」事後，他們向團中央報告活動情況說：

> 十一月七日，本團在木匠總工會開蘇俄六周年紀念大會，赴會者甚眾（工人最多，學生次之）。先唱國際歌，次則由同志們及來賓演說，無不盡地發揮；繼乃分派廣州所發傳單，並請夜學工人演講；其後共呼我們的口號而散。按：是會因預防本地政府之壓力故，遂決取半公開的態度，對於聯絡團體、群眾巡行等事件，多未做到，

亦此原因也。[9]

在此之前的 1923 年 6 月，中共第三次全國代表大會在廣州舉行。大會決定共產黨員和社會主義青年團員以個人名義加入國民黨，協助國民黨改組。因此，這年 10 月下旬，團香港地委委員長梁鵬萬加入國民黨，與國民黨設在香港的海外聯誼機構——聯義社「來往頗密」。他除了給「聯義社」所辦的《聯義月刊》寫稿之外，還建議團香港地委其他成員給這一月刊投稿，「因這月刊遠到南洋各處，是我們的宣傳利品」。[10]

1924 年 1 月 20 日至 30 日，孫中山在廣州主持召開中國國民黨第一次全國代表大會，已經加入國民黨的譚平山、林伯渠、沈定一、毛澤東等三十四名中共黨員作為與會代表參加會議。這次會議標誌着國共兩黨合作的國民革命正式開始。

這時，團香港地委二十九名團員當中，已有二十一人加入國民黨。

同年 5 月 1 日，香港中共黨人與在港國民黨人友好合作，促成與國民黨有密切聯繫的香港工團總會舉行慶祝「五一」勞動節的示威遊行。同時改組香港教育研究會，由中共黨人林君蔚出任該會編譯部部長，李義葆出任交際部部長，譚浩峰任評議部部員，另有三名國民黨人出任該會各部職員，正副會長由中間派人士擔任。

對於國共兩黨在香港的關係，團香港地委向團中央報告說：「民黨在港的黨員，我們都去接洽，感情尚好。現在港中民黨尚未實行改組，到時當能盡力協助。我們相信已經走上合作的路途了，成效如何，尚未可知。但是經過我們將三民主義演講，社會的人已經沒人反對。大家都相信是一個最好的救國方法了，前途很可樂觀。」「多數團員加入國民

9　1923 年 11 月 18 日團香港地委報告（第八號），《彙集（1922－1924）》，頁 206。

10　1923 年 10 月 28 日梁鵬萬致劉仁靜函，《彙集（1922－1924）》，頁 162－163。

黨，已與當地舊國民黨機關接洽，頗能得其信仰。惟港地民黨機關尚未改組，我們只能在團內組織國民運動委員會，秘密討論進行方法；對一般人民從事鼓吹三民主義，並設法介紹人民入國民黨。此種進行頗順利。」[11]

香港中共黨人實行加入國民黨的跨黨合作，使得兩黨成員頗為默契地在香港相互配合，共同開展響應祖國革命的活動。其中，最顯成效而又不為今人所知的，便是香港早期中共黨人與國民黨人密切合作，在1924 年春夏間策反《香港新聞報》，造成轟動一時的香港「報變」。

1924 年 3 月初，固守廣東惠州等東江地區的軍閥陳炯明為了反對孫中山宣導的國共合作的國民革命，指使陳秋霖等人在香港創辦《香港新聞報》，攻擊廣東革命政府和共產黨人。同月 9 日，團香港地委秘書彭月笙寫信向團中央彙報香港報界的動向，特別提到：

> 港地近日出了一種日報，名叫《香港新聞報》。這完全是陳黨的機關報，專攻擊民黨和 C.P.，專和做國民革命工夫的人們作對頭，比之《循環日報》、《華字日報》（香港「復辟報」）更有甚焉。它頭一日就登了一篇《共產黨之沿革》，一連幾日還未完，最好笑的是指孫（文）、胡（漢民）、汪（精衛）、廖（仲愷）、鄒（魯）幾人都是 C.P. 同志。這種糊塗的說話，令人聞之發噱。[12]

《香港新聞報》造謠惑眾，激起省港國共兩黨的憤慨。3 月底，國民黨中央宣傳部在《中國國民黨週刊》上刊登闢謠通告，斥責《香港新

11　1924 年 1 月 4 日林君蔚、彭月笙覆劉仁靜函，同年 3 月 5 日團香港地委工作報告，《彙集（1922－1924）》，頁 301－302、349。

12　1924 年 3 月 9 日彭月笙致劉仁靜函，《彙集（1922－1924）》，頁 361－362。「C.P.」：指共產黨。

聞報》「直接、間接助反對本黨之軍閥逆賊張目，而破壞本黨之進行，所利用者乃一般國民對於『赤俄』與『共產』之恐怖心」。[13]

4月12日，香港中共黨人施行釜底抽薪之計，秘密策動該報二十多名排字工人停工離港，藉以迫使該報停刊，還和前來阻止行動的港英軍警進行英勇抗爭。這是香港中共黨人對港英政府進行的第一次交鋒。事後，林君蔚、李義葆向團中央報告說：

> 四月十二號，兄弟們因為運動一間報館停版（這間報館是陳炯明黨的機關，專門造謠，作反革命破壞的），運動該報排字工二十餘人離港上省城。怎知事機不密，被該報主任人知道，報知殖民政府，隨派大隊兵警，將工人用麻繩縛手拘回捕房，並捕去兄弟三人（均地委）。現在已派人報知 K 黨，設法請當地律師辯護。工人們雖已放回報館作工，但是已被暗探監視行動。當十二號晚事機最急時，工人兄弟異常出力，全體動員，各盡職守，被捕三人均直認運動不諱。

5月13日，團香港地委在工作報告中，進一步敘述香港團員參與此事的始末：「曾受 C 校特別指派，運動反革命派的機關報（《香港新聞報》）全報館的工人停工。結果有一工頭與東主關係較深，走報警局，設法起回已經落船的工人（全報館二十餘人已落省港船，預備上省城），並拘去同志三人。審訊之後，一受四月、一受二月的監禁，禁後三人均被解出港，永遠不得回埠。這次事變，各同志一同出發，甚有勇氣，還有幾個與偵探決鬥始得逃回。」[14]

報告提到的「K 黨」，指的是國民黨；所說的「C 校」，指的是

13　〈中央執行委員會宣傳部闢謠〉，《中國國民黨週刊》第 14 期，1924 年 3 月 30 日出版。

14　《彙集（1922－1924）》，頁 394、408。

共產黨。顯然，團香港地委是根據中共黨組織——很可能是中共廣東區委——的指示，策動《香港新聞報》工人停工離港的。由於工頭洩密，港英軍警破壞，這一行動沒有成功，反被港英政府捕去三名地委委員。事後，林君蔚等人向香港國民黨人求援，請求延請律師為被捕同志辯護，結果，被捕者一人無罪釋放，另外兩人在短期監禁後被驅逐出香港。

被港英政府驅逐出境的兩位香港團組織骨幹，一位是團香港地委經濟委員蘇南，時年三十二歲，出生於廣東新興，在港職業為木匠工人，已加入國民黨。他被判監禁兩個月期間，團廣東區第二次代表大會於同年 5 月 25 日至 6 月 1 日在廣州召開，大會缺席選舉他為團粵區委候補執行委員。6 月 7 日晚上，他監禁期滿後，被港府押解上船，遣送廣州。廣東國民黨組織給他補助醫藥費和家用費共六十塊銀圓。此後，他擔任團粵區委農工助理，協助著名中共黨人彭湃在廣東東江地區開展工農運動。另一位被港英政府驅逐出境的是團香港地委勞動委員區直之，時年二十三歲，出生於廣州，在港職業為小學教員，也已加入國民黨。他在港被判監禁四個月。同年 9 月 8 日期滿出獄，同樣被港府驅逐出境，遣送廣州。

香港中共黨人策反《香港新聞報》印刷工人的行動雖然遭受挫折，卻揭開該報「報變」的序幕。

該報社長陳秋霖在五四新文化運動後期是思想激進的國民黨文化人，曾主編國民黨在閩南護法區創辦的《閩星》雜誌，因宣傳蘇俄十月革命及其進步主張，被譽為閩南「紅星」。二十年代初國民黨佔領廣東，他又為廣東早期共產黨人創辦的《廣東群報》積極撰稿。1922 年6 月陳炯明放縱部署發動兵變，推翻孫中山領導的「中華民國正式政府」。陳秋霖轉而成為「陳家軍」的喉舌。1924 年國民黨「一大」實行國共合作，推動國民革命的潮流匯聚廣東。廖仲愷等國民黨要人不時往來香港，利用昔日袍澤情誼，與寓居香港的陳炯明殘部多有周旋，從中

進行分化、爭取工作。於是，陳秋霖有所悔悟，贊成陳炯明和孫中山合作，並幾度寫信勸說陳炯明反正。既然報社工人倒戈於內，舊日同黨又誠邀於外，他終於決定改弦易轍。

這年 7 月 19 日，陳秋霖、黃居素、陳孚木、古愛公等《香港新聞報》同人，在該報發表「我們的宣言」，聲明：「我們一度與國民黨宣戰。當其改組之初，我們也有許多誤會之處，根據許多非事實的謠言，很激烈的反對國民黨與孫中山。我們經過數月的觀察，終於給國民黨的奮鬥精神與孫中山大公無我、忠誠為國的人格感化了。」「我們由此信仰，故從今日始，便要努力為三民主義之擁護者。」[15] 陳秋霖等人隨即將《香港新聞報》改名為《中國新聞報》，作為國民黨在香港宣傳國民革命的機關報。該報的「報變」，促使向來政治保守的香港華文報業出現正面報道廣東國民革命運動的新變化。

二十世紀二十年代初，香港熱血青年組建的中共黨、團組織初露鋒芒，但他們也敏銳地意識到自身職業局限導致組織難以迅速發展的問題。當時，香港黨、團組織成員的職業結構以小學教學人員和木匠工人居多，這就使他們的活動範圍局限在少數幾間小學和對社會政治影響較少的木匠行業，不便與香港工人中人數最多而又最具有產業工人革命精神的海員和機器工人建立直接聯繫，因而難以發動廣大工人群眾，造成明顯的社會影響。

1923 年 10 月，梁鵬萬向團中央彙報工作時，說：「我現在這兩日對於紅磡船塢工會組織甚無效果，因現漸變為木匠工會了，因我認識全是木匠裏頭的，機器工人也沒有識的，所以漸趨偏向很可憐。」

1924 年 1 月，林君蔚等人向團中央彙報工作，也說：「我們勞動運動異常困難，香港有兩所船塢是大工業的工廠，我們同志沒法入去。機

15　〈陳秋霖忠告陳炯明書〉、〈新聞報大覺悟之宣言〉，《廣州民國日報》，1924 年 7 月 21、22 日，第 6 版。

器工人又沒有嚴密的組織，機器總會卻是商人及包工頭佔勢力的，這是我們最棘手的事情了。至海員方面，因為他們有些趨向民黨，所以尚識得多少，現在只有從這方面活動，其餘工會只有起手調查。」[16]

香港海員為何「趨向（國）民黨」？這需要從香港海員與孫中山革命事業的歷史聯繫說起。

二、海員轉向

早在清朝末年，香港一些海員就因為在遠洋輪船上結識往返海外各埠宣傳革命的孫中山及其戰友，而加入孫中山創建的中國同盟會，參加推翻清朝統治的辛亥革命。民國初年，孫中山等人再度流亡日本，組織中華革命黨，反對北洋軍閥統治。於是，以香港為中轉樞紐的海內外交通航線便再度成為推進國內革命運動的重要命脈。

1913 年秋冬，孫中山指示在日本郵船「地洋丸」上工作的香港海員、原同盟會成員黃本、黃森、林來、雷德佳及趙植芝、陳炳生等人，在日本橫濱設立「僑海聯義會」，負責聯絡海員和華僑，擔任海上革命運輸工作。

1914 年，中華革命黨「滿洲船」分部長兼港滬交通委員趙植芝等人在香港秘密組織「聯義社」，趙任社長，負責接應內地革命機關與海外的聯絡工作，同時在往來太平洋和東南亞的各大郵船上秘密組織聯義分社，吸收海員加入中華革命黨。從此，「聯義社」成為中華革命黨及 1919 年後中國國民黨聯繫海內外的外圍交通機關。

1914 年至 1916 年間，中華革命黨先後在來往海內外主要航線的各大海輪上秘密建立起分部組織。據現存資料統計，在十四艘遠洋海輪

---

16 以上據《彙集（1920－1924）》，頁 158、300。

上，由孫中山委任為該輪的中華革命黨分部正、副分部長的香港海員共有二十二人。

1920 年底，香港慶樂山房、談鴻別墅、和義閣、群樂山房等二十多間海員宿舍，聯合發起組織成立海員工會。海員們推選當時已成為國民黨員的陳炳生、鄺達生、林偉民、翟漢奇、陳一擎、馮永垣、羅貴生等七人為籌備委員，並將此事報告孫中山。

這時，孫中山正在廣州重組國民黨人執政的護法軍政府。他得知香港海員要組建工會，當即派聯義社成員蔡文修、翟海等人前往協助，並欣然為之命名為「中華海員工業聯合總會」，同時指示軍政府予以登記註冊。香港總督司徒拔隸籍英國工黨，該黨素以代表工人利益自詡。因此，儘管港英政府不願看到香港出現產業工人組建的獨立工會，最終卻不得不准予在港登記註冊。1921 年 3 月 6 日，中華海員工業聯合總會（以下簡稱「海員工會」）在香港正式成立，孫中山派王斧軍在成立大會上代致訓詞。大會選出海員工會的第一屆領導人：會長陳炳生，副會長蔡文修，司理翟漢奇，司庫羅貴生，交際委員林偉民、鄺達生，調查委員馮永垣。他們都是國民黨員。

香港海員工會是中國海員的第一個工會組織，也是中國最早的產業工會之一。它的成立，標誌着香港現代產業工人運動的崛起。1922 年 1 月 12 日至 3 月 8 日，該工會領導香港海員舉行歷時五十六天的大罷工。罷工最初以要求船主加薪為目的，屬於經濟鬥爭性質；由於港英當局查封海員工會，搶走工會招牌，因此罷工又帶有反對港英政府倒行逆施的民族主義政治色彩，從而在近代香港乃至近代中國工人運動的歷史上都成為激發第一次罷工高潮的第一個里程碑。此後，內地的上海、武漢、開灤煤礦、安源煤礦、京漢鐵路等處工人，都相繼爆發要求加薪或成立工會的大罷工。

香港海員罷工由主持海員工會的國民黨人直接領導，得到正在進行「二次護法」的廣東國民黨政權的大力支持，在廣州為離港來粵的大批

罷工海員提供免費食宿，最終迫使港英政府和洋行船東接受海員工人提出的加薪及罷工期間工資折半發放的要求，撤銷查封工會的禁令，送還沒收的工會招牌。海員罷工勝利結束，國民黨與香港海員的關係進一步加強。

當時在廣州等地考察的共產國際代表馬林，後來向共產國際執行委員會報告說：

> 海員罷工期間，國民黨與工人之間的聯繫是多麼親密，這一點對我來說是十分清楚的。整個罷工都由這個政治組織的領袖們所領導。罷工工人參加黨的民族主義的示威遊行，全部財政資助都來自國民黨。……國民黨與罷工工人之間的聯繫如此緊密，以致在廣州、香港、汕頭三地竟有一萬二千名海員加入國民黨。[17]

然而，罷工期間，海員工會的國民黨人已經出現分歧。陳炳生、翟漢奇等工會領導人是在「激烈派會員」強烈要求、並率先罷工的壓力下，才宣佈舉行全港海員罷工的。[18] 在清末已加入同盟會的國民黨員蘇兆徵，就是帶頭發動罷工的「激烈派會員」領袖。1922 年 1 月 12 日下午，他在德忌利士輪船公司的「海康輪」上帶領海員率先罷工，因此獲推舉為海員工會與港英當局的談判代表之一，後來又接替陳炳生，代理海員工會會長職務。另一位海員出身的國民黨員林偉民，也因堅決維護工人利益而獲推舉為工會的談判代表。陳、翟與蘇、林等人的分歧，反映出海員工會中素持保守、穩健態度的原任領導者與主張以激烈手段反抗資本家壓迫的普通會員的矛盾。雖然這些矛盾分歧在罷工期間沒有發

---

17 〈馬林給共產國際執委會的報告〉（1922 年 7 月 11 日），《馬林在中國的有關資料》（北京：人民出版社，1980），頁 16。

18 見《民國日報》，1922 年 1 月 21 日。此外，1922 年 1 月 16 日的《羊城報》還報道香港海員工會出現主張復工妥協與不達目的決不復工的紛爭。

展為公開的政治對立，卻為日後蘇、林等「激烈派會員」另尋革命新路埋下伏筆。

　　香港海員罷工期間，新成立的中共曾給予大力支持。譚平山等人領導的中共廣東支部發表「敬告罷工海員」的文告，表示「定當竭其能力，為之後援」。中共領導工人運動的專門機構「中國勞動組合書記部」，發動內地工人組織「香港海員後援會」，以各種方式支援罷工。1922 年 5 月初，中國勞動組合書記部在廣州發起召開全國第一次勞動大會。廣東、香港及北方部分省份的工會代表共 160 多人出席大會。其中有中國勞動組合書記部負責人張特立（即張國燾）和李啟漢，京漢鐵路工會代表鄧中夏，廣東工會代表譚平山、馮菊坡、梁復燃等早年中共黨人，還有香港海員工會代表蘇兆徵和林偉民、廣東機器工會會長黃煥庭、廣東互助總社社長謝英伯等國民黨人。大會推選黃煥庭、林偉民、譚平山、鄧培、謝英伯等五人，作為會議主席團的成員。此次會議使林偉民和蘇兆徵有機會公開接觸從事工運的中共黨人。不過，鄧中夏後來評論，當時中共對於海員工會的影響還很微弱。[19]

　　會議期間，蘇兆徵與國民黨籍的國會議員陳家鼎等人串聯各省代表，專門提出支持孫中山和及其領導的「中華民國正式政府」的議案。議案聲明：「我們工界鑒於世界潮流及國內經濟狀況，應承認孫大元帥之三民主義為適合事理之主義」；孫中山領導的政府「足以代表勞工意思，我們應贊助之而承認為正式的中央政府」；「我國工團表定主義者尚少，惟此次香港海員團體由個人參加國民黨，可謂構成團體份子已有主義矣」。[20] 這表明，此時蘇兆徵及香港海員的政治態度仍然擁護孫中山和國民黨。

19　鄧中夏：《中國職工運動簡史（1919－1926）》（北京：人民出版社，1953 年第 2 版），頁 71－72。

20　〈勞動界提議擁護新政府〉，《民國日報》，1922 年 5 月 11 日，第 3 版。

這時，因殺妻而一度被捕入獄的陳炳生獲得特赦，重新出任海員工會會長。此後，陳炳生到上海開設介紹海員就業的辦館，海員工會由司理翟漢奇實際負責，海員工會逐漸失去罷工期間為工人爭利益的朝氣。蘇兆徵、林偉民等人依舊返回輪船打工。

1923 年，蘇兆徵等人鑒於翟漢奇貪污、挪用工會公款，聯絡聯義社及「陶宜閣」、「和誼閣」等海員宿舍中的志同道合者，堅持查賬，查出翟漢奇貪污虧空工會會款四萬港元。1924 年初，香港海員工會舉行會員大會，改選工會幹事。蘇兆徵取代翟漢奇而當選為司理，與他同屬「激烈派會員」的林偉民、何來、馮永垣、羅貴生等人也當選為工會幹事。會長由為人隨和而又喜歡吸食鴉片煙的譚華澤出任，這是陳炳生等工會前任領導有意牽制「激烈派」的結果。

在此前後，林偉民應上海海員團體的邀請，到上海協助組建「中華海員工業聯合總會上海支部」，參與領導上海海員罷工。於是，林、蘇二人分別成為滬、港海員心目中的工運領袖。

隨着國共合作的國民革命在廣東逐漸深入人心，林、蘇等海員工會的骨幹人物對中共的革命主張及其在內地領導的工人運動，有進一步的了解和共鳴。經過與陳炳生、翟漢奇等原海員工會負責人的紛爭，他們也感覺到香港工運應該另尋革命新路。1924 年 3 月 8 日，香港海員工會召開慶祝海員罷工勝利兩周年紀念會，香港早期中共黨人「多有赴會，並有演講國民革命和勞工救國的問題，聽者都很表同情」。他們欣喜地注意到：「該會的職員是今年新選的，辦事似有勇氣，他們都極悅意和我們攜手。」[21] 同年 4 月、5 月間，林君蔚、李義葆等香港中共黨、團員在每個星期六晚上，都定期到海員工會進行國民革命的演講宣傳。蘇兆徵等海員工會的新領導人顯然友好地接待香港早期中共黨人。

同年春，林偉民作為中國海員工業聯合總會的代表，應赤色職工國

21　1924 年 3 月 9 日彭月笙致劉仁靜信。

際的邀請，前往莫斯科，出席國際運輸工人大會。在莫斯科，林偉民感受到國際共產主義運動正在世界範圍內蓬勃發展。於是，經與會的中共黨人介紹，在莫斯科加入中共，成為第一個加入中共的香港海員。林偉民加入中共之後，很快將此事告訴同鄉密友蘇兆徵，勸促蘇兆徵一同加入中共，將香港工運引上中共領導的革命新軌道。

1925 年 3 月，孫中山病逝北京。按照孫中山的遺願，由國民黨左派和中共發起的國民會議促成會全國代表大會在北京召開，蘇兆徵等省港工會代表一起組團赴會。在北京期間，蘇兆徵經中共在北方的領導人介紹，加入共產黨。

據此後參加中共的香港海員回憶：「蘇兆徵到北京後，與李大釗同志等接觸談話，並參加了中國共產黨的組織。組織生活會上，陳延年（陳獨秀之子）宣佈蘇等為新同志。會上研究了以後黨的發展工作，李大釗同志指示今後黨的門要比過去適當開放些，叫蘇等回去多找些好同志，發展黨的組織。」[22]

蘇兆徵作為香港海員的實際領袖人物，遲至 1925 年春夏之交才加入中共，這與中共最初對香港海員罷工與海員工會的定位有關。1930年，中共領導人李立三在作黨史報告時說：那時中共以為海員工會「是國民黨領導的，還不去理他。當時罷工領袖蘇兆徵幾次找黨，均遭拒絕。因此他說黨看不起工人，不願入黨。直到孫中山北上，他才去北京加入」。[23]

香港海員領袖林偉民、蘇兆徵先後經由中共中央領導人介紹入黨，拉開中共在香港海員中建立和發展黨組織的序幕。從此，中共在香港的

22 馮永垣：〈蘇兆徵二三事〉，《蘇兆徵研究史料》（廣州：廣東人民出版社，1985）。按：也有回憶稱，蘇兆徵由鄧中夏介紹入黨。證明蘇兆徵加入中共的最早檔案文獻，是 1925 年 5 月 17 日國佐在致旅蘇同志信中稱：「蘇兆徵已經加入西比。」「西比」，即 C.P.，即共產黨。

23 李立三：《黨史報告》（1930 年 2 月 1 日），《中共黨史報告選編》（北京：中共中央黨校出版社，1982），頁 214。

黨組織架構形成兩條平行的脈絡：一是隸屬中共廣東區委領導的香港黨組織，一是直屬中央領導的香港海員黨組織。隨着林偉民、蘇兆徵等一批激進的國民黨籍香港海員相繼加入中共，海員工會的實際領導權隨之從國民黨轉入中共手中，海員工會隨之成為跟隨中共革命的紅色工人組織。

先前梁鵬萬、林君蔚等香港黨、團組織成員受制於職業局限而未能與海員建立直接聯繫的困窘狀況，隨着林偉民、蘇兆徵等一批海員加入中共而煙消雲散。

三、省港罷工

1925 年初，中共在香港的黨、團組織有新的發展。1 月、2 月間，中共廣東區委派黨員黃平和梁復然，分別以國民黨組織部特派員和國民黨工人部特派員的名義，來到香港，將原來的中共香港黨小組擴建為黨支部。黃平兼任書記，黨員發展到十人。團香港地方委員會的團員人數則增至三十三人，按團員職業重新分為三個支部，即排字工社支部、大東電報局支部和木匠支部。團地委書記由彭月笙擔任，他的家住在香港大道東九十三號三樓。地委的通信人暗號，初取諧音「江棣芳」，後改為「梁偉」；通信地址除了彭月笙家轉之外，還可寫：香港黃泥涌村八十一號李乙裸轉。

在國共合作的政治環境下，香港的中共黨人繼續和國民黨在港機構及其外圍工團組織發展良好的合作關係。中共黨人李義葆和林君蔚以國民黨員身份，出任國民黨港澳總支部籌備委員會委員。該委員會主要由與國民黨有長期歷史聯繫的香港工團總會職員組成。工團總會是當時香港兩大工會集團之一。它擁有七十多個香港行業工會，其中以手工業工會居多，香港海員工會也加入該工團總會。中共黨、團組織成員還參與

《聯義月刊》、《勞動週刊》、《職工月刊》等刊物的編撰工作。其中,《聯義月刊》是國民黨在港海外聯絡機構聯義社的機關刊物,《勞動週刊》和《職工月刊》分別為香港工團總會、香港洋務職工聯合(總)會所辦刊物。它們在當時各發行 500 份。

同年 3 月 12 日,孫中山病逝北京的噩耗傳遍全國。香港各工會團體聞訊,都在門前下半旗志哀。國共兩黨在港機構立即磋商籌備舉行追悼活動。13 日晚上,根據國民黨港澳總支部籌委會的決定,香港工團總會召集全體大會,討論召開追悼孫中山大會的有關問題。香港中共黨、團組織也派人參加,力主選擇寬闊的場所,召開全港追悼大會。可是,工團總會職員膽小怕事,擔心引致港英當局的彈壓,只決定於 16 日在工團總會會所開哀祭會,令所屬各工會工人停工一天,到會參加致祭。經與會的聯義社代表力爭,工團總會同意在哀祭會場外面舉行演講,宣講孫中山宣導中國民主革命的豐功偉績。

16 日上午,香港工人悼念孫中山的哀祭會在工團總會會所舉行。工人們滿懷對中國民主革命先行者孫中山先生的哀思,從四面八方湧向會場。國共兩黨成員站在會所門外的講演台上,向來往民眾分別演講「中山死後之國民黨」、「中山死後之國民責任」、「中山死後之工農階級」、「中山死後之帝國主義」等問題,動員群眾化悲痛為力量,繼承孫中山遺志,促進祖國的國民革命。香港街頭公開響起「打倒帝國主義!」、「打倒軍閥!」的呼聲。港英當局派來監視哀祭會的警察藉口維持秩序,阻撓演講和追悼孫中山的活動。這就激起在場民眾的憤慨和反抗,雙方隨即發生衝突。港英當局增派大批警察到場毆打民眾,拘捕反抗者,禁止哀祭會繼續舉行,還派探員調查在港中共黨人。

港英當局壓制香港工人悼念孫中山的活動,只能更加激發工人反帝愛國的民族主義情感。國共兩黨在香港合作發起和領導悼念孫中山的活動,進一步密切和各工會的聯繫,喚起香港工人階級關注祖國國民革命的熱情。

　　同年 4 月，在北京加入中共的蘇兆徵等人回到上海，與在上海的中共工運領袖鄧中夏等磋商，決定由全國鐵路總工會、中華海員工業聯合總會、漢冶萍總工會、廣州工人代表會等四大團體，發起全國第二次勞動大會。5 月上旬，大會如期在廣州舉行。會議通過工人階級必須及時將經濟鬥爭轉為政治鬥爭、必須參加民族革命運動並爭取領導地位等議案，同時決定成立中華全國總工會和加入赤色職工國際。會議選出中華全國總工會的二十五名執行委員，其中有香港海員工會的林偉民、蘇兆徵和譚華澤。曾經領導香港電車工人罷工的香港電車工業競進會代表何耀全 [24]，也當選為執委。經執委會推選，林偉民任中華全國總工會執委會委員長，劉少奇任副委員長，鄧中夏任秘書長兼宣傳部長，李啟漢任組織部長。執委會的領導者幾乎都是中共的工運領袖。隨着林偉民、蘇兆徵、譚華澤等人進入全國總工會的執行機構，海員工會成為總工會的核心團體，中共對海員工會的工作隨之加強。

　　1925 年 5 月 30 日，英國巡捕在上海租界開槍鎮壓進行反帝示威遊行的群眾，造成震驚全國的「五卅慘案」。6 月 1 日，上海工、商、學界憤而舉行罷工、罷市、罷課鬥爭，從而掀起蔓延全國各地的「五卅運動」。這場運動具有反對帝國主義侵略中國、反對軍閥勾結列強實行專制統治的政治目標，隨即成為國共合作共同發動香港工人參加內地國民革命的切入點。

　　6 月 1 日，即上海「三罷」發起之日，國民黨上海執行部發表宣言，表示聲援。同日，駐地廣州的國民黨中央在廣東大學召開群眾大會，抗議帝國主義的暴行。汪精衛發表演說，大會通過多項援助五卅慘案的辦法。次日，國民黨中央執行委員會發動廣州各界聲援上海反帝運

24　何耀全，祖籍福建永定縣，1925 年 6 月任省港大罷工委員會副委員長，加入中共。1926 年 5 月，在第三次全國勞動大會上當選為中華全國總工會常務委員。1927 年 4 月 15 日，國民黨廣州當局進行清黨反共，何耀全被捕，旋轉押南石頭監獄，不久被殺害。

動的大示威，通電全國，號召：「凡我黨員，應一致努力援助國民，以與英國帝國主義相搏。」[25]

與此同時，中共廣東區委在獲悉上海發生五卅慘案之後，決定發動直接處在帝國主義壓迫下的香港工人和廣州沙面工人，聯合舉行聲援上海同胞的省港大罷工。中華全國總工會隨即向國民黨中央提出發動省港罷工以支持五卅運動的計劃，國民黨中央當即贊同並着手組織工作。

這時，國民黨在香港的機關報《中國新聞報》等香港中文報刊都以顯著篇幅，報道五卅慘案及相關消息。香港工團總會、海員工會以及由共青團香港地委發起組織的香港青年社等團體，先後發表通電、派發傳單、張貼標語，聲援上海等地的五卅運動。香港工界、學界群情激蕩。

6月8日，中共要員鄧中夏、孫雲鵬以中華全國總工會代表名義，中共廣東區委委員楊殷以國民黨中央工人部特派員的名義，一起前往香港，與蘇兆徵、黃平等香港中共黨人會商發動香港工人罷工事宜。在此前後，共青團廣東區委派周文雍、藍裕業到香港，協助團香港地委發動學生罷課。隨同前往香港的，還有陳日祥、羅珠、李廷等多名黨團員。他們抵港後的活動大致如下：「上層工團方面，由（鄧）中夏、黃平、（蘇）兆徵三同志負責；下層工人群眾方面，由李廷諸同志負責；學生方面，由（彭）月笙 C.Y. 同志負責；商人方面，則無法活動。」[26]

中共黨人與香港各界工會領導人的重要聯繫，是在位於中環的車衣工會四樓舉行兩次秘密聯席會議。「一次是議決臨時指揮機關與宣言條件；一次是議決發動時日與離港方法」。[27] 此時香港一百多家工會互不

25　《中華民國史料叢稿·大事記》第 11 輯，頁 90，轉引自李曉勇：〈國民黨與省港大罷工〉，《近代史研究》，1987 年第 4 期。

26　《1925 年 7 月中共廣東區委關於省港罷工情況報告》，「彙集」甲 6，頁 26－27。C.Y.：指中國共產主義青年團，當時團組織已從中國社會主義青年團（S.Y.）改名為中國共產主義青年團（C.Y.）。

27　鄧中夏：〈一年來省港罷工的經過〉，《省港大罷工資料》（廣州：廣東人民出版社，1980），頁 56 頁。

統屬，分立為工團總會、華工總會和無所歸屬的三大派，但由於中華全國總工會在香港工會中享有領導威望，上海與全國各地的「三罷」鬥爭聲勢浩大，加上蘇兆徵、何耀全等人作為中華全國總工會執委和香港工運領袖的感召力，兩次聯席會議都順利通過有關罷工的議案。會議決定將罷工指揮機關定名為「全港工團委員會」，推舉蘇兆徵為幹事局局長，黃平為外交委員，鄧中夏為總參謀。不久，中共廣東區委指定黃平、鄧中夏、楊殷、蘇兆徵、楊匏安等五人，組成直接領導香港罷工的中共黨團。

先是，鄧中夏等人對在港密議罷工「不敢過存」，即不抱過多奢望，但結果卻「出乎我們意料之外」，罷工密議進展順利。事後，中共廣東區委分析其中的原因：一是香港各工會對五卅慘案同仇敵愾，「對滬案皆表示願意罷工」；一是「香港工團領袖多隸國民黨籍，我們此次在港鼓吹罷工，多號國民黨中央及（廣東）革命政府之命，故收效極速，此亦不得已所取之手段也」。[28] 這說明，香港工人的覺醒和中共以國民黨及廣東國民政府的名義作號召，是香港各工會團體積極參加省港大罷工的原因。

6月12日，國民黨執政的廣東國民政府平定駐防廣州的滇軍楊希閔部、桂軍劉震寰部叛亂事件之後，隨即將先前籌措的發動省港大罷工計劃付諸實施。6月13日，中共實際領導的中華全國總工會發佈啟事，稱：「敝會經與中國國民黨中央執行委員會工人部協商，特組織一辦事機關……即由敝會組織『省港罷工委員會』專司其事。」國民黨中央和國民政府還決定向省港罷工工人提供食宿保障，以便吸納香港和廣州沙面工人，發展廣東經濟。後來，廖仲愷披露這一計劃說：「國民黨擬定很精密的計劃，以收容返國的工人。從前工友為帝國主義生產，

28　《1925年7月中共廣東區委關於省港罷工情況報告》，「彙集」甲6，頁27－28。

現在要為自己的國家生產，以謀廣東的發展。」[29] 6 月 17 日，汪精衛、廖仲愷在廣州召集各界團體代表會議，通報國民黨中央和國民政府決定發動省港大罷工的決定，會議議決：凡外國在華工廠、商店和學校的工人、僱員和學生一律罷工罷課，為罷工募捐，抵制英、日、美三國貨物。

國民黨中央遂即派幹員協同全國總工會到香港及廣州沙面發動罷工。這些幹員既有國民黨員，也有加入國民黨的中共黨、團員，他們都以國民黨的名義在香港活動，致力組織全港罷工。其中的中共黨、團員還暗結團體，成為發動罷工的激進派。

面對即將爆發的罷工風潮，港英當局頒佈告示，聲稱嚴懲「滋事份子」，並且調集軍艦，派水兵登岸，與軍警一道設崗巡邏，稽查行人；捉拿發起罷工的工會領袖，查封《中國新聞報》，拘捕主編陳秋霖及該報編輯、工人等。在這種情況下，香港一些工會領袖發生動搖，轉而提議最好分批罷工。中共黨團當即決定，由中共黨人領導和影響的海員工會、電車工會、華洋排字工會、洋務工會先行罷工，帶動其他工會參加。可是，海員工會會長譚華澤素持中庸平和態度，不敢帶頭下達罷工的命令。於是，三年前激烈派會員迫使海員工會首領宣佈海員大罷工的場景再度重演，要求率先罷工的海員圍住譚華澤，強迫他最終贊成罷工。

6 月 19 日晚上 9 時，香港海員、電車、排字印務等三個行業的工人首先舉行罷工。洋務、起落貨、煤炭、木工等行業的工人也相繼參加罷工。此後半個月內，香港各行各業的工人全都陸續加入罷工行列，估計參加罷工的人數共達二十五萬以上。經省港共青團組織發動，香港皇

29　廣州《現象報》，1925 年 6 月 25 日；〈在罷工工人代表第七次大會上的報告〉，載省港罷工委員會機關報《工人之路》，第 40 期；轉引自李曉勇：〈國民黨與省港大罷工〉，《近代史研究》，1987 年第 4 期。

仁書院學生也率先罷課，聖保羅、聖士提反等多所學校的學生隨即加入罷課行列，並在此基礎上成立香港學生聯合會。據中共廣東區委估計，參加罷工的香港工人有三分之二返回廣東原籍，有三分之一在廣州各接待處投宿。根據國民黨中央的指令，廣東國民政府封閉廣州城內的煙館、賭館、廟宇和其他空置的場所，供香港罷工工人臨時住宿。在廣州住宿的香港罷工工人，最多時約達十三萬人。

香港工人大罷工之後，全港工團委員會發表宣言，痛陳罷工原由：

> 中國自鴉片戰爭之後，帝國主義除了經濟的、政治的、文化的侵略之外，還加以武力的屠殺，是可忍，孰不可忍！故我全港工團代表聯席會議一致議決與上海、漢口各地取同一之行動，與帝國主義決一死戰。我們為民族的生存與莊嚴計，明知帝國主義的快槍巨炮可以制我們的死命；然而，我們亦知中華民族奮鬥亦死，不奮鬥亦死；與其不奮鬥而死，何如奮鬥而死，可以鮮血鑄成民族歷史之光榮。所以，我們毫不畏懼，願與強權決一死戰！[30]

委員會還發表文告，聲明罷工所要達到的目標。這些目標分為兩大部分：一是與內地同胞採取反抗帝國主義的同一行動，支持上海工商學聯合會提出解決五卅慘案的十七項條件；二是鑒於「香港居住之華人歷來受英國香港政府最不平等條約之殘酷待遇，顯然有歧視民族之污點」，特代表全港華工，向香港政府提出六項要求：

> （一）華人應有集會、結社、言論、出版、罷工之絕對自由權，《中國新聞報》應立即恢復，被捕記者應立即釋放，並賠償其損失。
>
> （二）香港居民不論中西籍，應受同一法律之待遇，務須立時取

30　鄧中夏：《中國職工運動簡史（1919－1926）》，頁225。

消華人之驅逐出境條例，與笞刑、私刑等之法律及行為。

（三）華人佔香港全人口之五分四以上，香港定例局應准華工有選舉代表參與之權；其定例局之選舉法，應本普通選舉之精神以人數為比例。

（四）應制定勞動法，規定八小時工作制，最低工資，廢除包工制，女工、童工生活之改善、勞動保險之強制施行等；制定此次勞動法時，應有工團代表出席。

（五）政府公佈七月一日施行之新屋租例，應立時取消，並從七月一日起，減租二成五。

（六）華人應有居住自由之權，旗山頂應准華人居住，以消滅民族不平等之污點。[31]

7月3日，中華全國總工會省港罷工委員會宣告成立，成為省港大罷工的正式領導機構。委員會由十三人組成，其中中華全國總工會推舉兩人、全港工團委員會推舉九人、廣州沙面洋務工團聯合會推舉四人，分別擔任省港罷工委員會的各項職務。受全港工團委員會推舉，蘇兆徵任省港罷工委員長，何耀全任副委員長；林偉民、李啟漢則受中華全國總工會委託，擔任委員會執行委員。委員會還延請國民黨領袖汪精衛、廖仲愷以及中共要員鄧中夏、黃平、楊匏安為顧問。省港罷工委員會下設幹事局，辦理具體各項事務。李啟漢任局長，香港同德工會代表李棠任副局長。香港海員工會會長譚華澤任會審處主任，該處的職責是負責審訊工人糾察隊解來的人犯。在香港最早參與組建中共黨、團組織的林君蔚，作為中華全國總工會的代表，擔任會審處委員。此外，香港青年社負責人彭月笙任罷工委員會的演講隊長和宣傳學校校務長，香港學生聯合會負責人郭明生任演講隊主任。省港罷工委員會的領導層分別由國

31　秋人：〈省港罷工的過去和現在〉，《省港大罷工資料》，頁90。

共兩黨要員組成，其中，中共黨、團員居於少數，但掌握正、副委員長的實權。

為了加強對省港罷工委員會的領導，中共廣東區委決定由鄧中夏、陳延年、馮菊坡、黃平、李啟漢、蘇兆徵、林偉民、劉爾崧等人，組成罷工委員會內的中共黨團，鄧中夏任書記。該黨團隨時依據形勢變化，研究罷工的鬥爭策略，提請罷工委員會貫徹實施。中共還在罷工委員會和工人骨幹中積極發展黨員，香港電車工人領袖何耀全因此加入中共，並參加罷工委員會內的中共黨團活動。

此時，香港的中共黨、團員大多聚集廣州，從事省港罷工活動。同年 10 月下旬，團香港地委新發展團員 25 人，原有團員中加入中共的有 18 人。至此，中共香港支部的黨員人數合計為 28 人（不包括直屬中共中央領導的蘇兆徵、林偉民、何耀全等人），團員人數 37 人。11 月間，香港黨、團組織根據實際工作需要，聯合組成一個特別委員會（簡稱「特委」），專門在香港罷工工人中發展黨、團員。其中，發展黨員 200 多人，團員 40 多人。

據當事人回憶，由於海員入黨人數較多，此時還專門成立海員支部。在罷工期間入黨的海員有陳郁、陳權、馮燊、林鏘雲、鄧發、何來、陳春霖、周福、黃養、陳劍夫等人。到省港罷工結束時，加入中共的海員人數超過 500 人。[32] 截止 1925 年 12 月，香港特委的團員人數增加到 286 人，分為集賢、學生、海員、印務、東園、洋務、煤炭、東機、西機、南機等十個支部。李耀先[33] 接替已經加入中共的彭月笙，出任團香港特委書記。此外，屬於中共外圍組織的新學生社（N.S.）香

---

32 香港中共黨、團員發展情況，見《廣東區黨、團研究史料（1921─1926）》（廣州：廣東人民出版社，1983），頁 171、172。有關海員入黨的回憶，見劉達潮：〈回憶蘇兆徵同志〉，《蘇兆徵研究史料》，頁 413；又見《彙集》甲 25，頁 157、159。

33 李耀先，廣東揭陽人，1928 年 8 月任中共廣州市委書記，9 月被捕犧牲。

港支部成員有 50 人，香港青年社成員 100 人，香港學生聯合會 250 多人。次年 1 月，香港團員人數增至 371 人，香港學生聯合會增至 300 人。[34]

香港和廣州沙面租界的工人相繼罷工之後，隨即聯合廣東各界人士，在廣東境內禁止對香港的糧食物資供應和中斷省港貿易往來，對港英當局實施經濟制裁。6 月 30 日，廣東各商界團體決定成立「廣東商界對外經濟絕交委員會」，呼籲拒用外幣，檢查外國貨物，抵制英、日等國商品，以援助省港大罷工。次日，省港罷工工人代表大會議決組織糾察隊，配合廣東國民政府的軍警，在省內各港口查禁對港糧食貿易。糾察隊總隊長由國民黨要員、香港工團總會負責人黃金源擔任，中共要員鄧中夏任訓育長。

7 月 9 日，省港罷工委員會發表封鎖香港的通電，宣佈：「敝會為貫徹奮鬥起見，議決實行封鎖香港及新界口岸。自本月十日起，所有輪船、輪渡一律禁止往港及新界，務使絕其糧食，制其死命。」從次日起，罷工委員會糾察隊相繼在廣州以及東起毗鄰香港的深圳、西至毗鄰澳門的前山等珠江口一帶口岸，設置崗哨，執行「維持秩序，截留糧食，嚴拿走狗，鎮壓工賊」的任務。從此，省港兩地進入相互封鎖狀態，彼此間的水上交通運輸一度中斷，糧食、蔬菜、肉類等食品乃至相關貨物的貿易量大幅度下降，香港物價迅速飛漲，港英當局直接感受到罷工的壓力。

然而，封鎖香港也限制了廣州的對外貿易。因此，8 月 1 日國民黨領袖廖仲愷在向罷工工人代表大會上作報告時，提出改變策略以「單獨對英」的方針，以及向外國商人、商船發放特許證的議案。他說：「我們罷工所要打破的第一個陣線就是香港……凡香港的輪船皆不准進

34　《1926 年 2 月團香港特委組織工作報告》、《1926 年 1 月團粵區委工作報告》，《彙集》甲 4，頁 162。

口。」「關於貨物之輸入輸出、船舶之往來，應有統一之特許機關，以收攻擊香港、維持廣東之效。」[35] 特許證由國民政府外交部長、商務廳長、公安局長和罷工委員會代表簽發。由於只封鎖香港，所以凡不是英船、英貨及經過香港的船隻，均發給特許證，准許自由進出廣東，進行貿易。後來，鑒於領取特許證手續麻煩，收費偏重，為了爭取商人繼續支持對港英當局的經濟制裁，省港罷工委員會又與廣州總商會、全省商會聯合會等商人團體在 9 月 19 日聯合發出佈告，宣佈取消特許證，同時繼續禁止廣州與港澳之間直接進行貨物往來；但只要不是英貨、英船及不經過香港、澳門的貨物，均可自由貿易。

從此，「單獨對英」的方針成為省港罷工的中心策略。它使廣州港很快恢復往日的繁忙景象。美、日、德等國的一些公司、洋行及商船聞訊紛紛前來復業，廣州通向沿海城市及外國的航線相繼恢復，廣州外貿重現生機。

1925 年秋冬，廣東國民政府先後肅清分別盤踞在東江的陳炯明和南路的鄧本殷等部叛軍，統一廣東全省。於是，省港罷工委員會對港澳地區實施封鎖的範圍，便從珠江口岸一帶，擴大到東至汕頭、西到北海的全省沿海港口。在蜿蜒數千里的海岸線上，到處都有工人糾察隊和協助稽查英貨的農民自衛隊的哨卡。因此，經營大宗進出口生意的各地商客大多改到廣州交易，不再經由香港中轉，廣州商務日見起色，竟出現取代香港而成為華南最繁忙的中外貿易中轉港的勢頭。廣東商人因此可以從中獲利，政府也增加財政收入，因而商界與政府都對罷工工人長期封鎖香港的行動予以支持和合作。

封鎖香港的行動主要由省港罷工委員會糾察隊實施。糾察隊由罷工

---

35 《工人之路》，第 40、39 期，轉引自李曉勇：〈國民黨與省港大罷工〉，《近代史研究》，1987 年第 4 期。

工人組成，他們大多懷着一腔報國熱血，秉公執法；但也有一些人假公濟私、從中漁利，敗壞糾察隊聲譽。為了整頓紀律，加強軍事訓練，時任黃埔軍校政治部主任、中共廣東區委軍事部長的周恩來，選調國民政府鐵甲車隊隊長、共產黨員徐成章出任糾察隊總教練，調黃埔軍校第一期畢業生、共產黨員陳賡等人任糾察隊的教練或幹部。11 月 4 日，根據省港罷工工人代表大會的決議，中共要員鄧中夏、徐成章和國民黨要員黃金源等七人組成糾察隊委員會，作為該隊的最高執行機關，宣佈公開整頓糾察隊，「以符工商聯合反對帝國主義之主旨」。

　　糾察隊的整頓大致從兩方面進行：一是健全組織，以十人為一個班，三個班為一小隊，三小隊為一支隊，三支隊為一大隊，各大隊由糾察隊委員會所統轄。另設「模範隊」一個大隊，其任務是監察糾察隊的成員，職責類似軍隊中的憲兵。二是進行軍事、政治訓練，軍事訓練由黃埔軍校畢業生主持，政治訓練由訓育員或邀請國共兩黨名人講授。一般每天要進行軍訓兩次，還要上政訓課。糾察隊成立時有二千多人，分為五個大隊，後來有擴充。糾察隊起初沒有配備武器，國民政府只是派黃埔軍校學生組成的黨軍予以協助執勤或駐防。後因奸商時常勾結土匪及叛軍襲擊糾察隊，國民政府便撥五百支舊槍和五艘小輪船，作為糾察隊稽查自衛之用。糾察隊在對敵鬥爭中十分勇敢，先後繳獲大小敵艦七艘和許多長短槍支，用以武裝自己。到 1926 年 3 月 15 日，糾察隊委員會已組織起擁有十二艘艦艇的專門艦隊，在廣東沿海各口岸巡邏，截留出口糧食，緝扣私運英貨，加強對香港的海上封鎖。

　　由於奸商、土匪和反動軍隊的破壞，省港罷工委員會主持下的封鎖香港行動雖然疏漏甚多，但是在香港的英國人仍然明顯感受到被封鎖的困窘：

　　1925 年進入香港的中外船隻共約 37.9 萬艘，比省港罷工前的 1924 年減少 38.4 萬艘。省港罷工僅半年，便使全年入港船隻減少一半以上。其中，英國海洋輪船減少 26.1%，英國內河輪船減少 43%。原來的

省港航線和中國沿海航運業務大多由英國輪船公司壟斷，封鎖香港以後，中國的輪船公司理所當然地取而代之，改用中國輪船或租用挪威、瑞典、德國、荷蘭等國輪船來經營。日本一些輪船也乘虛擴大此項業務。英國在華南海運業中的霸主地位一蹶不振。

為了繼續向廣東推銷積壓在香港的英國商品，英商不僅要設法消除貨物箱上的英國或香港的標記，還要捨近求遠地將貨物先運到千里之外的上海，再從上海運到廣州。更可笑的是，沙面與廣州城區的距離不過幾百米，港英當局向沙面提供的補給和商品，同樣不得不先從香港運到上海，再從上海運到廣州，如此往返折騰數千里。

1926 年 10 月，香港學生聯合會負責人、共青團員莫儕白在〈罷工後的香港〉一文寫道：

> 據海關貿易冊關於香港經濟損失的統計，香港每年出入口貨價值一千三百五十六萬鎊，約合中國銀十五萬萬元。罷工後，各地封鎖香港，使其商務停頓，平均每日損失四百萬元，每月一萬萬二千萬元。若說香港之出入口貨有一半往中國北方，那末中國南方也有一半。罷工後，這一半是損失的了。照這樣計算，香港自罷工到現在已損失之數目，總在七萬萬以上。

處於省港貿易中斷狀態下的香港，航運阻滯，百業蕭條，店舖歇業，屋宇空置，當時人因此譏之為「死港」。內地肉食、蔬菜很少能突破封鎖，運銷香港，致使港島食品價格飛漲，還常常有價無貨，街市形同虛設，於是當時人又有「餓港」之譏。由於清潔工人也參加省港罷工，香港城區垃圾堆積如山，烈日薰蒸，臭氣沖天，引發疫病流行，於是香港又被譏為「臭港」、「疫港」。

省港大罷工期間，國民黨領導的廣東國民政府擔負起代表罷工工人

向香港及廣州沙面的英國當局交涉談判的任務，並且將此項交涉提升到取消不平等條約的政治高度。1925 年 6 月 23 日和 28 日，國民黨中央兩次發表主張廢除不平等條約的宣言。國民黨政治委員會為擴大宣傳影響，決定組織北上外交代表團，於同年 9 月初由政治委員會主席、外交部長胡漢民帶隊前往北京。省港罷工委員會選出黃金源、胡蔭為代表，參加北上外交代表團。在此後與英方的外交談判與博弈中，國民政府堅持原則，針鋒相對，毫不退讓。中共工運領袖鄧中夏讚揚此舉「為廣東自有獨立政府以來第一次與外國開的對等會議，為國民政府的新紀錄」，「不僅為廣東外交闢了一個新紀元，而且為中國外交也闢了一個新紀元」。[36] 由於英國當局對省港罷工和沙基慘案採取拒絕認錯退讓的強硬立場，雙方談判陷入僵局。國民政府為省港罷工而進行的外交鬥爭，卻在近代中國屈辱的外交史上寫下抗擊強權的首頁。

　　1926 年 7 月，國民黨中央和國民政府正式從廣東出師北伐，決心推翻北洋軍閥及其控制的北洋政府在全國的統治。北伐軍在兩個多月內，迅速攻佔湖南、湖北和江西等地，國民黨的政治、軍事重心隨即從廣東轉到向長江中下游的省區。

　　在北伐戰爭導致國共兩黨工作重心北移的戰略背景下，結束持續一年多的省港大罷工的問題，就擺在國共兩黨決策者的面前。原因是：一、大軍北伐，廣東後方空虛，需要穩定局勢，避免再與港英政府激烈衝突；二、北伐軍費開支不斷擴大，廣東政府難以繼續支付省港罷工工人十餘萬人的生活費；三、長期封鎖香港，愈來愈引起需要將農產品和其他商品銷往香港的農民及商人的反感；四、港英政府逐漸適應封鎖，另到別處招工和獲取食品供應，香港經濟逐漸好轉，繼續封鎖對香港失去作用；五、罷工堅持一年多之後，聲勢漸成強弩之末，罷工工人生活

36　鄧中夏：《中國職工運動簡史（1919－1926）》，第 13 章「省港罷工」之第 12 節「中英談判」。

困苦，難以繼續苦撐下去。

8 月 28 日，共產國際遠東局來華使團在廣州和中共中央代表、中共廣東區委召開會議，達成一致意見：有必要在不要求香港給予貨幣賠償情況下結束罷工，[37] 實際上是主張無條件結束省港大罷工。國民黨中央同意這一意見。

10 月 6 日，北伐軍攻克湖北武漢，國民政府隨之準備從廣州遷往該地。國民政府外交部長陳友仁奉命發出正式照會，宣佈「凡兩廣與中國各省或外國所貿易之物品，對於其生產及消費一律徵收暫行內地稅」，實際上等於宣佈恢復兩廣與香港的正常貿易，按內地稅率徵稅。10 月 10 日，省港罷工委員會發表宣言，宣佈停止封鎖香港。至此，轟動中外、歷時一年零四個月的省港大罷工主動收束。

1925 年至 1926 年的省港大罷工，在 1922 年香港海員大罷工勝利結束之後的第三年再度爆發，其參加人數之眾、持續時間之長、影響範圍之廣、政治訴求之鮮明，省港罷工無疑勝過海員罷工。可是，就結束罷工的動因而言，海員罷工成功迫使香港洋行船東答應工人加薪要求而勝利結束（儘管後來有些船東食言而肥，並未履約給工人加足薪金），省港罷工卻因服從北伐戰爭的大局而主動收束。港英政府一直罔顧省港罷工工人的政治、經濟訴求，致使罷工者返回香港之後，不少人失去工作，生活陷入困境。從這個意義上說，省港大罷工失敗了。

可是，省港大罷工吸引香港大批工人、青年學生加入祖國國民革命的時代潮流，從中鍛煉和培養堅定投身中共革命事業的共產主義戰士，從而為日後中共將香港作為華南革命的指揮中心奠定堅實的社會基礎。從這個意義上說，省港大罷工並未失敗，其政治影響極為深遠。

37　《共產國際執行委員會遠東局使團關於廣州政治關係和黨派關係調查結果的報告（1926 年 9 月 12 日於上海）》，載《聯共（布）、共產國際與中國國民革命運動（1926－1927）》（上）（北京：北京圖書館出版社，1998），頁 467－468。

1927

|

1934

第二章　◆

地火潛行

一、省委遷港

1927 年初，國共合作的國民革命洪流已經從嶺南大地漫捲到長江流域。在北伐軍相繼攻克湖南、湖北之後，中共在 1926 年 10 月 23 日、1927 年 2 月 22 日和同年 3 月 21 日，先後發動三次上海工人武裝起義，終於擊敗城內的北洋軍閥武裝，解放上海，迎接挺進到上海外圍的北伐軍入城。

可是，揮軍進入上海的北伐軍總司令蔣介石不僅拒絕與中共分享國民革命的勝利成果，而且還要覬覦國民黨的黨、政、軍大權，於是在 4 月 12 日凌晨發動「清黨」反共的反革命政變，出動軍隊，大肆捕殺中共黨人和革命群眾，隨即在南京另行組織國民黨中央和國民政府，與汪精衛在武漢領導的國民黨中央及國民政府形成對峙局面。

4 月 15 日凌晨 2 時，早前在 4 月初參與蔣介石清黨反共密謀的桂系將領李濟深也在廣州出動軍隊，搜查和封閉中共廣東區委、中華全國總工會廣州辦事處、省港罷工委員會、廣州工代會、海員工會等機關，解除罷工工人糾察隊武裝，逮捕中共黨人及革命群眾共五千餘人，其中屠殺二千一百餘人。省港兩地著名的中共黨人蕭楚女、劉爾崧、李森、何耀全、鄧培、熊雄、張瑞成、李亦愚等，被押解到廣州南石頭懲戒場監獄後處決。

與此同時，廈門、福州、寧波、南京、杭州、長沙等地的國民黨也

以「清黨」名義，屠殺中共黨人及其支持者。

7月15日，在武漢領導國民黨中央和國民政府的汪精衛也宣佈實行「分共」政策，宣稱「以和平方式遣散共產黨人」，其部屬隨即捕殺中共黨人及革命群眾。

面對國民黨反動派突然叛變革命和血腥屠殺，中共廣東區委作出撤退香港的決定。1927年4月17日，未遭逮捕的中共廣東區委委員在廣州西堤舉行緊急會議，決定將廣東區委暫時轉移到香港，同時成立中共廣州市委，繼續領導工人鬥爭。這時，廣東區委書記陳延年等區委主要負責人正在武漢參加中共第五次全國代表大會，留粵的其他區委成員分散各地，難以正常開展工作。因此，撤退香港的原區委成員便於5月間建立中共廣東特委，由穆青、賴玉潤（賴先聲）主持工作。

7月15日汪精衛宣佈實行「分共」之後，在江西九江工作的中共負責人李立三、鄧中夏、譚平山等人，向在武漢主持中共中央工作的瞿秋白提議：在江西南昌發動武裝暴動，反擊國民黨的鎮壓。於是，中共中央任命周恩來為領導南昌起義的前敵委員會書記，負責籌措一切。

8月1日，周恩來、朱德、賀龍領導的南昌起義正式爆發。這一事件開啟中共武裝奪取政權的革命之路，成為中共推翻國民黨反動統治的第一槍。後來，這一天成為中國人民解放軍的建軍節。

8月7日，中共中央在漢口原俄租界三教街41號（今鄱陽街139號）召開中央緊急會議。由張國燾、周恩來、李維漢、李立三、張太雷、瞿秋白組成的臨時中央政治局常務委員會，召集在武漢的部分中央委員、候補中央委員及中央機關、共青團中央、地方代表共二十一人參加。會議確立土地革命和武裝鬥爭的總方針，批判和糾正陳獨秀右傾機會主義錯誤，撤銷他在黨內的職務。

「八‧七會議」在中國革命緊急關頭，向黨和人民指明鬥爭方向。毛澤東出席這次會議，提出「槍桿子裏出政權」的著名論斷，隨即以中

共中央特派員的身份前往長沙，領導湘贛邊界的秋收起義。

8月19日，張太雷和黃平抵達香港。20日，張太雷在香港主持召開省委會議，傳達黨的「八・七會議」精神。會議決定正式成立中共廣東省委，選出省委委員十三人、候補委員七人，張太雷任省委書記。9月下旬，張太雷同時兼任中央南方局書記。廣東省委和南方局隨即部署在各地發動武裝暴動的計劃，派人分頭實施。

這時，南昌起義軍撤出江西，取道閩西上抗，移師廣東大埔，挺進潮汕地區。張太雷從香港趕往潮汕，發動潮汕鐵路工人罷工，挖斷路基，使汕頭之敵不能運兵增援潮州。起義軍攻克潮州後，張太雷又組織鐵路工人，連夜搶修鐵路，並領導當地農民自衛軍，協助起義軍攻佔汕頭。隨後，張太雷向周恩來、李立三等起義軍領導人傳達中央「八・七會議」精神，轉達中央臨時政治局的決定：將南昌起義後組建的中國國民黨革命委員會改稱中華蘇維埃，不再沿用國民黨的旗號，另外豎起斧頭鐮刀紅旗，以示中共單獨領導革命；放棄潮汕，轉往海陸豐，與彭湃領導的農民軍會合，建立革命根據地。隨後，張太雷返回香港。

10月15日，中共廣東省委和南方局在香港召開聯席會議，重組新的中共廣東省委和南方局。張太雷、黃平、阮嘯仙、惲代英、楊殷、黃謙、陳郁等七人組成廣東省委常委會，張太雷為書記，黃平為組織部長，惲代英為宣傳部長，阮嘯仙為農委書記，楊殷為工委書記。共產國際派來指導中共革命的德國共產黨員諾依曼參加此次聯席會議，宣佈張太雷、周恩來、黃平、惲代英、楊殷、彭湃等六人組成新的南方局，張太雷為書記，會議決定不因南昌起義軍南下廣東失利而取消廣東暴動計劃。

會後，張太雷離開香港，經汕頭轉赴上海向中央彙報，並參加中央臨時政治局擴大會議，和周恩來、蘇兆徵等研究制訂廣州起義計劃。11月20日，張太雷回到香港。不久，根據中央指示，南方局在10月23日撤銷，中共在港領導機構只有廣東省委及其領導的香港市委。

　　這時，廣東的國民黨陣營出現裂痕。由於中共領導的南昌起義軍撤離江西後，移師廣東潮汕及海陸豐地區，主掌廣東國民黨黨政軍大權的桂系將領李濟深派主力部隊前往堵截，省城廣州兵力空虛。在江西的國民黨粵系將領張發奎乘機指揮所轄第 4 軍返回廣州，蓄意取而代之。

　　10 月下旬，第 4 軍參謀長兼該軍教導團團長葉劍英率領該教導團回到廣州，進駐北較場四標營。葉劍英是粵軍名將，1925 年曾申請加入中共。1927 年 7 月，因不滿國民黨「清黨」反共，在梅縣同鄉、中共秘密黨員李世安介紹下，經周恩來批准，秘密加入共產黨。八一南昌起義前夕，他向準備率部起義的原第四軍獨立團團長、時任第 11 軍副軍長葉挺密告汪精衛意圖誘捕葉挺及賀龍，以破壞南昌起義的陰謀。葉劍英率部回防廣州，有助於中共乘機策動起義。

　　11 月 17 日，廣州發生驅逐李濟深的軍事政變。張發奎從香港返回廣州，以「護黨」名義，指揮軍隊發動政變，包圍主持廣東黨政軍事務的李濟深、陳濟棠、黃紹竑的司令部及其住宅，解除他們的武裝。隨後，張發奎自任廣州軍事委員會主席，依靠粵系軍隊控制廣東。為了防止桂系軍隊從廣西進犯，張發奎調重兵駐防肇慶等地，廣州城防再度空虛。

　　粵桂軍閥因爭奪廣東控制權而鷸蚌相爭，兵戎相見，給黃雀在後的中共造就可乘之機。

　　就在張發奎揮軍驅逐李濟深及桂系駐粵部隊的當天，中共中央通過《對廣東目前政治任務議決案》，正式決定在廣州舉行武裝暴動，要求中共廣東省委「發表宣言，號召全省工農暴動，建立工農兵貧民政權，以反對兩廣軍閥私人戰爭」。[1]

　　在香港的中共廣東省委隨即全力部署廣州暴動，省委機關成員幾乎

1　《廣州市志》卷一：大事紀・民國時期：民國十六年（1927 年）下。

全部離開香港，秘密前往廣州，只留省委秘書長沈寶同等兩人在香港接
應。11 月 26 日，張太雷在廣州召開省委常委會議，決定成立暴動指揮
部——革命軍事委員會，他擔任總指揮，推進各項準備工作。

12 月 8 日，廣東省委向中央函報廣州暴動準備情形，說：

> 張、李軍閥的混戰，使軍閥勢力在廣東動搖。廣州所遺兩團
> （教導團、警衛團），教導團一千餘槍，完全受我們的指導；警衛團
> 團長是我們的，至少使該團不致反對我們。這種時機是很難得的。
> 在工人一方面，奪取政權的要求非常之切，因為李、張無論哪個
> 來，都將嚴重壓迫廣州工人，所以省委與德毛子決定廣州暴動。我
> 們的力量：教導團一團，進我隊已有二千五百，渴望擴充至三千以
> 上。警衛團兩營是舊的，無同志；一營是我們的，惜槍不足，但可
> 用團長的地位，幫助解決那兩營。[2]

顯然，鑒於張發奎部主力已離開廣州，餘下的教導團由中共秘密黨
員葉劍英指揮，警衛團團長又是中共黨人，掌握團內一營武裝，容易解
決其他兩營舊軍隊，廣東省委因此向中央表示有信心發動廣州暴動。

報告裏提到的「德毛子」，是共產國際派來指導中共革命的德國共
產黨員諾依曼。10 月 15 日，他曾在香港參加中共南方局和廣東省委的
聯繫會議。

12 月 9 日，諾依曼在廣州致電莫斯科聯共（布）最高領導機關，
報告廣州起義準備情形及起義計劃、口號等。聯共（布）中央政治局隨
即以史達林的名義覆電，批准起義計劃。

同日，汪精衛獲悉共產黨人準備在廣州暴動，急電張發奎、陳公博

2　《彙集》（一九二七年），頁 185。

等人「堅決反共」、「嚴加懲辦」。[3] 張發奎隨即密令所轄「護黨軍」前敵總指揮、第四軍軍長黃琪翔從西江前線緊急返回廣州，執行汪精衛的指示，公安局也加緊檢查全市戶口。

12月10日早晨，先前率部參加八一南昌起義的廣東另一位名將葉挺，乘坐九廣列車，從九龍抵達廣州東站。廣東省委常委楊殷、廣州市委工委書記、工人赤衛隊總指揮周文雍等人，開卡車前來迎接。在永漢南路（今北京南路）禺山市場陳少泉雜貨店的二樓，葉挺與張太雷及暴動指揮部要員會商起義部署，並就任起義指揮部總指揮和工農紅軍總司令。

鑒於形勢危急，暴動指揮部決定將發動起義的日期從12月12日，提前到11日舉行。

11日凌晨2時，葉挺和張太雷、惲代英、徐光英一道，由教導團連長曾幹庭帶路，乘車來到教導團駐地四標營，向教導團官兵進行戰前動員。凌晨3時，起義槍聲四起。起義軍迅速攻佔珠江北岸大部分市區，隨即宣佈成立廣州蘇維埃政府，推舉蘇兆徵為主席，因其未到廣州，由張太雷擔任代主席兼人民海陸軍委員。

起義爆發後，國民黨廣東省政府主席陳公博及張發奎、黃琪翔等將領逃到駐在珠江南岸海鐘寺的第五軍軍部，隨即調集重兵，從西江、東江、北江等地包圍廣州。

為了保存革命力量，葉挺在11日凌晨提議：起義軍應盡快在次日就撤出廣州，並將繳獲的大量武器武裝參加暴動的工人；撤退路線或北上，與朱德領導的南昌起義軍餘部會合；或東進，與彭湃領導的農民軍會合。這一提議立即得到葉劍英、聶榮臻、黃綿輝等人贊成。

可是，共產國際指示廣州暴動的方針是：爭取一省勝利以贏取全國勝利。因此，時年二十五歲的共產國際代表諾伊曼不僅要求起義軍守住

---

3 王新生：〈對聯共（布）、共產國際與廣州起義再研究〉，《中共黨史研究》，2003年第6期。

廣州北岸城區，而且要次日繼續進攻長堤的第四軍軍部和敵軍據守的珠江南岸。他還斥責葉挺的建議是「軍事上無能，政治上動搖」，是想當「土匪流寇」。這種不切實際的決策最終讓起義軍蒙受更大的損失。

12 日中午，廣東工農兵擁護蘇維埃政府大會在豐寧路西瓜園召開，張太雷在會上發表演說。會後，返回起義總指揮部。旋聞敵人從觀音山向起義總指揮部反撲，便和國際代表乘車前往大北門指揮戰鬥。行至大北直街（今解放北路）附近，遭到城內敵人伏擊，張太雷身受重傷，醫治無效，壯烈犧牲，時年二十九歲。

當日，張發奎部三個師的兵力從南、西、北三個方面，向廣州市區展開猛烈進攻。英、美、日、法等國駐廣州的軍艦和陸戰隊也向城內起義軍開槍開炮。

當晚，起義軍總指揮部鑒於敵我力量懸殊，起義軍遭受慘重傷亡，終於下達撤出廣州的命令。

13 日凌晨，起義軍餘部一千四百多人撤至花縣（今花都市），改編為紅四師，轉戰到海陸豐，與彭湃領導的農民軍會合，開展游擊戰爭；另有部分人退往廣西，後來參加中共發動的紅七軍右江起義；還有少數人在韶關附近加入朱德、陳毅率領的南昌起義軍餘部，隨後上井岡山。

國民黨軍隊重新佔領廣州之後，血腥屠殺未及撤離的起義軍、工人赤衛隊和革命群眾，慘遭殺害者達五千餘人。蘇聯駐廣州領事館的多名外交人員也慘遭殺害。

廣州起義是中共繼發動南昌起義、秋收起義之後對國民黨反動派進行的又一次英勇反擊，並且在反擊中第一次建立與國民黨政權對峙的蘇維埃工農政權。它的失敗表明：在敵人強大武裝佔據中心城市的情況下，套用蘇俄奪取城市取得革命勝利的經驗，在中國行不通。

半個世紀之後，廣州起義的一位領導者葉劍英寫道：

　　廣州起義留下的教訓是多方面的，其中主要的一條是：無產階

級先鋒隊要派自己的幹部下鄉。如果廣州起義不留戀城市，在起義之後自覺地、主動地迅速向農村發展，與當時正蓬勃發展的海陸豐農民運動相配合，建立農村根據地，開展以土地革命為中心內容的游擊戰爭，那麼，起義將會取得更大的勝利。[4]

據中共香港市委估計，香港中共黨、團組織成員及革命群眾共有數百人參加廣州起義。起義爆發後，香港市委決定於 12 月 13 日在九龍、跑馬地兩處舉行全港工人慶祝廣州暴動勝利大會。「那天群眾已有陸續到會場，警察看見也不敢如何舉動」，但當日獲悉廣州暴動失敗，香港市委隨之停止慶祝活動。[5]

12 月 18 日，中共中央任命李立三為廣東省委書記，處理廣州起義善後事宜。20 日，李立三抵達香港，召集省委會議，決定由張善銘代理省委書記，李立三以中央巡視員資格指導省委工作。[6]

28 日，李立三向中央提交廣州起義善後報告，內中肯定下轄十三個支部的中共香港市委工作。次年初，香港市委有工人黨員四百餘人，市委委員中僅一名知識份子，餘皆工人。[7]

1928 年 1 月 1 日至 5 日，李立三在香港主持中共廣東省委全體會議，決定發動各縣農民暴動、奪取全省政權；改組省委，李立三任書記，張善銘為軍委書記，沈青為編輯委員會書記，羅登賢為職工運動委員會書記。會議通過「中共廣東省委關於廣州暴動決議案」，將廣州起義失敗原因歸咎為領導者的個人責任，決定以政治紀律懲處原省委及起義指揮部共九名領導人，其中包括解除六人省委領導職務，調做下層工

---

4 葉劍英：〈革命失敗與廣州起義〉，《人民日報》，1958 年 7 月 30 日。

5 《彙集》乙 2，頁 47、102。

6 中共廣東省委黨史研究委員會 、中共廣東省委黨史資料徵集委員會編：《中共廣東黨史大事記》，1987 年出版。

7 《彙集》甲 7，頁 262；乙 2，頁 59。

作，請中央批准；對葉挺予以留黨察看六個月的處分；開除兩位原領導人的黨籍。[8]

參加此次會議的原廣東省委軍委書記聶榮臻在後來回憶說：

> 省委在香港召開會議，全面檢查廣州起義問題。參加會議的人相當多，我記得的有張善銘、惲代英、周文雍、陳郁、黃平、吳毅、楊殷、鄧發等同志。當時張善銘雖然是省委代理書記，但實際上是李立三主持會議。他獨斷專行，把起義說得一無是處，完全抹殺了同志們的革命熱情和大無畏的英勇獻身精神。他指責這次起義失敗的主要原因是省委領導犯了軍事投機和盲動主義的錯誤，在關鍵時刻動搖，對起義指揮不力等等。會上，許多同志不同意他的意見，有的還舉出「巴黎公社」的例子，要他正確對待這次犧牲了幾千名同志的群眾起義。但李立三根本聽不進去。最後，他採用了懲辦主義，決定處分大批同志。與會同志堅決反對他這種蠻不講理的態度，我也感到非常憤慨。[9]

李立三主持下的廣東省委作出追究、嚴懲廣州起義領導者責任的決議案，並未得到設在上海的黨中央認可。同年 2 月上旬，李立三到上海，親自要求黨中央批准懲處原廣東省委領導層，仍未為中央接納。鑒於中央與廣東省委在評價廣州起義問題上存在分歧，中央派鄧中夏到香港，代理廣東省委書記。當時，廣東省委的通訊位址是：香港中環士丹利街寶安商會轉李更新。

2 月 20 日夜晚七時，省委常委正在開會，突然闖入十餘名偵探，

8　《彙集・一九二八（一）》，頁 10–11。按：決議案懲處的人名除周文雍外，均以△△△或△△代替。其中可根據懲處△△的原因，判斷為葉挺。

9　《聶榮臻回憶錄》（北京：戰士出版社，1983），頁 93。

省委書記鄧中夏、常委王強亞、羅登賢及黃謙等四人被捕；沈寶同、惲代英、聶榮臻等因外出得以倖免。[10] 這是中共廣東省委機關首次被港英政府破獲。

同月 24 日，李立三從上海返回香港，重組新的省委常委會，自任書記，設法營救被捕同志。由於鄧中夏在被捕後自稱是到香港做生意的商人，警方沒有足夠證據，最後將鄧中夏、羅登賢等釋放出獄。隨後，鄧中夏赴蘇聯莫斯科，參加中共第六次全國代表大會，羅登賢調任中共江蘇省委書記。黃謙則被指控為共產黨員，同年 6 月引渡到廣州遇害。

黨中央之所以不認同李立三等人提出的懲處前廣東省委領導層的決議案，是因為中央軍委書記周恩來力主實事求是地評價廣州起義。「在中央常委會議上，周恩來多次就這個問題作了發言。他分析廣州起義前的具體情況，認為這次起義是必需的。他說，這次的批評，一是批評的人沒有在廣州，沒有深深地想想暴動時的困難；二是因退卻時通知不周而造成許多人犧牲，就從根本上說暴動不好，這兩種精神都不好。」他明確地表示，「這種指導的影響是很壞的，對這次同志的嚴厲的處罰是不對的。」於是，「中共中央決定派周恩來去重新處理這件事」。

3 月中旬，周恩來受中共中央委託，來到香港，主持召開廣東省委擴大會議，糾正李立三處理廣州起義善後事宜的「左」的錯誤。「周恩來到香港後，在省委擴大會議上全面分析了廣州起義的歷史意義，肯定起義領導人在鬥爭中表現的革命精神，指出起義失敗的原因是敵強我弱，沒有爭取廣大農民配合。在戰鬥形勢不利時，又沒有及時撤退轉往農村。他對有錯誤的同志也提出了批評，並宣佈原來的處分決定無效。大家覺得周恩來的處理是實事求是，以理服人的。這就正確地解決了廣東黨內的爭論，恢復了黨的團結。」4 月 4 日，周恩來寫信給黨中央，說：經過這一段時間的努力，廣東「省委已近於集體指導，雖中經挫折

---

10 《彙集》乙 2，頁 125－126。

和破獲，但較前確大進步」。

周恩來妥善處理廣州起義善後事宜之後，還根據中共領導土地革命的現實需要，「對廣東順德、廣寧、英德、瓊崖、曲江等地的土地佔有及耕作情況和土地革命中遇到的問題作了細緻的調查，向中共中央寫了書面報告」。同時，還詳細調查廣東全省的黨組織狀況，並寫了書面報告，指出：「目前黨的組織已到極嚴重的時期，黨的組織極弱，它的力量決難發動暴動。」「周恩來對廣東土地問題和黨組織狀況所作的這些系統而具體的調查材料，很有說服力地幫助中共中央了解了很多實際情況。」4 月中旬，周恩來從廣東返回上海。[11]

1928 年 6 月 18 日至 7 月 11 日，中共第六次全國代表大會在莫斯科召開。蘇兆徵與向忠發、項英、周恩來、蔡和森等五人當選為中央政治局常委，蘇任中央工委書記。李立三當選為中央政治局候補常委，擔任中央農委書記，留中央工作；廣東省委書記由在「六大」上被選為中共中央委員的李源接任。

在此之前，香港海員大罷工和省港大罷工的領袖林偉民因患腿部骨結核病，於 1925 年 8 月在廣州住院治理，1927 年 9 月 1 日在醫院病逝，時年四十歲。1929 年 1 月，蘇兆徵從莫斯科回國，同樣因積勞成疾，2 月 20 日病逝於上海，時年四十四歲。

林、蘇二人英年早逝，他們開啟的香港海員投身祖國革命之路卻並未因此中斷。1928 年 7 月 29 日，中共香港海員支部報告海員組織情況稱，香港海員現有黨員 121 人，分佈在 34 艘船上，其中有 3 艘成立支部。[12] 在白色恐怖下，此時香港海員的黨員人數雖然明顯少於省港罷工期間的五百多名黨員，但他們卻是日後星火燎原的火種。

11　金沖及主編：《周恩來傳（一）》（北京：中共中央文獻出版社，2008），頁 260–262。

12　《彙集》甲 25，頁 185–189。

　　1928 年 11 月，根據中共中央巡視員毅宇（即賀昌）寫給中央的報告，當時香港有黨員約六百人，下轄支部三十二個，較健全者八個；秘密工會組織四五個，會員三百至四百人。[13]

　　同月 16 日至 24 日，廣東省委召開擴大會議，決定以香港、廣州、汕頭、鐵路、海員為第一位工作。會議「特別指出，香港是英帝國主義太平洋根據地、廣東經濟中心、南方唯一重要產業區域、中央佈置全國的四大城市之一。為國際、為全國、為廣東革命前途、為創造無產階級的黨，都要特別注意香港工作」。本月由於廣東省委書記李源在巡視東江蘇區時被捕犧牲，會議決定由黃釗擔任省委書記，盧永熾負責組織兼全總書記，參加過南昌起義和廣州起義的聶榮臻擔任軍委書記。[14]

　　12 月 4 日，惲代英在上海向中央局彙報廣東黨組織情況，稱「廣東最大工人區域在香港，有船廠、市政等。廣州、汕頭產業工人很少」。中共在香港有船廠四個支部（太古、九龍、水師、紅磡）、貨廠兩個支部（太古、九龍），還有海員流動支部。「香港無市委，設三區直屬於省委。」[15] 顯然，此時中共香港市委已經撤銷，改設香港三區委，直屬廣東省委領導。這三區是港島東區、西區和九龍區。

　　1929 年元旦，廣東省委致函中央，報告香港黨、團機關被港英政府破獲的消息：團省委常委機關、團交通機關、中共香港市委、香港西區區委機關以及海員工委相繼被破壞，被捕十餘人。原因是先前被捕的香港市委特務科、發行科的人員叛變。這是香港黨組織首次出現被捕人員叛變導致各級機關被敵人大舉破獲的事件。未被敵人發現的省委及香港東區、九龍區區委想即刻搬遷轉移，但因無錢，「惟有坐而等候敵人之光顧」。機關的傢具均為租賃而來，偵探便常以稽查家俬為由，前來

13　《彙集》甲 13，頁 28、31；乙 2，頁 191。

14　《彙集》甲 13，頁 283、293。

15　《彙集》甲 13，頁 307、312。

巡查。省委因此請中央速電匯 1,000 元救急，可見經費已經捉襟見肘。
1 月 27 日，省委就經費核查及撥款營救負責同志致函中央，稱營救馮
菊坡共付 500 港元，營救香港西區黨委及團機關的負責同志共需 1,400
元。30 日，省委召集香港東、西區委聯席會議，決定將兩區委合併為
一個區委，任命五人，組成新的香港（島）區委，與九龍區委並列。[16] 2
月間，該批被捕人員被判處驅逐出境，其中有九人到上海。

　　儘管如此，香港各級黨組織仍然堅持地下工作。僅以繼續發行地下
宣傳刊物為例，到這年 4 月，中共黨組織在香港經常出版的刊物有：廣
東省委機關報《紅旗週刊》，工人普通刊物《工人三日報》，海員讀物
《海員月刊》，青年工農讀物《少年先鋒》，黨內幹部工作讀物《學習》
半月刊，還有不定期的黨內讀物《政治通訊》，不定期登載香港支部生
活的《支部生活》，以及團內讀物《新生活》等。[17]

　　4 月 27 日，黨中央致函廣東省委，決定將廣西省委改為特委，由
廣東省委領導；指定盧永熾（即盧德光）、陳郁、聶榮臻、黃甦和中央
巡視員賀昌為廣東省委常委。盧為書記，賀為宣傳部長兼黨報委員會書
記，陳郁為組織部長，聶榮臻為軍委書記。此後，賀昌實際主持省委
工作。[18]

　　這一切都表明，在國民黨政府和港英政府的聯合打壓下，中共在香
港的活動隨時處於被緝捕、引渡乃至被殺害的危險之中，但是共產黨人
仍然頑強扎根香港，勇敢地為推進祖國革命而努力奮鬥。

16　《彙集》乙 3，頁 1－2、9－11；甲 13，頁 441、443；甲 14，頁 123。

17　《彙集》甲 14，頁 310。

18　《中共廣東黨史大事記》，頁 129。

二、猛龍過江

自從 1895 年孫中山在香港創建興中會香港總部，發動廣州反清起義以來，香港就以其交通便利、進出自由的優勢，一直成為近代中國民主革命的海外基地。革命黨人以香港作為挺進內地、掀起革命運動的出發地，失敗後則以香港作為退卻療傷、轉戰他處的中轉站。中共展開推翻國民黨反動統治的新民主主義革命以後，同樣都將香港作為推進內地革命運動的海外樞紐，中共在港組織就成為接應戰友進出內地的堅強柱石。

1927 年 10 月，南昌起義軍餘部轉戰廣東潮汕地區失敗，香港黨組織迎來戰敗退卻的首批戰友。

同月初，進佔廣東潮汕地區的南昌起義軍在敵人重兵圍攻下，遭受慘重傷亡。同月 3 日，餘部撤退到普寧縣流沙。中共南昌起義前敵委員會書記周恩來召集李立三、惲代英、彭湃、張國燾、譚平山、賀龍、葉挺、劉伯承、聶榮臻、郭沫若等領導人，在流沙召開善後會議，決定餘下一千多人的武裝隊伍撤往海陸豐，主要領導人分散撤往香港和上海。其中，劉伯承、賀龍率領部分人員取道惠來神泉港，乘船抵達香港，然後乘輪船抵達上海，向黨中央匯報南昌起義及失敗退卻情形。

此時，周恩來身患惡性瘧疾，發高燒，不時昏迷。「守在他身邊的只剩下葉挺、聶榮臻等幾個人，他們路不熟，又不懂當地話，幾個人只有一支小手槍，連自衛的能力也沒有。以後，遇到地方黨的負責人楊石魂，他是當地人，先帶他們在附近一個小村子裏隱蔽一下，晚上又找來一副擔架，把周恩來抬上，轉移到陸豐的甲子港。在這裏，找來一條小船，送他們出海。」[19] 當時，楊石魂是中共汕頭市委書記，熟悉當地情況，他找來一艘小船，親自護送他們出海去香港。

19　《周恩來傳（一）》，頁 246－248。

後來成為中國十大元帥之一的聶榮臻回憶這段經歷，說：

> 那條船實在太小，真是一葉扁舟。我們四個人：恩來、葉挺、我和楊石魂，再加上船工，把小船擠得滿滿的。我們把恩來安排在艙裏躺下，艙裏再也擠不下第二個人。我們三人和那位船工只好擠在艙面上，船太小，艙面沒多少地方，風浪又大，小船搖晃得屬害，站不穩，甚至也坐不穩。我就用繩子把身體拴到桅杆上，以免被晃到海裏去。這段行程相當艱難，在茫茫大海中顛簸搏鬥了兩天一夜，好不容易才到了香港。[20]

楊石魂把處於半昏迷之中的周恩來「背到九龍油麻地廣東道的一處住所住下，對外說是姓李的商人。廣東省委派一個受過護士訓練的同志來照顧他，請了醫生來診治，半個多月後，他的健康狀況逐漸好轉，開始能在別人陪同下，過海到香港島上，參加中共廣東省委召開的研究廣州起義的會議」。10 月 23 日，上海中共中央決定召開臨時政治局擴大會議，寫信通知香港廣東省委，說：「請你們通知恩來務於七日以前，趕到上海以便出席。」11 月上旬，周恩來從九龍深水埗乘船前往上海。[21]

此次周恩來居港養病約一個月，單獨照顧周恩來病情的人叫范桂霞，原是廣州中山大學附屬師範的學生，當過紡織女工，省港罷工期間加入中共，曾在中共廣東區委婦女委員會工作。1927 年廣州「四‧一五」反革命政變後，范桂霞輾轉逃到香港，在廣東省委秘書處負責抄寫文件與交通聯絡，曾聯絡來港的中共高層領導李立三、惲代英、彭湃、瞿秋白、董必武、林伯渠等人。周恩來抵港之前，廣東省委秘書長沈寶

20　《聶榮臻回憶錄》上卷，頁 71。

21　《周恩來傳（一）》，頁 253。

同決定由范桂霞以夫妻名義，單獨護理照顧這位來港醫病的領導。

當時，范桂霞二十二歲，尚未結婚，為了完成組織交付的任務，毫不猶豫地答應下來。她和省委總務處的一位同志去到油麻地廣東道，佈置好預先租好的房間，請來一個廚工，燒茶做飯。看到楊石魂背着病人進入房間，范桂霞立即認出這正是擔任過中共兩廣區委書記、黃埔軍校政治部主任的周恩來。范桂霞從小受到父親行醫的言傳身教，略知醫療護理知識，便按照醫生囑咐，精心護理周恩來的病情，使他逐漸康復，恢復工作。後來，周恩來回到上海，將經過告訴夫人鄧穎超，鄧穎超記得曾在廣東區委婦委一起工作的范桂霞，高興地說：「這回多虧了她照顧你，但願將來能見到她。我一定要好好謝謝她。」

二十六年之後的 1953 年 8 月 22 日，政務院總理周恩來和夫人鄧穎超在中南海西花廳的家中，熱情款待來北京看望兒子、兒媳的廣東雲浮縣小學教師范桂霞。

又過二十年，范桂霞在「文化大革命」期間被誣為「叛黨份子」，遭到批鬥、抄家，投訴無門。1973 年她來到北京，致信問候身患重病的國務院總理周恩來。周恩來立即派兩名工作人員找到她的住處，得知她的悲慘遭遇之後，周恩來指示中共廣東省委為她徹底平反，恢復公職。[22] 無產階級革命家與普通黨員在香港短暫相處結下的戰鬥友誼，經得起歷史風浪的長久考驗。

1927 年 12 月中旬，廣州起義失敗，香港黨組織又迎來新一批來港避難的戰友，其中有後來成為十大元帥的聶榮臻、葉劍英和徐向前。

聶榮臻在參與領導 1927 年 8 月 1 日南昌起義之後，隨同起義軍餘

22　秦九鳳：《揭秘：女教師假扮妻子，掩護周恩來留港養病》，北京：周恩來紀念網，網址：http://zhouenlai.people.cn/BIG5/n1/2019/0327/c409117-30998794.html。

部轉戰廣東潮汕地區。10月起義軍失敗後，護送周恩抵達香港治病，自己則留在香港，擔任廣東省委軍委書記。12月初，他到廣州領導起義，同月12日起義失敗後，在廣州城內住所潛伏三日，然後撤回香港。

後來，他回憶說：

> 起義失敗以後，敵人進行了瘋狂的慘無人道的大屠殺。軍警滿街搜捕，聽講話不是廣東口音的，抓住就殺，甚至連問都不問，看你不像本地人就殺。有些人在街上過，想看看熱鬧，也被殺害了。據後來看到的書報記載，十二月十三日以後的五六天時間，敵人枉殺廣州人民多達五千七百多人。

> 白色恐怖極其嚴重，在街上活動異常危險。我在安排了部隊撤退之後，天已很晚，就往八旗會館附近住地走。在路上碰到商團搜身，把我的一支鋼筆搜走了，因為不會廣東話，只有不吭聲。回到住地，天還沒亮，沒有敢叫房東的門，怕引起人家懷疑，就坐在樓梯口等。直到天亮，房東開門之後，我才大大方方地上樓。房東說，你起得這樣早呀？我說，是啊，不知道街上發生了什麼事，出去看了看。我在住地呆了三天之後，才回到香港。楊劍英同志在我之後也回到了香港。

> 到達香港的時候，也是很危險的。敵人搜身很厲害，發現你身上有紅線頭，就說這是佩帶紅帶子留下的證明，就把你抓起來。而我的紅帶子，藏在衣服口袋裏，一起裝進了箱子。到了香港，敵人檢查了箱子，沒有查出來。等我回到旅館，整理衣服時，發現紅帶子還在，又躲過了一次危險。到香港不久，找到了省委機關，找到了黃錦輝。剛到的幾天，我們收容了一批從廣州轉來香港的同志，作了妥善安置。[23]

23　《聶榮臻回憶錄》，頁90－91。

葉劍英在廣州起義中擔任副總指揮。12 月 12 日中午，他率領教導團與敵人反覆爭奪城內制高點觀音山，在徐向前率領工人赤衛隊增援下，終於守住這一制高點。入夜，起義指揮部下令撤出廣州城，葉劍英卻未得到通知。後來，他回憶說：「那一天晚間，當我從長堤巡視回來，到蘇維埃政府所在地時，一個人影都沒有了。我上樓一看，財務部長的辦公桌上放滿了五十元、一百元的票子。我看了一下，又到樓上、樓下都找了一遍，見不到一個人。」

次日，葉劍英隱蔽在沙面租界。第三天拂曉，他在中共地下交通員、廣九鐵路職工李運全掩護下，化裝成鐵路工人，從沙面乘搭省港航船來到香港。先住在九龍油麻地，後搬到香港新界居住。不久，他的弟弟葉道英陪着母親、妻子也避居香港。全家人便搬到大埔墟安頓下來。後來，葉劍英與廣東省委領導人聶榮臻、惲代英等人建立聯繫。12 月下旬，他到港島西環堅尼城羲皇台 23 號四樓的廣東省委秘密機關，和聶榮臻、惲代英、陸定一、黃甦等人出席省委會議。

後來，聶榮臻回憶這段難忘的交往，說：「在香港，劍英買了一部太平天國的野史，推薦給我看。我們一邊議論太平天國革命失敗的慘痛歷史，一邊總結南昌起義、廣州起義成敗的經驗教訓，越談越投機，有時竟廢寢忘食。在香港的交往，使我感到劍英精明強幹，才華出眾，分析問題精闢，對同志熱情誠懇。從此，彼此視為莫逆之交。」

在香港「隱居」期間，葉劍英除讀書、訪友之外，還接濟和保護一些落難的梅縣同鄉和戰友。他還與中共香港九龍區委負責人梁廣、在港的澳門中共秘密黨員柯麟、柯平兄弟等聯繫，進行秘密活動。[24] 1928 年秋，中共中央決定派葉劍英到蘇聯學習，於是，他乘船離開香港，同年底抵達莫斯科。

---

24 以上引據《葉劍英傳》（北京：當代中國出版社，1995），頁 125－130。

　　徐向前在廣州起義時，領導工人赤衛隊第六聯隊。起義失敗後，他帶領餘部撤退到花縣，與起義軍的其他隊伍會合，整編成紅四師，共一千四百多人。下分第十、第十一、第十二共三個團，徐向前擔任第十團黨代表。紅四師隨後往海豐地區轉移，但在敵軍圍攻下，接連失利，損失慘重。

　　1929 年 1 月，中共廣東省委通知紅四師所剩人員分批分散撤出海陸豐。當時，徐向前擔任紅四師參謀長，他帶領最後撤退的十餘人，沿着省委佈置的轉移路線，秘密從海豐附近蓮花山的熱水洞出發，經惠州乘汽車到樟木頭，再坐港九火車安全抵達九龍，住在省委租下的一座小樓。房間裏放着黨中央印發的中共「六大」文件。徐向前後來回憶說：

　　　　在九龍，我們住在一座小樓裏，單門獨院，比較安全。這是廣東省委租的一所房子，等於個招待所，有位工人同志負責照顧我們。剛到的那幾天，大家飯可沒少吃，但總覺得肚子填不飽，這大概是在山裏長期挨餓造成的吧。

　　　　九龍是英租界，國民黨不能進來亂抓人。然而，英帝國主義畢竟和國民黨一個鼻孔出氣，所以我們也保持警惕，不暴露身份，不隨便上街。「交通」告訴我們應付敵人搜查的辦法，並再三叮囑大家：如果萬一被捕，要想辦法去澳門，絕不能去廣州。在澳門，組織上可以營救，去廣州落到國民黨手裏，就難辦了。

　　　　我們在九龍住了一個多月的時間，主要是學習「六大」文件。文件用《牡丹亭》之類的小說封面偽裝着，是鉛印的。這是我第一次有時間坐下來，安安靜靜地閱讀黨的決議。「六大」的決議，寫得很好，讀起來很解渴。例如，關於中國革命的性質和民主革命的十大綱領，關於當時革命處於低潮時期的論斷，關於既要反對右傾投降主義又要反對「左」傾盲動主義的問題，關於建立工農紅軍和發展根據地的任務，等等，都在我的腦子裏留下了深刻的印記。特

別是聯繫到大革命失敗後自己的親身經歷和見聞，使我進一步認識到，無產階級的軍事鬥爭，離不開正確政治路線和策略的指導。否則，將一事無成。[25]

同年 3 月，徐向前等人接到黨中央要他們到上海分配工作的通知，於是乘船離開香港。不久，徐向前等人分配到湖北大別山，開闢游擊根據地，開始新的征程。

1928 年 11 月 8 日，鑒於香港在中共革命中具有連接海內外往來的特殊地位，中共廣東省委「提議中央在香港組織交通局，管理粵、閩、桂及南洋交通」，[26] 建立接應戰友進出內地及往來東南亞等地的紅色交通線。

這條紅色交通線初建之際，後來成為中共中央總書記的鄧小平就幾度取道香港，進出廣西，領導紅七軍起義。

在此之前的 1920 年 9 月 14 日，原名鄧先聖的鄧小平和前往法國勤工儉學的八十二名四川青年學子，在上海乘坐法國郵輪，來到香港，停泊一天。這是鄧小平首次途經香港。

1929 年上半年，桂系軍閥統治下的廣西出現有利於中共發動起義的新變化。這年 3 月至 6 月間，蔣桂戰爭爆發，桂系軍隊在華北及長江中游省區與蔣介石領導的中央軍展開激戰，桂系部將俞作柏、李明瑞率部倒戈，逼迫桂系首領李宗仁、白崇禧、黃紹竑三人下野，蔣介石隨即委任俞作柏、李明瑞主政廣西。俞作柏的弟弟、李明瑞的表弟俞作豫，原為駐紮廣州的桂系部將，1927 年 10 月在香港秘密加入中共，12 月中旬參加廣州起義，失敗後退回廣西，力勸俞作柏、李明瑞與中共秘密聯

25　徐向前：《歷史的回顧》（北京：解放軍出版社，1987），頁 28－29。

26　《彙集》甲 13，頁 28、31；乙 2，頁 191。

絡，伺機反蔣。張發奎鎮壓廣州起義之後，也有意聯絡俞作柏、李明瑞，實行兩廣聯合反蔣。

有鑑於此，1929 年 7 月至 8 月間，中共中央、中央軍委派中央秘書長鄧小平前往廣西，利用蔣桂兩派矛盾，組織領導中共的武裝起義。於是，鄧小平乘船離開上海，抵達香港之後，立即和中共省委書記賀昌、省委軍委書記聶榮臻取得聯繫。這時，賀昌與妻子黃定慧、聶榮臻與妻子張瑞華都住在跑馬地鳳凰台附近。

後來，黃定慧對鄧小平的女兒鄧榕憶述當時情景，說：

> 那時我們夫婦和榮臻、瑞華住在一起。小平同志到香港後，住在一個旅館。他到我們住的那裏來過一次，主要是與賀昌同志和聶榮臻同志一起，談廣西的工作。他還在我們那裏吃了晚飯。菜是我和瑞華燒的。後來賀昌曾去了廣西，參加了廣西省委的會議，還和你爸爸兩個人都講了話。賀昌在廣西幾天就回來了。

鄧榕在《我的父親鄧小平》一書中接着寫道：

> 為了保持和中央的聯絡，黨中央還派了特科的龔飲冰與鄧小平一道前往廣西，並帶電報密碼，負責機要工作。於此同時，我黨還陸續派了幾十名軍政幹部，利用各種取道和關係，進入俞作柏的政府和李明瑞的軍隊中去工作。他們或是由人介紹，或是改換姓名，都未公開使用共產黨員的身份。[27]

1929 年 9 月，鄧小平等人從香港坐船，抵達廣西南寧。鄧小平化

27　毛毛（即鄧榕）：《我的父親鄧小平》（香港：三聯書店，1993），頁 173－174。

名鄧斌，以廣西省政府秘書名義作掩護，實際上以中共中央代表的名義
領導中共廣西黨組織的工作。

同年 12 月 11 日，即廣州起義兩周年的當天，中共在廣西百色宣佈
起義，成立紅七軍。次年 2 月 1 日，中共又在廣西龍州組織起義，成立
紅八軍。紅七軍和紅八軍的政委都是鄧斌，即鄧小平。

不過，1930 年 1 月，鄧小平已經奉命從廣西取道香港，乘船前往
上海，向黨中央彙報廣西紅軍起義事宜。在上海，鄧小平的妻子、中共
黨員張錫瑗因難產感染產褥熱去世，新生的女兒在幾天後也不幸去世。
鄧小平來不及料理妻女後事，便根據中央指示，再度趕赴廣西。當時，
鄧小平未滿二十六歲。

後來，他的女兒鄧榕記述這段國事、家事、傷心事，說：

> 父親再次取道香港時，他通過我黨當時在香港的地下交通，找
> 一下正在香港建立秘密電台的李強，向李強詢問到廣西後如何與上
> 海用無線電聯絡的有關事宜。李強告訴了他有關的呼號等事項。李
> 強回憶說，那時「也談到他的夫人託我埋葬的事情。那是我第一次
> 認識小平同志」。

> 1930 年春天，李強回到上海後，承中央軍委之命，負責安葬張
> 錫瑗。父親自被派到廣西工作後，就離開了中央機關，改為由中央
> 軍委領導。當時的中共中央軍委書記是周恩來。[28]

1930 年 2 月 7 日，鄧小平再次途經香港，來到廣西龍州，隨即指
揮紅軍在左右江地區抗擊敵人的進攻。

1931 年春天，紅七軍前敵委員會召開會議，同意鄧小平去上海，
向黨中央彙報和請示工作。鄧小平化裝成買山貨的商人，沿山路從廣西

---

28 《我的父親鄧小平》，頁 194－195。

步行到廣東南雄，在當地中共交通站幫助下，「步行到韶關，然後坐火車到廣州。在廣州的一個旅館住了半天後，又由交通代買了到香港和由香港到上海的船票，當晚由廣州到香港，並很快再由香港坐船到了上海」。[29] 此行是鄧小平第五次途經香港。

1931 年 9 月 22 日，中共香港交通大站在給中央交通局的信中，報告交通工作情況，以及同年 7 月下旬以來送去贛閩蘇區的人員名單。名單第一行是「小平夫婦」，即鄧小平和他新婚的第二位妻子金維映，抵港日期是 7 月 20 日，由港出發是 24 日。這是鄧小平第六次途經香港。名單中，還有中共中央情報工作領導人的李克農及其他同志共二十一人。[30]

二十世紀八十年代中，鄧小平為解決香港回歸祖國的問題，提出「一國兩制」的偉大設想。1989 年，八十五歲的鄧小平同志在接見香港企業家時，動情說：「我最大的願望，就是在香港回歸之後，到香港自己的土地上，走一走，看一看。」這番話，蘊含着他在年青時期對香港的記憶和對香港回歸祖國的期待。

1929 年 7 月，朱德、毛澤東領導創建的工農紅軍第四軍派前敵委員會書記陳毅，秘密來到香港，乘船前往上海，準備向黨中央匯報紅四軍工作及參加黨中央召開的軍事會議。上海國民黨特務探知此事，專門派中共叛徒趙寶善前往香港，跟隨打扮成商人的陳毅，一起乘船前往上海，打算到岸後實施逮捕。陳毅在船上察覺被人跟蹤，不動聲色。船到上海碼頭，中共地下黨已派人迎接陳毅，故意大叫「抓小偷」，趁人群

29　《我的父親鄧小平》，頁 232－232。

30　《彙集》乙 3，頁 273－274。

混亂，安然脫險。[31]

1930 年，朱德、毛澤東領導的工農紅軍開創湘贛邊蘇區、贛南蘇區和閩西蘇區等游擊根據地，進而向閩粵邊界的饒平、平和、大埔三縣發展。這就將先前幾次城市起義接連失敗的中共革命，推向建立農村根據地、以農村包圍城市的新路。於是，革命之勢蹶而復振。

為了建立上海黨中央和贛、閩蘇區以及廣西左右江蘇區之間的紅色交通線，1930 年 9 月，黨中央決定在香港成立交通大站，由饒衛華負責，直屬黨中央交通局領導。這年秋天，中央計劃在華南開關四條交通線：一是上海—汕頭—潮安—大浦青溪鄉—永定—贛南；二是上海—香港—河內—鎮南關—廣西左江；三是上海—香港—廣州—南雄—贛南；四是上海—香港—廣州灣（湛江）—粵桂邊十萬大山—廣西右江。這四條交通線都由香港交通大站負責，「但後來第三、四兩條交通線，因情況複雜，均停止使用」。[32]

香港交通大站總站成立後，首先在香港銅鑼灣建立一個秘密機關和招待所，接待從上海黨中央送來的幹部。中央和廣東省委先後調來政治覺悟高、熟悉地方情況、勇敢機智而刻苦工作的中共黨人，擔任專職交通員。

其中，廣東中山縣人蕭桂昌原任香港區委委員，1929 年下半年開始負責香港到上海的交通線，後留中央交通局工作，專走華南交通。

廣東大埔坪沙鄉人黃華，十六歲參加中共埔北區委領導的狙擊隊，擊斃國民黨派駐大埔縣的剿共高級參謀丘文、廖武。1929 年後調到青溪，任香港—上海的內部交通。後來調到中央蘇區保衛局工作。

海南島人曾浪波，後改名為曾昌明，在暹羅（泰國）加入中共，被

31　王錫堂：〈1929 年陳毅的上海之行〉，《黨史文苑》，2008 年第 9 期。

32　饒衛華：〈我所知道的華南交通總站紅色交通線情況〉，《廣州文史資料》第二十四輯。按：饒衛華在此文憶述的「華南交通總站」，在黨內相關歷史檔案文件中稱為「香港交通大站」。

捕後手上被打上烙印，驅逐出境到香港。旋任香港到上海、廈門的交通員。1932 年後調到大埔青溪，任交通站負責人。在青溪與群眾關係很好，當地群眾叫他「學佬古」（講潮州話的人），以後便以此為代名。

山東人王福田，原是第一次世界大戰期間北洋政府派到法國參戰的華工，大戰結束後留在法國打工，學得流利的法語，並在法國加入中共。1928 年回國，後來擔任從上海到香港、經越南河內，取道鎮南關進入廣西龍州、百色的交通員。當時越南屬於法國的殖民地，王福田的法語正好派上用場，因而圓滿完成多次交通任務。他留鬍子，黨內都稱他為「老山東」。

廣東梅縣人盧偉良，原任共青團梅縣縣委書記、共青團東江特委常委，後在中共閩西特委擔任來往上海的專職秘密交通員，以及香港交通大站領導的梅州大埔縣交通站站長等。1932 年 3 月擔任中央紅軍總部二局參謀、中華蘇維埃共和國國家保衛局總隊部參謀長。

為了及時貫通上海黨中央和香港黨組織的聯繫，1930 年 1 月，中央保衛局派黃尚英、丘德和一位朝鮮人到香港，在九龍上海街正式開設秘密無線電台，專門和黨中央的上海地下電台保持直接通訊。此後，所有由中央交通局派經香港到蘇區的同志，在上海起程前，都先由上海的地下電台將人員、性別、政治情況、到香港後住何旅館、約定的接頭聯繫口號等，事先電告香港交通大總站。他們到香港後，當地交通大站便可按照接收到的電訊，找到他們。如果情況正常，香港交通員能準備得好，可以按期出發，從上海來的人員抵港後，就不需要在香港久住旅館。但如遇到情況變化，需要改換裝束，或患上疾病等，香港交通大站便要安排他們到香港招待所暫住，待準備好之後才起程。由上海到香港的同志一般都是人地生疏，不了解香港情況，加上不通粵語，香港交通大站就要先向他們介紹香港情況、行程計劃和應注意事項，以防不測。

由香港乘輪船經汕頭到潮安，這段路有潮汕鐵路來往。汕頭、潮安

兩地，來往人多，講外地語言，一般不引人注意。到汕頭後，不用住旅店，便可搭當天的火車到潮安，即可轉乘韓江小輪船，直到大埔縣城。這裏講潮汕話或客家話，而且是小縣城，外來人容易引人注意。因此，當小輪船停靠在大埔縣城河面，交通站便預先安排好自己的木船，靠攏到小輪船，由交通員引領新來的同志到自己木船上休息吃飯，再逆流上行三十餘華里，到達韓江邊的青溪鄉。

青溪鄉屬廣東大埔縣埔北區，約有二百戶人家，是進入江西贛閩中央蘇區的門戶。當時大埔縣城仍屬國民黨統治，青溪則是游擊區，黨組織處於秘密狀態，群眾基礎較好。1929 年冬，中共在青溪鄉設立交通站，有三條大木船、兩條小木船。大木船裝載土產或木柴等，以買賣作掩護。木船在大埔縣城接到準備進入蘇區的同志之後，就載到青溪，選擇在黃昏天黑前才靠岸。交通員帶來人從小路繞到村外大松林中隱蔽休息，再由交通員進村找到交通站同志，問明下一站情況，便由交通站派人代挑簡單行李和引路，乘黑夜掩護，步行護送外來同志進入紅軍控制的永定縣城。

從永定縣城到金沙、合溪等，屬於蘇區範圍的小鄉鎮，約兩天路程。可以白天走路，抵達中共閩西特委所在的永定縣虎崗鄉。這是有近一千戶人家的大鄉。閩西特委書記是原來在香港工作的鄧發。外來同志在虎崗特委休息後，便由特委派出武裝護送，再走幾天，便到中央蘇區中心的江西瑞金。

1930 年 9 月至 12 月間，由香港交通大站轉送到閩西的中共負責同志有幾十人，他們大多數是由上海黨中央派遣來的。其中有左權、蕭勁光、傅鐘、李俊傑（李卓然）、蔡樹藩、徐特立、張愛萍、朱瑞、劉伯堅夫婦、顧作霖夫婦、李六如、賈拓夫等同志。蕭勁光、蔡樹藩、徐特立等都是剛從蘇聯學習回國的。他們大多未在廣東工作，一路上沒有人認識，於是化裝成商人，隨着交通員行動，路上裝作彼此不認識。劉伯

堅原在馮玉祥的西北軍中工作，夫人原來纏足，走路很不方便。顧作霖原是共青團中央負責人，他們兩對夫婦同行，很自然，不引人注意，徐特立年紀較大，扮成老教師，在旅途上還帶着數學課本，抓緊時間學習，也作為掩護。

由廣東省委選派到中央蘇區的同志，也利用這條交通線。他們是參加過省港罷工和廣州起義的中共骨幹，如鄧發和陳慧清夫婦、黃甦等。其中，鄧發原是在香港太古船塢打工的海員工會成員，1925 年省港大罷工後，由蘇兆徵介紹加入中共，1927 年參加廣州起義，1928 年起在香港歷任中共太古船塢支部書記、香港市委組織部部長、香港市委書記、廣東省委職委書記等職務，1930 年夏天調任閩西特委書記。1931 年 11 月，鄧發調任江西瑞金的中華蘇維埃共和國中央人民政府國家政治保衛局局長。

此外，還有一批從東南亞參加當地鬥爭，被捕後被驅逐出境到香港的同志。他們在香港找到黨組織，恢復聯繫。有些人則是從廣州南石頭懲戒場刑滿出獄的同志，如張昔龍、詹行祥、謝育才等。他們有工作經驗，且經過鬥爭考驗，所以黨組織亦送他們到蘇區工作。

越南華僑、香港縫紉工人何端（後改名何畏），在擔任省港大罷工糾察隊時加入中共。廣州起義失敗後回到香港，黨組織分派他負責聯繫參加過省港罷工的、廣州起義失敗後退回香港的糾察隊隊員，用省港罷工糾察同學會的名義組織起來，從中選擇身體好、無家庭負擔、願意到蘇區參加紅軍的十多人，送到閩西蘇區，培養鍛煉為紅軍領導幹部。何端因熟悉從廣州灣到粵桂邊的十萬大山進入廣西右江的路線，自告奮勇要求派他去開闢這條新交通路線。1930 年他從香港出發，轉轉到廣西東興，越過十萬大山，在百色參加紅七軍，隨軍轉戰到江西中央蘇區。[33]

1930 年，葉劍英在留學蘇聯之後回到中國。次年 2 月，黨中央派他

33　以上均據饒衛華：〈我所知道的華南交通總站紅色交通線情況〉，《廣州文史資料》第二十四輯。

從上海乘船到香港，前往江西中央蘇區工作。由於他曾經在廣東公開活動，認識他的人比較多，閩西特委書記鄧發接通知後，即派大埔交通站長盧偉良到大埔、和平、饒平三縣交界的山區，尋找較為安全的新路。後來決定從汕頭經饒平縣黃崗五和村，進入屬於游擊區的埔東山區。當時，中共饒和埔縣委設在五和村，縣委書記丘宗海等人知道葉劍英路過此地，立刻熱情接待他在縣委休息幾天，再繼續步行到永定縣的雷湖，然後到閩西特委所在的虎崗，與特委書記鄧發會晤。鄧發隨即派武裝護送葉劍英安全進入中央蘇區。不久，葉劍英擔任中華蘇維埃共和國中央革命軍事委員會委員兼總參謀長，成為毛澤東倚重的革命領導人。

1931 年 1 月 31 日，中共中央政治局常委會議決定由周恩來負責軍委和蘇區工作。周恩來在會上報告其主持建立的從上海—香港—汕頭—大埔—永定—中央蘇區的秘密交通線，已經打通。他提出：現在必須迅速進去。交通線應保證繼續暢通。

3 月 29 日，新成立的中共兩廣省委在寫給中央的報告當中，提到香港通往閩西蘇區和中央蘇區的交通問題：

> （1）蘇區交通：此地到閩西已通，閩西到中央區未通。除最初項英與（左）權等三人到了中央區外，其餘尚留在閩西分配工作。二月初，又用武裝護送四人（葉劍英、李漢傑等）去了。（任）弼時已到閩西，準備武裝衛送。（2）贛南三十五軍已派人來，翔梧已同去。關於贛南交通，已有計劃建立，不久贛南交通比較閩西容易。（3）省委與中央交通，以後完全交大站管理（照中央交通決定）。贛南三十五軍同志不過，另已有翔梧同志報告中央。[34]

---

34 《彙集》，甲 19，頁 76。

這表明，當時香港到閩西蘇區的交通線暢通無阻，但閩西到中央蘇區的交通還有障礙，需要武裝護送。為了打通香港至贛南的交通線，贛南紅三十五軍專門派人來香港籌畫，預料不久「贛南交通比較閩西容易」。

果然，1931 年 9 月，贛南紅軍揮師東進，攻克福建汀州，將曾經被國民黨軍隊分割封鎖的贛南蘇區和閩西蘇區連成一片，都納入中央蘇區範圍，從閩西永定前往紅色首都江西瑞金的紅色交通暢通無阻了。

1932 年 1 月，曾任中共中央軍事委員會參謀長的劉伯承從上海坐船抵達香港。這是他在 1927 年 10 月從廣東惠來神泉港坐船撤退到香港之後的第二次香港之行。此行的目的地是江西瑞金。隨後，他從香港坐船到汕頭，再沿紅色交通線輾轉進入江西中央蘇區，擔任工農紅軍學校校長兼政委，同年 10 月調任中國工農紅軍總參謀長。

據後人估計，1930 年至 1934 年間，由上海—香港—汕頭—大埔（茶陽）—青溪—永定，進入閩西、贛南中央蘇區的千里紅色交通線，總共安全護送中共二百多名黨、政、軍高級幹部，完成中央機關從上海到中央蘇區的戰略轉移，成為全國唯一沒有被國民黨破壞的中央紅色交通線。

紅色交通線除護送人員往來之外，還輸送蘇區在香港、上海購買的藥品和軍用物品。香港交通大站負責人饒衛華回憶說：交通員多次按照黨組織安排，從蘇區「帶出從土改和反圍剿戰鬥中繳獲的黃金、白銀、港幣，指定送到香港、上海交通站兌換後，用來購買無線電器材、軍用望遠鏡和貴重藥品等。他們認真小心地將這些財物帶回交通站，從未發生過貪污、遺失事件」。在運送黃金時候，為了隱蔽和防止遺失，需要「把黃金熔成金條，用布袋裝起纏在身上。天熱路遠，布袋又重、磨擦着皮肉。有一次，一位同志被磨擦傷了，皮膚化膿成瘡，但他忍受下來，堅持把任務完成。這類事是十分感動人的，有教育意義的。「從香

港、上海買到的無線電器材、軍用品、藥物等，數量不大，秘密運到大埔站再轉運到中央蘇區，這又是一種非常艱苦的任務。離青溪有幾華里的江邊有個大水坑村，交通站在這村一間民房棟夢樓設立臨時轉運倉庫，外邊運來的數量較大批的物資在這裏暫時寄放後，再秘密轉運到永定。這工作要進行得很秘密。所以未發生過事故。」

「當年在上海秘密印刷的報刊宣傳品，要送到香港發行。我們則經過上海到香港的輪船上的海員同志（或工會會員）攜帶。這種宣傳品數量較多，容易被敵人發現，但由於海員收藏得好，就十分安全。這些輪船到了香港後，我們就派同志到船接應，當年經常負責這項工作的是潘雲波同志。他有膽量又機警沉着，從來沒有被碼頭警探注意過，潘雲波每次都出色地完成任務。」[35]

三、艱難苦鬥

二十世紀二十年代末至三十年代中，香港的中共地下黨組織和內地城市的中共地下黨組織一樣，不僅遭受外部敵人的殘酷鎮壓，還遭受黨內「左傾」路線的錯誤影響，致使革命力量不斷遭受重大損失。

在遭受外部敵人鎮壓方面，與內地城市的中共地下黨組織處境不同的是：香港的中共黨人需要直面港英政府、內地國民黨政府以及由反共紳商把持的內地居港同鄉會等三種勢力的聯合緝捕。

1927 年秋冬，國民黨調集重兵圍剿進入廣東海陸豐地區的中共南昌起義軍餘部和彭湃領導的當地農民起義軍，最終導致兩支起義軍失敗，不少起義人員陸續退卻到港澳地區。港英政府於是一面動員香港的海陸豐商紳及其同鄉會參與追捕避港的「赤化」鄉親，一面與內地國民

---

35 饒衛華：〈我所知道的華南交通總站紅色交通線情況〉，《廣州文史資料》第二十四輯。

黨政府合作緝捕抵港中共黨人。

關於前者，1928 年 2 月 21 日香港《工商日報》以「本報特訊」報道說：

> 海陸豐各屬共產黨人日前為軍隊痛剿，潛搭漁船逃來港暫避者不知凡幾。雖經警探在筲箕灣及深水埗等處搜獲數十人，然以事無證據，且無人認識其廬山，是以無法證明其罪。本港警司深恐共產黨匪於港中，有礙治安，特發出命令，召集專查緝共產黨之偵探十人，擔任偵查共產黨任務，以海陸豐人為合格。故永勝街一帶之海陸豐商店，昨日已選出十人，謁見警司，一俟醫生查驗個人身體合格，即發給執照、手槍，專任偵查共產黨行蹤云。

同日，該報還報道「搜獲嫌疑共黨」的消息，說：

> 聞警探於本月二十號下午，在西營盤第三街尾之廣豐台三號樓，拘獲疑共產黨三名，現已押返總警局，聽候查辦云。[36]

依仗港英政府的支持，先前因為逃避農民起義軍打擊而遷居香港的海陸豐土豪劣紳抖擻精神，充當協助港英政府搜捕抵港中共起義人員的鷹犬。香港《工商日報》以「本報特訊」陸續報道說：

> 海陸豐、汕尾等處共產黨，連日被黨軍黃旭初等部隊所痛剿，敗退於四鄉，或逃來港。本港海陸豐商店以港中偵探難以辨認孰為共黨，孰非共黨，故通告海陸豐同鄉，凡見有海陸豐之共黨逃來港

36　〈本報特訊：選派專探搜緝共黨〉，香港《工商日報》，1928 年 2 月 21 日，第 2 張第 3 版；〈又搜獲嫌疑共黨〉，香港《工商日報》，1928 年 2 月 21 日，第 2 張第 4 版。

者，必須召警將其拘拿。昨日下午二時，有海陸豐難民數名，在西環太白樓附近，將一人名胡芝榕者拿獲，交與四百一十六號華差，解回中環總警署，沿途隨尾而觀者約數百人。訪員上前詢問，據一廖姓者云：被拘之人係海陸豐共黨，平素恃勢欺人，勾引共產黨及農匪焚劫安溪鄉，燒去屋宇十餘間，現解赴警署。聞警署現已將其拘留，聽候查問發落云。[37]

海陸豐自共黨被黨軍嚴剿後，紛紛逃往別處，本港因此對於來港共匪認真捕緝。昨警差又在薄扶林道拘獲蔡義又名蔡澤群一名，謂其係海豐第七區共黨宣傳部長。先則拘返七號警局，後解往中環警局扣留，聽候解返汕尾查辦云。[38]

昨日（7月3日）下午五點餘鐘，尖沙咀警探姚目，憑線到中環擺花街忠泉茶居，拘獲一男子王庭禮，係汕頭小尾春人氏。聞該男子被拘之原因，係因線人報告，謂其係著名之共產黨云。[39]

港英政府依靠海陸豐居港紳商及其把持的同鄉會在港島嚴加搜捕，避港農民起義軍人員被迫到新界等處水上捕魚船隻隱蔽起來。同鄉會聞訊，又派出偵緝隊前往搜捕。1928 年 7 月，香港報刊就此報道說：

海陸豐共產黨因被黨軍剿辦，紛紛逃走別處。邇來走避港中者，其數甚多。而本港政府嚴行查緝，旅港同鄉會又復派出海陸豐人四處緝捕，彼共黨因而逃往新界及后海各處之魚艇中。偵緝隊亦不辭辛勞，按址前往拘捕，兩日均出隊前往。至本月十六日始在元朗拘得許守仁一名，查係第七區共黨中之執行委員，兼理財政。前

37 〈本報特訊：海陸豐難民拘獲共黨〉，香港《工商日報》，1928 年 3 月 8 日，第 3 張第 3 版。

38 〈拘獲共黨扣留候解〉，香港《華字日報》，1928 年 6 月 19 日，第 2 張第 3 頁。

39 〈嫌疑共黨被控〉，香港《工商日報》，1928 年 7 月 4 日，第 3 張第 3 版。

晚十一點，方由元朗解返本港，現居留警局，且有被害事主到署作
證，聞將解回汕尾查辦云。[40]

除此之外，香港海陸豐同鄉會還以「海陸豐避港難民」的名義，呈
請廣東國民黨政府將避居澳門被捕的農民起義軍領袖、彭湃的三哥彭漢
垣、七弟彭（漢）述引渡到廣州「法辦」。[41] 不久，兩人在廣州被國民
黨殺害。

香港海豐同鄉會還專程派人向廣東國民黨政府舉報匿居廣州的農民
起義軍人員。1928 年 8 月香港報刊的一則報道披露如此消息：

> 海豐七區郭厝寮鄉之嚴娘伊，當共產黨全盛時，曾充赤衛隊
> 長，殺人放火，無惡不作。區中懸紅購緝，無處逃生，藏匿省城珠
> 光里新街。又大塘尾鄉許亞貴亦係共產著匪，殺斃多命，亦逃在省
> 城東堤。旅港海豐同鄉會據報，以為此匪不除，終為地方之患。昨
> 日（十四日）特派員入省，報由公安局派警緝獲。二匪直認殺人放
> 火不諱，不日將依法懲辦云。[42]

顯然，居港同鄉會以反共政見踐踏鄉親情誼，因而成為協助港英政
府與國民黨政府聯合鎮壓中共黨人的幫兇。在此過程中，不乏乘機誣告
以報私仇者。香港報刊報道有如下案例：

> 黃香柱，寶安上村人。昨在大澳小輪，被一名黃樹來者，係寶
> 安縣游擊隊長黃鐸之兄弟，指為共產黨，呼差將其拘上警局。後因

40　〈在元朗拘獲共黨〉，香港《華字日報》，1928 年 7 月 19 日，第 3 張第 2 頁。

41　〈本報特訊：海陸豐避港難民呈請引渡共黨彭漢垣、彭述〉，香港《工商日報》，1928 年 3 月
　　14 日，第 3 張第 3 版。

42　〈海豐同鄉會派員上省引拿共匪〉，香港《工商日報》，1928 年 8 月 16 日，第 3 張第 2 版。

並無證據，乃將其釋放。聞此事之發生，係因互相有仇隙，被拘者前亦曾在農會受職云。[43]

關於港英政府聯合廣東國民黨政府共同緝捕抵港中共黨人的事件，香港《工商日報》有繪形繪色的現場報道：

前星期五（八月三十一日）晚十一時，西安（號）輪船由省抵港。正泊橋之際，查船探目李祥及廿七號西探拜倫均在橋上。突見（廣州）公安局偵緝課長吳國英由輪中奔來報告，謂彼在省下輪時，見有一著名共產黨周權亦乘輪同來。時輪已離岸，故忍不發。今該匪仍在輪中，故急來報知，請求拿獲云。李探聞報後，一同西探拜倫下輪，由吳課長指出一人，將其拘捕，並電請警署派出載犯車，載返水警署。途中二探分坐左右，嚴重監視。聞該匪於去年共黨在廣州暴動時，曾領大隊共匪圍攻第十一警署云。[44]

1928 年 8 月 15 日，香港報刊的另一則報道揭示居港海陸豐紳商派人向廣州公安局告密，廣東國民黨政府隨即諮文港英政府，要求協同緝捕避港中共黨人並引渡到廣州嚴懲的三方合作反共情景：

昨早清晨，本港警察當局得接消息，謂有海陸豐著名共產黨二人潛逃來港，匿於筲箕灣方面。於是由一百二十九號幫辦馬非，及灣仔二號警署西探威倫，率領華探目宋國良、華探吳四殿官帶，及海陸豐各鄉民數名，於六時半乘坐汽車二輛，向筲箕灣方面出發。及抵筲箕灣，在大街八十三號三樓，當堂將男子關某兄弟二人

43　〈銜仇誣為共黨〉，香港《工商日報》，1928 年 5 月 25 日，第 3 版第 3 張。

44　〈在輪中捕獲共黨疑犯〉，香港《工商日報》，1928 年 9 月 3 日，第 3 版第 3 張。

拘獲，加以手鐐。並在該樓大搜一遍，始押該二人返警署偵探部問話，旋將其扣留。

聞該關某兄弟二人，當共產黨佔據海陸豐時，曾助共產黨焚劫村鄉數條，故鄉人恨之刺骨。共亂平後，該縣人曾四出找尋其蹤跡，直至上一星期，始知其潛匿於該樓，乃立刻赴省報告，由（廣州）公安局長鄧世增諮文過港，請本港警察當道協拿。此次既將該二人拘得，行將遞解返省訊辦。惟該兩人之真名，警察方面現尚嚴守秘密，故暫時未能宣佈云。

港英政府捕獲中共黨人之後，往往根據國民黨政府的要求，將他們遞解出境，交由國民黨殺害或監禁。香港報刊因此報道：

> 海陸豐共匪逃來本港者，多被海陸豐偵緝員及被害人拘解警署扣留。昨早將查有共黨證據者九人，解落來往汕尾之長安輪船，解回汕尾聽候發落云。
>
> 昨港政府將海陸豐共黨二名，由長安輪船解返汕尾。一名杜喜，係汕尾水上人，海陸豐共黨得勢時，被其殺死者不知凡幾。日前在港筲箕灣被拘，後經有被害人多名上堂指證，故將其解回汕尾。二名戴葦，係海豐七區人，曾充海陸豐共黨偵探長職，日前在薄扶林道被拘，亦已於前晚解回汕尾云。[45]

被遞解回內地的中共黨人深知自己將面臨國民黨的虐殺，因此有人寧願在香港跳海自盡，也不願被引渡。據香港報刊報道，1928 年 8 月中旬，一名「因有共黨嫌疑，被荷政府遞解出境」的乘客，乘輪船「由

45　〈共黨遞解出境〉，香港《工商日報》，1928 年 6 月 9 日，第 3 張第 2 版；〈海陸豐共黨遞解出境〉，香港《工商日報》，1928 年 7 月 4 日，第 3 張第 3 版。

荷屬渣華抵港」之後，於 16 日凌晨 1 時 30 分，「在船灣海面跳海自
盡」。「查此跳海者名高志莊，五十五歲，北省人，中等身材，髮已斑
白」，「身穿白布中國衫褲，無鞋襪」。「料彼因聞中國政府嚴辦共產黨，
一經解返華籍，必遭槍斃，遂突萌短見，跳海自盡。」[46]

　　港英政府、國民黨政府與反共的居港同鄉會合力緝捕中共黨人，將
香港籠罩在白色恐怖之中，共產黨人卻堅持在香港進行英勇而靈活的鬥
爭。鬥爭的方式甚至延伸到兒童踢毽子的遊戲，隨即引起港英警方如臨
大敵般的查緝。1928 年 12 月 4 日，香港《工商日報》報道說：

　　　　共黨擾亂之手段幾於無微不至，其所運入之煽動文字，除傳單
　　之外，近日又將小童所踢之毽子底部之圓形紙碎，書滿煽動文字。
　　以備將毽子踢爛時，則此等文字滿佈地上，以為宣傳。現警探當局
　　已查得此種毽子運入港地，故昨日已由中西警探出發，嚴為查緝。[47]

　　在遭受黨內「左傾」路線錯誤影響方面，香港的中共黨組織雖然遠
離祖國內地，但同樣接連受到李立三和王明推行的「左傾」冒險主義的
錯誤影響，因而不顧敵強我弱的嚴峻情勢，強調不斷向敵人發起公開進
攻，致使潛伏地下的黨內同志和革命群眾不斷暴露在外部敵人面前，陷
入強敵合力緝捕的羅網。

　　1927 年底至 1930 年初，聶榮臻在香港擔任廣東省委軍委書記兩年
多，深切感受「左傾」冒險主義對黨的危害。後來，他在回憶錄寫道，
1928 年 1 月，省委書記李立三堅持派周文雍去廣州工作：

46　〈共黨由渣華遞解回港，在船灣海面跳海自盡〉，香港《工商日報》，1928 年 8 月 16 日，第
　　　3 張第 2 版。

47　〈共黨圖謀擾亂之新方法，毽子亦藏有煽動文字〉，香港《工商日報》，1928 年 12 月 4 日，
　　　第 3 張第 2 版。

　　本來，起義失敗後，廣州黨的組織損失嚴重，需要派人去整理恢復和了解情況，這是完全應該的。但那時廣州正處於血雨腥風之中，敵人殺紅了眼，到處搜查我們的同志。要去，也要派那些不出頭露面、不引人注目的同志去，慢慢地逐步恢復。但李立三同志決定要周文雍同志去廣州，並規定任務是發動黨員和群眾，在廣州貼標語，撒傳單，以表示我們黨在廣州仍有力量。周文雍同志是廣東省委委員、廣州市委委員，從一九二五年起長期在廣州從事學生運動和工人運動，廣州起義時又擔任工人赤衛隊總指揮和廣州蘇維埃的人民勞動委員，在廣州可以說得上是「紅得發紫」的人物。派他去顯然是不合適的，無異是往虎口送肉。我曾經提出過意見，但李立三不聽。

　　周文雍同志很勇敢，組織紀律性很強，沒講二話，就回到廣州。果然不出所料，到廣州不幾天，工作還沒有開展，他就和陳鐵軍同志一起被捕，二月間英勇就義。周文雍、陳鐵軍同志被捕後表現十分堅強，在敵人的酷刑拷打和威脅利誘面前，始終堅貞不屈，直到生命的最後時刻，在刑場上還向群眾發表了慷慨激昂的演講，然後宣佈舉行「刑場上的婚禮」。

　　周文雍、陳鐵軍同志本來不是夫妻，陳鐵軍是以妻子的身份，掩護周文雍工作的。當然，他們在革命工作中，長期互相配合，已經建立了感情，這是一種高尚純潔的愛情。真可以說是做到了寓愛情於忠誠、勇敢、熱忱的革命鬥爭之中，應該成為我國青年追求真正愛情的典範。

　　這二位同志我都熟悉，當我在香港報紙上看到他們英勇就義的消息和在刑場舉行婚禮的照片時，被他們的高尚革命情操深深感動。我把那段消息和照片剪了下來，一直珍藏著，作為對戰友的懷念和對自己的激勵。（周）恩來同志三、四月份來香港時，我給他看了這張剪報，他也和我一樣，對兩位烈士充滿了崇敬與懷念之情。

聶榮臻繼續列舉此類盲目指揮、犧牲同志的錯誤：

　　李立三同志走後，省委負責同志又先後把張善銘、趙自選同志和省團委書記區夏民（女）同志派到東江去，也都被捕犧牲。顏昌頤同志是湖南人，不懂東江話，由上海派到東江，也負了傷回來。

　　李碩勳同志……大革命時期搞青年團工作，曾在黃埔軍校工作過，南昌起義時任過二十五師黨代表，後在江蘇省軍委工作。一九三〇年來到香港後，省委派他去海南島工作，在海口市就因為口音問題而被捕犧牲。

　　類似的情況還不少，這是一種慘痛的教訓。「欽差大臣滿天飛」，已經多次被證明是錯誤的，不僅不必要地犧牲了許多同志，而且他們剛到一地，不了解情況，一般不可能提出正確的主張，但又要指手劃腳，這就不會有好的結果。

　　開始時不斷向東江派人，我就是不同意的。我和一些同志在省委提出，東江那裏有彭湃同志在，他很熟悉當地情況，既搞農民運動，又指揮軍事鬥爭，一般問題都應該由他在現地決定，如果省委

周文雍（左）和陳鐵軍（右）在刑場合影

有什麼指示，可以派交通去傳達，不應該派負責同志去，以免不必
要的犧牲。但從李立三開始，省委的某些領導同志大多聽不進去。
以致彭湃同志在時和彭湃走後，仍接二連三地犧牲了許多同志。[48]

「左傾」冒險主義的錯誤還表現為要求處於地下活動狀態的黨組織
在重要節日期間，組織公開集會和示威遊行，將潛伏的革命力量暴露在
敵人面前。

1929 年 5 月 1 日，中共中央要求各個城市的黨組織都要舉行慶祝
「五一」節的遊行活動。聶榮臻雖然奉命參與指揮香港遊行，心中卻大
不以為然，乾脆提議取消。後來，他憶述當時情形，寫道：

> 鄧發同志是香港市委書記，這次遊行的總指揮也是他。省委
> 決定，我也到現場，參與組織指揮。這一活動是根據中央命令進行
> 的。「六大」以後，向忠發當了黨中央總書記，但他不起多大作用，
> 實際上是李立三在中央掌權。那個時候，每逢「五一」節，我們黨
> 總要在城市組織遊行示威，這不是不可以，但要看條件，能搞則
> 搞，不能搞則不要勉強。這次李立三卻下了死命令，要香港一定得
> 搞「五一」活動。
>
> 　那時香港的工人運動正處在低潮，雖然我們在各區都有些力
> 量，但很多是參加省港大罷工回來的工人，好不容易剛找到了工
> 作，才安定下來。有些是參加廣州起義倖存下來的骨幹，他們分散
> 在各區，成為黨的基本力量。「五一」那天，我到遊行隊伍集結的地
> 點一看，來的都是些骨幹，有的還是區委的負責同志，差不多是清
> 一色的黨員和幹部，沒有什麼群眾。
>
> 　我一看不行，就找到了鄧發同志，一起到附近茶樓裏，以喝

48　《聶榮臻回憶錄》，頁 98－100。

茶作掩護，進行交談。我對他說，今天這個遊行不能搞，你看全是黨員和幹部，一搞遊行就全部暴露了，只能便宜了香港帝國主義，對敵人來說，這倒是動手的好機會，可以把我們一網打盡。我們這些骨幹一損失，以後香港黨的工作還怎麼做！我的意見是立即停止，把人打發回去。不過，這是我個人意見，你是總指揮，決心由你下。鄧發同志也看到了這個情況，知道不對頭，表示同意我的意見。他說，不搞是對的，但這是中央的命令，怎麼向中央交代呢？我說，你是總指揮，當然該由你去報告了。他說，那不行，這是你的意見，還是你去報告。我說也行，只要相信是做得對的，誰去報告都可以。於是就決定下來，鄧發同志去把集合起來的人都打發回去了。

事後，我到了上海，向中央報告。李立三不跟我談，他叫向忠發跟我談。因為過去有好多事情意見不一致，李立三知道他跟我談是要吵架的。向忠發一見面，就批評我取消「五一」遊行示威是「臨陣脫逃」。我說，好大一頂帽子！作戰有進攻也有退卻，要根據敵我雙方力量對比等實際情況來決定。只講進攻，不講退卻，好的指揮員從來不這樣做。我們這一點點力量，是好不容易積聚和保存下來的，香港工人鬥爭目前暫時處於低潮，靠少數黨員骨幹盲目示威，一下子這一點力量被敵人一網打盡，這對黨有利還是對敵人有利？這樣簡單的道理難道還不清楚！你們這樣做法，是為了交卷，而不顧黨的損失，這會使香港的黨組織全軍覆沒的，我堅決反對。向忠發原來是個駁船工人，「六大」時選他做黨的總書記，完全是唯成分論。一九三一年他被捕叛變了。他跟我談，也說不出個道理來，吵了一通，我沒有接受他的批評，事情也就不了了之。[49]

---

49 《聶榮臻回憶錄》，頁105－107。

李立三「左傾」冒險主義的錯誤決策，遭到聶榮臻、鄧發等人實事求是的理性抵制，香港黨組織安然無恙。

可是，「左傾」冒險是當時黨中央的決策。聶榮臻、鄧發等人雖然抵制和取消 1929 年「五一」節在香港舉行示威遊行的決定，但最終未能阻止廣東省委執行中央指示，決定在同年 8 月 1 日舉行紀念南昌起義的示威遊行。

這年 7 月，主掌東北軍政大權的張學良在國民政府支持下，派兵驅逐蘇聯駐東北的管理人員，提前收回根據近代不平等條約暫由中蘇聯合管理的東北中東鐵路，隨之激起中蘇軍隊的大規模軍事衝突，史稱「中東路事件」。蔣介石和國民黨乘機鼓動反蘇反共的社會輿論，在上海的中共中央則針鋒相對地號召各地黨組織舉行「保衛工人祖國——蘇聯」的示威遊行。

於是，距離蘇聯萬里之遙的中共香港黨組織也將「保衛蘇聯」，作為號召工人舉行「八一」示威遊行的口號之一。廣東省委制定《「八‧一」國際赤色日的香港工作大綱》，指出：「香港是英帝國主義的屬地，是南中國無產階級的中心」，香港黨部必須發動 7 月 28 日「罷工一天，到中環示威」的總行動；工代會黨團及香港兩區委要有計劃地準備 28 日的示威，以便推動廣大群眾參加 8 月 1 日的總罷工和到中環示威。7 月 27 日，香港工代會發表紀念「八一」宣言，號召全港工人在次日總罷工一天，到中環示威。同日，團廣東省委發表告香港青年群眾書，號召參加 7 月 28 日的中環示威大會。[50]

7 月 28 日是星期天，中環的示威遊行原定在正午 12 時舉行。但當時下雨，「到會場的群眾只百餘人」。而且，太古及九龍兩個大船廠的中共支部按兵不動。原因是：「太古因為有了幾個反對派在內煽動，太

---

50 《彙集》甲 15，頁 185–189；甲 33，頁 255；甲 34，頁 49。

古支部內本來已有了大部分同志不動，加以這個壞影響，更加加深不動
的精神」；九龍廠「支部負責人與支部同志鬧意見，故無形中把黨的工
作削弱」。[51]

8月1日，香港黨組織在港島金融區的中環成功舉行示威遊行，但
代價沉重，後果嚴峻。事後，黨組織對當時情景有不同的報告：當日下
午6時半，在香港中環先施公司門前參加飛行集會示威的群眾不到二百
人。「每個指揮的人都東奔西跑，而且到會的群眾太少，好像一種觀望
式。」中環現場到四百多人，其中三百人多為同志，數十人為非同志。
陳郁及一失業工人「持傘至街中呼喊，群眾不應」，「幹部自省委起，
幾乎全部在示威場中」。「示威者有五百餘人，一時傳單亂飛，情形非
常熱烈，港政府拘去十二人。」「無理搜查理髮、西業、煙業工會，拘
去工會職員，隨意在馬路搜捕行人，勾結廣州偵緝，送去廣州槍斃。」[52]

「八一」示威遊行公開暴露中共隱蔽在香港的革命力量，立即招致
港英政府和廣東國民黨政府的聯合鎮壓，除了當場逮捕十二名示威者之
外，還搜捕參與遊行的工會人員，隨即引渡到廣州處死。

兩天後，香港《工商日報》如此報道這一事件：

八月一日為赤化紀念日，共黨有實行暴動之說，本港當局經
已預先防範。及數日前，先施公司天台發現傳單後，警探益加緊防
範。前晚七點四十五分，德輔道中先施將埋舖時，一般顧客或遊公
司者次第出門，絡繹途中之際，時有男子五六十人，在電車路一帶
擲投激烈傳單。是時有兩華探巡至該處，見狀即拔出手槍，拘獲嫌
疑青年兩人。然以彼輩六七十人之眾，探等乃先將該兩男子拘入該
處附近之天壽堂，關埋鐵閘，以防其他未被拘者或有暴動之事。而

51　《彙集》甲 15，頁 337、339。

52　《彙集》甲 15，頁 319－344、303、301、374－377。

此時已秩序大亂，警笛喧闐遐邇，該探乃一面電告中環總警署。當值幫辦據報，立鳴警鐘，召集大隊中、西、印警探，乘汽車到場。抵埗時，彼輩演說與放傳單者已作鳥獸散，只拾得遺下地上之傳單返署存案。又查該兩被捕男子，一名蔣福生，一名陳勝。

事後警署警探正忙於奔走，忽又接另一方面消息，謂干諾道中鴻安客棧有旅客藏激烈文件嫌疑，又馬上率各警探按址前往查搜。結果在該棧三樓二十八號房搜出激烈文件六卷，拘去該棧住客陳啟返署控案。被控罪名如次：（一）蔣福生、陳勝兩人被控於八月一日晚，在德輔道中散發激烈傳單；（二）蔣福生、陳勝、梁榮初三人被控同時攜有激烈文件。此案昨早解由中央裁判署韓司過堂。緣此項激烈文件已送交華民署翻譯，故官略詢案情，旋命押候下星期五早再訊，各被告不准擔保除外。[53]

此後，港英政府繼續展開搜捕行動。9 月 1 日，香港工代會機關被破獲，全體代表被捕，各工廠的紅色工會瓦解，煙廠工會被封閉。10月 12 日，廣東省委就秘密工作發出第一號特別通告，稱：「最近一星期內，香港政府破壞我們的機關已有多起，逮捕革命群眾領袖和我們同志已達六七十名。」通告因此提出地下工作的十二條「戒嚴條例」，其中包括「機關絕對家庭化、群眾化及安設地主、天神、灶君等」等，顯然是總結公開抗爭失敗後的血的教訓。[54]

不過，當時黨中央由李立三實際領導，實行極端「左傾」的「立三路線」，按照共產國際指示，強行要求下級黨委執行「武裝保護蘇聯」的錯誤方針，仍然使廣東省委無法擺脫「左傾」冒險路線的影響。這年12 月 28 日，省委舉行常委全體會議，討論中央關於武裝保護蘇聯的第

53 〈連夕警探之防範共黨〉，香港《工商日報》，1929 年 8 月 3 日，第 3 張第 2 版。

54 《彙集》甲 17，頁 61、62 頁；甲 16，頁 9–11。

60 號通告。省委領導在會上作報告，主張在香港組織總同盟罷工，甚至提出：「在武裝擁護蘇聯底下，我們要無情的打擊『愛國主義』的欺騙宣傳，指出『愛國主義』的罪惡。」這就嚴重脫離一般群眾普遍懷有的愛國情感，致使「武裝保護蘇聯」的口號在港英政府統治下的香港，並不能喚起民眾的響應。省委領導也意識到：「現在香港一般工人還不明白這一點。有人說我們中國人為什麼要擁護蘇聯呢？」[55]

與「左傾」冒險主義熱衷於公開集會、示威遊行，不惜犧牲革命力量的做法截然相反，聶榮臻等人鑒於中共在內地依靠武裝鬥爭對抗國民黨鎮壓的迫切需要，在香港多次秘密舉辦軍事訓練班，培養各地黨組織的軍事才幹，準備給敵人致命的打擊。他回憶說：

> 在香港，我們還經常開辦幾十人到百人左右的訓練班。到訓練班講軍事課，也是我們軍委的工作內容之一。開始是廣州起義失敗後在香港收攏的同志，以後是培訓兩廣各地來的同志。鑒於廣州起義時我們的同志普遍不懂軍事技術和戰術，訓練班就把學習軍事作為一項重要內容，以便回去後好開展武裝鬥爭。我是軍委書記，所以經常去訓練班講課。為了講課和總結南昌起義、廣州起義的經驗教訓，我對太平天國的一部野史作了些研究。那時，葉劍英同志對此興趣也很大，他也讀了那本書。我們在一起評論太平天國的成敗得失，覺得他們失敗的原因之一是打到哪裏，「呼嚕」一下子就過去了，不鞏固佔領的地方，不注意建立根據地。我講課的時候，引用了一些太平天國的例子，但更主要的是講了黃埔軍校、北伐戰爭的經驗，以及南昌、廣州起義的經驗教訓。[56]

55 《彙集》乙 3，頁 168、173、193。

56 《聶榮臻回憶錄》，頁 104。

聶榮臻在香港進行地下活動期間，曾經三次遇到危險。他憶述說：

　　廣州起義失敗後不久，一次我和惲代英同志找葉劍英同志碰頭，談完話後，我們分頭回各自的住處。我回去時，在門口看到我僱請的那位阿姨，正把我的行李搬到樓下。我心裏感到很奇怪，不知道是怎麼回事，但警惕性驅使我沒有吭聲。那位阿姨倒是個好人，很機警，看到我，給我使了個眼色。我知道有問題了，就轉身走了，沒有進去。後來得知，因為我把住址寫了一個小紙條給省委秘書長沈寶同，好有事聯繫。有個農民黨員到香港找省委接頭，敵人一直跟蹤到省委，於是省委機關被破獲，我那個寫有住址的小紙條落到了敵人手裏，敵人隨即按紙條到我住處來抓人。恰巧我外出，又在樓下碰到了阿姨。那時，敵人已經把與我住在一起的楊劍英同志抓了起來，正在房間裏等候。我要是進去，也就被捕了。楊劍英同志被捕後，因為紙條上不是他的名字，他又會點廣東話，很機警地應付了這次事件。敵人在我的住處沒有搜到什麼東西，只搜到一張南昌起義後的東江地區圖，他就說自己是廣西軍隊的，這張地圖是在東江打仗時留下的，剛來香港，才搬到這個地方，別的什麼也不知道。敵人因為沒有什麼證據，很快就把他放了。以後我們又另搬了一個地方，仍住在一起。楊劍英同志是四川省永川縣人，我到廣東省軍委後，我們就一起共事，相處得很好。這是一位很好的同志，一九二九年他調到上海中央辦公廳工作，一九三〇年初我離開香港後，他又被派回香港工作，不幸被捕犧牲。

　　又有一次是青年團在一個樓上開會，我也是預定要去參加會議的。當我趕到那裏，正向樓上走的時候，看到一些青年團員正向下走，是敵人把他們抓起來了。怎麼辦？這個時候如果我稍有驚慌猶豫的表情，就會引起敵人的懷疑。我鎮靜了一下，硬着頭皮，大搖大擺地繼續往上走，和敵人擦身而過，敵人反倒沒有問，就脫險了。

　　還有一次是在電車上遇到叛徒。白區工作，最難對付的就是叛徒。因為特務不認識你，遇到危險，機警一些可能擺脫。叛徒認識你，你鎮靜也好，慌張也好，都沒有用。那時的香港，只有一條有軌電車線路，要到那裏去就坐有軌電車。在電車上往往容易碰到叛徒或特務。所以我們做秘密工作很重要的一條，就要學會跳車。這次我在電車上碰到叛徒，他還跟我點頭打招呼。我知道不妙，隨後在電車還沒到站停靠，我就趕緊跳車跑了。好在那時香港電車的門是不關的，只要你有訓練，可以隨時跳車。總算又躲過了一次危險。[57]

　　聶榮臻在香港的地下活動充滿驚險，他的性格從原來的活躍開朗、愛說愛笑，變為不愛講話，惜言如金，慎之又慎。不過，「一位秀麗聰穎的女性卻讓聶榮臻的生活充滿了溫馨。她就是在香港擔任機要交通員的女共產黨員張瑞華」。聶榮臻的女兒聶力憶述說：「後來家裏的保健護士問過媽媽：『您和首長當年誰追誰啊？』」「媽媽笑着說：『當然是他追我了。他常來看我，找我聊天，我還不懂麼？』」[58]

　　1928 年 4 月，黨組織批准聶榮臻和張瑞華成婚。這年聶榮臻二十九歲，張瑞華十九歲。

　　聶榮臻後來寫道：

　　　　我們在香港生活也是很困難的，幾乎沒有什麼經濟來源。一九二八年四月在香港我與張瑞華同志結婚。省委規定，夫婦在一起的，男的每月發十五元，女的發七元，此外每月還有三元車費，

57　《聶榮臻回憶錄》，頁 109–111。

58　周海濱、滕達：〈聶力回憶父親聶榮臻：開國元帥的「潛伏」生涯〉，《中國經濟週刊》，2009年第 50 期。

買一張有軌電車的月票。一共就這二十幾元，吃飯、穿衣、零用都在內。當時，我們雖然對外說是記者或教員，但全是空的，多數人沒有職業掩護。有個夏天，我整季就只有一件白襯衫，晚上洗，白天穿，表面上倒也乾乾淨淨，可誰知道就只一件！但是再困難，大家也都咬緊牙關熬過來了。[59]

1930年初，黨中央調賀昌、陳復和聶榮臻到天津，在順直省委工作。於是，聶榮臻夫婦告別香港，走上新征程。

這年2月，中共中央派羅登賢到香港擔任廣東省委書記，李富春任組織部長，李子芬任宣傳部長，陳郁任工委兼海員工委書記。

8月初，黨中央決定在香港再次恢復成立中共中央南方局，由廣東省委書記羅登賢兼任南方局書記。這一時期的南方局與廣東省委屬於一套班子、兩個名稱。南方局轄屬粵、桂、閩等地黨組織，還領導雲南、貴州、贛南等地黨組織。

9月下旬，羅登賢到中央參加六屆三中全會，隨後留在中央工作。廣東省委由盧永熾（即盧德光）任書記，李富春任組織部長，林道文任宣傳部長，陳舜儀任農委書記，楊劍英任軍委書記，江惠芳任婦委書記。

這時，先前實際主持黨中央工作的李立三已經奉調到蘇聯莫斯科學習，他推行的「立三路線」在黨內受到批判。可是，逐漸掌握中央領導大權的王明、博古卻推行比「立三路線」更加「左傾」冒險的方針政策，強調黨在敵人統治的「白區」要更勇敢地組織飛行集會和遊行示威，主動向敵人發起進攻，顯示革命的力量。

於是，香港不斷重演悲壯的活劇：中共黨組織每逢重要日子，就前

59　《聶榮臻回憶錄》，頁111。

赴後繼地舉行集會、示威，港英政府則不斷逮捕和引渡猶如飛蛾撲火般公開暴露的中共黨人和革命群眾。

1930 年 3 月 26 日，中共中央決定在當年「五一」節組織全國總示威。廣東省委隨即發出通告，計劃在香港、廣州、汕頭等重要城市組織示威，並準備巷戰。香港、廣州要建立工人糾察隊，「予糾察隊以武裝巷戰等鬥爭訓練，而使之成為將來武裝暴動的基本力量」，「每個工人支部要堅決執行在『五一』以前至少要成立一隊糾察隊」。

4 月 13 日，重新組建的香港工代會在油麻地京士柏球場舉行紀念上海「四‧八」慘案後援會，到會三四百人，演講十五分鐘後散會。高呼「打倒帝國主義」、「打倒反革命國民黨」等口號。這裏說的上海「四‧八」慘案，是同年 4 月 8 日，中共在上海組織工人集會，抗議同月 3 日美國水兵在南京槍殺工人，上海租界巡捕竟然槍殺集會工人一人，重傷十餘人。

同月 27 日，香港工代會在皇家碼頭召開紀念「五一」演講集會，到會四五百人。大會主席、糾察隊長和印務領隊當場被港英警察毆打、逮捕。

5 月 1 日，因國民黨政府和港英政府分別嚴加防範，廣州、香港並未出現預期的示威遊行。不過，同月 30 日下午 6 時 50 分，即「五卅運動」五周年之際，香港黨組織仍然在皇家碼頭舉行有一百多人參加的飛行集會，其中六成人是中共黨員。

6 月 1 日，廣東省總工會在工作報告中，稱讚香港工人的鬥爭有長足進步，在四‧二七、五卅紀念日動員百餘名工友，到皇家碼頭開紀念會，散發傳單，秩序井然。「自省港罷工後，香港民眾示威運動得到好的成績者，這次恐怕要算破天荒第一朝吧！」[60]

60　以上引據《彙集》甲 17，頁 172；甲 25，頁 230、231；甲 18，頁 132–135；甲 33，頁 306–313、302–303。

中共黨人和革命群眾在香港的英勇抗爭，引來港英政府的大反撲。

1930 年底，曾經作為廣東代表，前往蘇聯莫斯科出席中共「六大」的廣東省委婦委書記江惠芳在香港被捕叛變。

1931 年 1 月 12 日，廣東省委內部交通員莫叔波在香港被捕叛變。

1 月 14 日，港英軍警破獲中共廣東省委、香港市委、香港工代會等五處秘密機關。18 日，又破獲中共在港鉛印所、油印所等五處秘密機關。專門剷除黨內叛徒而威名遠揚的中央特科駐香港機關同遭破獲，1930 年起隱蔽在彌敦道盧永熾家中的省委無線電台也被搜獲。廣東省委書記盧永熾、省委宣傳部長林道文、省委農委書記陳舜儀、省委軍委書記楊劍英、香港市委書記張家驤、香港工代會負責人周洪等省、市委領導，以及機關內人員和家眷共五十二人，先後遭到逮捕。

隨後，林道文、陳舜儀等人引渡到廣州，被國民黨廣東政府殺害；楊劍英引渡到上海途中，被國民黨特務殺害。省委書記盧永熾原為香港金屬業工人，省港大罷工時入黨，參加廣州起義後回到香港，歷任廣東省委委員、省委組織部長、省委書記。經黨組織聘請律師擔保，他獲釋出獄，轉赴上海，由黨中央派往閩西，擔任福建省委書記。但此後他竟然攜帶黨交給他保管的黃金，與妻子一同逃回香港，成為叛徒。

在港英政府前所未有的大反撲中，中共廣東省委常委只有大盛（化名李一秋，即李富春）一人幸免於難。

1 月 16 日和 22 日，李富春兩次致函上海黨中央，報告香港黨組織遭受破獲情況，並分析其中原因說：「這一重大的損失，近因雖為莫之叛變，然省委組織之不嚴密，工作人員之爛污，交通人員機關知道太多，以及叛變份子之囂張，均是最主要之原因。」他還報告說：「在緊急時期，我決定由我、楊捷芳、袁策夷三人暫組常委，進行工作。」其中，李富春代省委書記，楊捷芳代理組織部長；鄧大理、梁廣、麥錦南、阿張（女）和大埔一位新同志組成香港市委，梁廣負責工代會。2

月初，李富春領導的廣東省委根據中央指示，報告省委重組情況：省委常委由李富春、楊捷芳、連興、鄧大理、徐德五人組成，李任省委書記兼宣傳部長，楊任組織部長，徐任軍委書記，鄧任職委書記。[61]

2月1日，中共領導的香港工代會擴大紅軍委員會向廣東省委報告組織香港工人參加紅軍情況說，報名參加紅軍者多為失業工人，三次共有數十人。但因交通問題，不能全部前往。因此不能像從前那樣，計劃在一個月內，將五百至七百名送往內地，參加紅軍。[62]

3月9日，為了反擊港英政府的大搜捕，中央特科駐港人員擊斃黨內叛徒游德仁。在此之前，特科曾在港擊斃叛徒謝安。「因為省委與特科的關係不密切，事前不知道，無從注意」，所以特科在港行動處於無人知曉的絕密狀態。港英政府則在同月19日和20日，接連破獲廣東省委新建立的油印科、機要科，以及中央特科駐港一機關，逮捕五人。[63]顯然，雙方的激烈博弈已經白熱化。

在港英政府嚴厲鎮壓下，中共在香港的力量遭受重大損失。3月12日，中央巡視員文遠在兩度參加香港市委會議之後，向中央報告說：在「立三路線」時期，黨員「號稱三百多，赤色工會會員號稱六七百人，赤色先鋒隊有三十幾隊」；現在香港只有黨員「90餘到一百人，工代會會員群眾一百六七十人，工人糾察隊員20餘人」。[64]

此後，港英政府的搜捕接踵而至。4月28日，中共香港市委機關被破獲，波及相關的六處省委機關。省、市機關及互濟會人員共被捕

61　以上均據《彙集》甲19，頁1－20。

62　《彙集》甲25，頁253－258。

63　《彙集》甲19，頁57－59、75-76、102。

64　《彙集》甲19，頁43－44。

二十餘人。新任市委書記、海南人廖獨航被捕後叛變，轉而充當港英政府密探；省委發行科陳育英、陳猛光等四人，也在被捕後叛變。[65]

這時，上海的中共中央機關同樣遭遇國民黨的大搜捕。4月下旬，負責武力剷除黨內叛徒的中共中央特別行動科（簡稱特科）領導人顧順章在武漢被捕叛變，隨即帶領國民黨特務，企圖將上海黨中央機關及領導人一網打盡。潛伏在中統特務領導機關的中共黨人錢壯飛迅速向中央特科報警，周恩來立即組織黨中央機關轉移。

5月，中共中央派蔡和森到香港，接替李富春擔任兩廣省委書記。李富春調任上海中央局，臨時負責軍委工作。蔡和森和妻子李一純抵達香港後，住在一間洋酒罐頭公司的樓上，正式身份是該公司的職員。

6月初，顧順章聞訊，又帶領國民黨特務專程趕赴香港，準備捕捉曾經在上海黨中央擔任政治局委員和中央宣傳部長的蔡和森。

6月10日上午，蔡和森等五人參加中共海員工作委員會會議。臨行前，蔡和森對妻子說：「下午一點前，我一定回來。如果沒有回來，那就是被捕了。」他和同志進入會場之後，隨即被顧順章帶領特務逮捕。隨後，港英政府將蔡和森引渡到廣州。同年8月4日，蔡和森在廣州軍政監獄英勇就義，年僅三十六歲。

蔡和森被捕後，謝啟泰（即章漢夫）擔任中共兩廣省委臨時兼代書記。

同年9月18日，日本在中國東北發動侵略中國的「九一八」事變，東北三省迅速淪陷。

同月20日，中共兩廣省委就「九一八」事件發出通告，號召加緊群眾反帝工作，指示香港黨組織動員群眾，組織「九一八」事件委員會，建立各工廠的工人反帝小組。

65　《彙集》甲19，頁107－109、176－177。

9 月 23 日，香港商家和內地一樣，下半旗為日本佔領中國東北三省致哀。可是，當天上午，灣仔一帶的日本店舖卻懸旗結彩，慶祝皇軍勝利，嘲諷路過的華人是「亡國人」。多名日本人還在灣仔山川商店門前毆打一名華人。結果激起公憤，數十名華人撿起附近建房用的紅磚，一起砸向聯發街口至汕頭街口的十多間日本商店。從此，華人自發的反日行動蔓延香港各處，大隊港英警察出動彈壓，顧此失彼。民眾呼喊的口號是：打倒日本仔！抵制劣貨！ [66]

10 月 6 日，中共兩廣省委向中央報告香港民眾反日活動及香港市委與下屬支部活動情況，說：中秋節（9 月 26 日）前兩天到中秋節晚上，香港群眾自發打砸日本商舖。中秋節，數千群眾包圍警署。中秋節後，港府頒佈戒嚴令，不許登載反日消息，但群眾仍毆打英警長兩名。在此期間，中共香港水師支部曾寫標語，開廠內群眾大會，「領導群眾打了八家日本店和代銷日本貨的先施、永安等（公司）」。港英當局逮捕百餘人，槍殺數十人；一說在搗毀日本商店時，與軍警衝突，死十幾人。[67] 顯然，香港部分黨組織已經介入民眾的反日活動。

為了鎮壓香港各處此起彼伏的反日活動，港英政府在農曆中秋節前後，「連日由警察當局加派警隊出巡市面，但恐力有不足，乃協同英國駐港陸軍、印兵、蘇格蘭兵等，同時出動，乘坐鐵甲車，或結隊梭巡，彈壓一切」。港英軍警還在多處地方開槍射殺高呼「救國」的反日民眾，不斷造成傷亡。[68]

與此同時，港英政府加緊搜捕在港的中共黨人。同年 12 月 11 日，中共香港市委代理書記羅某在街上被捕，市委油印科及海員工委機關被破獲，全國總工會巡視員被捕。

---

66 〈灣仔日商竟譏我為亡國人，以致大動公憤磚擊日商店〉，香港《工商晚報》，1931 年 9 月 24 日，第 3 頁；《彙集》甲 19，頁 224；甲 35，頁 225－230。

67 《彙集》甲 19，頁 249－252；甲 20，頁 78。

68 〈最近各區反日情形〉、〈少年受傷斃命〉，香港《工商晚報》，1931 年 9 月 30 日，第 3 頁。

同月 28 日，中共兩廣省委書記謝啟泰準備去九龍辦事，在香港皇后大道中娛樂戲院對面的公共汽車站下車時被捕。原因是他撤銷省委特務隊長的工作，致被該人叛變出賣。謝啟泰被捕後使用王嗣同的假名，港英政府隨後將他驅逐出境。1932 年 1 月，他坐船離開香港，前往上海。

謝啟泰被捕後，抵港兩個月的中共中央軍委幹事陸更夫 [69] 代理兩廣省委書記兼宣傳及軍委工作，潘洪波任省委秘書長兼組織部長。[70]

1932 年 2 月 29 日，中共香港交通大站的交通王學孔被捕叛變，導致領導人王弼、黃春元被捕。代理省委書記陸更夫也被牽連，被捕數日，因叛徒誤指他是土匪，拍照留影後獲釋。

同月底，中共香港市委準備在水師工廠門口組織反日飛行集會，中午放工時到場有百餘人，但因警探早在廠門口及附近馬路戒備，集會未成，反而被捕十多人，內有市委委員兩人，被捕後押解出境，抵滬後回粵。

二三月之交，根據中央指示，廣東省委撤銷香港市委。5 月後，成立香港區委和九龍區委，由省委直接領導。[71]

3 月中旬，廣東省委再遭港英政府破獲。15 日，省委常委兼香港特派員廖亦通（又名多汶、一通），因曾被監禁於廣州，被廣州來港的國

---

69 陸更夫，原名陸承楠，號梗夫，四川敘永人。畢業於黃埔軍校第四期政治科，參加過廣州起義，後到海陸豐，任紅四師政治部主任。1928 年夏天，奉命去莫斯科中山大學學習。1930年 12 月回國，在中共北方局領導的內蒙古從事地下工作。1931 年 7 月，調往上海臨時中央軍委會工作。同年 10 月，改任中共中央巡視員，赴兩廣檢查軍運工作。1932 年 1 月代理廣東省委書記。同年 2 月底，省委機關遭港英警探破壞，陸更夫等人被捕，後獲釋。3 月中旬再遭被捕，經營救出獄後，於 5 月 6 日在前往上海的輪船上，又遭國民黨特務逮捕，押解回廣州，1932 年 7 月 15 日壯烈犧牲。

70 《彙集》甲 19，頁 441－444、457－462 頁。

71 《彙集》甲 20，頁 45－46、112、107 頁。

民黨特務認出，在九龍被捕，受拷打後叛變。他是惠陽人，黃埔軍校第六期學生，曾任中共廣州特支書記、省軍委幹事。

根據廖亦通的招供，港英政府在 3 月 16 日上午 10 時，趁廣東省委開常委會之機，出動警探，逮捕中央巡視員定川（即翁澤生）、代理省委書記陸更夫、秘書長黃姑娘、婦委書記余亦夢等四位領導人。同日，破獲省委臨時招待所，逮捕多人。時在香港的中共廣西巡視員詹行祥被捕後叛變。24 日下午，廖亦通又帶領港英警察，搜查省委宣傳部機關。至此，中共廣東省委機關、宣傳部、外交科全部被破獲，僅餘組織部一個機關倖免。其後，定川、陸更夫等六人因獲廣東省委交通大站設法營救，驅逐出境，遞解上海，定川得以脫險。[72] 陸更夫則在船上再遭國民黨被捕，押解到廣州，同年 7 月 15 日英勇就義。

5 月初，僥倖逃脫的廣東省委常委潘洪波到上海，向中央報告省委被破壞和廣東工作情況。7 月，潘洪波從上海回到香港，成立中共兩廣臨時工作委員會，調中共東江特委常委彭承澤參加兩廣臨時工委。但彭在來港途中被捕犧牲，潘洪波遂和當時在香港的團中央巡視員唐洵以及兩個工作人員組成兩廣臨時工委。9 月 27 日，兩廣臨時工委舉行會議，決定正式建立中共兩廣工作委員會，由潘洪波任書記，陳允材任組織部長，徐國聲任宣傳部長，鍾鼎任軍委書記，另加陳均華共五人，組成中共兩廣工委常委會。

12 月 3 日晚上，繼任廣東省委書記潘洪波在馬路上被捕，隨即叛變，導致中共在香港的黨、團各機關相繼在 14、15 日接連被破獲，被捕同志約有二十人。[73]

1933 年 10 月 20 日，中共兩廣工委鍾少幹（仲衡）向中央報告整

72 《彙集》甲 20，頁 52−54、47−49、65−76；乙 3，頁 231。

73 《彙集》甲 21，頁 173−181、183−189。

頓兩廣工作委員會情況，稱：現已恢復在港五個支部，有（黨員）同志二十五六人，赤色群眾七八十人。外圍組織「香港青年文藝研究社」，出版一期《春雷》半月刊，有同志在內活動，因被注意及經濟困難而停刊。12 月 13 日，鍾仲衡向中央報告兩廣工委的領導架構：鍾仲衡為工委書記，張福華（女）為組織委員，巫坤為宣傳委員。但後來張福華失業，脫離組織；巫坤離港；實際負責僅餘鍾仲衡一人。[74] 顯然，中共香港黨組織的力量已經大為削弱。

1934 年 3 月 21 日，根據中央指示，兩廣臨委（前稱工委）改為香港工作委員會。林德隆任書記，巫坤為組織部長，陳光[75]為宣傳部長。

中共在港組織改名，意味在國民黨和港英政府聯合鎮壓下，中共在香港艱難苦鬥保存下來的微薄力量，已經無法兼顧華南各地的鬥爭，因而只能着眼於香港工作。

8 月 18 日，中共香港工委向中央報告改組領導架構情形：鄭懷昌[76]任書記，葉同志為宣傳部長，原香港海船塢支部書記胡森為組織部長，林德隆為組織幹事，陳光為宣傳幹事。[77]

9 月，香港工委決定在「九一八」三周年紀念日期間，開展抗日宣傳活動，因而引起香港警探注意。9 月 17 日，大批警探包圍香港工委在旺角彌敦道的活動地點 —— 智仁勇學校，逮捕當時在該校任職的陳光。接着，香港工委機關也被破獲，鄭懷昌、林德隆等人被捕。隨後，鄭懷昌被引渡廣州，遭國民黨殺害。陳光被驅逐出境，前往越南。林德

74　《彙集》甲 21，頁 195－197、213－214。

75　陳光，又名陳華，原名吳敬業。原在汕頭工作，國共合作時為中共黨員，後被通緝赴南洋。1930 年代初，在香港從事文教工作，得其父資助，辦有日夜社會科學校，有男女學生四五十人，講授馬克思學說，組織中學學生自治會及「春雷社」。該社發行刊物五千份，陳光任中共「春雷社」支部書記。

76　鄭懷昌，廣東惠陽縣淡水鎮人，1931 年在當地加入中共。1933 年到香港，參加中共兩廣臨委工作；次年 8 月任香港工委書記。同年 9 月，在尖沙咀被捕。11 月在廣州被殺害。

77　《彙集》甲 21，頁 251、295－300。

隆出獄後，脫離組織關係。至此，中共在香港、廣州等城市的組織被完全破壞。[78] 香港和內地城市的白區鬥爭同步陷入萬馬齊喑的低潮。

1936年，香港警察總監在報刊上宣稱：「兩年來香港沒有共產黨的案件，共產黨的組織被消滅了。」[79]

---

78 李淼祥：〈中共廣東省委在香港〉，中共廣東省委黨史研究室編：《香港與中國革命》（廣州：廣東人民出版社，1997）。

79 《彙集》甲44，頁250。

1935
|
1945

第三章 ◆

抗日烽煙

一、乘勢再起

離離原上草，一歲一枯榮。野火燒不盡，春風吹又生。

唐朝詩人白居易所寫《賦得古原草送別》這首詩的上半段，可以用作二十世紀三十年代中期中共黨組織在香港再起的生動寫照。

1934 年 9 月，中共香港黨組織遭受港英警察徹底破壞，但仍有一個設在遠洋輪船上的海員支部保留下來，成為「野火燒不盡」的僅存根脈。

這個支部由劉達潮、丘堅一（即丘金）等幾名海員組成。其中，劉達潮在 1927 年 5 月加入中共，其後到上海，在中共外圍組織——中華全國海員總工會（簡稱海總）工作，後來成為香港海總的負責人。丘金在 1930 年加入中共，曾在上海擔任海總中共黨團的外輪外洋工作委員會主任，上海黨組織被破壞之後，避居香港，與劉達潮等人匯合。

1934 年 9 月以後，劉達潮、丘金等人雖然和上級黨組織失去聯繫，卻利用香港海員工餘時間唱粵曲解悶的習俗，聯絡「日本皇后」號、「加拿大皇后」號等輪船上的中共黨員及工會幹部，在 1934 年冬組織自娛自樂團體——餘閒樂社，聯絡眾多海員工人，伺機再起。1935

年 7 月，餘閒樂社總社在九龍彌敦道成立。總社以海員互助公益的名義，向港英政府註冊，獲得批准，成為公開的合法組織，成員人數從幾百人迅速發展到二千多人。於是，餘閒樂社成為不忘初心的中共海員支部在香港海員中建立的外圍群眾組織。「好些黨員參加進去，加強領導，掌握方向，推進工作。餘閒樂社日益顯示其宣傳群眾、團結群眾的重要作用」。[1] 1936 年下半年，海員支部和重建起來的中共香港黨組織取得聯繫，正式恢復黨組織活動。[2]

　　與此同時，失去組織聯繫的香港其他中共黨人則人自為戰地進行基層民眾的抗日愛國救亡活動。原中共香港市委組織幹事周楠，在 1930 年被捕入獄，出獄後在香港當工人。1935 年秋，他與石辟瀾、唐章等人，開辦工人夜校，宣傳抗日主張。同年 12 月 9 日，北平（今北京）爆發中共領導的學生抗日救亡的「一二・九」運動，運動迅即席捲全國各大城市。周楠等人在港成立香港抗日救國會，發動工人聲援廣州學生的愛國示威。該會初成立時有會員一百多人，後來發展到一千多人。[3]

　　此時，中共多名精幹黨員從內地專程來到香港，與避居香港的國民黨反蔣派領袖密謀抗日反蔣活動，拉開中共在香港重啟有組織地下活動的序幕。

　　在此之前的 1932 年 1 月 28 日，駐紮上海的日軍襲擊駐守閘北的國民革命軍第十九路軍。十九路軍軍長蔡廷鍇、總指揮蔣光鼐憤而率軍

---

[1]　唐章：《中國海員工人運動大事年譜》（北京：中國海員工會全國委員會，1984），頁 109。唐章是加入中共的香港海員，1980 年代初任中國海員工會全國委員會副主席，離休後編撰此年譜。

[2]　《彙集》甲 44，頁 253。

[3]　中共廣東省委黨史資料徵集研究委員會：〈1936 年廣東黨組織的重建和南方臨時工委成立始末〉，《中共黨史資料》第 28 輯（北京：中共黨史資料出版社，1988）。

英勇抵抗，史稱「一・二八事變」。這一事變打亂蔣介石正在部署的對江西中央紅軍的第三次圍剿。蔣介石被迫調集精銳中央軍馳援上海，事後便將十九路軍調到福建，參加剿共。十九路軍將領不願在日軍入侵之下再打內戰，於是在 1933 年 11 月 22 日在福州成立中華共和國人民革命政府，以李濟深為政府主席，史稱「福建事變」或「閩變」。蔣介石迅速調集大軍鎮壓，1934 年 1 月中旬，中央軍佔領福州，李濟深、蔣光鼐、蔡廷鍇、陳銘樞等國民黨反蔣派將領避居香港，十九路軍番號被取消。

　　1935 年 7 月 25 日，這些國民黨反蔣派領袖在香港成立以抗日反蔣為宗旨的中華民族革命同盟，選舉李濟深為主席，以中央委員會作為同盟的領導機構，實行集體領導。中央委員會下設組織部、宣傳部、軍事部、民運部、青年部、不管部等機關，均設在香港。該同盟與中共保持友好合作關係，中共黨員宣俠父、梅龔彬、陳昭禮（字希周）、胡鄂公、張威、金城等人都在同盟擔任要職。其中，曾在上海中共臨時中央「特科」工作的宣俠父，擔任李濟深的秘書及同盟的不管部部長；曾任中共浙江省委宣傳部長的梅龔彬，主持同盟在港的日常工作及擔任宣傳部部長；曾任中國工農紅軍第七軍政治部主任的陳昭禮，擔任同盟的青年部部長。在同盟工作的中共黨員，還有蘇惠、姚鐸、陳辛人、林望中、陳子谷、鄭德、康康、邱東平、林蒂等。後來，中共中央還陸續派潘漢年、胡蘭畦、朱瑞等人來港，與同盟領導人聯絡。[4]

　　這些中共精幹黨員根據黨中央派遣，陸續抵達香港，參與或聯絡中華民族革命同盟領導機關的工作，雖屬着重聯絡在港國民黨反蔣派力

4　參見方少逸：〈中華民族革命同盟與廣州學生運動片段回憶〉，《一二・九運動在廣州》（廣州：廣東人民出版社，1994）；潘敬國：〈中華民族革命同盟考〉，《黨史研究與教學》，2000 年第 3 期。據個別當事人回憶，宣俠父曾於 1935 年在港成立中共華南工委。不過，中共廣東省委黨史研究室所著《中國共產黨廣東地方史》（廣州：廣東人民出版社，1999）認為：此說「尚待進一步查證」。見該書頁 372。

量，卻是中共在香港重新展開直屬中央領導的地下活動之始。

以上三宗互不統屬的中共黨人在港秘密活動，終因下述事項整合成一體：

1935 年冬，中共河北省委書記兼北方局負責人高文華鑒於兩廣黨組織已經遭受破壞，失散黨員希望與上級組織取得聯絡，於是派河北省委委員、全國總工會華北辦事處主任薛尚實南下香港，開拓華南地區的工作。

1936 年初，薛尚實抵達香港，經宣俠父介紹，與蘇惠、姚鐸等人接上關係。[5] 同時還與廣州等地的中共黨人建立聯繫。同年 6 月，薛尚實返回天津，向以中共中央代表身份主持北方局工作的劉少奇彙報南下工作。

此時，中共應對時局的方針正從「反蔣抗日」，轉為「逼蔣抗日」。劉少奇指示薛尚實再度南下，聯絡兩廣的國民黨實力派，並在南方重建中共黨組織。

1936 年 9 月，薛尚實根據北方局指示，在香港成立中共南方臨時工作委員會（簡稱「南臨委」），領導兩廣及港澳地區的各級黨組織的恢復和重建，還陸續派人到雲貴及福建各地建立中共組織、恢復聯繫。薛尚實任「南臨委」負責人，蘇惠、姚鐸、莫西凡、饒彰風為領導機關成員。11 月，「南臨委」出版機關刊物《大路》，饒彰風任主編。《大路》創刊號公佈「南臨委」的名稱，向讀者宣示中共這一黨組織在香港的創立。

香港地方黨組織方面：1936 年 12 月，「南臨委」組建中共香港市

5　薛尚實（1902－1977），廣東梅縣人，原名梁華昌，又名羅根、孔尚士、楊良。蘇惠：原在泰國工作，1936 年春隨泰國共產黨領導人到澳門，出席越南共產黨代表大會，其後在香港及廣東參加中共地下工作。姚鐸：廣東澄海人，二十年代中後期加入中共，1936 年 12 月出任中共香港市工委書記。

工作委員會（簡稱市工委），姚鐸任書記，吳有恆任組織部長，陳卓凡任宣傳部長。其中，姚鐸在省港大罷工後入黨，後與組織失去聯繫，1935 年在香港參加中華民族革命同盟，恢復黨組織關係；吳有恆也在香港參加民族革命同盟，隨後入黨；陳卓凡屬於恢復關係的老黨員。市工委下轄四個支部：曾莉芳任婦女支部書記，賴石恩任學生支部書記（後由鍾明接任），吳華胥任文化支部書記，胡作民任工人支部書記。[6]

香港海員黨組織方面：基於利用中外輪船建立秘密交通線的戰略考慮，「南臨委」另設海員黨組織，加以直接領導。1936 年 12 月，「南臨委」成立中共香港海員工委，丘金任書記，曾生任組織委員。劉達潮、丘金等人保存的海員支部歸屬海員工委領導。1937 年 3 月 28 日，「南臨委」給中央報告的提綱稱：黨組織已在香港四大「皇后號」及八十多艘海外輪船中，建立二十八個海員俱樂部，召集四次代表會；還成立賑濟綏遠抗戰會與海員救國會，創辦四份報紙：《餘閒》、《振聲》、《評潮》、《會商》；與碼頭工會、洋務工會聯絡，成立香港工人救國聯合會。[7]

「南臨委」與上級黨組織聯繫方面：1936 年底，「南臨委」一度與北方局失去聯繫。其後，薛尚實聯繫上中共中央駐上海負責人潘漢年，「南臨委」開始在上海設立聯絡站，與在延安的中共中央取得直接聯繫。與此同時，中共中央派曾任中國工農紅軍第七軍軍長的張雲逸和原紅七軍骨幹雲廣英（均為海南文昌縣人）到達香港，指導「南臨委」和華南的地下黨活動。

1937 年 5 月，隸屬「南臨委」的中共廣州市委書記王均予抵達延安，參加黨中央召開的白區工作會議。會議由專門領導在國民黨統治區域開展地下工作的劉少奇等人主持。會後，毛澤東接見上海等地代

6　參見〈吳有恆、鍾明關於香港市委工作的談話記錄（1941 年 4 月）〉，《彙集》甲 45，頁 109。亦有檔案稱：香港市工委於 1936 年上半年成立。見《彙集》甲 36，頁 227。

7　《彙集》甲 36，頁 12。

表，強調白區工作要深入群眾、隱蔽精幹、積蓄力量、長期打算。1940
年，毛澤東進而根據白區工作長期鬥爭的經驗教訓，完整制定「隱蔽精
幹、長期埋伏、積蓄力量、以待時機」的十六字方針。這就進一步肅清
先前導致中共在白區遭受慘痛損失的黨內「左傾」冒險主義和關門主
義，為內地、也為香港的中共地下活動指明重新崛起、迅速發展的正確
方向。

　　1937年7月7日，中國抗日戰爭全面爆發，國共兩黨正式開始聯
合抗日的第二次合作。隨着日軍侵華戰火迅速逼近華南，香港各界民眾
的抗日救亡運動日趨高漲，中共乘勢在港發動群眾，發展黨員，壯大黨
組織和外圍群眾組織，建立抗日民族統一戰線。

　　為了加強中共在華南地區的領導力量，同年8月至9月間，延安中
共中央派參加過二萬五千里長征、後來擔任毛澤東秘書的紅軍高級幹部
張文彬，前往香港，直接領導中共南方黨組織。同年11月，又派剛從
蘇聯返國的中共幹部梁廣回到香港，負責城市工人運動等工作。

　　張文彬，原名張純清，湖南省平江縣人。1930年至1931年，先後
擔任紅五軍、紅七軍政委。1934年10月參加長征。1936年2月任紅
十五軍團東渡黃河司令部政治委員，後擔任毛澤東秘書。同年8月，奉
命到西安，在西北軍楊虎城部開展統戰工作。12月，楊虎城和東北軍
將領張學良聯手發動拘捕蔣介石等國民黨軍政要員，要求停止內戰、一
致抗日的「西安事變」，張文彬作為中共代表之一，協助周恩來與國民
黨各方談判。1937年10月，他奉命來到香港，領導香港及華南的中共
地下黨組織。

　　梁廣，廣東省新興縣人。1925年省港罷工期間，任香港船藝工會
宣傳幹事。1927年4月加入中共。1930年10月，任中共香港市委組織
部長。1933年夏，在江西中央蘇區任中國工農紅軍工人師政委。1935
年調往莫斯科列寧學院學習，任該院中國支部書記。1937年11月抵達

延安後，奉命回香港工作。

1937 年 10 月，根據黨中央指示，張文彬在香港主持召開幹部會議，宣佈撤銷「南臨委」，正式成立中共南方工作委員會（簡稱南委）。張文彬任書記，薛尚實、饒彰風、梁廣分別任組織、宣傳、工運委員。南委最初隸屬中共中央領導，同年 12 月後改屬中共中央長江局領導。

南委機關最初設在香港，1938 年 2 月遷往廣州。同年 4 月，南委奉命撤銷，另外成立中共廣東省委。張文彬任省委書記，薛尚實、梁廣、尹林平為常委。同年 8 月，薛尚實離任，李大林遞補為常委。[8]

與此相應，香港地方黨組織也有變動。1937 年 12 月，中共香港市工委撤銷，代之以新組建的中共香港市委。吳有恆任書記，李吉民任組織委員，周伯明任宣傳委員，連貫任職工委員。[9]

香港黨組織一面在工人和學生中積極發展新黨員，一面經審查後陸續恢復先前失去聯絡的原有黨員的組織關係，從而促使基層支部和黨員人數迅速發展。1937 年 12 月，隸屬原香港工委的基層支部有 18 個，黨員 100 人，其中工人黨員 60 多人。隸屬香港海員工委的基層支部有 4 個，黨員 32 人。

1938 年，香港市委有產業支部 15 個，工人支部 18 個，學生支部 6 個，文化支部 2 個，知青支部 3 個，街坊支部 3 個。

1938 年 8 月，據廣東省委組織部統計，1937 年 10 月至 1938 年 3 月，香港黨組織發展到 470 人，其中工人成分佔 60%；海員中的黨員也發展到 210 人。1938 年 4 月起，香港成立 3 個回鄉工作團，分別到西江七縣、海陸豐、惠陽活動；還舉辦 6 個訓練班，訓練中下級幹部 80 多人。香港市委轄屬地區包括香港島、九龍、澳門，共有黨員 550

8　《中國共產黨廣東地方史》，頁 387、390。

9　《彙集》甲 45，頁 111。

人，在廣東各地黨組織中擁有的黨員人數最多。同年 10 月，香港市委轄屬黨員增加到 620 人，其中澳門支部 50 人。[10]

1938 年 11 月 24 日，中共廣東省委成立東南特委，梁廣任書記，中共香港市委隨即解散，另成立香港（島）和九龍兩個區委，由東南特委直接領導。1939 年 11 月，東南特委解散，香港兩區委改由廣東省委直接領導。[11]

表 3.1　1936 年至 1942 年中共香港市、區級組織沿革表[12]

香港市級組織	負責人	任期	轄屬上級組織
香港市工委	姚鐸	1936 年 12 月至 1937 年 1 月	1936 年 12 月至 1937 年 10 月歸南臨委領導
	吳有恆	1937 年 1 月至 5 月	
	李士洋	1937 年 5 月至 8 月	
	李遊子	1937 年 8 月至 11 月	1937 年 10 月至 1938 年 4 月歸南方工委領導
香港市委	吳有恆	1937 年 11 月至 1938 年 10 月	
	謝鶴籌	1938 年 10 月至 11 月	1938 年 4 月至 11 月歸廣東省委領導
香港區委	葉炎生	1938 年 11 月至 1939 年初	
	呂良	1939 年初至 5 月	1938 年 11 月至 1939 年 11 月歸東南特委領導
	謝鶴籌	1939 年 7 月至 10 月	
九龍區委	陳學光 曾珍	陳、曾二人先後於 1938 年 11 月至 1939 年 2 月間擔任區委書記，兩人接替時間不詳	
	鍾明	1939 年 2 月至 11 月	

鑒於香港在抗日戰爭初期成為抗戰物資運入中國的海外中轉樞紐，遠在重慶大後方協調國共合作的周恩來向毛澤東提議，派遣有豐富統戰

10　《彙集》甲 36，頁 227－237；甲 44，頁 266。

11　《彙集》甲 36，頁 75；甲 36，頁 237、346、349、447；甲 45，頁 138。

12　參考孫楊：〈全面抗戰時期香港國共兩黨組織工作析論（1937－1941）〉，《抗日戰爭研究》，2020 年第 2 期，表 1 製作。

經驗和廣泛人脈的廖承志、潘漢年到香港，組建中共領導的八路軍、新四軍辦事處，接收海外華僑捐助的抗戰物資和款項，宣傳中共的抗戰主張。在港設立八路軍辦事處的提議，立即得到毛澤東的贊同，還得到英國駐華大使卡爾爵士（Sir Archibald Clark-Kerr）與港英政府的默許。

廖承志，廣東惠陽人，國民黨左派領袖廖仲愷和何香凝之子，參加過紅四方面軍的萬里長征。1938 年 1 月，奉命經廣東到香港，負責組建八路軍香港辦事處。

潘漢年，江蘇宜興人，長期負責中共秘密情報工作，抗日戰爭初期在上海周旋於國民黨高層、日本駐上海情報機關和南京汪偽政府情報機關之間。

1938 年 1 月，廖、潘等人在皇后大道中十八號二樓設立八路軍駐香港辦事處機關，廖承志為辦事處主任，潘漢年、劉少文參與領導工作，連貫負責日常事務。鑒於港英政府在中國抗戰初期宣佈實行「中立」政策，根據周恩來指示，八路軍駐香港辦事處的對外名稱是經營茶葉批發生意的粵華公司。

八路軍駐香港辦事處的工作人員名單如下：

秦邦禮（化名楊廉安，後稱楊琳）、馮勁特、李默農（李少石）、杜埃、張唯一、陳永生、林青、羅理實、黃秋耘、梁上苑、康一民、熊志華、潘柱、李靜、余明、張淑芳、鍾路、高直、譚樂華。[13]

1939 年 3 月 11 日，港英政府藉口查禁從香港郵寄到印尼和馬來西亞的反英宣傳品，派警探搜查粵華公司，逮捕連貫等七名工作人員，還逮捕餘閒樂社的海員三人。次日，廖承志致電中共中央，報告此事，說：

13　《八路軍新四軍駐各地辦事機構（4）》（北京：解放軍出版社，1999），頁 865。

昨上午粵華公司被搜查,連貫在其家中被捕。

(原因)1. 田中到港,與當局接談;2. 上海英當局之退讓;3. 兩個月來港政府對六個救亡團體加緊警告和檢查;4、三八節群眾動員規模大了一點,並孫夫人公開演講,罵英帝國投降法西斯。

(教訓)此次最大教訓警惕性不夠,公開方面與秘密關係方面混,弄不清楚。正與(潘漢)年、梁(廣)會商改善中。[14]

經周恩來在重慶與英國駐華大使交涉、宋慶齡在港與國際友人營救,港英政府在同月 15 日釋放被捕人員和歸還收繳的文件。獲釋人員中有些人被驅逐出境,1938 年初擔任中共香港市委組織部部長的歐照漢,則被判一年苦役的監禁。[15]

面對港英政府的打壓,廖承志決定採取迂迴應對策略,撤銷粵華公司,八路軍駐港辦事處人員分散辦公,自己改用時任香港華比銀行買辦的表妹夫鄧文釗的寫字樓,作為八路軍駐港辦事處的主要秘密辦公地點。[16]

廖、潘等資深中共黨人在香港半公開地開展抗日救國活動,不僅為中共領導的國內抗日武裝募集到來自海外捐獻的大量物資和款項,而且還前所未有地開拓出中共在香港上層社會向中外名流秘密進行統戰工作的寬闊道路。廖、潘兩人也因其在黨內的地位以及與中共中央的直接聯繫,而成為抗戰初期中共在香港的直接領導者。

八路軍駐港辦事處對香港中外名流的統戰工作,首先從吸收廖承志

---

14 《八路軍新四軍駐各地辦事機構(4)》,頁 734;轉引自吳學先撰稿:《紅色華潤》(北京:中華書局,2010),頁 8。

15 《彙集》甲 44,頁 332。

16 梁上苑:《中共在香港‧八路軍香港辦事處建立內情》(香港:廣角鏡出版社有限公司,1989)。

的表妹夫、香港華比銀行華人經理鄧文釗參加中共在港抗日工作開始。鄧文釗出生於香港殷商之家，1934 年畢業於英國劍橋大學經濟系，獲經濟碩士學位。後相繼受聘為英商有利銀行華人經理、華比銀行華人經理。其妻何捷書是何香凝的侄女，與廖承志為表兄妹。廖承志來港後，鄧文釗積極配合八路軍辦事處的工作。海外華僑及愛國團體捐獻給八路軍、新四軍的款項，大多經由鄧家商行「崇德行」及華比銀行劃撥，然後將款交給廖承志或中共在港開設的公司；鄧家在上環西安里五號倉庫和軒尼詩道倉庫，也成為八路軍辦事處接收與存放抗戰物資的地方。[17]

隨後，宋慶齡、宋子文等人於 1938 年 6 月在香港建立與領導的保衛中國同盟（簡稱「保盟」），也很快成為八路軍駐港辦事處爭取和團結中外在港名流支持中國抗戰的重要聯絡機構。廖承志出任保盟中央委員，鄧文釗擔任保盟司庫。保盟在港募集的款項和物資，大多運送給八路軍、新四軍和中共領導的敵後抗日根據地。

此外，1938 年下半年起，上海、廣州等地文化界人士因避戰禍，陸續遷居香港，於是成為中共在港開展抗日統戰工作與發展黨員的重要對象。1939 年，廖承志介紹在香港主編《時事晚報》的喬冠華加入中共，喬冠華隨即成為中共在香港評論與觀測國際時局變幻的骨幹。

此時，中共通過黨員創辦或派人參與報刊編務的香港新聞機構及報刊有：中共黨員惲逸群負責的國際新聞社香港分社，中共黨員陳翰笙主編的英文《遠東公報》，中共黨員喬冠華等人主辦的香港中國通訊社，此外，中國民主政團同盟機關報《光明報》的國際新聞版，由中共軍事和國際問題評論家羊棗（原名楊廉政）編輯；香港版《大公報》副刊《文藝》、《學生界》，在 1939 年 9 月至 1941 年底一直由中共黨員楊剛編輯。[18]

17　慧冰：〈中國共產黨的老朋友鄧文釗〉，《廣東黨史》，2004 年第 3 期。

18　參見王曉嵐：〈抗戰時期中共在香港及海外的新聞宣傳機構簡介〉，《黨史研究與教學》，1995年第 6 期；茆貴鳴：〈廖承志和戰時的香港文化〉，《百年潮》，2003 年第 2 期；杜俊華：〈廖承志和香港抗戰報紙〉，《文史雜誌》，2002 年第 1 期。

　　在廖承志領導開展上層統戰和進行宣傳文化工作過程中，潘漢年也根據中央指示，在香港建立秘密情報網。1938 年 9 月，潘漢年奉命離開香港，前往延安，出席中共中央六屆六中全會。會後，中央任命潘漢年為專門收集情報的中共中央社會部副部長（康生為部長），負責組建該部華南局，統一掌握和管理華南地區的情報工作。華南局機關設在香港，工作前線是日軍佔領的上海，同時兼顧東南亞地區。潘漢年接管起廖承志在粵港澳地區秘密建立的情報機構，並與廖承志和劉少文組成華南情報委員會，潘漢年負總責。

　　潘漢年在延安期間，曾經到馬列學院的情報幹部訓練班講課，與加入中共的青年女學員董慧產生戀情。兩人隨後返回香港，一起組建香港與上海之間的情報網。董慧的父親是當時香港道亨銀行董事長、香港商會會長董仲維。這一關係給潘漢年在香港的地下情報活動增添極大的便利。1947 年，潘漢年和董慧兩人在香港董家舉行正式婚禮。

　　1941 年 8 月 1 日，中共中央成立領導情報工作的中央調查研究局。毛澤東兼任局長，康生、葉劍英任副局長。香港設第二調查研究分局，分局長為潘漢年，廖承志、劉少文也在分局擔負領導工作，主要搜集歐美國家的情報，同時搜集日本及華中、華南地區的情報。[19] 潘漢年主管香港及華南情報後，中共香港海員工委不再隸屬廣東省委，改由潘漢年通過梁廣進行單線領導，以便秘密組建國際交通網和情報網。

　　八路軍駐港辦事處創立的初衷是接收港澳同胞、海外僑胞和國際友人支援中國抗戰的款項和物資，同時在港採購八路軍、新四軍急需的各種抗戰物資。突破日軍封鎖線，將這些款項和物資安全運送到八路軍、新四軍手中，就成為八路軍駐港辦事處工作人員秦邦禮肩負的重大

19　何炎牛等：〈廖承志與潘漢年〉，《上海黨史與黨建》，2002 年 1 月號。

職責。

秦邦禮，化名楊廉安，江蘇無錫人，1930 年代上半期中共領導人秦邦憲（博古）的胞弟，擅長經商。他在 1931 年加入中共之後，奉命在廣東汕頭開設中法藥房汕頭分店，作為連接上海與江西蘇區的秘密交通中轉站。1935 年，和陳雲、陳潭秋等中共要員一起留學蘇聯。1938年夏天，參加八路軍駐香港辦事處工作。為了將在香港募集的資金和物資安全送往到抗日前線，辦事處決定專門成立一個有獨立銀行賬戶的合法公司，處理倉儲和運輸業務。此項任務交由楊廉安（即秦邦禮）完成。

1938 年夏秋之交，楊廉安在香港干諾道中創辦「聯和行」（Liow & Co.），註冊資金為兩萬美元。該行地址與名為粵華公司的八路軍駐港辦事處相距僅幾百米，方便往來。行名「聯和」，在無錫方言中與「廉安」的發音相近，聽起來像是老闆楊廉安的私人公司。其實，該公司屬於中共黨產，是中共在香港最先創立的第一間商業機構。楊廉安在黨內的電報通訊用名叫「楊琳」。

於是，聯和行的銀行賬戶成為八路軍駐港辦事處接收抗日捐款的戶頭，楊廉安再將這些款項兌換為國幣，集中送往延安。西安、武漢、重慶等地的八路軍辦事處也將各自收到的外幣捐款交給他，由他帶到香港兌換成國幣，再送回各地。楊廉安因而不時往來香港、武漢、重慶等地，有時以富商身份乘坐飛機，有時也扮成小商小販，擠火車、汽車。

至於八路軍駐港辦事處募集的抗戰物資，先存放到保衛中國同盟租下的兩個倉庫，再由聯和行安排，分批輾轉運往八路軍、新四軍的抗日前線。

運輸的路線，最初是用汽車運輸，由香港經廣東一路北上。國民黨軍隊沿途檢查，看見是孫夫人宋慶齡的「保盟」物資，一般都放行。1938 年 5 月至 8 月間，北上運送物資都是經過廣州，繼續北上，運抵武漢，交給八路軍駐武漢辦事處。

1938 年 10 月，日軍佔領廣州，國民黨軍隊撤退到粵北。同年 11

月，八路軍在廣西桂林設立辦事處，周恩來多次到桂林，與桂系首領白崇禧協商建立香港通往內地的新的交通運輸線。於是，聯和行可以利用西江航道，建立香港—梧州—桂林—貴陽—重慶的水陸交通線。1938年12月，他們用小船將130箱藥品和醫療器械運往桂林，1939年1月抵達。28日，桂林八路軍辦事處舉辦淞滬抗戰七周年紀念大會，同時歡迎運送物資的香港代表。

1939年初，日軍侵華形勢進一步惡化。為了開闢新的交通線，廖承志在香港致電領導八路軍桂林辦事處的李克農，詢問可否經越南轉運，並派羅理實、張淑芳夫婦從香港去越南海防，建立交通站。當時，越南印度支那共產黨領導人胡志明（化名胡光）途經桂林，就住在八路軍辦事處。李克農請他幫助，胡志明當即表示願意幫忙。同年5月6日，李克農將去越南轉運物資的任務交給邱南章、殷承禎、龍飛虎三人，又挑選楊漢章、吳宗漢、朱友學、李澤純四人為押運副官，還有十幾名司機，一起開車從桂林出發，抵達越南北部的同登。再派人去河內，與胡志明聯繫。在胡志明幫助下，他們和香港來的羅理實夫婦會合，在海防港安頓駐地，聯合開闢香港—河內（海防）—鎮南關（今友誼關）—南寧（桂林）—貴陽—重慶的海陸交通線。楊廉安從香港乘船到達海防，跟羅理實、邱南章等人商量運輸計劃，然後返回香港，將運輸車十輛（大道奇三輛，小道奇三輛，福特三輛，雪佛蘭一輛），以及大批醫療器材、藥品、無線電零件、電子管、廣播器材、發電機、衣物、被服等貨物裝船，還載運回國參加抗戰的港澳同胞和愛國華僑近二十人，一起從香港運往越南，再進入中國內地。1939年9月，日軍轟炸越南河內和海防港，這條交通線被迫中斷。

據不完全統計，從1938年夏到1941年秋，宋慶齡領導的保衛中國同盟主要通過聯和行，從香港送往延安等地國際和平醫院的卡車達三十餘輛，香港、澳門、菲律賓、紐西蘭等地捐款約五百萬美元，捐贈物資、醫療器械、藥品約一百二十多噸，平均每月送出三噸。

1938 年至 1940 年間，中共中央軍委通訊聯絡局派人到香港，在八路軍駐港辦事處及聯和行幫助下，第一次採購一百部小型電台和備份器材、四十多部手搖發電機和一批電池；第二次採購到六十多部電台的元器件和四十部手搖發電機。[20]

日軍佔領中國東南沿海主要城市之後，香港成為中國獲取抗戰物資的唯一海上通道。聯和行成為中共抗日武裝在這條通道上獲得海外物資的可靠保障。

在廖承志、潘漢年領導的八路軍駐港辦事處開展各項工作前後，香港地方黨組織致力推動的基層民眾抗日救國活動陸續展開。

1937 年 8 月 15 日，成員發展到上萬人的餘閒樂社，聯合崇義工會、敘蘭別墅等六十多個海員團體，正式成立香港海員工會。工會經港英政府註冊備案，高級海員李發任工會主席，中共黨員劉達潮、曾生分別擔任工會副主席和組織部長，工會還聘請羅文錦律師擔任顧問。工會宣佈「執行抗日救國與提高生活的鬥爭，並實行上、下聯合戰線之策略」。

9 月，工會發表「海員的抗日救國的十大綱領」：

> 各輪在業與各館失業工人一致團結在工會的旗幟下，採取有效行動，回答日本封鎖政策；
>
> 破除宗族地城觀念，全國各海員團體大聯合，擴大海員抗日救國運動；
>
> 聯絡英美及世界海員，實行制止對日交通；
>
> 聯絡日本海員，加強其反戰反法西斯運動；
>
> 聯絡碼頭工人，擴大抗日運動；
>
> 取消克扣制度，改善海員生活，加強抗日力量；

20　參見吳學先撰稿：《紅色華潤》，頁 9－13。

　　要求戰時保險，保障海員生命安全；

　　擴大統一募捐運動，充實抗戰經費；

　　清除破壞愛國運動的親日漢奸；

　　擁護中央國民政府實行三民主義，立刻武裝全民，對日宣戰。[21]

　　在海員工會策動與支持下，停泊在香港海面的中外輪船的中國海員相繼掀起拒運日貨、罷工離船的鬥爭。8 月 21 日，日輪「唐山丸」上的上海籍海員四十四人，因拒絕為日輪開船，毅然在香港登陸。海員工會及時地將他們送回上海家鄉。隨後，日本輪船「聖和丸」、德國輪船「司亞號」、美順公司的「永華號」、英商的「堅尼窩夫輪」、美商的「巴拉馬輪」、「哥倫布輪」、「紹興輪」、華商的「海翊輪」、「無恙輪」、太古公司代理的「滔陀輪」、渣甸公司的「阜生輪」以及「哥今那」郵船上的中國海員，都因為拒絕運貨到日本而罷工離船。香港海面上，一時竟有四百多艘船隻不能開航。

　　當時，國民黨在港要員張治中在給蔣介石的電報說：在 8 月 15 日到 10 月 15 日的兩個月期間，泊駐香港的二十多艘日輪上，共有 623 名中國海員離船回國，參加抗日。1936 年 9 月至 1939 年 11 月的「香港職工運動工作報告」則記載：「戰爭以後，最少也有五千二百個海員工人為了反日鬥爭而失業。然而他們忍受着一切痛苦，不乞憐、不呻吟。目前香港還有一萬六千多名失業海員工人，沒有一個問日本船去乞一碗飯吃。」[22]

　　香港海員工會策動眾多海員拒運日貨，是中共香港黨組織秘密佈置和領導的結果。同年 12 月 12 日，中共南方工委向黨中央報告上海淪陷後，中共在廣東及香港的活動情況，其中說：香港工人運動方面，「是我們早有些對工人運動的佈置。除原有的海員工會積極發展並領導海員

21　《香港海員》，1937 年 9 月 20 日出版，轉引自《中國海員工人運動大事年譜》，頁 117。

22　宋超等編：《中國海員運動史話》（北京：人民交通出版社，1985），頁 141－142。

拒運軍火去日本的鬥爭（有過四五次了）外」,「領導過一次自發的碼頭工人不搬運往日本之軍火上船,並佈置在這一些鬥爭與組織及開展中,向着全香港工人統一戰線上做」。[23]

香港海員工會的抗日愛國活動引起廣東國民黨政府的重視。基於國民黨與香港早期海員工會的歷史聯繫,國民黨廣東省黨部書記長諶小岑等人多次來到香港,與香港海員工會協商籌建香港總工會。1938 年 1月,諶小岑在海員工會發表演講,「是晚會場氣氛熱烈,與會者情緒激昂,會議開了四個小時」。

可是,海員在香港的抗日罷工活動早已引起日本駐港領事館對港英政府的抗議和施壓。演講會前,港府警告工會不要再接待廣州來的政治人物。演講會舉行時,「全部發言給警探記錄下來」。會後,在港府壓力下,羅文錦律師辭去海員工會顧問職務。1 月底,港府派出一百多名警探,查封香港海員工會。成立僅五個月的香港海員工會,終於因其鮮明的抗日救國立場,竟被在中國抗日戰爭初期宣稱採取「中立」綏靖政策的港英政府取締了。

然而,中共在香港海員中的發展和影響並沒有中斷,中共香港海員工委轉而將工作重點放到以海員公益互助為宗旨的餘閒樂社。到 1938年底,餘閒樂社的成員增加到兩三萬人。同年 8 月的中共工作總結稱,在香港海員組織中,「受我黨所領導與可能推動的有十五個團體,有三十八條船基本上有組織,群眾在一萬人以上」。海員工委的領導幹部丘金、劉達潮、曾壽隆等人,同年奉命前往延安,接受黨中央培訓。[24]

與此同時,中共香港市（工）委積極介入香港各界人士掀起的抗日

23　《彙集》甲 36,頁 70－71。

24　《彙集》甲 36,頁 218;《中國海員工人運動大事年譜》,頁 120－121。

賑濟活動，發展黨員與擴大黨的外圍群眾組織。

1937 年 9 月 20 日，香港大學學生會主席李政耀聯絡香港二十四所大中學校的學生代表，在港大召開會議，決定成立香港學生賑濟會（簡稱學賑會），募集捐款、物品，救助中國的抗戰士兵和難民。

當時擔任中共香港工委青年部部長的英皇書院學生鍾明，[25] 從報刊上得知這一消息，當即向李政耀表示願意加入學賑會。9 月 23 日，鍾明應邀參加學賑會的第一次常委會議。此後，經學賑會主席李政耀提議，鍾明擔任學賑會組織部計劃股股長，負責制定學賑會抗日救亡的工作計劃。

學賑會得到港英政府批准註冊，總部設在香港德輔道中三十二號四樓。學賑會在港九各段陸續建立段委會，很快發展成為涵蓋香港大、中、小學校共十萬人的學生救國團體。10 月 13 日，學賑會補選華德商學院學生林家耀為副主席。[26] 1938 年，林家耀秘密加入中共。

1937 年至 1938 年間，中共年輕黨員成為學賑會各區骨幹成員的，還有雷曉天、陳浩然、楊昇禮（又名楊德元）、袁耀鴻、黃沙、葉貽彬、張志剛、林劍鴻、石昂等。[27] 1937 年底，學賑會在各小學組建兒童團，楊昇禮任學賑會首任兒童團團長。擔任灣仔段兒童團分團團長的幼稚班老師孔秀芳（後改名方蘭），於 1938 年 11 月加入中共，隨後接替揚昇禮，擔任學賑會兒童團總團長。

為了更好地動員和團結香港各學校的女學生參加抗日賑濟活動，

25　鍾明（1919－2003），廣東省惠陽縣（今深圳市）人。1936 年 6 月參加香港抗日救國會，任九龍區負責人之一，組織香港學生救國會並任會長。1936 年 11 月加入中共。

26　梁柯平：《抗日戰爭時期的香港學運》（香港：香港各界紀念抗戰活動籌委會有限公司，2005），頁 63、65。梁柯平原名梁歡笑，曾任香港學賑會女學團團長，中共黨員。

27　1938 年底，雷、陳、楊三人奉命到惠陽參加抗日游擊隊，後離隊返港，被中共惠陽縣委開除黨籍。不久，楊重返惠陽，繼續參加抗日工作，恢復中共黨籍。見〈吳有恆、鍾明關於香港市委工作的談話記錄（1941 年 4 月）〉，《彙集》甲 45，頁 106、131、135、136、141、144。

1939 年 6 月 18 日，香港學賑會專門成立女學生團（簡稱女學團），約
有團員二百五十多人。團長梁歡笑（後改名梁柯平）是中共黨員，團內
還有五六名黨員。因此，中共香港黨組織在向上級彙報時，不無自豪地
說：「女學團是在黨的領導與計劃下建立起來的」。1938 年至 1939 年
間，中共還在梅芳女中、正風女校分別建立支部，兩校各有四名黨員；
麗澤女中和陶秀女中則各有兩名黨員。[28]

　　由於中共黨員在香港學賑會中擔任要職，並且不斷在學賑會積極份
子中發展黨員，學賑會實際上成為中共開展學生抗日救亡運動的外圍組
織。「香港學生籌賑會的成立，都能在黨把握之下工作的。」[29] 到 1941
年，國共兩黨加強爭奪學賑會領導權，最終導致學賑會分裂，各受兩黨
影響。但是，中共已經在香港學生中組建起迎接未來鬥爭的年輕力量。

　　1938 年，中共香港市委領導和影響的工會組織還有：印刷工會，
會員三千人以上；洋務工會，會員三千多人；戲院工會，包括電影院工
人在內的會員四百多人；染布工會，會員二百多人。[30]

　　1939 年 8 月 13 日，時值上海「八‧一三」抗戰兩周年紀念，南京
汪精衛偽政府在香港主辦的《南華》、《天演》、《自由》等三家報社的
八十餘名印刷工人，舉行抗日反汪罷工。中共隨即在香港和內地發起聲
援香港工人反對汪偽報刊的罷工行動。

　　8 月 15 日，中共在重慶的機關報《新華日報》發表〈港汪逆報紙
工友全體罷工辭職〉的報道和〈工人偉大〉的短評。在延安的中共中央
職工行動委員會隨即專門下達「發起募捐援助香港反汪罷工工友運動的
通知」。毛澤東、秦邦憲、林伯渠、吳玉章、董必武、鄧穎超等中共領

28　《香港婦運報告》，《彙集》甲 45，頁 64－66。

29　《中共南方工作委員會工作報告》，《彙集》甲 36，頁 103。

30　《彙集》甲 36，頁 308。

導人每人捐助五十元，並致電罷工工人，表示慰問和敬意。陝甘寧邊
區總工會發起「五分錢捐募運動」，募集捐款 19,000 多元。八路軍駐重
慶、桂林等地辦事處也回應募捐。同年 10 月，這些捐款陸續匯給宋慶
齡，轉交香港工人。[31]

　　遠在延安和重慶的中共上級黨組織之所以及時了解香港工運動態，
發起聲援活動，得助於中共先前在香港建立起來的與內地緊密通聯的秘
密電台。

　　1937 年 7 月 24 日，紅軍駐西安辦事處電台台長、廣東人林青奉命
前往香港，籌建秘密電台。次年 2 月下旬，林青和申光等人在廖承志指
示下，購買通訊器材，組裝成一部「哈特萊」式的十五瓦無線電發報
機，首先和武漢的八路軍辦事處電台建立聯繫。3 月上旬，又和延安的
中共中央電台建立聯繫。從此，香港的中共組織與延安的中央機關一直
保持及時而頻密的無線電聯絡。潘漢年建立華南情報網時，最初也使用
廖承志領導的這部電台，1940 年後才啟用新的獨立電台。

　　1941 年 1 月，國民黨製造襲擊新四軍軍部的皖南事變，中共憤而
向香港及海外揭露與抨擊國民黨的反共行徑。據林青回憶，依靠香港
與延安的秘密電台聯繫，「我們的資訊常比國民黨的消息提前七天到十
天，迅速地向港澳通報和海外僑胞廣播，擴大了我黨的影響」。[32]

　　當時國民黨港澳總支部書記長高廷梓致電國民黨中央組織部部長朱
家驊的一則電文，恰好印證上述回憶。高廷梓在電文中慨歎：皖南事變
的重要電文，「本可由中央航郵發下，詎竟連日分段拍發，既耗費時間

31　延安《新中華報》，1939 年 9 月 26 日、10 月 3 日，轉引自《中國海員工人運動大事年譜》，
　　頁 123；宋慶齡：〈為收轉支援反汪罷工款事覆新華日報社〉，《宋慶齡選集》，上卷（北京：
　　人民出版社，1992），頁 292。

32　林青：〈十二年秘密電台通訊鬥爭的回憶〉，《廣東黨史資料》第 5 輯（廣州：廣東人民出版社，
　　1985），頁 186。

人力，又無從運用。以視共黨，佳電與有關文件一厚冊，則早已播傳海外。我以密件通知同志，對方則以全部有利其自己之宣傳文件，撒播全世界。相形之下，效用可想而知」。為此，高廷梓甚至表示要辭去「某種職務」，「以明責任」。[33]

抗日戰爭全面爆發之後，日軍燒殺搶掠，無惡不作，大批內地難民湧入香港。祖國同胞的苦難激起香港各界人士同仇敵愾的愛國熱誠，大批青年學生和工人踴躍加入中共黨組織及其領導的各種抗日救國活動，中共香港黨組織的黨員人數隨之水漲船高。

1938 年 1 月，中共香港市委提出發展一倍黨員的口號。同年 10 月，香港市委所屬各支部及其領導的澳門支部共有黨員 670 人，其中澳門黨員 50 人，迅速實現黨員人數增加一倍的目標。同年 10 月日軍佔領廣州前後，香港黨組織奉命動員三分之一的黨員，組成各種工作團，投入廣東各地的抗日游擊戰爭。1938 年 11 月到 1939 年 7 月間，香港市委及海員工委共抽約 230 名黨員回粵參戰，澳門支部也動員約 20 名黨員加入參戰行列。從 1937 年初到 1939 年 11 月大約三年間，中共香港黨組織共奉命向內地輸送 250 至 300 名黨員，以及 500 至 600 名左翼積極份子。

儘管如此，由於香港青年學生、工人繼續加入中共，到 1939 年 11 月，中共香港市委、海員工委及八路軍駐港辦事處領導的文化支部等三個系統的黨員人數，又增加到 631 人。[34] 這些黨員分佈在 77 個支部開展活動，各支部簡況見表 3.2。

33　1941 年 1 月 9 日高廷梓致朱家驊電，《朱家驊檔案》三十「香港黨務‧工作報告」，該檔案藏於台北「中研院」近代史所圖書館。佳電：當時電報使用代日韻目法，「佳電」即 9 日發出的電報。

34　《彙集》甲 44，頁 264、266、269、515、277。

表 3.2 1939 年 11 月中共香港黨組織各支部簡況表 [35]

支部類別	黨員人數	支部數量	備註
洋務	68	8	半島酒店、粵東酒店各一支部，尖沙嘴、九龍塘各一支部（職業為酒店及洋人侍仔、廚師）
印刷	63	10	中華書局 5 支部，32 人；珠江日報一支部
造船	14	3	黃埔船塢兩支部，太古船塢一支部 5 黨員
鐵路	3	1	廣九路英段
汽車、電車	14	2	九龍汽車公司一支部，香港電車公司分散的一支部
自來水	7	1	九龍自來水
郵、電	7	1	九龍郵政黨員一人，香港電話黨員 3 人，其餘是分散的
黃包車	38	5	九龍一支部 13 人，香港 4 支部
碼頭苦力	37	4	九龍倉一支部 8 人，九龍一支部分散的（另外有個別的），香港二支部，分散的
捕魚	17	1	完全在長洲島漁場（九龍區）
紡織	17	2	都在九龍，棉一人，總統二人，共有六廠（除棉布外均小廠）
橡膠廠	28	2	香港膠廠佔 23 人，馮強等 3 人
食品	24	2	大同罐頭廠一支部 12 人，港牛奶公司一支部
職員	11	1	銀行、洋行職員
學生	38	6	九龍的華南、華仁、中華職校各一支部，另有女生一支部，包括學校正風、梅芳各一支部
文化人	23	2	九龍有一支部黨員 5 人，另有全港文化特支
其他	54	4	
海員	168	22	
合計	631	77	

　　各支部書記（簡稱支書）或支部指導員（簡稱支指）是支部所屬黨員的領導者，同時在上級黨組織和基層黨員之間起着上下溝通的橋樑作用。茲將部分支書或支指簡介如下：

35　根據《彙集》甲 44，頁 278 表格整理。

表 3.3　1939 年 11 月香港部分中共支書或支指簡況表 [36]

職別	姓名 / 性別 / 年齡	出身	入黨年份	文化	性格	
造船廠支指	何廉（順德人）/ 男 /25	造船工人	1938	小學		
紡織支指	馮女修 / 女 /18	紡織工人	1938	小學	沉着，忠實，積極	
中華書局總支書	夏國鈞 / 男 / 約 30	印刷工人	1938	初中	沉着，積極	
大同罐頭廠支書兼支指	鄧俊（本省人）/ 女 /20	罐頭廠工人	1938	小學	沉着，堅定，積極	
樹膠廠支書	曾蓮芳 / 女 /22	膠廠工人	1938	小學	沉着，忠實	
半島酒店支書兼洋務工會黨團書記	劉祥 / 男 /40	油漆工人	約大革命後	小學	沉着，忠實，堅定	
洋務支指	蔡振興 / 男 /35	洋務工人	1938	小學	忠實，不大活潑	
印刷支指	何清 / 男 /25	教員	1938	中學	積極負責，但相當英雄主義	
支指	周振 / 男 /24	工人	1938	中學	忠實，積極	
支指	張南 / 男 /24	電話工人	1938	中學	忠實，負責	
苦力黃包車支指	王平 / 男 /30	黃包車工人	大革命後		忠實	
汽車支書	陳文漢 / 男 /30	汽車工人	1938	小學	忠實、積極	
銀洋行職員支書	黃思靜 / 女 /26	銀行打字員	1938	中學	忠實，積極，堅定	
文化支部支書	杜埃 / 男 /30	新聞編輯	1937	大學	忠實，積極，堅定	

　　由此簡況表，可以知道當年潛伏在香港各行業中的中共基層黨組織領導者都是普普通通的中青年人，其中大多數是二三十歲的青年人，最「老」不過四十歲。他們共同的性格是沉着、忠實和堅定，在群眾中有號召力，甚至年紀輕輕就成為群眾領袖。其中如樹膠廠支書曾蓮芳，只

36　根據《彙集》甲 44，頁 286－288 表格整理。

意識觀念	能力	備註
家庭觀念略重，對黨尊重與執行決議精神還好	在群眾中能活動，工作有辦法	前九龍區組織部，未暴露
很好（特委訓練班模範學員）	群眾領袖，對群眾工作及支部工作均有辦法	不很暴露
階級意識很強，但組織觀念還較差，常不能完全執行黨的決定	群眾工作有辦法，有豐富的鬥爭經驗，支書工作經驗則少	暴露，是中華書局幾次鬥爭的工人代表
很好（特委訓練班模範學員）	群眾領袖，支部工作及群眾工作都很有辦法，領導過經濟鬥爭	已暴露，被警察檢查她的家，表現很鎮定
很好	群眾領袖，領導過千餘工人的鬥爭	現已被廠主開除
很好	辦法不多，在群眾中有威信	
很好，為黨工作，不顧自己生活	辦法不多，組織工作經驗少，尚能稱職	前香港區組織部
尊重黨的信仰，很好經批評英雄主義後，很痛切地和自己鬥爭	聰明，有辦法	前香港區宣傳部
很好	相當聰明，有辦法，實際工作經驗還少	
很好	聰明，有辦法，但實際工作經驗較少	
階級仇恨很深，對黨信仰還好，但私有觀念稍濃厚	沒有什麼辦法	曾經做過香港區宣傳部
很好	群眾領袖	
很好，黨費交得特別多	能領導她這個支部與群眾工作	
很好（被香港政府逮捕警告過，表現很好）	理論上向來很進步，在文化界中有中上地位，活動力強	1938 年在市委宣傳部

是二十二歲的姑娘，就成為群眾領袖，領導上千名工人的鬥爭，儘管最終被開除出工廠，卻因此走上職業革命家的道路。他們共同的缺點是缺乏工作經驗，此外還各有不足。正因為他們並非盡善盡美，才顯得平易近人，可信可親。

中共正是依靠紮根於基層的這樣眾多的本土黨員，將號召力乃至領導力貫穿於當時興起的各種工人團體之中。簡況如下表：

表 3.4 1939 年 11 月中共領導的香港工人團體簡況表 [37]

團體	人數	成員職業	性質	
餘閒樂社	4,000	海員 3,300 人，洋務工人 700 人	俱樂部 海員工人的中心團體	
洋務工會	5,300	洋務工人	工會	
摩托車研究總工會	800	汽車工人	工會	
戲院職工會	800	戲院工人、職員	工會	
洋服工會	600	洋服工人	工會	
水務聯藝會	550	自來水工人、職員	俱樂部性質	
水務俱樂部	100	九龍區自來水工人	俱樂部	
鐵路俱樂部	150	鐵路工人	俱樂部	
青年生活社	70	鐵路青工	讀書會	
學德勵志社	100	九龍汽車公司工人	讀書會	
電車工人讀書會	60	電車工人	讀書會	
致基體育社	100	太古船塢造船工人	體育會、讀書會	
自強體育社	350	黃埔船塢工人	體育會、讀書會	
人力車夫互助社	500	黃包車夫	互助社（工會性質）	
大同讀書會	60	大同罐頭廠工人	讀書會	
九龍教育服務團	100	女工	教育團體	
晨鐘體育社	200	青年女工	體育會	
香港樹膠廠工人互助社	600	橡膠工人	互助社（工會性質）	
商務印書館工人互助社	800	印刷工人、職員	互助社	
半島工餘別墅	400	半島酒店洋務工人	俱樂部	
新聲社	100	九龍貨倉碼頭工人	俱樂部	
聯義館	200	長洲島漁民	三合會	
長洲學德勵志社	60	長洲青工、青年漁民	讀書會	
國華俱樂部	60	海景酒店洋務工人	俱樂部	
七姐會	800	青年女工（未嫁）	姐妹團	
九龍城夜學同學會	30	青工	讀書會	
青年同樂社	180	青工及失學青年	讀書會	
惠陽青年會	1,200	青工佔 70%	同鄉會	
西江青年會	130	青工佔 90%	同鄉會	
業餘聯誼社	700	較低級銀行職員	俱樂部	
業餘聯誼會	250	較高級銀行職員	俱樂部	

37　根據《彙集》甲 44，頁 382－384 表格整理。

歷史	中共領導力	備註
1936 年發起賑濟綏遠運動，1937 年組織海員洋務工會	領導層大多是黨員，下層也能切實掌握	
1937 年底由餘閒樂社發起組織	領導層大部分是黨員	
舊工會，1938 年中共取得領導	主席是黨員，領導層還有其他共黨員	
1938 年新組織	能掌握領導層，下層黨員少	
舊工會，1938 年中國取得領導	領導層有 3 名黨員	
1939 年新成立	副主席是黨員，下層亦有黨員活動	
舊團體，1938 中共取得領導	能掌握上下層	
1939 年新建立	上下層都能掌握	
1939 年新建立	上下層都能掌握	
1938 年新建立	上下層都能掌握，有 5 名黨員	
1939 年新建立	有 2 名黨員，能掌握	
1938 年建立	有 5 名黨員，能掌握	
舊團體，1938 年中共取得領導	上下層都能把握，有 4 名黨員	
1938 年建立	有黨員 30 多人，能掌握上下層	
1938 年建立	有 12 名黨員，能領導全廠工人	
1938 年建立	上下層能掌握	
1936 年建立，原名新生社、課餘社，1937 年底改此名	上下層都能掌握，一向受黨領導	
1938 年建立	有 23 名黨員，領導過全廠鬥爭	
1938 年建立	在領導層有位置，能掌握下層，領導過鬥爭	有國民黨活動
舊團體，1938 年黨取得領導	上下層都能切實掌握	
舊團體，1938 年黨取得領導	有四、五名黨員，能掌握	
成員曾參加中共領導的東江暴動	有 16 名黨員，在島上能「話事」	
1938 年新建立	有 2 名黨員，能領導	
舊團體，1938 年黨取得領導	有 9 名黨員，能掌握	
1937 年由黨領導建立	約 30 名黨員，能掌握	
1939 年建立	有黨員領導	
1936 年建立，原名凡聲社，1937 年抗戰前改此名	有五、六名黨員，能完全掌握	
1937 年建立，始終在黨領導下	有五、六黨員，能掌握	
1939 年在黨領導下建立	有三、四名黨員	
1938 年由黨領導建立	有 8 名黨員，能掌握	
1939 年建立，黨取得領導	有三、四名黨員，目前尚能領導	

　　當時，中共在香港直接領導的職工團體共 33 個，影響團體成員共 23,250 人。此外，還有黨員進入 17 個其他團體，影響團體成員約七八千人。

　　現在，讓我們進而認識當年中共香港市委的領導人。他們的簡況如表 3.5。此表不僅列出當年香港市委領導人的個人簡歷，還率直指出他們各自的優缺點。是誰如此深知內情，作此臧否？

　　1939 年 11 月，時任中共香港市委書記的吳有恆當選為出席中共第七次全國代表大會的香港代表，與他一起當選為香港代表的還有鍾明、何潮和周小鼎。此後，吳有恆一行離開香港，輾轉前往延安。1941 年 1 月，吳有恆向黨中央詳細彙報 1936 年 9 月至 1939 年 11 月間香港的政治、經濟狀況和中共在港組織、群運及統戰等工作。表 3.5 就是吳有恆當年所作。他給後人留下香港市委領導人的如實白描，是為真切了解昔日中共在港領導人的珍貴史料。

　　雖然吳有恆在表中率直指出香港市委領導人各自存在的缺點，但他

表 3.5　1939 年中共香港市委領導幹部簡況表 [38]

職別	姓名／性別／年齡	出身	文化	入黨年份	曾任黨內工作	
市委書記	虞煥章（即楊康華）/ 男 /25	地主家庭 本人中學教員	大學	1937	廣州市委宣傳部、粵東南特委特委宣傳部	
組織部	李明 / 男 /30	貧農家庭 本人小學教師	中學程度	1936	中山縣委副書記，粵東南特委組織幹事	
宣傳部	曾莉芳 / 女 /22	工人家庭 本人學生	中學	1936	香港市委婦女部、粵東南特委婦女部	
職工幹事	陳曼夫 / 男 /24	戲院工人	中學	1938	粵東南特委職工部幹事	

38　根據《彙集》甲 44，頁 282 表格整理。

認為：

> 市委目前的幹部是比較健全的。市委書記雖然有些缺點，然而
> 在整個市委來說，自我批評的精神是很好的，各個同志都能經常留
> 意於自己的弱點，因此基本上他是能夠勝任目前的工作的。對於支
> 部的領導組織工作的管理方面，當然沒有大問題，而且市委的幹部
> 一般的都有較好的組織觀念。[39]

　　吳有恆在表中列明，二十二歲的姑娘曾莉芳負責中共香港市委宣傳
部工作。她和上文提到的同樣二十二歲的樹膠廠支書曾蓮芳的名字僅差
一個字。不過，兩人加入中共的年份有先後：曾莉芳在 1936 年入黨，
曾蓮芳在 1938 年入黨。無論她們是否孖生姊妹，她們都是叱咤風雲的
巾幗英雄。

　　吳有恆還向黨中央彙報他了解的中共香港海員工委領導人的概況，
見表 3.6。

性格	能力	意識觀念	備考
缺乏果斷，肯虛學習，自動工作精神不高	對文化宣傳工作有經驗，其他工作經驗少	以前私有觀念、家庭觀念較重，經批評後自己了解了，有和自己錯誤做鬥爭的決心	廣州人，對香港的社會了解得還不夠
虛心學習精神好，很積極負責，刻苦鬥爭精神好	對組織工作較有經驗，現任這個工作很適合，城市工作經驗較少	組織觀念很好，階級意識也很好，有自我批評精神	中山人，對香港了解還不夠
積極負責，刻苦，鬥爭性強，性情剛硬，學習精神不很好	有支部工作經驗、婦女工作經驗，對文化宣傳工作能力很差，不會寫文章	組織觀念很好，階級意識很好，階級仇恨很深，有自我批評精神	香港土生，熟悉香港情形，曾參加過民族革盟
不大積極，有點懶散	對工人運動略有經驗，對香港社會相當清楚	對黨的信仰還好，肯接受黨的批評，個人生活有點吊兒郎當	

39　《彙集》甲 44，頁 285。

表 3.6　1939 年 11 月中共香港海員工委領導人簡況表 [40]

職別	姓名／性別／年齡	出身	文化	入黨年份	曾任黨內工作	
書記	潘漢夫／男／35	學生	中學	大革命時入黨，曾坐牢數年	大革命後在廣東省委管財政，抗戰後出獄，1938 年來港任海委組織部長	
組織部	吳光／男／25	海員工人	小學	1937	海委組織部幹事	
宣傳部	符鏡洲／男／35	洋務工人	小學	1938	香港區區委委員、支部指導員	
組織幹事	梁竟民／男／30	海員工人	小學	1938	支部書記	

在此簡況表中，吳有恆對負責中共香港海委宣傳部工作的符鏡洲頗有微詞，指出他「有濃厚的私有觀念」，黨組織「準備調動他的工作」。不過，後來調動的結果，竟是符鏡洲接替潘漢夫，出任海委書記。然而，「濃厚的私有觀念」最終導致海委書記符鏡洲在 1944 年被日軍逮捕後迅即叛變。讀者將會在本書下文看到後續的故事。這一事例，說明吳有恆臧否人物，入木三分。

吳有恆進而向黨中央深刻反省當時中共香港黨組織的運行機制及其優缺點：

目前的領導機關，市委和海委都是新建立與補充過的，一般的說起來是比較廣州失守以前的市委和海委，健全的程度還是比不上的，比特委直接領導，在能力上也還是比不上的。這原因是：(1) 幾乎所有以前的「老香港」幹部都調走了，新的負責同志是外來的幹部，對於香港的底細沒有那麼清楚；(2) 一向領導工人運動的有

40　根據《彙集》甲 44，頁 283－284 表格整理。

性格	能力	意識觀念	備考
忠實，負責，積極，不注意學習，相當事務主義	實際工作經驗少，政治上不開展，理論很差，只是非常肯做	組織觀念很好，階級意識很強，對革命事業非常忠誠	瓊崖人，在港不熟悉，現因暴露，準備走
瑣碎，學習精神不好，有點「英雄」主義	工作能力差，沒有鬥爭經驗	有相當的私有觀念，經鬥爭後能自覺改變，對黨還忠實	入過特委辦的兩個星期訓練班
怯懦，不敢出頭做事，積極性差	對群眾工作有能力，有辦法	有濃厚的私有觀念，不願意做現在這個工作，說「再做半年 我就不做了」。	黨決定和他鬥爭，並準備調動他的工作
積極，熱情，粗心	工作少辦法，少經驗，但在海南島籍的海員工人中有威信	對黨忠誠，階級意識強	入過特委辦的兩個星期的訓練班

比較豐富的工運經驗的同志走了；（3）在政治上階級立場上更堅定與明確的幹部如特委書記、組織部、職工部（後任香港區委書記）等同志走了。

然而新的領導機關有其優點：（1）它建立了市委，對香港的工作有更統一的領導，工作範圍縮小了，不像過去特委時的顧得內地就放鬆了香港；（2）它已經培養了一批中級幹部（支部指導員）；（3）幹部的工作熱情與積極性是很好的，特別是市委的幹部。至我們這一次來中央，它曾經確實是把香港的主要幹部抽空了，至少會影響到香港黨今後的工作的，因為目前是個環境更向下逆轉、工作更難做的時候。

吳有恆所說的「走了」，指的是香港黨組織一直奉命向內地持續輸送幹部。他在寫給黨中央的報告中繼續寫道：

香港黨在幹部工作上擔負着兩個特殊任務：1. 向內地輸送幹部；2. 培養工人幹部。香港黨的幹部政策是以這兩個任務為中心的。

　　對於向內地輸送幹部的任務，香港黨執行得是很堅決的，毫無吝嗇的，特別是動員回國工作提出以後，總計抗戰以後香港黨動員到廣東內地（到陝北來學習的不算）的幹部，約如下表：市委一級十一人；區委一級八人；支書一級三十四人（是估計的數字）；群眾中主要幹部二十人（估計的數字）。以香港這樣的幾百人的組織基礎，輸送出這樣數目的幹部，負擔顯然是太大了。

　　所有輸送出去的幹部，一般的都是比現在留在香港的幹部強的。在內地，這些幹部對於內地的工作起着很大的作用，如所有輸送出去的幹部中，現在在內地擔任特委一級工作的就有七個人。

　　在成分上，輸送出去的幹部中：市委一級十一人中，工人佔六個人；區委八個人中，工人佔五個人。在其他的兩種幹部中，工人約佔百分之七十。

　　幾年來，香港黨是勉力完成了向內地輸送幹部這個任務。

吳有恆欣慰的是：

　　香港黨的上下級關係是密切的。各個支部小組每週開會一次，支部會議支部指導員必須出席；中心支部則由市委直接出席。支指及中心支書每週和市委接頭一兩次，一次主要是傳達與佈置工作，一次是檢查工作，聽下面的詳細報告。在動員工作和鬥爭的時候，甚至每天接頭三次。對黨團的領導由青、婦、職各部幹事領導，各部幹事每週和市委（特委）接頭二次。在過去，特委對各部幹事的接頭常因內地的工作忙而疏隔了，但最少是能夠保持一星期一次的。因此，黨的上下級關係很密切。這種密切使黨的領導機關能夠了解下層的具體情況，同時下層對於領導機關的威信一般的是很高的。上下級之間沒有什麼對立與不團結的現象。

　　上級和下級接頭或出席他們的會議的時候，除有特殊的政治傳

達外，一般是首先由下級報告幾天來的工作和提出意見，各個人都報告完了，然後由上級根據報告發表意見，經過討論後分配執行。在這一點上是具體的、靈活的，同時讓下級有充分發表意見的機會。在我們的上下級關係中，還沒有發現什麼官僚主義、空談主義的作風。

香港黨的幹部的團結，是一向被注意着而且也有很好的成績的，在幹部中從來還沒有發現不團結的現象，雖然下層的同志中有個別吵吵嘴，但不成什麼意氣之爭，整個組織上可以說是團結得像一個人一樣的。

不過，吳有恆認為：忽視黨內教育工作，「是香港黨工作的最大缺點。全部工作中，教育工作是裏面最薄弱的一環」。黨內教育「注意的卻只限於新黨員、新幹部、知識份子，對於工人同志及恢復關係的黨員的教育是很少的。教育的主要內容為階級意識與組織觀念，很少研究理論」。

由於香港黨組織缺乏對 1938 年以前入黨的工人老黨員進行黨內教育，「當時的工人同志，現在約有二十個以上離開了黨了。而且，裏面有了托派，有了奸細偵探，有了自首份子，有了貪污腐化份子，有了日本特務人員等等」。

吳有恆認為：忽視黨內教育，導致香港黨組織「有了下列這些缺點：1. 因為忽視了理論的策略的教育，因此對黨的政治路線了解得很不徹底，影響到工作上的關門主義、左傾的作風不能克服，長期的存在。到現在，香港黨的幹部的傾向還是過左的。2. 因為對階級教育只強調了犧牲，對組織教育只強調了服從，對於黨的建設的教育意義的了解是不夠的，因此在工作上反映出來的積極性就有點類似於拼命主義，在和自由主義份子鬥爭時有官僚主義的傾向」。

吳有恆進一步剖析說：

　　因為輕視理論，因此就發展成為輕視知識份子。更由於這幾年工人工作做得比知識份子工作做得好得多，香港的知識份子（那些在皇家教育下造成的知識份子）又是特別幼稚脆弱的，因此更加重了輕視知識份子幹部的觀念。對於知識份子的吸收，尤其教育、提拔的工作更是一向未能真的注意的。雖然有時覺得沒有這些人工作上很不便利，因此決定發展知識份子，但不能因此就說香港黨真的尊重了知識份子了。因此，知識份子幹部的缺乏，使我們曾經不能不把一個幾乎還沒有會看報紙的同志做香港區委的宣傳部，使我們連教識字班的同志也常常找不到，像現在我們所有公開的女工夜學，都是一些女工同志自己去做教員的。

　　因此，吳有恆主張香港黨組織「要認識教育工作是一個長期的工作，它不是一種什麼突擊運動，必須經常的有學習計劃、學習工作檢查，不論環境如何變動，中心工作放在哪一些任務上，學習總是每個幹部的經常任務」；「必須把教育工作當作組織工作的一部分，要在小組、支部進行教育工作，訓練班是不必冒險辦，而且在現在的環境下是完全不應該辦的」。

　　鑒於港英政府在 1939 年後開始打壓中共在香港的活動，吳有恆主張用師傅帶徒弟般的分散教育辦法，進行黨內教育。黨內各級領導或組織幹事「各人自己負責教育，有已選定了的人，就多找機會去和他談話，逐月逐日的教育他，督促他，像師傅帶徒弟一樣」。「當時我們向這些幹部提出的口號是：每個人都要準備一個替身。」「這個工作執行得是有些成績的，目前的中級幹部中比較好的幹部已經開始培養出來了。在嚴重的環境中，這種辦法確實是一種能夠經常培養幹部的辦法。」

　　吳有恆認為，香港黨組織需要警惕的是：

目前香港黨幹部的傾向，主要的是左的傾向，由於對於逆流現象認識的不足，以為只有分裂的前途，由於工人鬥爭的日趨劇烈頻繁，因此影響到幹部的過左的傾向。特別是在市委及支指等主要幹部中，是很困難找到右傾的現象的。

而且這樣過左的傾向還不是今日才這樣，而是久已有之的，如輕視知識份子呀，不注意對錯誤的幹部的耐心教育呀，等等。[41]

吳有恆向黨中央彙報香港黨組織的工作成績及其存在問題，不僅讓黨中央深切了解中共黨人在香港奮鬥的成就與缺失，從而逐步形成處理香港問題的戰略方針；而且讓後人可以通過他在當年的如實彙報，感受到已經淡出香港歷史煙雲的一個個共產黨人的活生生形象。

1937 年抗日戰爭全面爆發後，中共在香港重新崛起的組織規模、動員層次與社會影響，大大超過以往中共在港活動的能量。

探究其成功再起的原因，不能不首先歸結為抗日戰爭在香港激發的中華民族團結對敵的共同情感，逐漸消弭香港各界人士曾經對於堅持國內階級鬥爭的中共的戒慮，從而使中共在港建立抗日民族統一戰線的各項活動，獲得愈來愈多的認同和支持。

抗戰爆發前夕，頗能代表香港商界輿論的《香港華字日報》仍以貶斥的措辭，報道毛澤東等「匪首」率部「竄擾」陝甘寧邊區的消息。[42] 可是，抗戰爆發後，該報很快改用正面、客觀的標題，轉載外國記者在延安採訪毛澤東的措辭平實的英文譯稿，「以饗讀者」。1937 年 12 月 17 日，該報以「毛澤東在延安談中日戰爭前途」為標題，報道毛澤東對英國記者的談話：「毛澤東首謂，彼黨早認中日戰爭絕不可免，故主

---

41 《彙集》甲 44，頁 279、328、293、298 − 291、306 − 307、331。

42 〈毛澤東等仍企圖北竄寧夏〉，《香港華字日報》1936 年 8 月 14 日。

張中國政府採取民主制度，以便廣大民眾皆可積極參加抗日戰爭。在外交政策方面，應努力造成國際聯合反對日本侵略之陣線。」同年 12 月 22 日，該報又以「毛澤東談抗戰前途，擁護最高領袖抗戰到底」為題，正面轉載毛澤東的言論。此類報道有助於香港讀者了解中共高層的抗戰主張，有助於化解排拒和仇視共產黨的心態。

其次，中共糾正先前「左傾」關門主義和冒險主義的做法，改而採取「對英讓步」、避免與港英政府直接衝突的正確策略，也是中共在香港成功再起的主要原因之一。

1937 年 5 月，中共中央在延安召開白區工作會議，糾正地下工作的路線和策略。同年 10 月張文彬到香港領導華南黨組織之後，多次在黨的報告中提出要糾正以往的「左傾」做法。1938 年 1 月底，新成立的香港海員工會被港英政府解散。張文彬檢討海員工會失敗原因是「做得太左」，指出此事的教訓是：「中國是要爭取英國的同情援助，不能給以不安與威嚇。香港的群眾運動必須認識這一特點，不能因小失大。我們需要有計劃的、自覺的對英讓步，不在香港進行大的群眾運動足以使其不安的事件。海員工會的被解散，是由於未能把握這一認識與方針。」[43]

應該說，這一反省是十分清醒而又難能可貴的。1939 年港英政府派警探搜查八路軍駐港辦事處後，廖承志不僅沒有發動群眾進行抗爭，反而乾脆將辦事處化整為零，分散辦公，其應對的思路就是「對英讓步」的正確策略。

1939 年 9 月 7 日，周恩來致電廖承志轉香港工委告方方、張文彬，重申香港工作應徹底執行中央的長期埋伏、積蓄力量、等待時機的方針，顯示黨中央領導人認同張文彬、廖承志與港英政府博弈的策略。

43　《張文彬關於廣東工作的綜合報告》，《彙集》甲 36，頁 309、321。

　　後來的眾多史實表明，抗戰初期中共在香港的再起，不僅為中共在日軍佔領香港之後迅即開展港九游擊戰爭，奠定足資依託的組織基礎；而且為中共重新扎根香港，將香港作為長期策應中國革命的海外基地，開拓廣闊的發展前景。

二、秘密營救

　　1938 年 10 月 12 日，侵華日軍在廣東省惠陽縣大亞灣登陸，21 日佔領廣州。抗日戰爭的戰火終於燃燒到華南大地。

　　10 月 13 日，八路軍駐香港辦事處主任廖承志召集中共香港市委書記吳有恆、中共海員工委書記曾生開會，傳達黨中央關於東江地區可能迅速淪陷，急需在東江敵後組織人民抗日武裝的指示。曾生自告奮勇，當即表示願意帶人回東江打游擊。他說：「我是惠陽縣人，語言通，了解情況。同時，我在家鄉坪山地區進行過抗日宣傳工作，團結了一批青年，在地方上有一定的群眾基礎。」「從組織上來說，惠陽縣淡水、坪山地區的黨組織是由我們海委直接領導的，我從任海委組織部長到任海委書記期間，負責指導他們的工作。」

　　10 月 24 日，曾生和周伯明、謝鶴籌等人組成臨時工作組，帶領由共產黨員、進步工人、青年和學生共六十多人的一支隊伍，在香港分批出發，去到曾生的家鄉惠陽縣坪山（今深圳市坪山區）。隨後，中共香港市委又緊急動員共產黨員和進步青年共六十八人，以香港惠陽青年會回鄉救亡工作團（簡稱「惠青」工作團）的名義，由中共黨員劉宣率領，到坪山匯合。

　　12 月 2 日，曾生等人正式成立惠寶人民抗日游擊總隊，組織起中共領導的抗日游擊武裝。曾生任總隊長，周伯明任政治委員，鄭晉任副

總隊長兼參謀長，游擊隊員起初有一百多人。[44]

　　與此同時，中共東莞中心縣委先於同年 10 月 11 日在縣城組織「東莞抗日模範壯丁隊」，由黨員王作堯擔任隊長，準備開展抗日游擊戰。該隊伍後來和與中共領導其他的抗日武裝聯合組成東寶惠邊人民抗日游擊大隊，王作堯任大隊長，何與成任政訓員，黃高陽任黨總支書記，游擊隊員起初也是一百多人。

　　1940 年 9 月，曾生、王作堯分別領導的兩支游擊隊改番號為廣東人民抗日游擊隊第三大隊、第五大隊，曾、王兩人分任大隊長。同月 24 日，廖承志致電周恩來與中共南方工委，報告說：「曾、王兩部由海豐開進廣九路以西，九月中旬安全抵達目的地。現有人數一百五十人，有步槍一百五十枝，短槍二十枝，輕機二十枝，存海豐十餘人，步槍三十，重機槍二。活動地區：深圳南頭間、東莞寶太路間、東鄉（敵後）。」[45]

　　顯然，此時曾、王兩部已轉戰到毗鄰香港的深圳、東莞一帶。這兩支抗日游擊隊伍就是後來威震華南的東江縱隊的前身，也是八路軍駐香港辦事處能夠就近應急調動的武裝力量。

　　1941 年 1 月初，中共領導的新四軍軍部及其直屬部隊九千餘人在安徽涇縣茂林地區準備北上抗日時，突然受到預先埋伏的國民黨軍隊八萬餘人的包圍襲擊，軍長葉挺被俘，副軍長項英等人陣亡。陷入重圍的新四軍將士或戰死，或被俘，僅有千餘人突圍而出。「皖南事變」成為國共兩黨合作抗日過程中最大的衝突事件。

　　為了防範國民黨迫害集中在重慶、桂林兩地宣傳抗戰的左翼文化人，周恩來在重慶領導的中共中央南方局決定動員他們疏散到香港，脫

44　以上據《曾生回憶錄》（北京：解放軍出版社，1992），頁 93−108。

45　廖承志：〈關於東江人員、槍支、活動地區的報告〉，《廖承志文集》，上冊（香港：三聯書店，1990），頁 77。

離國民黨的壓迫，開闢海外和國際的抗日統一戰線。

同年 2 月初，中共黨員、著名作家夏衍在農曆除夕的當天，從桂林乘飛機前往香港。他在晚年憶述此次抵港經歷，寫道：

搭的是歐亞航空公司的只有二十個坐位的小飛機，傍晚起飛，到香港已經是午夜了。在啟德機場降落的時候，是一片「送舊迎新」的爆竹之聲。香港依舊是那樣的繁華、熱鬧、嘈雜，但從我這個內地出來的人看來，這兒似乎還是一個世外桃源。在尖沙咀買了份當天的晚報，儘管中日之間、英、法、德、意之間正在進行着激烈的戰爭，而這裏的報紙版面上還是感覺不到戰爭的氣息。

在國際新聞社住了一夜，第二天就去找廖承志同志。從他的談話中，知道了周恩來同志要我到香港，不單是為了「避難」，主要是為了要在香港建立一個對南洋（今天叫東南亞）和西方各國華僑、進步人士的宣傳據點。他一提，問題就明白了。因為皖南事變之後，國民黨不僅加強了新聞檢查和郵檢，還查封了各地的生活書店。這樣，香港同胞和廣大華僑，就看不到《新華日報》、《救亡日報》和一切進步刊物了。而重慶的國民黨和南京的汪偽集團，配合德、意、日三國同盟，通過他們各自的新聞傳播系統，正在大肆製造「汪蔣合流」、反蘇反共的輿論。因此，利用香港這個地方，建立一個對外宣傳據點，讓香港同胞和散處世界各地的千百萬華僑和外國進步人士，能有機會知道中國共產黨的方針政策，揭露帝國主義玩弄的「東方慕尼克」陰謀，就成了我們當前最迫切的任務。廖承志同志還告訴我，為了反擊國民黨頑固派發動的第二次反共高潮，從重慶、桂林，將有一大批文化、新聞界人士撤退到香港，所以必須盡快出一份統一戰線性質的報紙和一些文化、文藝刊物。

我到香港後不久，范長江同志跟着來了。他告訴我，鄒韜奮先生已經到了桂林，正由李任潮（濟深）先生給他安排來港的機票。

因為他是參政員，又是秘密離開重慶的，所以很可能會遭到國民黨特務的暗算。這樣一來，辦報的籌備工作就得提前開始了。據我記憶，韜奮是二月十日或十二日平安到達香港的。

廖承志同志約了鄒韜奮等七、八個人開會，討論辦報的具體工作。參加的人是：鄒韜奮、金仲華、范長江、喬冠華、羊棗（楊潮）、張明養、胡仲持和我。開會的地點是鄧文釗安排的，在哪一條街，我已經記憶不起了。第一個討論的問題，是這張報紙的名稱。大家知道，香港是一個很奇特的地方，既是一個遠東唯一的自由港，在當時，又是英、美、法、荷的，德、意、日的，蔣記國民黨的和汪記國民黨的情報活動中心。我們要在這個地方，辦一張主張團結抗日和反對德、日、意法西斯的統一戰線性質的報紙，必然會遭遇到各種各樣的阻撓。當時，在香港辦報、辦刊物，也和蔣管區一樣，稿件在發排前是要審查的。因此，為了盡可能讓報紙能夠公開發行，能夠郵寄到南洋各地，廖承志同志想出了《華商報》這麼一個報名。理由之一，是申請註冊的法人鄧文田是商人；其次是用這個名稱，工商界和一般市民看了也不會感到害怕。至於辦報方針，則是大家一致的，就是對內要求團結、民主、進步，反對分裂、獨裁、倒退；對外是反對英美對日妥協，揭批綏靖政策和「東方慕尼克」陰謀。

大概在三月底，桂林《救亡日報》同人由林林、張爾華（敏思）同志帶隊，平安地到達香港。我們又開了一系列的會，總結經驗，妥善地安排了善後工作。一部分同志參加了《華商報》，一部分人回鄉隱蔽。張敏思、林林則和杜埃一起，到菲律賓去參加僑報工作。從三月到五月，大批文化、文藝工作者從重慶、桂林撤退到香港，知名人士有茅盾、胡繩、張友漁、韓幽桐、宋之的、戈寶權、胡風、章泯、蕭紅、胡考等，同時于伶等人也從上海撤退到香港。大

批文化人的撤離蔣管區，在國內外都引起了強烈的反響。[46]

據後人統計，這年 1 月至 5 月間，中共有計劃轉移到香港的進步文化人士達一百多人。[47]

3 月 24 日，廖承志、潘漢年、劉少文致電中共中央書記處及周恩來，報告組織重慶、桂林來港左翼文化人開展統戰工作和進行抗日文化宣傳的安排：

統戰工作方面：由廖承志、潘漢年、張有漁、胡繩、章漢夫五人組成中共統戰委員會，統籌一切。下設延攬黨內外人士參加的總座談會，由潘漢年、廖承志、張有漁、范長江、夏衍、鄒韜奮、金仲華、茅盾等八人負責。以鄒韜奮為中心，成立救國會，開拓海外基礎。其座談會由鄒韜奮、張有漁、范長江、金仲華、梅龔水、楊東尊、于毅夫分工進行，與上海、桂林、南洋、重慶等地救國會聯絡，建立與所有民主派別的聯繫；海外活動以報紙、雜誌為中心，發表政治主張。

抗日文化宣傳方面：由張有漁、喬木、陸詒組成黨的新聞領導組，張有漁負責領導工作。成立新聞座談會，范長江、張有漁、喬木、陸詒、惲逸群、鄭森禹等人為主要成員，分析國際新聞社、中國通訊社國際問題研究會及外國報紙的新聞動態。成立學術討論會，胡繩、沈志遠、姜君鐮、張鐵生、曹伯韓為主要成員，此外還有戈寶權、黃藥眠、喬木、楊東尊等。另外成立一更大的座談會，從事翻譯馬列史、政治、軍事等名著，繼續出版《理論與現實》，編輯華僑青年叢書及中國知識叢書，同時批評抗戰以來國民黨政治、軍事、經濟等方面的錯誤。組成

---

46 夏衍：〈白頭記者話當年──記香港《華商報》〉，載鍾紫主編：《香港報業春秋》（廣州：廣東人民出版社，1991）。「東方慕尼克」陰謀：1938 年 9 月，英國、法國與德國、義大利在德國慕尼克簽訂割讓捷克斯洛伐克領土的協定。英、法兩國企圖以此換取德國東進，侵略蘇聯，時人稱之為慕尼克陰謀。當時一些報刊輿論擔心英、美將對日妥協，以唆使其北進攻打蘇聯，將慕尼克陰謀實施於遠東，故稱。

47 金沖及主編：《周恩來傳》（北京：中央文獻出版社，1998），頁 626。

以夏衍、尤競、茅盾、宋之的、司徒慧敏、蔡楚生等人為主要成員的文藝戲劇座談會，下分文藝、戲劇、音樂、漫畫、木刻、新聞學等座談會。此外，還由胡乃秋、吳全衡、廖夢醒組成婦女小組，開展婦女抗戰宣傳。[48]

顯然，舉辦各種座談會，是中共在香港團結眾多來港左翼文化人的組織形式。它能夠發揮文化人的各種專業所長，集思廣益，共同推動香港抗戰文化宣傳。於是，隨着 1941 年上半年大批來港文化人的積極參與，香港迅速成為吸引國際輿論關注的中國抗戰文化宣傳的海外重鎮。

同年 4 月 8 日，中共在香港創辦的《華商報》正式出版發行。鄒韜奮原先在上海創辦的《大眾生活》，於 5 月 17 日在香港復刊。

《華商報》開創出中共在香港公開出版發行並獲得港英政府註冊批准的報刊宣傳之路。在此之前，廖承志等人曾擬以《華商晚報》之名，出版該報。1941 年 2 月 10 日，他致電黨中央及在重慶的周恩來，說：「現到港文化人相當多，我們決定在港辦一報紙，定名《華商晚報》。」「我想在（重慶）《新華日報》受壓迫，而港其他報受國民黨收買的情況下，為衝破他們的封鎖，辦這份報，就是其生命只有幾個月，也是有意義的。」

《華商報》出版之後，廖承志在 7 月 25 日又致電周恩來及中共中央書記處，報告國民黨向港英政府施壓，企圖取締《華商報》情形：

（一）前次港警察總監俞允時赴渝，戴笠曾向俞提出，取締在港出版之汪逆之《南華日報》、《自由日報》，同時《華商報》、《大眾生活》、《國家社會報》亦均應取締，因這些報紙都是反政府的。據

48　《彙集》甲 45，頁 79－80。相關情形，還可參考袁小倫：〈統一戰線與省港抗戰文化運動〉，《廣東黨史資料》，第 23 輯。

悉，俞允時的答覆是：當依據港府法律辦理。俞回港後，昨函孫夫人、鄧文田、韜奮和我約談。（二）另，渝當局向比利時公使提出抗議，經比利時政府轉致比銀行總經理，來壓迫鄧文田停止督印《華商報》。（三）中央社不發通訊稿給《華商報》，並企圖破壞《華商報》與印刷廠的關係等。

廖承志還在此電文中說明香港黨組織的對策：

　　為對付這些壓迫，我們採取下列辦法：（一）繼續出版《華商報》。此次由鄧文田、陳嘉庚（他已來信，決定投資《華商報》二萬港元），與現《華商報》經理李某等合辦之公司出版。（二）由孫夫人出面，宴請俞允時，鄧、韜和我去作陪客，和俞聯絡感情。

　　經過孫夫人宋慶齡出面斡旋，港英政府並未答應國民黨情報機關「軍統」首領戴笠的要求。因此，廖承志在 8 月 26 日彙報《華商報》繼續發行情形時，說：

　　《華商報》現在由張有漁任主筆，范長江任經理，胡仲持任總編輯。第一版廖沫沙主持，副刊由夏衍實際主持。《華商報》開辦迄今，由鄧文釗做生意出資本，未花我們半文錢。現在實際銷路已超過五千五百份，為香港晚報最大的。惟每月實際虧本三千五百港幣左右，這是因稿費、應酬太多所致。現在辦法如下：……從八月始，由鄧文釗出資二萬元，收買一印刷廠（香港科學印務公司）；再與陳嘉庚合作，陳出三萬，鄧出二萬，擴大買進捲筒機，籌辦日報，以縮短虧空數目。[49]

49　《廖承志文集》，上集，頁 94－97。

　　內地來港左翼文化人大多數是在 1941 年初「皖南事變」之後陸續轉移到香港的。他們的到來，給香港抗戰文化宣傳活動增添強勁動力。

　　5 月 31 日，鄒韜奮、茅盾、金仲華、惲逸群、范長江、于毅夫、沈志遠、沈茲九、韓幽桐等九人，在《華商報》發表聯合宣言〈我們對於國事的態度和主張〉，嚴正指出：只有團結、進步、民主，才能堅持抗戰。

　　中共黨員金仲華、宗漢、羊棗、郁風聯名發表聲明，集體辭去香港《星島日報》的編輯工作，抗議該報屈服於國民黨壓力向右轉。

　　茅盾、夏衍、戈寶權等著名作家發表〈致世界作家書〉，郭沫若、茅盾、許地山、夏衍等署名〈中國文藝作家給歐美文化界的一封信〉，共同呼籲國際文化界人士團結起來，組織反法西斯作家同盟。

　　全國文化協會香港分會舉行音樂會，為正在抵抗德國進攻的蘇聯、英國將士募捐，顯示中國與國際反法西斯戰爭的互助團結。

　　鄒韜奮、金仲華、楊東蓴、喬冠華、胡繩、范長江、張友漁、羊棗、惲逸群等著名文化人士和國際問題專家，發表系列評論文章，或從政治、經濟、國際關係的影響，指出蘇德戰爭標誌着世界大戰的性質已根本轉變為一場反法西斯的正義鬥爭，法西斯必敗，蘇聯和世界人民必勝；或抨擊「東方慕尼克」陰謀，批評美、英國家為了本國利益，不惜犧牲中國而謀求局部暫時妥協。

　　茅盾、巴金、冰心、巴人、丁玲、郭沫若、端木蕻良、蕭紅、胡風、葛一虹、袁水拍等作家，分別發表小說、散文、文藝評論、詩歌、譯文等，或抨擊國民黨消極抗戰、專制獨裁，或呼籲團結、抗戰和民主，或謳歌中華民族抗戰的偉大精神。

　　9 月初，內地劇作家、名導演及名演員組成的留港劇人協會，將先前在重慶、成都等地公演的話劇《鞭》，改名為《霧重慶》，在香港連續公演十四場。劇中女主角鳳子專程從重慶來港，參加演出。9 月 18 日夜晚，即日本侵略中國東北的「九‧一八」事件發生當天，宋慶齡主

持的保衛中國大同盟為加強國際反法西斯統一戰線，並為中國傷兵募捐，特請留港劇人協會在在香港銅鑼灣的利舞臺，上演話劇《希特勒的傑作》，連演兩晚，由從重慶來港的名導演章泯、名演員金山、王瑩等人擔綱。該劇原名《馬漢姆教授》，由歐洲反德國法西斯劇作家創作，1932 年起在歐美、日本巡迴上演，1940 年由蘇聯拍攝成電影。

夏衍、司徒慧敏等中共電影劇作家、導演積極參與香港抗戰電影的製作。在與香港粵語電影工作者交流之後，了解到香港粵語電影擁有大量觀眾和有利的製作條件，便積極地籌劃拍攝抗戰題材的粵語片，很快開拍《血濺寶山城》（1938）、《孤島天堂》（1938）、《白雲故鄉》（1938）、《前程萬里》（1939）、《游擊進行曲》（1941）等抗戰電影的經典之作，在香港、南洋相繼上映，喚起海外同胞抗日救國的激情。

1939 年 2 月由香港熱血青年組成的虹虹歌詠團，在此時大展歌喉，將風靡內地的《義勇軍進行曲》、《全國總動員》、《游擊隊之歌》、《在太行山上》、《打走日本鬼》、《黃河大合唱》等救亡歌曲，唱遍香港。1941 年 3 月的一天晚上，虹虹歌詠團在香港孔聖堂舉行《黃河大合唱》募捐演出，採用無定價售票，自願捐贈，結果所得款項超過預計的數目，全數捐獻給宋慶齡領導的保衛中國同盟。[50]

1941 年的香港成為宣傳抗戰文化的海外重鎮。其內因是內地來港文化人積極投入、本港青年緊密聯動、中共在港黨組織幕後策應。外因則是港英政府在侵華日軍進逼下，最終放棄對日妥協的「中立」綏靖政策，允許香港各界人士進行抗日宣傳，港英政府的一些高級官員及其眷屬還參與保衛中國大同盟的各種活動。

50　上述活動概括，參考潘琦：〈抗戰期間中共領導下的省港文化活動〉，《黨史博覽》，2018 年第3 期；〈看霧重慶的試演〉，香港《大公報》，1941 年 9 月 9 日，頁 6；〈希特勒的傑作九一八公演，籌賑傷兵，金山、王瑩等名劇人主演〉，香港《大公報》，1941 年 9 月 17 日，頁 6；鄭睿：〈中國共產黨在香港影界文化戰線的發展脈絡（1937－1956）〉，《東方學刊》，2019年第 4 期；邵明眾：〈虹虹歌詠團與香港地區抗日救亡運動〉，《西昌學院學報・社會科學版》，2016 年第 4 期。

　　1941 年 8 月，蓄意擴大戰爭的日本大本營決定在三個月之內，加快完成發動太平洋戰爭的「南方作戰」所有準備工作。

　　9 月 19 日，中共南方工委書記方方等人致電黨中央和周恩來，彙報粵南工作，其中提到：「為了促進國際反法西斯統（一戰）線的建立，在港可以提出保護香港的口號，號召中、蘇、英、美聯合，展開反德抗日運動。」[51] 這是中共南方工委警惕日軍可能進攻香港而發出的呼籲。

　　戰爭的巨大陰霾愈來愈明顯地籠罩香港，港英政府加緊實行各項備戰措施。其中包括派人與八路軍駐港辦事處協商，試圖借助馮白駒在海南島領導的中共游擊隊，襲擊當地的日軍飛機場，免致香港遭受從該地起飛的日軍飛機轟炸。

　　10 月 25 日，廖承志致電黨中央，報告同月 24 日英方派人接洽八路軍駐港辦事處情形：

　　（一）英遠東軍司令部駐港人員經過私人關係，於昨日找我們要求瓊崖馮白駒部與他們合作。他的計劃是要我馮白駒部去炸毀日軍在海南的飛機場，他們將炸藥運到廣州灣，而由我們運往海南。為此他們要求馮白駒派人來港學習如何使用炸藥，並以接濟馮部軍火及無線電器材為交換條件。

　　（二）我臨時以下列條件為對：

　　甲，合作對日作戰，絕不願以炸一次飛機場為限，應當以長期發展海南游擊戰爭，作為合作的先決條件。

　　乙，合作應由英遠東軍負責人直接與我們詳商具體辦法。

　　丙，為便利馮部發展游擊戰及保持與英方聯絡，應允許馮部在港設辦事處及電台，英方應保證其合法性及人身安全，並須有一團

---

51 《彙集》甲 38，頁 160。

人的機、步槍裝備運往海南交馮部。

（三）我認為，與英遠東軍取得某種合作，對我們是有利的。但我們絕不能只聽他們的命令去作冒險的特務活動，致損失自己力量。以上條件因係臨時應付，未得軍委同意，故提得較高，是否妥當並應如何與他仍繼續談抖，請即電示。

（四）我本人還未和他們見面，但今日又接他們來信，約我於二十七日面談，來示務請於二十六日發來。由以上情形，也可以見英方對日南進的戒備變緊。

10 月 26 日，毛澤東在延安親自簽署覆電。電文寫道：

小廖：

二十五日電悉。同意我方與英方合作，並同意在可能條件下轟炸飛機場。條件你所提在港設聯絡機關，彼方供給槍械、彈病、經費，幫我訓練爆炸幹部。

毛澤東 十月二十六日

英方獲悉廖承志提出的合作要求之後，在 10 月底和 11 月上旬，兩度直接和廖承志磋商。11 月 14 日，廖承志致電黨中央，報告雙方談判進展：

最近與英國方面談二次，交涉情況如下：

（甲）他們表示對瓊崖、東江游擊隊可盡量幫忙，甚至表示存港之五百挺輕機槍以及大批破壞性炸藥可點交，態度頗為焦慮。謂倫敦有電來云，瓊崖地方重要，對瓊之紅軍須盡力幫助云云。但對我們態度仍甚含糊，不願明說他們究竟代表何機關。對我提出的必須明說所代表機關及性質問題，第二天答覆，謂此事之最高負責為警

務司俞允時。俞允時已要求與廖見面，俞要我和他面談，估計用意不外：

（一）正式表示係英方出頭。

（二）但以警察頭目來談，即表示不願談及政治條款。現找我們很急。對在港設立辦事處問題表示可同意。俞允時表示，瓊方前被港府逐出境之人可叫回港工作，但以在港不從事群眾活動為條件。

（乙）廖尚未與俞允時見面，但準備與俞晤面（此事希覆示），對交涉方針，我的意見為：

（一）本毛、周指示：他急我不急，慢慢來。

（二）基本上要他錢、槍，絕對不要他們的人。

（三）要求對我瓊崖、東江甚至新四軍之武裝進行接濟。

（四）最低條件為東江、瓊崖之武裝裝備（共三個團人、槍）、醫藥和經費，以及在港設立辦事處與電台。

（五）我們表示可派十餘人到港接受訓練使用新武器。

（丙）這方朋友警告我們，謂倘與英人交易，他出錢即須聽他的話，因此我們步步提防。對此盼示。

廖承志在談判中明顯提高對英方的要價，即從10月初次談判要求英方提供一個團的裝備和經費，提高到三個團的裝備和經費。不過，毛澤東卻在覆電中提醒他不必開口太大。覆電全文是：

香港　小廖並告周：

寒電悉。開口不要太大，條件不要太苛，否則難於兌現，反為不好。

毛澤東　十一月二十一日

12月5日，廖承志在紐西蘭籍駐港記者、實際肩負共產國際對華

聯絡秘密使命的貝特蘭（又譯作伯蘭特爾）陪同下，前往拜會香港警務司俞允時（又譯作伊雲士），繼續商談雙方合作方案。

同月7日，廖承志向黨中央電報談判進展：

近三日來，又與英方進行了三次談判：

甲，前日偕伯蘭特爾去見港警務司俞允時，談話內容係交涉設立辦事處問題：

（一）首由伯蘭特爾提議設立一「廣南公司」，由他們派人任該公司經理，我們則派人進去辦公。

（二）俞允時表示公開辦事處他是不贊成的，因為足以引起馬來亞及荷印當局的反對（因為馬來亞及荷印共黨活動是非法的），而贊成組織公司的方式，一切當由伯蘭特爾負責，他無權干涉。但希望我們不要進行一般的活動（指在港的群眾運動等）。

（三）我表示贊成組織公司，為保持軍事秘密，當然不宜設立公開辦事處，但公司應如何組織，尚須請示。上述談話到此結束。

乙，和俞允時談話後，伯蘭特爾即邀我在彼處作進一步商談，他表示：

（一）除撥給瓊崖駁殼槍一千支外，或可撥給二百五十架輕機槍，另撥給東江駁殼槍五百支，輕機槍五十架。

（二）運輸問題，他們只能運到廣州灣，由廣州灣送瓊島及由港送東江，均由我們負責。

（三）組織公司，由他們派馮裕芳負總責，但不經常去辦公。

我表示：

1. 歡迎武裝的供給。

2. 運輸問題待具體佈置，並希望他們幫助。

3. 公司組織問題待請示。

4. 請其考慮可否在公司內設立電台。他對設立電台問題表示遲

疑，而提議由他們設立電台，我們的電報交給他們發。此提議被我拒絕，並希望其再做考慮。

　　丙，（略）

　　丁，我已和文彬、梁廣、林平、少文等分別協商：

　　（一）即派出十個人去學習使用炸彈。

　　（二）運武器去東江，有完全把握，但由廣州灣運瓊島尚待佈置。

　　（三）公司組織，我方由我及連貫和另一情報、一交通人員組織之，完全不與其他人聯繫。

　　（四）電台人員亦由外面僱用，請延（安）方（面）另設一台與之聯絡。

　　戊，以上各節請即詳加考慮，並希即覆。

　　由於有貝特蘭作為協調中介，八路軍駐港辦事處與英方在洽商軍事合作條件的問題上終於達成基本共識，雙方準備秘密行動，實施襲擊海南島日軍機場的合作計劃。

　　可是，此時已是 12 月 7 日，距離 10 月 24 日雙方進行第一次談判，已經過去四十四日。

　　12 月 8 日早晨，日軍發動太平洋戰爭。從廣州天河野戰機場起飛的日軍飛機轟炸香港，早已進駐深圳的日軍第 38 師團從羅湖橋和沙頭角分別攻入香港新界地區。攻港日軍人數眾多，火力強大，進攻兇猛。

　　駐港英軍、加拿大援軍、居港外籍人士義勇軍團以及駐港英軍中的華人士兵，一起組成防衛香港的武裝力量。雖然孤立無援，寡不敵眾，仍然奮起抵抗，英勇作戰。

　　日軍進攻香港的當天上午，中國國民政府駐香港軍事代表團團長、國民黨港澳總支部主任委員陳策立即派人要求港英政府釋放關押在九龍

亞皆老街與馬頭涌道交界處舊兵營的五六百名中國士兵,這些士兵原來
駐守虎門要塞,因與日軍交戰失利而敗退香港,結果被港英政府繳械關
押,港人稱之為「孤軍營」。陳策要求英方釋放他們之後,交由中國軍
官統率,發給武器,開赴新界殺敵;同時武裝五千名國民黨在港人員,
讓他們配合英軍對日作戰。[52] 港英政府立即答應前一要求,卻不肯答應
武裝眾多華人參戰。

兩天後,港英政府分別會商國共兩黨駐港領導人陳策、廖承志。
陳、廖兩人隨即會商兩黨合作協防香港事宜。次年初,見證此事的夏衍
在撤離香港之後,立即撰文憶述:

> 戰爭開始之後,我們(這差不多是在港的中國人全體的意志)
> 就間接向英方建議,武裝民眾來保衛香港。但是一方面由於英方自
> 信太強,他方是由於時日急迫,這建議不能得到當局的認真考慮。
> 十日,戰局急轉,英方分別與陳策將軍、與廖承志先生商談。同
> 日,陳、廖會見,協議動員民眾,保衛港九。各方還周密地擬定了
> 軍事、政治、文化、治安各方面的工作計劃。可是,太遲了(Too
> Late)!一切都是太遲了。[53]

晚年的夏衍在其回憶錄中,進一步憶述當年與廖承志等人和港英政
府高官商談調入中共游擊隊,協助防守香港的情形:

> 大約是十二月十二或十三日,一位澳大利亞籍的英國記者貝特
> 蘭(他在一九三七年十月,曾在延安訪問過毛澤東),向廖承志同志

---

52 陳策:《香港突圍紀實》「1941 年 12 月 8 日日記」,陳安邦、陳安國編纂:《陳策將軍紀念文集‧附錄》(香港:邦國國際工程公司承印,2011)。

53 夏衍:〈香港淪陷前後〉,《反侵略通訊週刊》(西安),1942 年第 27 期。同文亦刊於《新華日報》(重慶),1941 年 2 月 12 日。

提出，說香港當局想和中國共產黨在香港的負責人會晤，討論協同
保衛港九的問題。這樣，下一天，廖承志、喬冠華和我，和香港總
督楊慕琦的代表輔政司（忘其名）以及居間人貝特蘭，在香港大酒
店三樓舉行了會談。我方表示，我東江縱隊可以協同駐港英軍和加
拿大軍隊保衛港九；但是英方得供應必要的武器彈藥（當時提的不
過是輕武器）。這位輔政司似乎很誠懇地表示立即向港督報告，盡
可能滿足我方要求。可是從此之後，就如「泥牛入海」，沒有下文。
事情是很清楚的，英國人有他們自己的想法。他們知道，港九這塊
彈丸之地是保不住的，讓日本佔了，英美聯軍打敗日本之後，日本
還得把香港交還給英國。而一旦中共部隊進入港九，那麼戰爭結束
之後，問題就複雜了。在這一點上，他們的階級立場是鮮明而堅
定的。[54]

　　夏衍的這一憶述稍有失誤，當時東江縱隊尚未成立，八路軍駐港辦
事處可以調動的武裝力量是東江縱隊的前身，即活躍在深圳、東莞一帶
的曾生、王作堯率領的中共抗日游擊隊。

　　曾生也在晚年回憶中，記述港英政府輔政司與廖承志等人磋商調入
中共游擊隊共同保衛香港情形：

　　　　面臨日軍的進攻，香港總督楊慕琦託澳大利亞籍的英國記者貝
持蘭，到八路軍駐香港辦事處找廖承志同志。貝特蘭曾在一九三七
年十月到延安訪問過毛澤東主席。他轉達了港英當局想和中共在香
港的負責人會晤，討論協同保衛港九問題的意願。翌日，廖承志、
喬冠華和夏衍同志和代表港督的輔政司負責人以及居間人貝特蘭在
香港大酒店三樓舉行了會談。我方表示：東江抗日游擊隊可以協同

54　夏衍：〈白頭記者話當年——記香港《華商報》〉，鍾紫主編：《香港報業春秋》。

駐港英軍保衛港九，但英方須負責供應必要的武器彈藥，並開放民
主，成立各民主黨派聯合辦事處，武裝港九人民，共同保衛香港。
港英輔政司表示回去向港督報告，盡可能滿足我方的要求。但當我
們部隊派周伯明等同志和駐香港的英軍司令會談具體協議時，英方
提出許多不合理的條件，如要派軍官到我軍監督使用武器，和我軍
不能進入九龍新界等。這表明英方缺乏共同抗日、保衛香港的誠
意。他們的不合理要求被我方拒絕，談判不了了之。[55]

　　曾生憶述英方官員與廖承志等人會商調入中共游擊隊協防香港的時
間，是在日軍進攻香港前夕，與夏衍憶述在日軍進攻香港之後兩三日會
商的時間雖有先後之別，但證實夏衍憶述自己和廖承志、喬冠華與香港
政府輔政司、貝特蘭面商協防香港之事，確鑿無誤。

　　1943 年 4 月 20 日尹林平致電中共中央及周恩來提及的相關事情，
可證曾、夏兩人的晚年憶述確有其事。尹林平在電報中說：

　　　　由於港英政府當局在戰前曾與廖承志同志談判過合作的問題
　　（此事劉少文同志知之其詳），為着國際上對我（黨）的支持與援助，
　　鞏固與擴大反法西斯統一戰線，我們曾希望在工作過程中，爭取建
　　立國際縱隊的武裝組織。去年二月間，成立了國際統一戰線部，首
　　先進行招待、護送從集中營自動逃出的國際友人。[56]

　　夏衍在 1942 年初的憶述表明，武裝廣大華人共同保衛香港，是當
時國共兩黨駐港機關的一致要求。12 月 10 日，英方分別與國共兩黨駐
港領導人陳策、廖承志會商。此後，這兩位領導人舉行極為難得的緊急

55　《曾生回憶錄》，頁 209。

56　《彙集》甲 38，頁 253。

會晤，「協議動員民眾，保衛港九。各方還周密地擬定了軍事、政治、文化、治安各方面的工作計劃」。在日軍大舉進攻港九之際，駐港國共兩黨領導人摒棄 1941 年初發生的「皖南事變」前嫌，共謀發動華人禦敵之策，實踐「兄弟鬩牆，外禦其侮」的民族義舉，雖因戰事急轉直下而未能如願，但其兄弟禦侮、共赴國難的精神足令後人欽敬。

夏衍和曾生在晚年的憶述表明，廖承志等中共黨人曾經當面向港英政府高級官員建議調入中共游擊隊，英方提供武器，雙方共同保衛香港。這一建議雖然未為港英政府採納，卻表明中共黨人將香港抗戰視為己任的堅定意志。

港英政府拒絕武裝眾多華人，無法克服兵力短缺困難，只好收縮戰線，於 12 月 11 日撤出九龍，退守香港島。12 月 18 日夜晚，日軍在港島北角、鰂魚涌、筲箕灣登陸，隨即進攻港島中部山地制高點。19 日，加拿大援軍旅長羅遜准將率軍固守黃泥涌峽，英勇戰死。24 日晚，港督楊慕琦和英軍司令官莫德庇在尖沙咀半島酒店向日軍投降。日軍隨即在香港實行殖民統治。

1941 年 12 月 8 日太平洋戰爭爆發後，中共中央在次日發表「對太平洋戰爭宣言」和「關於太平洋反日統一戰線的指示」，指出：「英美及太平洋各國的抗日戰爭是正義的解放的戰爭，英美對日的勝利就是民主與自由的勝利。因此，我全國人民、全體海外僑胞及南洋各民族在抗日戰爭中的中心任務，就是建立與開展太平洋各民族反日反法西斯的廣泛統一戰線。」「中國共產黨應該在各種場合與英美人士作誠懇坦白的通力合作，以增加英美抗戰力量，並改進中國抗戰狀況。」「必須努力開展華南敵佔區、海南島、越南及日本在南洋一切佔領區域的抗日游擊戰爭，並應盡可能與各抗日友軍及英美等抗日友邦的軍事行動協同一致，及取得他們在各方面的贊助。游擊隊所實施的各種政策應該符合於

反日統一戰線的要求，應該注意防止並糾正各種『左』的傾向。」[57] 這裏所說的「華南敵佔區」，包括日軍正在進攻的香港。

日軍從深圳大舉進攻香港之際，中共黨員曾生、王作堯分別領導的廣東人民抗日游擊隊第三大隊和第五大隊，按照事前部署，派出精幹小分隊，尾隨日軍之後，分別進入新界山區。

在此之前的 1940 年 9 月，這兩支中共游擊隊轉戰深圳、東莞山區之後，在八路軍駐香港辦事處和香港黨組織支持下，逐漸在香港設立後方辦事處、交通聯絡站、被服廠和藥房，由何鼎華、何干和何啟明等人負責，從香港取得後勤支援。他們還隨之開闢東、西兩條往來港九的地下交通線。東線是從沙頭角經沿海進入新界、九龍，由第三大隊負責；西線沿九廣鐵路西邊山路進入新界、九龍，由第五大隊負責。為了打通深圳河北岸日軍佔領區的交通線，游擊隊派出民運幹部，潛入這些地區開展群眾工作，爭取統戰對象，設立交通站、情報站；在上步、赤尾、葉屋、皇崗、沙頭、福田、白石洲等村莊，設立游擊隊秘密據點；在偽政權的維持會裏，安插「白皮紅心」的情報人員，開闢偷越敵人封鎖線的許多通道。

當日軍在深圳及九廣鐵路沿線集結兵力，準備進攻香港之時，曾生和王作堯已經根據中共南方工委指示，部署好應變措施，一旦日軍進攻和佔領香港，便抽調部隊挺進港九敵後，開展游擊戰爭，開闢抗日游擊根據地。

因此，在日軍大舉進攻香港之後，曾、王二部隨即派出精幹小分隊，尾隨日軍進入香港新界地區。曾生在晚年憶述此事，寫道：

　　日本侵略軍於十二月八日越過深圳河，我們立即派出幾支隊伍

---

57 中央檔案館編：《中共中央文件選集》，第 13 冊（北京：中共中央黨校出版社，1991），頁251－252。

進入九龍新界開展對敵鬥爭。我們從惠寶邊派出苗坑、馬鞍嶺抗日自衛隊尾隨日軍之後，於十二月十一日進入西貢半島的赤徑、企嶺下、深涌灣一帶活動。隨後為了建立從惠寶邊到西貢半島的海上交通線，自衛隊由江水同志領導一個十多人的小分隊留下，其餘的人回到葵涌組成海上護航隊，由劉培同志擔任隊長，擔負由沙魚涌、坪洲、塔門至深涌灣的海上交通任務。同時我們還從「虎門隊」抽調約二十人組成一支小分隊，又從惠陽短槍隊等單位抽調了十多人組成一支精幹的短槍隊，也進入西貢半島。這兩支小分隊加上江水的短槍隊，聯合組成一支類似八路軍的武工隊性質的短槍隊，成立臨時黨支部，由黃冠芳同志領導，在西貢地區以及啟德飛機場附近活動，一直伸展到獅子山、慈雲山、牛池灣一帶。不久，又派蔡國梁同志去加強對這個隊的領導。在寶安，王作堯同志於十二月九日即派曾鴻文同志帶着助手，緊隨日軍之後，插入新界元朗地區活動，後來又派了黃高陽同志去加強領導。不久，第五大隊副大隊長周伯明又率領一支短槍隊，從深圳附近越過日軍封鎖線，沿着廣九鐵路新界段以西的南涌、鹿頸一帶開展活動。至此，我們進入九龍新界地區的隊伍已有近百人。

我們的部隊開始進入港九敵後開展鬥爭，是既艱苦又極危險的。日軍佔領港九初期，其野戰部隊和憲兵部隊在沙頭角、大埔、元朗、沙田、粉嶺等地設了據點。而山區鄉村，土匪多如牛毛，很大一部分投靠敵偽，姦淫擄掠，人民生命財產受到嚴重威脅。我們部隊開入九龍新界後，對土匪展開了鬥爭。還乘日軍尚未顧及之前，抓緊時間收集英軍撤退時丟棄在九龍新界各地的武器彈藥，很快就收集到輕重機槍三十多挺，步槍幾百文，以及大批彈藥和軍用物資。

曾鴻文同志帶着短槍隊去同佔據大帽山的土匪頭目黃慕容談判，由於曾鴻文過去在這一帶有聲望，現在又有實力，宣傳抗日義

正詞嚴，迫使黃慕容「讓」出了大帽山這個地方。曾鴻文就在這一帶建立據點，很快發展到幾十人。他們發動群眾，打擊小股日軍，懲治漢奸，打通了從九龍青山道經九華徑到荃灣，越過大帽山到元朗十八鄉，進入寶安根據地這條最便捷又安全的交通線。這條線是我們寶安根據地通往九龍市區的西線。

另一方面，黃冠芳同志率領的短槍隊，進入九龍市區，即與在九龍工作的同志取得了聯繫，他們在西貢打土匪，發動群眾，建立據點，打通了一條從九龍市區到西貢，然後乘船渡過大鵬灣，在沙魚涌等地登陸的交通線。這條線是我們惠寶邊地區通往九龍市區的東線。

曾生、王作堯領導的中共游擊隊分路進入新界地區，收集英軍敗退時遺棄的大量槍支彈藥，迅速擴充裝備與實力，開闢出從香港日佔區通往寶安抗日游擊根據地的東、西兩條秘密交通線，這就為中共在香港淪陷之後開展大規模營救文化人和民主黨派人士創造必要的條件和奠定良好的基礎。

早在日軍進攻香港前夕，遠在重慶的周恩來曾致香港廖承志、潘漢年、劉少文和延安的中共中央書記處，對日本一旦發動太平洋戰爭，中共香港黨組織就要營救在港文化人離港一事，作出預先部署：「太平洋戰爭爆發，香港將成死港。香港接朋友如有可能，請先至澳門轉廣州灣，或先赴廣州灣後集中桂林」；「請即刻派熊子民往桂林，告梅龔彬、胡西民，並轉在柳州左洪濤，以便招待」；「政治人物可留桂林，文化界可先到桂林，新華日報出去的人（如戈寶權、張企程等）可來重慶；戲劇界的朋友可要夏衍組織一旅行劇團，轉赴西南各地，暫不來重慶」；「極少數朋友也可去馬來西亞，但這要看香港的交通條件」；「少數部分能留者盡量留，但必須會秘密條件，寧缺毋留，必須估計到日軍佔領香

港後能存在」；「港中存款全部支出，一切疏散及幫助朋友的費用，均由你們三人會議決定動用」；「孫、廖兩夫人及柳亞子、鄒韜奮、梁漱溟等人望幫她、他們離港。」[58]

　　1941 年 12 月 8 日日軍進攻香港的當天，遠在延安的中共中央立即致電在重慶的周恩來，以及在香港的廖承志、潘漢年等人，指示：「香港文化人、黨的人員、交通情報人員應向南洋及東江撤退。此事請酌辦。」周恩來隨即在當日及次日，兩度急電廖、潘，重申營救在港文化人和民主人士的各種撤退方案，關切詢問：「港中朋友如何處置？尤其九龍朋友已否退出？能否一部分人隱蔽？與曾生部及海南島能否聯繫？」[59]

　　日軍進攻香港前夕，中共南方工委正在香港秘密召開領導人會議。南委副書記張文彬、粵南省委書記梁廣、廣東人民抗日游擊隊政治委員尹林平、香港市委書記楊康華，以及中共中央南方局派駐香港的八路軍香港辦事處廖承志、潘漢年、劉少文、李少石等人參加會議。接到黨中央和周恩來的指示後，大家立即分工負責營救工作。在港專管情報工作的劉少文負責香港方面的聯絡營救，尹林平負責佈置九龍到東江游擊區的護送和接待工作，廖承志和連貫等將取道東江游擊區，前往韶關和老隆，佈置在國民黨統治區的掩護地點和交通線。

　　12 月 15 日，身處粵北的中共南方工委書記方方等人致電中央，彙報粵南應急工作安排，其中包括：「曾生部隊應積極向敵後發展，既可打破頑派進攻，又可爭取惠、港甚至英、美人士的同意而謀有力發展。」「應準備香港失陷時的組織工作，因此對幹部黨員之灰色者，應

58　該電報原件存中央檔案館，轉引自袁小倫：〈周恩來與戰時香港文壇〉，《周恩來百周年紀念：全國周恩來生平和思想研討會論文集》，上集（北京：中央文獻出版社，1999）。

59　《南方局黨史資料・統一戰線工作（三）》（重慶：重慶出版社，1990），頁 71；《周恩來年譜（1898－1949）》（北京：中央文獻出版社，1998），頁 534、535。

立即劃分建立平行組織，給與淪陷區工作方式教育他們，保證撤退時工作能保留。」「注意必要撤退之文化人，有計劃的輸送散佈桂（林）、曲（江）、梅（縣）、漳（州），泉（州）、贛各地。」「省委機關如可能時，移中區或惠（州），中（山）、寶（安）、港留得力特派員獨立領導。」[60]

12月18日下午，日軍飛機轟炸過後，廖承志在港島中環的告羅士打大酒店分批會見在港民主黨派負責人和文化界人士，決定分批撤退時各小組的負責人、聯繫地點，分發隱蔽和撤退時的必需經費。

這時，日軍早已佔領新界和九龍半島，切斷九龍和港島之間的水路來往交通，不時用飛機、大炮轟炸港島，並且準備在當晚揮軍登陸港島。

游擊隊政委尹林平在九龍秘密據點與準備執行護衛撤退任務的游擊隊員會合。「他認為，如果不能幫助廖承志、張文彬等同志先行撤離港九，整個營救計劃將無法實行。」因此，他對游擊隊駐香港辦事處幹部李健行說：「我們必須在三天之內，打通九龍至香港的交通線。這件事得由你親自去一趟，要求你比任何時候都不怕冒險和不怕犧牲。」正好同一天，廖承志在港島派中共黨員廖安祥乘船來到九龍，與潛入九龍的游擊隊聯繫。「李健行就和廖安祥一起偷渡過香港，在銅鑼灣避風塘的一艘駁船上見到了廖承志、連貫和喬冠華同志，從而打通了九龍至香港的交通線。」

當年參與領導秘密營救的曾生在晚年憶述這段經歷，繼續寫道：

營救工作是艱巨而複雜的。首先把營救的對象找到就很不容易。香港陷落後，為了躲避日軍的搜捕，許多愛國民主人士和文化界人士一再改變住處。劉少文和梁廣同志根據廖承志同志提供的名

60　《彙集》甲38，頁167。

單，通過各種關係，把營救對象一一找到，並將他們轉移到較安全的住地，然後安排他們分批撤退。

九龍方面，在林平同志領導下，由何鼎華、李健行、何啟明等同志建立了秘密接待站，解決食宿問題。然後按照不同的對象，安排他們進入我們的游擊區或到其他地區。進入游擊區的，由我們在九龍地區的短槍隊負責護送。東線由蔡國梁指揮，黃冠芳、江水領導的短槍隊擔任護送；西線由曾鴻文指揮，林沖領導的短槍隊擔任護送。

一九四二年元旦，緊張的營救工作開始了。拂曉之前，廖承志、連貫和喬冠華同志，乘上小艇，在李健行的護送下，避開日軍的巡邏艇，到達九龍紅磡。他們在九龍廣東道一棟普通的房子裏，同林平和何鼎華同志仔細研究了護送愛國民主人士和文化界人士到游擊區去的路線、警戒和沿途食宿以及可能發生的情況。由林平同志負責向我們部隊作具體佈置。

第二天早晨，黃冠芳到九龍接待站與李健行接上頭後，給化了裝的廖承志、連貫、喬冠華每人買了一些香燭、供品，扮着香客，混出九龍。通過啟德飛機場附近幾個檢查崗哨，出了封鎖線，到達牛池灣。這時，江水帶着八個短槍隊員已經在那裏等候。他們分成三個組，一個組在前面偵察開路，一個組在後面警戒，一個組居中掩護。翻過九龍坳後，走海邊小路，經北圍、打蠔墩、沙角尾、山寮直到大環村，蔡國梁同志在這裏接待了客人。夜幕降臨，廖承志同志等一行，在蔡國梁等護送下，來到企嶺下海灣，登上了由劉培同志率領的護航隊的武裝船，偷渡大鵬灣。他們既要避開日軍海上巡邏隊，又要提防海匪的搶劫。在配有機槍的前衛領航船的掩護下，悄悄地升帆出海，於凌晨三時到達沙魚涌。然後由劉培等護送到田心，交給惠陽短槍隊。

一九四二年元旦前後，我和「虎門隊」住在坪山東南的石橋坑。

這裏是一條偏僻的山溝，只有幾間已沒有人居住、磚石結構的房子。我們準備在這裏迎接廖承志等同志到來。好幾天前，惠陽短槍隊執行任務去了，我和彭沃等同志焦急地等待着。元月三日中午，短槍隊帶回來一批人，為首的胖胖的身材，頭戴鴨舌帽；一個長得矮小；另一個高高瘦瘦，戴了一副眼鏡。「啊，廖承志、連貫、喬冠華同志，他們脫險回來了！」我們高興地喊起來，懸了好幾天的心才放下來。這是我們從香港接回來的第一批領導同志。接着，張文彬同志也從香港回來了。

我們在這個小山溝的磚石房子裏歡快地敘談。廖承志同志和我們開了個會，研究佈置下一段的營救和接待工作。他說，香港的愛國民主人士和文化界人士很快要到寶安根據地來。他要我到寶安我們部隊的領導機關去，負責接待工作。我們研究認為，惠州是個重要的中轉點，要設立一個秘密接待站；連貫同志到老隆，負責那一段的接待工作；喬冠華同志到韶關，負責由韶關轉到桂林的接待工作。然後，廖、連、喬三人一起到惠州、老隆，沿途佈置接待工作。張文彬同志說，他打算在我們部隊停留一個時期，視察工作。

惠陽短槍隊送走了廖承志、連貫、喬冠華等同志後，我即趕到寶安白石龍村去，這時總部機關住在村南一座兩層的小樓房裏。我到達時，林平同志在部署好營救和護送工作後，也從九龍回來了。香港市委書記楊康華同志也同時調回來，到我們部隊工作。

為了做好接待和護送營救出來的愛國民主人士和文化界人士，林平同志召集我和梁鳴鈞、王作堯、楊康華同志開會，傳達黨中央和周恩來同志的電報指示，研究並作出了如下決定：由我留在白石龍負責接待工作，梁鳴鈞同志負責部隊的軍事指揮；王作堯同志負責從港九至我區交通線的警戒和護送工作。已集中了三個中隊和一個獨立小隊在龍華一帶，隨時聽候調用。林平同志會後到惠寶邊去，佈置惠陽縣委和惠陽前線工委建立秘密接待站，和由我區至大

後方的交通線等工作。

　　根據林平同志的部署，整個惠陽地方黨和惠陽縣前線工委領導的各個部隊都動員起來了。在惠陽縣前線工委和短槍隊隊部所在地的田心村，建立了一個秘密的中心接待站，由高健同志負責。這個接待站擔負接待由東線護送來的，和由西線護送到寶安後再轉送來的人士，然後由惠陽短槍隊護送到淡水西邊的茶園村。「虎門隊」和惠陽長槍隊擔負外圍警戒。在茶園，惠陽縣委建立了一個秘密接待站，他們的任務是把惠陽短槍隊送來的人士轉送惠州。在惠州，惠陽縣委組織部長兼武裝部長盧偉如，以「香港業昌公司」大老闆的身份，包了「東湖酒家」的二樓建立了接待站，而三樓則是頑軍第一八七師師長張光瓊包作吃喝玩樂的場所。他們認為在敵人眼皮底下建立接待站，反而更為安全。[61]

　　日本佔領香港之後不久，鑒於糧食短缺，便強迫戰前逃難到香港的上百萬內地難民「返鄉」。於是，1942 年初，每天都有大批難民被迫從香港翻山越嶺，步行走回內地。國民政府因而在內地各交通要道設立接待站，給予返鄉難民一定的賑濟和幫助。這就給文化人和民主人士喬裝成返鄉難民提供可乘之機。不過，日偽哨卡刁難捕殺，土匪攔路搶劫，仍然使返回內地之路充滿難以預料的危險。因此，中共游擊隊周密的沿途護送與內地黨組織預先設立的交通站、接待站，就能確保文化人和民主人士安全撤出香港，穿過日偽封鎖線，食宿無憂地重返抗戰大後方。

　　曾生在晚年繼續憶述游擊隊和交通員護送文化人和民主人士從香港返回內地的情形：

61　《曾生回憶錄》，頁 217－222。

　　一月九日午夜，三隻小艇載着鄒韜奮、茅盾等一批文化界人士從香港偷渡過九龍，來到了秘密接待站，踏上了脫險的旅途。十一日清晨，鄒韜奮一行二十多人，由何鼎華同志佈置的交通員帶領來到青山道口。這時青山道上，由於香港糧荒，日軍實行疏散人口，而回內地的難民源源不斷，他們即混入了難民的隊伍，向北走去，經過九華徑到荃灣。離開荃灣不久，交通員帶着這二十來個人，向北走小路進入大帽山區，山區的路雖然崎嶇難行，卻是我們游擊隊控制的地區。林沖帶領的短槍隊在這裏警戒、掩護。

　　他們爬過山嶺，穿過峽谷，走進了平坦的盆地，這是元朗十八鄉，曾鴻文就在這一帶活動。交通員帶着這二十來個人到達住宿地點。這是我們的接待站，已經聚集有由交通員帶回來的一百多「難民」了。除了鄒韜奮、茅盾夫婦這批二十來個人之外，還有幾批文化界人士，以及來參加我們部隊的工人和學生。當下殺豬相待，告訴他們，這一帶沒有日軍，可以在這裏安心休息，外面有我們的短槍隊警戒。

　　第二天，接待站的幹部把「白皮紅心」的元朗鄉長簽署的難民回鄉證明交給他們，然後分批上路，短槍隊仍然暗中護送，經元朗、落馬洲，到深圳河邊，乘船過渡到北岸赤尾村。這裏是我們部隊設在靠近日軍封鎖線上的一個據點，但群眾基礎好。鄒韜奮、茅盾等年歲大行動較慢的人，需在此過夜，而從元朗動身較早、行動較快的人，在這裏吃過午飯後，就繼續前進了。

　　從赤尾村往北，要通過寶深公路，日軍設有崗哨，不時有軍車和巡邏隊來往，但當時公路上從香港來的難民也很多。第三天，交通員帶領鄒韜奮、茅盾等順利地越過了公路，進入了便於隱蔽的丘陵地帶。再爬上梅林坳，往北下山，就是當時我們廣東人民抗日游擊隊總部的駐地白石龍村，我們的一個班哨在坳口警戒。「到家了！」文化界的同志和朋友們高興得喊了起來。

從一月底至二月底，是營救工作員緊張的時刻。每隔一兩天，就有一批人從香港偷渡到九龍，每批少的十來人，多的二三十人。還有一些人，因為在香港逗留時間長，容易暴露身份，或因年老體弱，不適宜爬山涉水，另外安排他們由香港偷渡到長洲島，再過澳門轉內地。梁漱溟、千家駒、李少石和廖夢醒夫婦、夏衍、蔡楚生、司徒慧敏、金山、金仲華等，就是通過這條路線逃出虎口的。此外，何香凝、柳亞子等是由黨組織派人護送，先乘船到長洲，然後換船到汕尾去的。

營救工作持續到六月底才結束。在敵人的嚴密控制下，從香港這個孤島，安全地營救出如此眾多的、在國內外有影響的人物，這是歷史上的奇跡。在這場偉大的秘密大營救中，香港地方黨員、我們港九短槍隊員和交通員、接待站的工作人員們，勇敢機智，全力以赴，出色地完成了黨交給的重大任務。

除了以上所述，在同一時間，我們部隊還護送了港澳的青年學生一千多人，經過我們游擊區轉到大後方韶關、桂林和重慶等地去求學和工作。同時，還護送了不下一萬名的港九同胞和僑商、僑眷脫離香港，經過游擊區安全地回到內地。這些行動，也擴大了我們部隊的政治影響。[62]

完成秘密大營救，不僅需要周密部署，機警行事，還需要統籌經費，保障開支，因為「兵馬未動，糧草先行」。曾生就此憶述說：「我們抽調了一批工作人員，由敵後文委黃日東同志負責，建立起臨時的接待機構。還多方籌集了一些錢糧，開拓稅源，增加稅款收入，號召部隊緊縮開支，開源節流。為此，張文彬同志曾經去電黨中央，黨中央十分

重視，匯來幾十萬元，解決我們的經費問題。」[63]

　　曾生憶述張文彬電請黨中央撥鉅款資助游擊隊營救文化人的緣由，在當年張文彬發出的電報中有具體說明。1942 年 1 月 10 日，張文彬在白石龍游擊根據地致電黨中央及在粵北的南委，報告他和廖承志、林平、楊康華等「均安抵游擊區，黨內外幹部及文化人都無損失」，同時如實反映游擊隊營救文化人之後面臨的經濟困難：「此間聚集文化男女老少共二百餘人以上，行動頗不便，而游擊區地小、糧缺、物價飛漲（四百多元百斤米），又無錢（維持給養已無法），港亦無法接濟。」「游擊區現只寶安較大，橫直為五十三里；東莞因一九三七年十月頑固（派）進攻，損失半數，近雖恢復一些，但災情頗重。惠陽、平山以西到鐵路段地區亦不很好。此間曾、王全部（包括最近補充）人數一千一百人，槍不及半（外圍武裝不在內）。過去工作弱點頗多，港九失陷以後，因集中力量營救幹部與文化人，故本身發展與補充頗受影響。但新界游擊區已有所發展，外圍武裝正擴大中，補充槍彈辦法不多，無錢更難。」因此，當務之急是：「設法解決糧食與經濟問題，盡力早日疏散文化人，未交前一概準備打游擊。但必須請中央設法送大批款到韶梅（共需百萬），以便文化人去上海轉蘇北。目前亦至少需十萬元，並送十萬元到惠陽來。」[64]

　　對於張文彬的請求，曾生後來憶述說：「黨中央十分重視，匯來幾十萬元，解決我們的經費問題。」中共中央在同樣面臨經濟困境的情況下，及時撥出鉅款，終於使游擊隊順利完成幫助從香港脫險的文化人分散到內地大後方的任務。

63　《曾生回憶錄》，頁 224。

64　《彙集》甲 38，頁 175－176。韶梅：地名，暗指中共南方工委領導機關所在地。當時，南委領導機關設在粵北大埔縣。

中共游擊隊從香港護送出多少文化人和民主人士？歸納當事人的回憶和後來人的研究，共有四種說法：

一是一千至幾千人，如茅盾說「幾千文化人安然脫離虎口」，楊奇說「搶救了一千多個各階層的知名人物和民主人士」，廖沫沙說「不下一千人」[65]

二是七八百人，廖承志、曾生、尹林平持此說，楊奇晚年憶述改持此說。[66]

三是數百人，連貫作此估計。[67]

四是三百至四百人，王作堯、李健行持此說，曾生晚年憶述改持此說。中共廣東黨史研究學者袁小倫也認為：「從香港搶救出來的民主文化人士及其家屬三四百人。」[68]

這些說法當中，哪一種更貼近歷史的真實？

1946 年 2 月 15 日，中共廣東區委發言人就廣東時局發表重要談話，其中說到香港淪陷後，中共游擊隊營救文化人情形：「文化、電影、教育各界的名流學者，搶救出來的有三四百人，如鄒韜奮、茅盾、宋之的、于玲、胡風、戈寶權、胡繩等。」[69]這是距離秘密大營救四年之後，中共廣東黨組織公開發佈的營救在港文化人的權威統計，足資採信。

65　茅盾：《脫險雜記》（北京：中國社會科學出版社，1980），頁 196；中共廣東省委黨史研究委員會、中共廣東省黨史資料徵集委員會辦公室編：《東江縱隊資料（紀念東江縱隊成立四十周年專輯）》（廣州，1983），頁 135、185－186。

66　《東江黨史資料彙編（搶救文化人史料專輯）》，第 3 輯，頁 47、69、229、255；楊奇：《虎穴搶救──日軍攻佔香港後中共營救文化群英始末》（廣州：廣東人民出版社，2005）。

67　《東江黨史資料彙編（搶救文化人史料專輯）》，第 3 輯，頁 35。

68　《東江黨史資料彙編（搶救文化人史料專輯）》，第 3 輯，頁 47、69、229；《曾生回憶錄》，頁 229；袁小倫：〈「立功」與「立言」──讀楊奇同志新著《虎穴搶救──日軍攻佔香港後中共營救文化群英始末》〉，《廣東黨史》，2006 年第 1 期。

69　《彙集》（1946－1947），頁 4。

中共游擊隊不僅營救在港文化人和民主黨派領導人，還幫助國民黨一些高官及其眷屬逃出香港，返回內地。1946 年 2 月 15 日，中共廣東區委發言人在公佈游擊隊營救文化人的資料之後，繼續說：「我們還搶救了許多政府要員及其眷屬，包括余漢謀將軍的夫人在內。就是陳策將軍脫險的路線，也是中共游擊隊所佈置的。當時，由廖承志同志通知陳策將軍及香港政府。」[70]

這裏提到的「余漢謀將軍的夫人」，是當時在粵北抗戰的第七戰區司令長官余漢謀的夫人上官德賢女士。1938 年 10 月日軍進攻廣州前夕，余漢謀將夫人上官德賢等家眷遷居香港沙田住在該處的何東樓。據參與營救的游擊隊員丘蔭棠後來回憶：1942 年 1 月下旬，奉命尋找和營救余夫人的游擊隊員黃清，終於找到上官德賢一家，隨即和手槍隊隊長劉黑仔制定人貨分開撤離的方案。一邊僱傭挑夫，將上官德賢家中要轉移的物品擔運到西貢沙角尾村，隨後在吉澳僱船運到西貢岐嶺下；一邊由黃清和幾個手槍隊員護送裝扮成平民的上官德賢及其家人，去到沙角尾村及岐嶺下，人和貨會合之後，乘船到深圳小梅沙，上岸後前往惠陽，進入國民黨軍防區，完成護送上官德賢及其家人的任務。[71]

這裏所講廖承志將中共游擊隊建議從香港乘坐快艇脫險到內地的路線，預先告知陳策和港英政府，助其帶領部分英軍官兵成功突圍，則有當年突圍英軍軍官麥祈文（Colin McEwan）的女婿、英國作家陸雅達（Tim Luard），依據相關檔案和眾多當事人憶述而寫成的《香港大突圍》（*Escape from Hong Kong*）一書，可資佐證。

該書寫道：12 月 20 日下午，香港英軍海軍總部給第二魚雷快艇隊隊長下達準備駕艇突圍的任務。在此之前，計劃突圍的英軍軍官坎道爾準備「同時聯繫上在沙頭角的游擊隊（即後來所稱的東江縱隊）」。由

70　《彙集》（1946－1947），頁 4－5。

71　丘蔭棠：〈護送余漢謀夫人〉，《東縱戰鬥在惠陽》（廣州：廣東人民出版社，1993）。

於戰況急轉直下，「他表示，除非他『能與在維多利亞城的游擊隊司令部取得可靠聯繫』，否則成功絕無指望。這顯然指的是廖承志──他是香港的高階共產黨員，在皇后大道經營茶葉批發來掩護其行動，掌管邊界附近三千名左右的東江縱隊游擊隊員」。

12 月 25 日晚上 9 時 30 分，陳策與隨從帶領六十多名英軍官兵，乘坐駐港英軍第二魚雷快艇隊剩下的五艘魚雷艇，駛出香港仔，開往陳策指定的大鵬灣平洲島，途中雖然遭遇兩艘日軍戰艦攔截，但經迂迴擺脫，抵達平洲島，得到原為陳策轄下虎門要塞守軍排長梁永元及其帶領的國軍挺進隊接應。次日凌晨，梁永元帶人陪同陳策與突圍英軍一行，抵達南澳，準備步行前往惠州。行前，英軍鑿沉五艘魚雷艇，以免被日軍繳獲。

12 月 28 日，陳策及英軍一行得到中共游擊隊員們的護送。其中包括一位佩戴手槍的姑娘。一位英軍軍官「問她，她的父母對她現在的角色有什麼看法，她說：『我屬於新中國，但他們不是。』」

陸雅達在書中就此評論說：「她的回答就是那麼簡單，表明這些護送突圍團的人當中，有些人屬於『左派』，而不是『做生意』的游擊隊員；或可說是比起其領導者梁永元和他那些鑲着金牙、戴着軟氈帽、大部分閒聊時間多耗在賭博上的走私共犯，至少他們更具有意識形態的動機。」「東江縱隊安排村民負責提供這群人到惠州沿途的吃食和照顧。」[72]

中共游擊隊在秘密營救過程中，還幫助被日軍囚禁的英軍戰俘和盟國人士逃出香港，進入中國內地。

香港淪陷後，日軍將英軍戰俘囚禁在港島七姐妹道、九龍深水埗及

72　以上據陸雅達（Tim Luard）著、章昌文譯：《一九四一香港大突圍》（*Escape From Hong Kong*）（台北：「國防部」政務辦公室，2015），頁 122－123、133、205、215、225－226、254，按：此書所稱「東江縱隊」，其實指當時中共領導的廣東人民抗日游擊隊。1943 年 12 月，部隊番號改稱廣東人民抗日游擊隊東江縱隊，簡稱東江縱隊。

亞皆老街的三個集中營；將港英政府官員及其眷屬等囚禁在港島赤柱監獄；將英軍的印度籍士兵囚禁在九龍馬頭圍集中營。起初，日軍一度不曾囚禁港英政府管理市政、衛生的一些官員和各家銀行職員，而是迫令他們幫助恢復市政及金融工作。1941 年底至 1942 年初，日軍對於被囚或未被囚的英方人士的監管還不大嚴格，有些英國戰俘因此得以逃脫，在中共游擊隊幫助下，成功進入中國抗戰後方。「英軍賴特上校（CoL. L. Ride）、京中校（Lt-CoL. G. King）、祁德尊少校（Major. J. D. Claqua）和譚臣警司（Mr. W. P. Thompson）等，都是在這時逃出來，經過東江縱隊的港九大隊的保護、招待和幫助，而安全到達中國大後方去的。他們都曾表示說：他們對周圍情況完全不了解，逃出來是抱着極大冒險。如果沒有有東江縱隊的幫助，能否安全脫險是一個極大的疑問。假使集中營裏的人能夠知道東江縱隊的真誠說明，相信許多人都會絕不猶豫地跑出來的。」[73]

1942 年初夏，鑒於英軍戰俘不時從各集中營逃脫，日軍加強對集中營嚴密監控，營救被羈押的英軍戰俘和盟國人員變得十分危險和艱難。可是中共游擊隊迎難而上，調派精通外語的成員，在這年 3 月組成國際小組，專門和香港內外的外國友人聯絡。組長由黃作梅擔任，組員有譚干、江群好、鄭隆、林展等。

黃作梅於 1916 年出生於香港新界上水，1935 年 7 月在香港皇仁書院高中畢業。次年 1 月，報考港英政府文員，分配到灣仔政府貨倉工作。旋因參加抗日愛國活動，被港英政府逮捕，經營救後獲釋。1941 年 6 月，他在香港加入中共。香港淪陷後，在深水埗開設廣恒雜貨店，作為游擊隊的秘密聯絡站。1942 年 6 月至 1943 年 8 月，由主要在港英軍逃脫戰俘組成的英軍服務團也利用此雜貨店，轉送情報、文件、指令和經費。

73　黃作梅：〈東江縱隊的國際地位〉（1946 年 6 月），《彙集》（1946.1 — 1949.5），頁 43 — 44。

　　據曾生憶述：國際小組為了開展營救工作，在香港島和九龍市區設立秘密聯絡點，採取很多辦法，聯絡和設法營救被俘英軍和國際友人。如通過教會的牧師、神父，深入到集中營去，與戰俘及港英政府官員秘密聯繫；通過獲救人員了解情況，或動員他們寫密信去聯絡其他人，擴大聯絡面；派出地下工作人員，化裝成小販作為掩護，與在集中營外勞動的戰俘聯繫，幫助他們隱藏起來，伺機轉移；對於靠近海邊的集中營，短槍隊員在夜間乘船喊話，或用木板寫上英文，隨水流入集中營，幫助戰俘等悄悄逃出；或安排他們偽裝傷病，住進醫院，然後幫助他們從醫院逃出，等等。[74]

　　據黃作梅敘述，國際小組曾經聯絡羈押在集中營的香港政府輔政司詹臣（Franklin Charles Gimson）、醫務總監司徒永覺（Selwyn Clarke）、滙豐銀行總經理祁禮賓爵士（Vandeleur Molyneux Grayburn）等人，並準備營救他們脫險。「可惜他們都不願意，因而沒有結果。又曾和赤柱集中營裏的盟國人士取得秘密聯絡，但當時營中的英國高級官員對時局估計不足，認為日寇不出半年必敗，不同意營內人員逃走，因而也沒有結果。」[75]

　　關於中共游擊隊暗中聯絡集中營內的港英政府高官，他們卻不願從集中營逃走之事，1943 年 4 月，游擊隊政委尹林平致電延安黨中央及重慶周恩來，彙報游擊隊聯絡英方情形，進一步說明：

　　　　三月間，英警司譚臣由赤柱集中營逃出，經我護送至惠（州）後，又回我隊住兩星期，和我們商討搶救工作，並介紹我們與醫務總監司徒永義〔覺〕取得聯繫，於是工作便有了開展。四月後，譚臣離我隊赴韶（關）。我們曾寫信向他們提出在惠（州）建立機關，

74　《曾生回憶錄》，頁 362。

75　同題文，《彙集》（1946.1－1949.5），頁 44。

與我們合作進行搶救工作，同時代譚臣轉一信致港集中營，鼓勵設法逃跑。我們則運用一切辦法，佈置安全路線。可惜當時在集中營中的警察總監依雲士眼光短視，以為戰爭很快結束，下令不准任何人逃走，因此許多人不敢行動。我們曾致函醫務總監、布政司、警察總監，向集中營所有國際友人懇切慰問與致敬，並表明我們堅決擁護反法西（斯）的鬥爭及誠懇幫助他們的態度。通過司徒的關係，亦曾致函向港英國俘虜交換返國的美國友人慰問，及說明我隊一貫主張，希望他們返國後仗義執言，推動中國停止內戰，得到他們熱烈的同情與回應。

雖然港英政府高官不肯從集中營逃走，卻仍有些願意逃走的英軍官兵和盟國人員在游擊隊幫助下成功脫險。尹林平的電報寫道：

> 在一年多的工作中，由於我們搶救護送的，除最初與陳策同回的五十餘人及疏散的二十餘人不計外，計有英人十九人，內有軍官七、八人；政府高級人員一人，滙豐銀行高級職員二人，義勇軍及其他軍人數名；白俄一人，是無線電工程師；挪威人二名，一是船長，一是挪威郵船公司經理兼美國生活雜誌通訊員；印度人二十六名，內有軍官數名；港政府高級職員、中國人二名；其中尚有未登記者不在內。

游擊隊開始營救英軍戰俘和盟國人員之時，曾向英方提出兩項希望：一是希望英國政府設法勸阻國民黨在東江地區向中共抗日武裝挑起內戰；二是盡量幫助游擊隊解決開展營救所必需的開支費用。英方雖然口頭答應，但「所答應的全不兌現（如搶救一人，除用費外，願另給港幣二千元，從未實踐諾言），只有給予小部分說明」。尹林平在電報中繼續寫道：

　　我們出生入死，所用去的經費約計港幣五萬（元）以上，而他
們所給我們的只有港幣一千元慰勞金、國幣三萬元（實際上是給他
們工作人員的伙食費的）。我們稍受其惠的，只是最近有幾個傷病人
員送惠州醫院，給他們醫治而已。他們說，曾有一批槍械準備贈給
我們，但運至韶（關），被當局阻止了；有一批藥品送給我們，運至
海門時被土匪搶了。是否事實，我們亦無從證明。[76]

　　中共游擊隊在冒險營救英軍戰俘和盟國人員的過程中，不僅需要勇
敢面對窮凶極惡的敵人，還需要坦然面對不守承諾的盟友。

三、武裝殺敵

　　1942 年初，中共香港黨組織和游擊隊在進行秘密營救的同時，還
選調香港的黨員青年和各界抗日志士共一千多人，分批到毗鄰香港的游
擊隊根據地白石龍等地，參加軍事訓練，培養他們成為游擊隊在東江及
港九地區開展游擊戰爭的骨幹人才。曾生就此憶述說：

　　黨組織還動員了大批堅決抗日的港澳青年回來參加部隊。他
們是有組織地，一批一批，或是隨同文化界人士一起，或是單獨地
由交通員帶領，來到我們部隊。從一九四二年一月到四月，一共回
來有約一千人。他們中有工人、學生、職員、醫務工作者等各行各
業的人。他們的到來，受到我們熱烈的歡迎。我會見了幾批這些同
志，表示熱誠歡迎他們回來參加我們的部隊，共同對日本侵略軍
作戰。

---

76 《彙集》甲 38，頁 254、257。

根據不同情況，他們的一部分回來後即陸續分配到部隊，一部分集中起來，經過短期訓練才分配。這兩部分，大約各有五六百人。需要集中訓練的這一部分，是作為幹部進行了解和培養的。為此，我們專門成立了一個幹部訓練隊，下分男子隊和女子隊。男子隊由李東明、黃文俞負責，女子隊由李靜、方蘭負責。訓練隊先是設在白石龍，後來轉移到雪竹徑。

教育的內容是佇列訓練、站崗、放哨、游擊戰術、部隊政治工作和介紹八路軍、新四軍情況等。還邀請了文化界人士來作報告。在此期間進行個別談話，了解各人的情況和對工作的意見。因為情況緊張，不容許長時間的集中，所以少則一週，多則半個月就分配工作。而且是隨來隨訓，來一批就訓練一批，流水作業，到四月份，基本分配完畢，訓練隊結束。

他們大多是分配到各大隊任文化教員或政治戰士；一部分分配到民運隊、醫務所、報社、稅站和交通站等單位；有的派遣回香港、九龍去工作。這些同志大多原來就是抗日救亡運動的積極份子，很多是共產黨黨員。他們有文化，有的有專業知識，抗戰意志堅決，工作熱情高昂，分配工作後，大多數很快就成為各單位的骨幹。到一九四五年抗戰勝利時，其中很多人已成為中隊或大隊的幹部了。

當時在我們部隊還處在艱苦鬥爭的時期，得到這麼一大批人員的補充，很大地加強了我們的幹部隊伍，對於我們部隊以後的發展壯大是起了很大的作用的。[77]

這時，直接由中共中央領導的香港各情報機關人員也陸續撤離香港，留下來的人則設法打入敵偽機關，以便長期潛伏，與游擊隊裏應外合，共同打擊佔據香港的日軍。

77　《曾生回憶錄》，頁232－233。

1942 年 2 月，原八路軍駐港辦事處領導成員之一、專門負責情報工作的劉少文在香港致電中共中央書記處，報告「香港同志及朋友情形」：

　　1. 全體同志及朋友在戰爭中均已離戰區，安全撤退。現韜奮、茅盾、喬木等百餘人已安全到東江曾、王部。長夏等一部分人去澳門，再分別前往蘇北及內地。何香凝、柳亞子等各乘民船去汕尾，寄居村間。現在疏散工作已大體結束。

　　2. 留港者，小開部門張唯一、老徐、孟秋江等，小開已由滬派人來和他們聯繫。小廖部門只有吳華，吳邏之等數人。我及劉三元、申光、亦青等留此。康貽振、劉成青等已去東江；龔飲冰正設法去滬，李默農夫婦已去澳門。我們決定除留此間工作者外，尚須留下一部分。我則待工作佈置就緒後去滬。

　　3. 留此人員正設法打進敵偽各部門作長期埋伏，這是佈置今後工作的方針。[78]

　　電文所說的「小開」，指的是中共最高情報機關——中央調查研究局香港分局局長潘漢年，他早在 1939 年夏天化名「胡越明」，打入日本在上海的情報機關——岩井公館，因而能夠像富家子一樣，瀟灑來往於日軍佔領的上海和香港，故名。此外，潘漢年的另一化名叫「蕭愷」，與上海話「小開」諧音。電文所說的「小廖」，即廖承志。電文表明，潘漢年、廖承志分別領導的中共情報機關在香港淪陷之後，都有意留下精幹人員，潛伏下來，埋下刺探日軍秘密情報的種子。

　　1942 年 2 月，中共南方工委副書記張文彬在白石龍召開游擊隊領導

78　《彙集》甲 38，頁 185。

人會議，宣佈南委決定成立東江軍政委員會，領導東江地區的游擊隊和黨組織。尹林平為主任，梁鴻鈞、曾生、王作堯、楊康華、譚天度、黃宇為委員。

會議還決定：成立廣東人民抗日游擊總隊，梁鴻鈞任總隊長，尹林平任政治委員，曾生任副總隊長，王作堯任副總隊長兼參謀長。對外則稱曾生、王作堯分別為正、副總隊長。總隊轄屬一個主力大隊和四個地方大隊，其中港九地區成立港九獨立大隊，大隊長為蔡國梁，政治委員為陳達明。[79]

蔡國梁，福建廈門人，1927 年移居香港。1938 年，在港加入中共。陳達明，香山縣金鼎（今屬珠海市唐家灣鎮）人，1938 年加入中共，隨後擔任香港學生賑濟會的中共秘密黨團書記、中共香港市委委員。

港九獨立大隊成立後，整合先前挺進到香港新界的各支游擊小分隊。初期主要活動於新界西貢的赤徑、嶂上，沙頭角的南涌、烏蛟騰，元朗的八鄉、十八鄉，以及和離市區交通要道、墟鎮較遠的山區。初期主要任務是肅清土匪，保護群眾生命財產。

這是因為日軍攻佔香港之後，很快將重兵調回華南，隨後派遣到南洋作戰，留守香港的日軍只有一支約三千人的警備隊和一支憲兵隊。由於兵力不足，日軍在新界只能駐守鐵路、公路交通線的重要據點，如沙頭角、大埔、元朗、沙田、粉嶺等墟鎮，其他山區及鄉村多無力顧及，形成管治真空。多股土匪乘機而起，少則數十人，多則二百多人。他們投靠日偽政權，姦淫擄掠，無惡不作。

於是，港九獨立大隊組成多支武工隊，驅除分別盤踞在大帽山和粉嶺的黃慕容、蕭天來兩股土匪；殲滅或擊潰在西貢活動的陳乃就、鄧發仔、李觀姐等多股土匪，以及活動在大嶼山島上的李七、林耀等股匪。

79　《曾生回憶錄》，頁 239。

　　與此同時，武工隊動員群眾組織抗日武裝，保衛家園。元朗、沙田等地組建起兩支抗日自衛隊和一支農民常備隊；西貢的烏蛟騰村、三亞村和大埔的羅洞、船灣、九龍坑一帶，分別建立起農民自衛隊或新兵訓練隊。大帽山、烏蛟騰、大嶼山島等地逐漸成為相對穩定的地下游擊區。

　　鑑於日軍在不少村莊安插漢奸、密探，刺探游擊隊活動情報，武工隊在肅清土匪過程中，也先後捕殺牛皮沙村、沙田圍村、沙田頭村的漢奸密探，在元朗逮捕處決一批為虎作倀的漢奸，拔掉日軍的爪牙。

　　1942 年夏天，游擊隊的活動範圍向沙田地區擴展，以觀音山、吊草岩一帶為中心基地，迫近九龍市區。同時從沙頭角地區發展到鐵路沿線的上水、粉嶺、大埔等墟鎮。1943 年秋，進而開闢大嶼山游擊區，並將活動範圍擴展到港島市區。同年，港九獨立大隊陸續組建西貢中隊、沙頭角中隊、元朗中隊、大嶼山中隊、海上中隊、市區中隊，形成分頭活動、相互合作的游擊網絡。

　　隨着游擊隊活動遍及港九地區，以西貢、沙頭角為中心基地的港九地下抗日游擊區逐漸形成，並且與惠寶邊抗日根據地和寶安陽台山抗日根據地互為犄角，增加中共各個游擊隊的迴旋餘地。當國民黨頑軍以優勢兵力進攻惠陽地區的中共游擊武裝惠陽大隊時，該大隊幾次轉移到香港沙頭角地區隱蔽起來。

　　1943 年 2 月，中共廣東省臨時委員會和軍政委員會在香港沙頭角烏蛟騰村召開高層會議，總結東江和珠江三角洲地區的鬥爭經驗，決定主動反擊日、偽軍隊的進攻和國民黨頑軍的壓制。會議期間，中共中央南方局書記周恩來致電批准廣東人民抗日游擊總隊領導幹部的調整名單：總隊長曾生，副總隊長王作堯，參謀長梁鴻鈞，副政治委員兼政治部主任楊康華。同年，總隊部的電台一直設在烏蛟騰附近的石水澗村。這一切表明，港九獨立大隊開闢的西貢、沙頭角游擊區，成為游擊總隊的可靠依託。

　　隨着香港黨組織的大批黨員加入港九獨立大隊或其他游擊大隊，香港地下黨組織轄屬的黨員人數隨之大幅減少。1943 年 2 月，游擊總隊政委尹林平致電黨中央及周恩來，報告香港地下黨組織活動情形，說：

　　照去年七月前的組織基礎，廣州只有二十五人，澳門二十八人，廣州灣有九個人。

　　一、香港現有黨員人數共八十人（女性佔二十七人），比戰前減少五分之四強；海員黨員共十二人，比戰前減少百餘人，其中以各種企業及五金工人佔半數。

　　二，審查工作於去年十月間已作初步結束，全體黨員政治面目清楚純潔，現正進行加強黨性教育及提高文化水準，注意調查與研究當地各方面實際情況。

　　三、過去過左與突擊工作作風已經改變，全體黨員已職業化，對職業精通、技術交友，鞏固職業崗位，不暴露政治面目的精神，已有顯著進步。

　　四、組織形式，採取精幹單線領導，主要負責幹部王玉宇，分港、九兩地區。港方由張南負責，九龍由周權負責，以下各設指導幹事數人，分別領導各支部同志（支部人數不超過三人，個別聯繫）。海員黨組織仍保持獨立，主要負責〔人〕廣州符鏡洲，其組織系統與前編單位同。惟現在已無一個黨員在海上工作，職業多已為小商販子。

　　關於廣州、香港、澳門、廣州灣四大城市黨的組織工作原則，決定如次：

　　一、省、港、澳、灣四個城市黨組織依照中央指示，由梁廣負責指導，在各城市分設特派員一人，採取單線領導方式，必要地區設平行組織（分別職業部門及工廠、學校，分開地區）。

　　二、省、港、澳、灣均處於敵後及被敵人統制情況下，黨的組

織應堅決執行中央指示長期掩護、積蓄力量、培養幹部、埋頭苦幹的方針。.

　　三、領導幹部職業化，停止會議生活，停發文件，關係疏遠，禁止任何橫的關係。港、澳、灣著重鞏固，慎重發展（主要工人，海員、學生）；廣州則著重發展（主要工、學兩類），亦採取雙重組織，嚴格審查工作。

　　四、以勤職、勤學、勤交友的精神，去團結各階層人士，開展廣泛統戰工作，加強幹部與黨員教育，培養獨立工作的能力。

同年 12 月 15 日，負責廣州、香港、澳門、廣州灣（今湛江）四大城市黨組織工作的梁廣，致電周恩來及黨中央，報告工作及港九黨組織情形，說：

> 我決於本月底返往廣州居住，下月中旬赴澳門及廣州一行。今後香港、九龍廣州，交地方幹部負責。
>
> 廣州現只有黨員十三人，尚有一關係未交妥。整理後可增加至二十餘人，但多數職業未能安定。
>
> 目前香港、九龍共有黨員七十九人，海員十三人，比去年減少三十餘人，其中有因無職業歸鄉，或因暴露疏散及淘汰等。現全體黨員幹部均有職業，散佈在各大船廠、飛機場、鐵路、電車、書局、商店、警政機關等處。經切實查整後，組織上雖較前鞏固，但因環境困難，推教育頗難進行。[80]

這兩份電文顯示，日佔香港時期的中共地下黨組織人數雖然明顯減少，卻遠多於廣州、澳門及廣州灣黨組織人數。更重要的是，香港黨組

80　《彙集》，甲 38，頁 236－237、277。

織的鬥爭策略已經發展成熟，完全擺脫三十年代的「左傾」冒險主義影響，切實貫徹黨中央早前制定的「長期掩護、積蓄力量、培養幹部、埋頭苦幹」的白區工作方針，黨員幹部分別潛伏在警政機關、飛機場、大船廠、鐵路等要害部門。這就使香港地下黨組織能夠在穩固的基礎上，與專門進行抗日游擊戰的港九獨立大隊密切合作，形成共同反抗日本殖民統治的兩條戰線。

　　1943 年 11 月，日軍為了打通廣九鐵路，開始對鐵路以西的東（莞）寶（安）抗日游擊根據地進行大掃蕩。游擊總隊部命令港九大隊加強打擊香港日軍的游擊活動，牽制廣東日軍對內地各游擊隊的進攻。港九大隊於是派出短槍隊，扮作民工，接近沙田到大埔之間的四號隧道，突然向守備隧道的敵偽軍隊發起攻擊，首先消滅該處的印度兵，繼而和增援日軍展開激戰，擊斃日軍兩人，繳步槍十支。隨後，短槍隊又在夜間襲擊窩塘的日軍兵營，將十二名日軍全部擊斃於睡夢中，繳獲其全部武器。

　　這時，港九大隊的海上中隊已擴編為護航大隊，轄屬三個中隊，共一百多人，除配備輕機關槍外，還增加 12.7 口徑的平射機槍和重機關槍。大嶼山中隊和元朗中隊也分別建立海上小隊。港九大隊因而依據三個中隊和兩個小隊的力量，在大亞灣、大鵬灣及香港海域展開海上游擊戰，不時襲擊行駛在廣州—香港—汕頭—台灣運輸線上的日本海軍運輸船、機帆船和偽海軍的風帆大木船（俗稱「大眼雞」）。

　　這年 10 月下旬，港九大隊的兩艘戰船在西貢以東的果洲外海巡邏，發現從汕頭方向開來的一艘日海軍機帆船，拖着一艘大木船，逆風向港島航行。游擊隊的一號船順風斜插敵船，二號船繞向敵船左側，截其後路，兩船集中火力向敵機帆船猛烈射擊。敵機帆船一面還擊，一面急忙砍斷拖木船的繩索，開足馬力逃向港島，游擊隊俘獲大木船，船上運載的大量白報紙正好解決游擊總隊機關報《前進報》的急需。

　　活動在內伶仃島、固成及龍鼓灘的大嶼山中隊海上小隊，利用位於珠江口水域的地理優勢，平時打魚作掩護，避開敵人的掃蕩；發現容易襲擊的敵船，就突然發起攻擊。1944 年 5 月至 1945 年 8 月，這支小小的海上游擊隊就先後俘獲敵人滿載物資的運輸船、機帆船共二十二艘，襲擾了敵人的海上運輸線，補充了游擊隊的物資供應。

　　據不完全統計，港九大隊海上部隊共俘獲敵船四十三艘，擊沉敵船七艘，俘虜日軍三十六人，擊斃五十二人，逼迫日軍跳海淹死四十多人，俘虜偽軍五十多人，擊斃偽軍近一百人，繳獲輕機槍五挺、步槍五十支、山炮一門，還繳獲大量物資。[81]

　　1943 年 12 月 2 日，曾生、王作堯領導的廣東人民抗日游擊總隊，宣佈改番號為廣東人民抗日游擊隊東江縱隊（以下簡稱東江縱隊或東縱）。在此之前，曾、王兩支游擊隊名義上隸屬國軍第四戰區東江游擊指揮所建制。當天，東江縱隊發表成立宣言，明確宣佈：「我們全體同志一致熱誠的擁護中國共產黨的政治主張，反對內戰、投降、堅持團結、抗戰、進步的一貫政策，更一致熱烈的接受與擁護中國共產黨的領導。」「我們成立廣東人民抗日游擊隊東江縱隊，在中國共產黨領導下，為打敗日本帝國主義，建設獨立、自由、幸福的新中國而奮鬥！」東縱司令曾生、政委林平、副司令王作堯、政治部主任楊康華隨即聯名致電中共中央軍事委員會，報告東縱司令部於 12 月 2 日成立，請「賜予密切領導」。[82] 從此，這支游擊武裝名副其實地成為中共領導的抗日隊伍。

　　東縱公開宣佈接受和擁護中共領導之前，港九獨立大隊的對外名稱是：「港九人民抗日游擊隊」，以此名義在香港進行營救英軍戰俘和盟國友人的活動。為了消除英方對中共的戒心，一度「說明與曾、王部隊

81　據《曾生回憶錄》整理。

82　《彙集》甲 45，頁 205、209。

不相統屬，只是在工作上有某些聯繫」。不過，「英人已認定港九部隊
是曾、王之一部（係從前廖承志同志和英人談判，港九失守後搶救英人
及國民黨人員中給他找到我們種種線索），但我至今仍未承認。我們只
說是港九人民組織的武裝，凡抗日的都是至親，我們與曾、王關係僅僅
是這樣的」。[83] 東縱公開宣佈為中共領導的抗日武裝之後，港九獨立大
隊不再向英方隱瞞隸屬東縱建制的組織關係，不再諱言實屬中共領導的
政治性質。

在此新基礎上，港九獨立大隊繼續坦誠保持與英方盟友的合作
關係。

1942 年 1 月 9 日夜晚，英軍賴特（L. T. Ride）上校等人逃出深水
埗集中營，因為先前聽說新界西貢地區有中共游擊隊活動，便乘船取道
西貢，得到後來擔任港九獨立大隊大隊長的蔡國梁熱情接待。蔡國梁派
游擊隊員護送賴特一行，前往國軍駐守的惠陽。後來，賴特輾轉到達重
慶，向英國駐華軍事代表團團長鄧尼斯（L. F. Dennys）少將提議成立
英國服務團（The British Army Aid Group），負責營救香港英軍戰俘與
盟國難民，得到鄧尼斯贊同。

同年 7 月，英軍服務團在惠州建立前方辦事處。辦事處主任祁德尊
（J. D. Claque）少校致函中共游擊隊，邀請派代表到惠州，和他洽商合
作事宜。還派何禮文上尉（R. D. Holmes）來到港九游擊區，請求協助
調查和拍攝香港日軍集中營情形，協同營救英國及盟國在港人員。

這時，英方在港人員正遭受日軍又一次嚴厲打擊。日軍佔領香港之
後，將英國籍或擁有同盟國國籍的大部分外籍居民羈押到各處集中營，
但為了恢復香港社會和金融運作，最初曾允許同屬英國籍的香港政府醫
務總監司徒永覺等醫務人員，以及滙豐銀行總經理祁禮賓等銀行高級職

---

83 林平致中央並恩來電（1943 年 4 月 20 日），《彙集》甲 38，頁 257、263。

員免受羈押，繼續工作。司徒永覺和祁禮賓等人利用能夠自由活動的便利，聯絡和接濟被羈押的英方人士。可是，1943 年 6 月中旬，日軍發現司徒永覺和祁禮賓等人與羈押戰俘暗通曲款，立即大舉搜捕，並根據被捕英方人士的招供，將司徒永覺、祁禮賓等一百多人關押到集中營。

同年 6 月 17 日，尹林平致電周恩來，報告這一事件的結果，說：「司徒永覺被捕，牽連及有其他之華人及醫生被捕者四十餘人，這案共捕百餘人。英國工作人員叛變，牽連各種機關。其中也牽連我們，但我們早有準備，故無損失，現當更慎重和他來住。」[84]

在日軍高壓之下，繼續與英方合作，說明英軍服務團建立秘密交通線和情報站，較諸日軍初佔香港、管治疏漏的情形，更加艱難險惡。但是，黃作梅領導的游擊隊國際小組仍然迎難而上，冒險前行。他在抗戰勝利後的 1946 年撰文憶述：

> 當時敵人在市區統治極嚴，秘密警察佈置得像天羅地網。東江縱隊工作人員在極困難和危險的情況下，英勇地和沉着地幫助英團組織情報站，計劃營救國際友人的辦法，佈置秘密交通路戰。經常是一馬當先，擔負最危險的工作，以鼓勵英團工作人員的勇氣，並經常指導他們關於秘密工作和堅持地下鬥爭的藝術，不斷向他們提供改善工作的意見。在和英團合作的過程中，支付了龐大的用費，但全部都由東江縱隊自己搏節出來，勉力維持的。由於東江縱隊的港九大隊在新界英勇鬥爭，地區日益鞏固，使盟國人員獲得很好的安全保障和工作便利，並允許英團在新界地區建立聯絡站，擔任和市區工作人員與惠州辦事處的聯絡工作，便利了他們對市區工作人員的指揮，減輕了敵人封鎖的危險和交通的困難。

> 由於這些工作的成就，東江縱隊的國際聲譽日隆，魏菲爾將

84　《彙集》甲 38，頁 263。

軍（Field Marshall Wavell）曾加讚揚和鼓勵，因而受到國民黨當局的忌恨，用各種辦法破壞東江縱隊和盟國的這種團結與合作。終於在1943 年 8 月，英軍服務團突然決定與東江縱隊截斷關係，停止一切聯絡。但即使是這樣，東江縱隊仍自動地給英團以援助，並救護了許多盟國友人送給他們，對英國的秘密過境的人員，仍予以便利。但國民黨反動派這樣的破壞行為，使這種國際合作不能繼續下去，不能不是反法西斯事業的一個損失。

不過，英國的高級官員，如最高負責賴特上校，在今年 2 月返英前，在香港仍這樣向東江縱隊表示：「如果沒有你們的幫助，我們是不會做出什麼工作來的。」[85]

1947 年 2 月，黃作梅應英皇喬治六世邀請，前往英國倫敦，參加慶祝第二次世界大戰勝利的大遊行。同年 6 月 26 日，英國政府給他授予大英帝國員佐勳章（MBE），表彰他在香港淪陷期間對英軍人員的貢獻。

黃作梅是唯一一位以中共黨員的公開身份，獲頒大英帝國員佐勳章（MBE）者。

港九獨立大隊還將營救抗日盟友的行動，擴展到因轟炸香港而被日軍擊落的駐華美軍飛行員身上。

鑒於日軍佔領香港之後，隨即將香港變為太平洋戰爭的後勤基地，從 1942 年 10 月 24 日開始，美軍駐華空軍「飛虎隊」不時出動機群，轟炸香港。1944 年 2 月 11 日，「飛虎隊」中尉飛行員克爾（Lt. Donald W. Kerr）駕駛戰鬥機，從廣西桂林起飛，掩護轟炸機群轟炸香港啟德機場，不幸被日機擊落。他跳傘降落在沙田觀音山，十四歲的港九大隊

85　《彙集》（1946.1 – 1949.5），頁 44 – 45。魏菲爾將軍：時任英國印緬軍總司令。

克爾（左一）與曾生（左二）握手告別，左三為李石

小鬼李石立即把他隱藏在山洞裏，避開日軍的搜捕，隨後和游擊隊員一起，把他護送到東縱司令部惠陽葵涌土洋村（今屬深圳大鵬新區），經國軍與英軍服務團接力護送，克爾安全返回桂林。

同年 5 月 26 日，「飛虎隊」勒夫哥（W. Lefkoe）中尉、拉忽累爾（G. Laverell）中尉、沙克（R. D. Shank）上士、康利（D. Conley）上士和利斯（H. Ellis）上士等五名飛行員，駕駛 417 號 B25 型轟炸機，在襲擊日軍運輸船時，被日軍擊中，墜入大亞灣。東縱海上護航大隊將五人救起，送到土洋村東縱司令部。游擊隊隨後將他們安全地轉送回桂林基地。次年 1 月 16 日，東縱游擊隊又救護「飛虎隊」伊根（J. Egan）中尉和美國海軍第三艦隊飛行員克利漢（M. J. Crehan）少尉，均安全送回大後方。

東縱成功營救「飛虎隊」克爾中尉，使駐華美軍開始意識到東江縱隊在華南抗戰中的重要戰略地位，因而主動派人前來洽談合作事宜。曾生後來詳細憶述說：

　　一九四四年十月七日，美軍派遣歐樂義博士來到我們縱隊司令部。他是通過各方面關係，經過韶關和惠州來找到我們的。他來時帶有美軍第十四航空隊司令官陳納德將軍和該航空隊駐韶關辦事處聯絡宮林露弼的介紹信及克爾上尉的感謝信。歐樂義博士來我們縱

隊的任務，就是要與我們建立聯絡和取得我們的幫助，擬建立電台收集港九和東江地區日軍的各種情況、氣象報告等。九日，我們將歐樂義來東江縱隊的情況和任務向黨中央作了報告，毛澤東、劉少奇等中央領導人閱後，由周恩來同志代表黨中央於十三日電覆我們說：「與歐博士談話可表示歡迎合作。關於建立電台，搜集情報，偵察氣象，訓練爆破，可以答應。如有其他要求，可先向延安請示。」遵照黨中央的指示，由我出面會見了歐樂義博士。歐樂義博士是美軍戰略部陸空作戰技術研究處工作人員，他要求建立電台，收集美軍第十四航空隊所需的情報，和美軍在關島、菲律賓一線作戰所需的情報。他負責的地區只限於東江南岸與廣九鐵路及香港一帶，時間六到八個月。他帶來了報務員唐小武（中國人）和電台兩部。他以私人名義送我短槍一支，金雞納霜千餘粒。林平同志把我與歐樂義博士會見的情況，於十七日向黨中央作了報告。

東江縱隊從創建時起，就建立了一整套的情報工作，工作人員逐漸發展到二百餘人，情報站遍佈東江敵佔區，南起香港，北至廣州，東至海陸豐，西至珠江東岸。粵北淪陷後，又擴展到西江、北江。為了同歐樂義博士合作，向盟軍提供日軍有關情報，我們決定由袁庚組建聯絡處，具體負責與歐樂義聯繫。由於我方工作人員的努力，和付出了不少犧牲和代價（犧牲了鄭重等同志），搜集了許多重要情報，其中包括日軍啟德機場和南頭西鄉機場的圖例及說明，日軍Ｋ型（神風）攻擊機的全部設計圖，日軍華南艦隊的密碼和虎門地區巡邏艦艇的報告，廣九鐵路沿線和稔平半島、太平、虎門、新界等地日軍工事圖解，日軍根據硫磺島戰敗後改進的洞穴式工事構造圖，日軍第一二九師團南下全過程和作戰部署方案等重要文件，日軍在香港的機關、軍火庫、油庫、船塢和戰艦方位的詳圖及材料，等等。這些情報，都是先報請黨中央同意後才向盟軍提供的。對於我們提供的情報，盟軍認為非常寶貴。第十四航空隊陳納

德少將、駐華美軍司令部，甚至華盛頓都極為讚賞，認為「第十四航空隊駐東江縱隊的情報站，是美軍在南中國最重要的情報站」。

陳納德少將、第十四航空隊曲江辦事處、昆明辦事處負責人都給我們發來電報表示感謝。這些電報說：「我們對最近你們供給的特別情報很感謝。同時寄上來的文件，被我們認為優越、奇異。」「我們這裏對收到的文件表示最快慰的祝賀。」「我們對你們近來關於敵軍及其活動、駐地和番號的報告特別感到喜悅，這些情報是重要的，實際上它是有生命力的。因為它，揭露了敵人的企圖和活動，幫助我們的指揮當局取得更好的結論和計劃。」「你們關於一二九師團的報告很優越，總部致以謝意。」「華盛頓對發現一二九師團及其消息致以慶賀。」歐樂義博士在調離情報站時，給我寫了一封告別信，說：「你的經過袁（庚）先生的部門所做的情報工作是有顯著的成績的。」「對於你們曾做過的工作，我感到極大滿意，請把我的深切情意向尊敬的袁先生及他的工作人員表達。」

我們給予盟軍的合作，對國際反法西斯鬥爭做出了貢獻，贏得了很好的國際聲譽，同時也使我們自己的情報、通信工作得到發展。我們在與盟軍合作過程中，發展了許多新的情報關係，收集不少日軍內部情況，及時向黨中央作了報告，說明黨中央對全面情況的了解。同時，我們還通過盟軍方面，搞到了好幾部電台設備，發給還沒有電台的指揮部及獨立行動的支隊使用，擴大和加強了整個部隊的通訊聯絡，還給海南島、珠江縱隊、韓江縱隊送去了電台設備。這樣，他們同黨中央和省臨委的聯繫更方便了，這對全廣東省游擊戰爭的發展是起到了一定作用的。

在與盟軍合作過程中，我們遵照黨中央的指示，隨時保持着很高的警惕性。我們發現歐樂義帶來的報務員唐小武在進行特務活動，偷看我方工作人員的筆記本，企圖竊取我電台密碼。經多方調查，證實唐小武是國民黨藍衣社特務、電台分台長。我把這個情況

告訴了歐樂義博士，他把唐小武開除了，並交給我們處理。歐樂義
博士要求再派一名美軍報務員來，我沒有同意，並說服了他，由我
方派報務員去幫助他做報務工作。歐樂義博士在東江縱隊工作一年
後，美軍第十四航空隊派大衛斯少校來接任，直至抗戰勝利。

　　日本帝國主義投降以前，美軍曾準備在我東南沿海進行登陸作
戰。一九四五年三月九日，在華美軍司令部派出美海軍甘茲上尉率
領一個工作組（兩個美國人，四個中國人，這四個中國人是國民黨
軍委會外事局派遣幫助工作的）來到我們縱隊司令部，要求協助他
們進行沿海測量工作。我們請示黨中央同意後，由我接待了他們。
在了解到他們要到大亞灣霞涌一帶海岸測量時，我派了武裝和工作
人員護送他們到第七支隊部去，由該支隊具體協助他們進行工作。
第七支隊由參謀長賴祥率一個小隊的武裝，掩護他們在日軍警戒部
隊的空隙中完成了測量工作，獲得他們所需要的情報。完成任務回
去時，甘茲上尉寫信給我，感謝我們給予他們的協助。他在信中寫
道：「我要表示我對我所工作的地區中，你的部隊所給予的光輝的
合作的真誠謝意，由於他們的努力，使我們能獲得工作上必需的情
報。我喜歡的說，你的部隊組織給我很好的印象，他們能力高強，
紀律甚好。」[86]

　　顯然，東縱與駐華美軍的合作，較諸與英軍服務團的合作，更顯暢
順和互惠。

　　1944 年 2 月 11 日，「飛虎隊」克爾中尉駕駛的護航戰鬥機被日軍飛
機擊落之後，日軍未能搜捕到跳傘降落的克爾，惱羞成怒，遂於當晚嚴
密包圍觀音山區，同時出動海軍炮艇在西貢水域巡邏，防止以西貢地區

---

86 《曾生回憶錄》，頁 369－373。

為根據地的游擊隊突圍。次日早晨，日軍出動成千日軍及憲查，主力埋伏於西貢墟附近，後備隊掩蔽於九龍凹一帶山林。隨後派出搜索隊伍，一路由九龍，一路由沙田，一路由蠔涌回觀音山一帶，同時搜索前進，企圖將游擊隊驅趕到十四鄉，加以圍殲，或者逼迫游擊隊撤離西貢。

港九獨立大隊採取變內線為外線的游擊策略：「敵人向我們某個區進攻（如西貢），則在西貢是在敵人的內線；但大埔、沙頭角、元朗等，則為敵人的外線」。於是，日軍包圍圈內的西貢游擊隊分散隱蔽，避敵鋒芒。日軍包圍圈外的粉嶺游擊隊則在同月 15 日襲擊當地日軍哨所，斃傷十餘名敵人；聞訊前來增援的惠陽大隊也在 17、18 日連續襲擊沙頭角之敵，斃傷二十餘人；2 月 24 日，市區中隊在港九各處張貼與散發《東江縱隊成立宣言》等抗日傳單，發動擾亂敵人、鼓舞民眾的「紙彈戰」。同日，重兵包圍西貢的日軍因久無所獲，只好分頭撤回原來的駐地。

同月 26 日，港九大隊隊部在粉碎此次敵人掃蕩的總結中指出：

（1）敵人消滅我們的決心，是日趨堅決與有計劃、有步驟，而證明今後掃蕩與反掃蕩定會反覆與頻繁、長期與全面、殘酷與尖銳的發展的。

（2）地形上港九是現代化的城市，交通水陸發達便利，加以地區的狹隘分割，山脈孤立，樹木缺劣，雖然便利於敵人兵力運動與指揮聯繫，佈置迅速，不利於我們的運動和指揮聯絡；但另方面我們也應該看出在這交通發達，交叉綜錯，機關炮台、據點站崗林立的地區上，加以敵人的兵力不足，要充分適當的分配兵力於其廣泛的交通線、機關上、炮台上、據點上、站崗上，是不夠的。因此，敵人要進行更全面性的、更長期性的掃蕩，是困難的。其只能夠採取向我某一個區的嚴密掃蕩，而其他地區只能夠起搜索、封鎖的作用而已，這是敵之基本弱點，為我隊可乘進攻敵之空隙。

對上列的兩個特點，便可看出港九敵我鬥爭的特點是犬牙交錯與錯綜複雜的，明亮尖銳鬥爭的，則是敵要乘我之隙（武器之劣勢，地形上之孤立、狹隘與分割，工作上的暴露——這是主要的），採用各種的手段向我們進攻。而我們是要乘敵之空隙（交通線之廣，沿線機關、炮台、據點、站崗、倉庫、工廠林立，兵力的不夠分配），用各種方法向其進攻，削弱其力量，培養增長自己的力量，形成內線與外線，有後方與無後方，包圍與反包圍，大塊與小塊，起犬牙迭錯戰爭的奇觀。

5 月 9 日，東縱政委尹林平致電黨中央、周恩來及中央軍委，報告港九獨立大隊為救美軍一飛機師而擊退敵人圍攻的勝利消息。[87]

日軍以重兵掃蕩西貢，無效而返，轉而加強對港九市區抗日活動的搜捕和鎮壓。

1944 年 3 月 12 日，中共香港海員工委機關遭到日軍搜捕。這是中共香港各級黨組織在 1936 年重建以來，首次有轄屬組織被敵人破獲。

4 月 13 日，東縱政委林平致電周恩來和黨中央，報告此事，說：

三月，香港海委的人中，被捕三人，逃出六人。我已通知作緊急處理：

一、應估計事件擴大可能，同這三人有關者迅速斷絕關係，並作必要的撤退，絕不可猶豫。

二、重新審查有無奸細。

三、堅決自行埋頭隱蔽、交朋友、作社會調查研究，不作什麼活動。現被捕詳情未悉，待後告。

---

[87] 《彙集》甲 45，頁 407—408。

5月9日，廣州、香港、澳門、廣州灣四地黨組織的負責人梁廣和東縱政委林平一起，致電周恩來和黨中央，報告香港海委被日軍破獲經過：

一、經過：三月灰（十）日，東江縱隊司令部人員黃奎等四人，在新界港九大埔被捕。因搭乘柴船，而涉及海委經營之柴公司，海委負責人符鏡初、葉全為黃奎所暴露，於文（十二）日被捕。葉全於最近釋放。繼為廖發伸亦被憲警搜查，搜出紅色書單一張。廖本與沈友已疏散到游擊區。海委十二人中，除上述外，在香港富士餐室捕去二人，疑有海委負責人在內。其餘均斷絕聯絡，免全部破壞。

二、善後：解散海委，由施某負責善後及今後發展，調查個別負責人關係，必要時個別聯絡，準備將來建立臨時系統。

三、檢討關係：因游擊隊關係牽連，故係政治問題，直接責任應由黃奎負責。符、葉被捕，係黃供出；而事件擴大，疑是符、葉所為。

四、經驗教訓：為禁止橫關係，提高警惕，增強黨性與革命氣節，仍用能力雖弱而黨性強的幹部，堅持原則，不可因小失大。[88]

上述兩份電文表明，香港海委遭到日軍破壞，首先是東縱司令部人員黃奎被捕後叛變招供，牽連海委負責人符鏡初（應為符鏡洲）、葉全被捕。此後的黨內文件證實：符、葉兩人隨後叛變招供，導致又有五名黨員被捕。[89] 黨員、尤其是身居要職的黨員叛變，導致黨組織被破壞，歷來是地下黨組織的慘痛教訓。因此，梁廣、林平在電文中重申「增強黨性與革命氣節」。

88　《彙集》甲 38，頁 283、285。

89　《彙集》甲 56，頁 23。

方蘭（孔秀芳）像　　　　馮芝像

　　在此事件之後不久被捕的港九獨立大隊市區中隊一位非黨義務交通員，卻嚴守秘密，寧死不屈，表現出高尚的革命氣節。她就是市區中隊隊長兼指導員方蘭的母親馮芝。

　　方蘭，原名孔秀芳，1921 年出生於香港。1936 年在灣仔一間小學的幼稚班當助教。次年中國全面抗戰爆發後，她參加香港學生賑濟會的抗日募捐賑濟活動，擔任學賑會灣仔段兒童團團長。1938 年 11月，加入中共，時年十八歲。香港淪陷後，於 1942 年 1 月奉調前往白石龍，擔任廣東人民抗日游擊總隊女子訓練隊隊長。1943 年冬，奉命返回香港，擔任港九獨立大隊新組建的市區中隊隊長兼指導員，時年二十三歲。

　　馮芝，家庭婦女，富有正義感和愛國精神，自告奮勇擔任市區中隊義務交通員。1944 年 3 月 17 日上午，她攜帶秘密情報路過港島亞公岩哨所，被印度籍憲查發現，被關押在筲箕灣派出所。由於攜帶情報涉及專門為日本海軍修船、造船的「日立造船廠」銅鑼灣分廠（即原「敬記」船廠）的圖紙資料，在該船廠擔任描圖員的十七歲女游擊隊員張淑賢隨後也遭逮捕。

　　市區中隊成員聞訊，建議實施營救。因為筲箕灣派出所後面有條小河，小艇可以進出。關押在派出所三樓的被捕人員可以通過內線營救，從後窗下到小河邊，坐小艇逃走。

　　方蘭思量再三，卻說：「此計行不通。我隊力量十分薄弱，不管成

功或失敗，都要撤退一批人。失敗的話，後果更不堪設想，相信母親也不會同意。個人得救，一家人怎麼辦？我家還有老父、兄、姊妹等人，小張家也如此，我們又無力安排他們一起撤退，只好狠心放棄營救行動了！」

方蘭的決斷來自冷靜的理性思考，她的內心卻一直翻滾着情感的波濤。半個世紀過後，她在回憶母親的文稿中，逐一梳理昔日奔騰不息的思緒：

> 母親在獄期間，我是十分悲痛的。那時，工作十分繁重，每天的神經都十分緊張。只有夜深人靜時，想着母親可能病倒或受刑，默念着母親你一定要頂住，不要損害人格尊嚴。這時候，我又會自責：是否不應該讓她做交通員？但又寬慰自己：母親是樂意支持我的事業的，這不單是親情，而且是她愛國的表現。轉而又念着老父，他失去朝夕相處的老伴，一定很難受了。正被種種問題困擾時，神經中樞指令我：重任在肩，只有用行動來報答母愛，狠狠打擊敵人，為母親報仇！於是，我眼淚向肚中流，集中思考明天的戰鬥。[90]

當時，香港日軍又發動對港九大隊的掃蕩，市區兵力空虛。日本香港總督部還宣佈從 4 月 15 日起，停止實施佔領香港後對居民定量配給大米的制度，顯示其後勤補給遭遇嚴重困難。方蘭領導的市區中隊乘機開展「四月大行動」，一面加強政治攻勢，一面實施橋樑爆破，以便將敵人的兵力牽制在市區，配合大隊的反掃蕩。

根據當年港九大隊的工作總結，市區中隊在 4 月共進行三次大量散

90　方蘭：〈馮芝——我的母親〉手寫稿，全文發表於莫世祥編纂：《香港抗戰親歷記》（香港：中華書局，2022）。

發傳單的政治攻勢。一是 13 日，趁敵人實施燈火管制，在港島筲箕灣太古船廠及附近街道散發東江縱隊《告港九同胞書》等傳單一千份，在九龍油麻地至深水埗街道散發傳單二千份。

二是 15 日，在中環街市閘口張貼十張抗戰告示。此處向來是敵偽張貼佈告的地方，因此產生明顯的震撼力。港九大隊工作總結描述當時情形，寫道：「（上午）九時許，行人一多，就有人駐足來看。最初以為是蘿蔔頭（指日軍）的東西，後來愈看愈奇，愈看愈興奮，原來是游擊隊的《告港九同胞書》。圍觀的人擁塞街市的門口，至十一點敵人才發覺，把人打走，派人把傳單用水潑濕鏟去。這事已是眾所周知了。民眾皆說：『老游是神出鬼沒的。』」

三是 21 日，在土瓜灣、紅磡以及油麻地、深水埗等街道，散發港九大隊抗戰告捷的傳單。這三次政治攻勢，累計散發傳單四千多份。[91]

與此同時，方蘭加緊組織爆破位於旺角窩打老道的九廣鐵路四號橋，進一步打擊香港日軍的氣焰。這座橋距離九龍憲兵隊隊部大約只有一百米。早在同年 2 月，方蘭就在港九大隊學會利用英軍戰敗遺留下來的黃色炸藥，製作地雷，實施爆破。她在檳榔灣的市區中隊隊部，召集正在日本香港總督部轄下道路下水事務所任工段長的男隊員梁福等人，傳授爆破技術。

4 月中旬，梁福奉命爆破四號橋，可惜子彈粉失效，未能成功引爆。梁福等人冒險取回炸藥，請方蘭再派人送來品質好的雷管和子彈粉。方蘭派小交通員阿慶仔，將雷管和子彈粉藏在竹竿裏，和外出放牛返家的孩童一起混入市區。梁福等人得到新的引爆物品，在「二十一（日）晚深夜，用十四斤炸藥，配計時炸彈於九龍市區旺角窩打老道的四號火車鐵橋，該處貼近警備隊的總部培正中學學校，於十二時隆然一聲，比五百磅的炸彈還響。結果橋給我們炸壞了。橋籬粉碎，橋身向上

91　《彙集》甲 45，頁 567－569。

傾斜」。

　　港九大隊的工作總結這樣描述市民得知此事後的反應:「最初有些人看炸火車橋,以為是老英的把戲,後來了解這是游擊隊的手段了,且有更傳說紅軍三千到港反攻。以前民眾只能看到老英的力量,然而現在曉得將來拯救他們於水深火熱的是紅軍了。」[92]

　　「老英」,是當時港人對英方的稱呼;「紅軍」,是當時港人對中共游擊隊的稱呼。從此,住在市區的港人感受到中共游擊隊在港抗戰的威力了。

　　中共游擊隊在港九市區的抗日活動引起香港日軍的瘋狂反撲。為了從先前關押在筲箕灣派出所的游擊隊員馮芝和張淑賢兩人口中,挖出更多的秘密,香港日軍憲兵隊本部在游擊隊「四月大行動」之後,接審馮、張二人的案件,將兩人關押到赤柱監獄。6月初,馮芝和張淑賢又被轉押到銅鑼灣的日本海軍刑務部(即軍事法庭),罪名是「收集日本海軍情報的間諜」。同月23日,兩人被押解到跑馬地藍塘道處決。時年六十一歲和年僅十七歲的兩位女英烈,以自己寶貴的生命,嚴守着游擊隊的秘密和安全。

　　據不完全統計,港九獨立大隊成立以來,共有115名烈士或英勇捐軀於對日作戰的疆場,或慷慨就義於與敵對決的刑場。

　　遠在四川重慶的中共中央南方局領導人周恩來關心東江縱隊及港九獨立大隊在香港的抗日活動與中共地下組織的安危。1944年6月21日,他致電東縱政委尹林平,指出:為了避免引起敵人過多注意和保全城市地下工作,目前在香港、九龍市區散發大量宣傳品和採取所謂軍事攻勢都不合適,這些作法會「引起敵對我之嚴重掃蕩」,「依目前情勢,

---

尚不應採取此過分的暴露行動」。[93]

四、光榮撤退

1945 年 8 月 15 日，日本天皇宣佈接受中、美、英三國敦促日本投降的《波茨坦宣言》，向盟國無條件投降。

當天中午 12 時，盤踞在中國內地和香港、台灣的日軍官兵，都從收音機收聽到天皇親自廣播的終戰詔書。

設在香港中環滙豐銀行大廈的日本香港佔領地總督部隨即接到天皇訓令，命令隸屬「中國派遣軍」第 23 軍的駐港日軍就地向盟軍投降。

在日本公開宣佈投降之前，國共兩黨最高領導層均已獲悉日本即將宣佈投降的電訊。8 月 10 日至 11 日，蔣介石連續發佈三道命令，要求國民黨軍隊「加緊作戰，勿稍鬆懈」；日偽軍隊「切實負責維持地方治安」；中共軍隊「原地駐防待命」。幾乎與此同時，延安總部的朱德總司令也針鋒相對，發佈要求中共各地抗日武裝向日軍發起進攻和接受日軍投降的多道命令。8 月 15 日，朱德還命令在南京的日本中國派遣軍總司令官岡村寧次及其所屬一切部隊，停止一切軍事行動，聽候中國八路軍、新四軍及華南抗日縱隊的命令，向中共領導的軍隊投降。

根據朱德總司令的命令，港九獨立大隊各中隊隨之在港九各處收繳日、偽軍武器。

8 月 16 日早晨 6 時，市區中隊隊長方蘭帶領十名游擊隊員，進入漆咸道及紅磡船廠的日本軍營，軍營裏的日本兵已經撤走，只剩下少

93　中共中央文獻研究室編：《周恩來年譜（1898－1976）》（北京：中央文獻出版社，2007），頁 439。

量偽軍和武器。游擊隊員收繳五十支步槍，還有一些汽車零件和通訊設備。

港九大隊的游擊隊員們還在元朗洪水橋區收繳日偽軍隊大約二百件武器；在沙頭角解除日軍武裝，繳獲大批物資，用一個星期才將這些戰利品運回東縱司令部；在粉嶺，日軍連夜逃回市區，游擊隊收繳兵營裏的物資，分發給當地民眾；在西貢，日軍拒絕向游擊隊投降，雙方交火，日軍連夜逃往九龍市區。在大嶼山梅窩，駐守該處的日軍拒絕向游擊隊投降，雙方在 8 月 18 日發生激烈戰鬥。日軍隨之在 8 月 21 日至 23 日圍捕附近村民約三百人，虐殺十餘人。在長洲，游擊隊解除三名日軍士兵和大約五十名華人憲查的武裝，沒收島上日本人和漢奸的財產。

8 月中下旬，港九大隊合計收繳香港日偽士兵五百多人的武器，擊斃拒絕投降的五十餘名日軍，繳獲四百支步槍、二十挺機槍、五門輕炮和大批彈藥。[94]

事後，東江縱隊統計在 1945 年 8 月日本投降前俘虜日軍及此後接受日軍投降的名單，其中俘虜及受降的香港日軍名單如下：

表 3.7　東江縱隊俘虜及受降香港日軍名單[95]

人名	職務	所屬部隊	駐地	俘虜及受降時間
渡久地正堅	海員	阿祖馬丸	新界海旁	1944 年 9 月
久廣火	海員	阿祖馬丸	新界海旁	1944 年 9 月
西莊太郎	一等兵曹	阿祖馬丸	新界海旁	1944 年 9 月
大坪一工	機關士	機帆長榮丸	海上	1944 年 11 月
菅野秋重		機帆長榮丸	海上	1944 年 11 月

94　陳瑞璋：《東江縱隊：抗戰前後的香港游擊隊》（香港：香港大學出版社，2012），頁 88－89。

95　據《彙集》甲 46，頁 609－618 的表格整理。

（續上表）

人名	職務	所屬部隊	駐地	俘虜及受降時間
龜穀鶴浦	機關土	機帆長榮丸	海上	1944 年 11 月
高橋馨光	船員	機帆長榮丸	海上	1944 年 11 月
西村茂	中尉	香港海軍	珠江	1945 年 5 月
阪田	船員	此術部隊	香港	1945 年 5 月
山本信一	中尉	香兵團山下大隊副官	大埔	1945 年 8 月
外茵生夫	曹長	九龍憲兵隊	西貢	1945 年 8 月
樋口敏男	商人	「紅屋」店主人	九龍	1945 年 8 月
樋口武夫	商人	「紅屋」店主人	九龍	1945 年 8 月
材上升	中尉	香港特設獨立大隊	深圳	1945 年 8 月
石上與之助	準尉	香兵團廣田大隊	深圳	1945 年 8 月
平川	商人		九龍	1945 年 8 月
永野政夫	上等兵	九龍陸軍病院	九龍	1945 年 8 月
小椋寶保一	曹長	山下大隊中村中隊	元朗	1945 年 8 月
平井五郎	準尉	山下大隊中村中隊	元朗	1945 年 8 月
樋口榮		香港特設獨立隊		1945 年 8 月
落合保次	伍長	香港防衛隊	粉嶺	1945 年 8 月
松原弘	曹長	九龍俘虜集中營	馬頭涌	1945 年 8 月
古莊博	曹長	九龍俘虜營	馬頭涌	1945 年 8 月
桑波田	軍曹	九龍俘虜營	馬頭涌	1945 年 8 月
大島好一	上等兵	香港特設獨立大隊	深圳	1945 年 8 月
藤 井	上等兵	山下大隊	元朗	1945 年 8 月
水上清	曹長	香港特設獨立大隊	深圳	1945 年 8 月
今木田	曹長	大埔警備隊	大埔	1945 年 8 月
伊接願二	軍曹	香港特設獨立大隊	新界	1945 年 8 月
長尾	曹長	香港水上憲兵隊	香港	1945 年 8 月
渡 部	軍曹	香港水上憲兵隊	香港	1945 年 8 月
佐佐木明孝	軍曹	山下大隊植種隊	大埔	1945 年 8 月
奧辰次	曹長	警備隊	香港	1945 年 8 月
今村榮	軍曹	九龍憲兵隊	油麻地	1945 年 8 月

（續上表）

人名	職務	所屬部隊	駐地	俘虜及受降時間
松本		空軍	九龍	1945 年 8 月
和田	船長		九龍	1945 年 8 月
太田	機關手		九龍	1945 年 8 月
泉勞太郎		九龍憲兵隊	油麻地	1945 年 8 月
遠籐保		香港特設大隊	深圳	1945 年 8 月
兔出		九龍造船所	九龍	1945 年 8 月
菱沼秀男		九龍憲兵隊	九龍	1945 年 8 月
松永△	準尉	九龍憲兵隊	九龍	1945 年 8 月
北山	一等兵	山下大隊	元朗	1945 年 8 月
竹尾			沙頭角	1945 年 8 月
栗田	二等兵	中村中隊	元朗	

8 月 19 日，中共廣東區黨委致電中央軍委毛澤東主席，報告按照中央指示收繳敵偽武裝，以及廣州、香港兩地各設工作委員會情形。其中稱：「港九工委會以馮燊為書記，以施文、潘柱、李佩群、楊職為委員。」[96]

8 月 30 日，英國海軍特遣艦隊駛入維多利亞港。9 月 1 日，艦隊司令夏慤（Cecil Halliday Jepson Harcourt）少將簽發《軍政府統治公告》，宣佈香港臨時軍政府成立，對港九居民實行軍事管制；隨後簽發《委託權力公告》，表示軍政府將把權力轉交各個漸上軌道的行政機關。這一切表明，英國恢復在香港的殖民統治，時稱「香港重光」。

9 月 16 日，夏慤主持有英國、中國和美國軍事代表參加的香港日軍受降儀式。日佔香港的三年零八個月苦難至此終結。

英軍特遣艦隊收復香港之後，陸上兵力不足，暫時只能控制港九城區。一時治安紊亂，百廢待舉。在此之前，英方在香港日軍受降問題上

---

96 《彙集》甲 38，頁 503。

曾與蔣介石及其國民政府發生激烈爭執,雖然此後中英雙方最終達成受降協定,英方亦允許國軍取道九龍乘船北上,搶佔北方城市與戰略要點,準備與中共打內戰,但英方擔心過港國軍紀律鬆懈,不敢借其之力,維持九龍、新界的社會治安。於是,暫時借助中共領導的港九獨立大隊,維持當地治安,就成為新建立的香港軍政府必須作出的抉擇。

9 月上旬,夏慤派副官到沙頭角,找到中共游擊隊,要求和東縱司令部聯繫,請東縱派代表到香港,和英方商談維持九龍、新界地區的治安及有關問題。

東縱首先委派擔任東江抗日民主政權的東(莞)寶(安)行政督導主任譚天度與港英政府談判。譚天度後來回憶說:「我是在 8 月下旬到達香港的,9 月初開始談判」,「全部談判直到 10 月中旬才結束」。譚天度向英方代表講明抗戰期間中共游擊隊營救英方人員及與英方合作的概況,繼而提出戰後東縱願意繼續與英方合作的條件和要求。譚天度憶述首次談判的結果,說:

> 港督代表當時從心裏很不想接受上述條件,但礙於當時的歷史狀況和各方力量格局,最終還是全部同意了我方提出的要求,只是在一些具體細節上提出一些修改意見。
>
> 至此,我們與港英當局談判的主要目的已經達到,於是我根據中共中央指示精神,向英方承諾,中共今後不在港九地區從事非法活動,東江縱隊港九獨立大隊將在近期內全部撤出。[97]

同年 9 月下旬,港九地區的社會秩序基本恢復正常。根據中共中央指示,東縱司令部決定將港九獨立大隊撤離香港。9 月 28 日,油印的

---

97 譚天度:〈抗戰勝利我與港督代表的一次談判〉,《中共黨史資料》,第 62 輯(北京:中共中央黨史資料出版社,1997)。

《東江縱隊港九獨立大隊撤退港九新界宣言》在香港各區散發張貼，宣佈中共游擊武裝在「香港重光」的歡呼聲中功成身退：

全世界反法西斯戰爭和中國抗戰勝利結束了！我港九人民已經在日寇鐵蹄下解放出來了！

回溯我隊在港九淪陷後成立，我們的目的就是打倒日本侵略者。三年又八個月，我們在中國共產黨領導下，冒出生入死之險，不惜重大犧牲，救護盟邦人士，肅清土匪活動，破壞敵偽統治，保衛人民利益，確實盡了我們應有的努力，並做出了許多成績。鬥爭的事實又說明，我港九人民對於祖國是無限忠誠的，對於敵人是極端仇恨的。三年多的日子，他們雖飽受日寇的屠殺與迫害十分慘重，但他們對我隊的幫助與支持卻有加無已，他們的鬥爭實在是可歌可泣的。

今天，全世界和全中國和平建設的時期來臨了。在這新情況下，我隊奉司令部命令，從港九新界地區撤退。在此以前，我們已經發現過不少反動份子、地痞流氓假冒東江縱隊名義，到處招搖撞騙，搶劫勒索，無所不為，實施挑撥陰謀，破壞我隊威信。在此以後，我港九人民要更加提高警惕，加強自衛力量，消滅與防止土匪、流氓及反動份子的破壞活動。我隊特再鄭重聲明：在宣言之日起，一星期內撤退完畢。

別了！親愛的港九新界同胞們！今天，我們離開港九了，但我們關心你們的自由幸福，仍和以前一樣。經過了長期困苦的鬥爭之後，我們希望你們能獲得香港政府的救濟，重建家業，改善生活。我們希望你們光榮的鬥爭能引起國際人士應有的尊敬，獲得應有的自由、和平與幸福的生活。

今天，我們撤退了，但我們的心卻是永遠不會離開你們的。

大隊長 黃冠芳

　　政治委員　黃雲鵬

　　中華民國三十四年九月二十八日

　　港九獨立大隊的撤退宣言，使港英政府確信中共無意用武力抗衡英方管治，因而稱讚宣言寫得好，再次要求與東縱談判。東縱繼而派出一直負責與盟國聯絡的袁庚、黃作梅等人，直接和夏愨少將及港督等港英政府首腦人物會談。

　　10 月 2 日，中共廣東區黨委致電黨中央，報告派人與港督談判情形。電文寫道：

　　我香港隊於申、儉（九月二十八日）發表撤退宣言，聲明於一週內撤退完畢，同時即派人與英港督談判，試探其態度。我主動提出：

　　1. 我武裝撤退後，尚留下之非武裝及傷兵、病員，應予保護。

　　2. 在港設辦事處，進行撤退事，與我協商及以後聯絡。

　　3. 大鵬灣海面，我隊因保護商旅，撤退時間須稍遲。

　　4. 希予港九人民以武裝自衛、維持治安之權利。

　　5. 我擬組織戰後救濟會，希望贊助進行。

　　6. 非得我同意，英軍不得自由進入我地區。

　　港方表示完全同意，並對我數年來堅持鬥爭之精神及成績，深表敬佩感謝。同時提出：

　　1. 現英軍兵力單薄，希我隊再留駐九龍以西及大嶼山之地區，待將來再逐步撤退。

　　2. 協助英方組織及武裝港九之人民，要其供給武器及經費。

　　據實際情形了解，當英方目前在港確實兵力少而治安紊亂，百廢待舉，又與蔣矛盾，不敢依靠頑軍，而欲利用我隊。又由於我隊數年來地區治安良好，民眾擁戴（西貢、長洲區民眾公開登報向我

鳴謝）。我之政策、態度，尤使英方有新認識，極讚我之宣言好。因此，為爭取外交、統戰關係，展開宣傳民主運動，參入戰時之迴旋地等作用，擬正式提出暫留駐五個月。

現撤退，在外交上是否適當，且應再提出什麼意見及要求事，應如何運用此一條件，均盼急予電示，因英方約定即日答覆。[98]

10 月 9 日，東縱政委尹林平致電黨中央，報告東縱與港英政府達成的協議，以及東縱的對策：

1. 英方允許我人員在港九居住、來往、從業的自由。並指定醫院數處，安置我傷病人員約三百人。醫藥、膳食均由他負責。

2. 同意我隊之人負責組織四個區域的民眾自衛武裝，槍械、給養、管理均由他負責，人數尚未商定。我們擬將現在隊伍撥一部分去，以掌握武裝；並安置一批身體較弱的幹部，另設兩個秘密電台在附近山地（市內電台不在內），以便內戰嚴重時，黨的機關轉移到那裏。

3. 在新界外圍幾個區，要求我們暫緩撤退武裝，但不同意我所提改變名義的方法（由他指揮我整理的義勇隊或後備警察）。我擬答應他的要求，但須確定三個月至四個月的時間，須由他幫助經費。他同意我武裝船在馬士（百）灣海面活動，但陸上據點尚未答應。

4. 他應允救濟新界人民，由我協助進行。

5. 同意我在香港設辦事處，與他聯繫。對於秘密聯絡，我擬要求他幫助我建立電台。

6. 九龍軍事最高負責人菲士廷將軍想會見曾（生）、王（作堯）。我們正試探其來意，必要時擬與之會晤。

98　《彙集》甲 38，頁 527－528。

7. 我擬利用時機，在港九進行募捐經費，並進行秘密內線
工作。[99]

曾生後來對此憶述說：

我和林平等同志商量，並報黨中央同意後，決定以袁庚、黃作
梅等同志組成代表小組，到九龍半島酒店英軍司令部，同夏愨少將
會談。英軍方面希望我們港九大隊繼續在新界地區停留一段時間，
以保護那裏的居民，維持社會治安。我們同意了他們的要求，留下
了必要的幹部和部隊，組織各地的群眾武裝，負起了新界地區維持
治安的任務。英軍方面為了感謝我們友好的合作，和感謝我們過去
對他們軍政人員的營救及戰時的合作，同意我們縱隊在九龍設立一
個辦事處，並幫助治療我軍的傷患。

經過同英方協商，我們東江縱隊駐香港辦事處設在靠近英軍司
令部的九龍彌敦道一百七十二號。我們委任袁庚為辦事處主任，工
作人員有黃作梅、譚干、李沖等，一直到我們縱隊北撤，都和英方
保持聯繫。我們縱隊北撤後，由黃作梅繼任辦事處主任。一九四七
年黨中央派喬冠華、龔澎同志到香港，將該辦事處改組為新華社香
港分社。[100]

戰後港英政府與東縱達成的合作協定表明，港英政府為了解決兵力
不足、治安不穩的難題，不得不改變即使在日軍進攻香港時也一直堅持
的反對武裝華人的政策，在請求東縱部隊暫緩撤離香港的同時，同意東
縱提出的建立新界鄉村自衛武裝的要求。這些自衛武裝稱為「鄉村警

99 《彙集》甲 38，頁 529–530。

100 《曾生回憶錄》，頁 373–374。

衛」，分成四個小隊，主要由港九大隊游擊隊員組成，在西貢、元朗、上水、沙頭角執行警務工作，直到 1946 年 9 月才解散。這些地區的警務改由香港警察及英軍負責。[101]

而且，英方還改變先前答應盡可能解決游擊隊營救英軍戰俘的費用開支，事後卻不肯履諾兌現的態度，切實允許東縱在九龍彌敦道設立辦事處，以及治療東縱約三百名傷病員。前者見諸上文所引曾生回憶，後者亦有曾生繼續憶述為佐證：

> 為了幫助治療我軍傷患，英方從緬甸調來一個醫療隊，在大埔附近的康樂書院開辦了醫院，由英軍的一位中校軍醫帶領幾名英軍醫生和一批印度籍的衛生兵進行醫療工作，外科的設備比較齊全。我們派了一個衛生隊長馮慕貞，帶領一批衛生員，去協助做醫療護理工作；派了一個大隊政治委員鄧汀，去做我們傷患的思想政治工作。從一九四五年底到一九四六年的二月，這個醫院開辦了三個多月時間，先後醫好了我們三百多名傷患。其中有些是我們自己的醫療隊多年來治不好的傷患，經這個醫院醫治好了。這是我們開展國際統一戰線工作，和盟國合作進行反法西斯作戰的一個成果。[102]

1945 年 8 月 15 日日本宣佈戰敗投降之後，實現和平，停止內戰，就成為中國人民的一致心聲。8 月 28 日，中共領袖毛澤東、周恩來等人，應國民政府主席、軍事委員會委員長蔣介石邀請，從延安飛抵重慶，舉行國共兩黨和平談判。10 月 10 日，雙方代表簽署《政府與中共代表會談紀要》（即「雙十協定」），中共同意讓出廣東、浙江、蘇南、皖南、皖中、湖南、湖北、河南等八個省區的中共游擊根據地，這些地

101　陳瑞璋：《東江縱隊：抗戰前後的香港游擊隊》，頁 99。

102　《曾生回憶錄》，頁 374。

區的中共抗日武裝將撤至隴海鐵路以北及蘇北、皖北地區。

1946 年 1 月 10 日，國共雙方下達停戰令。3 月 27 日，周恩來與國民政府代表張治中、美國政府代表吉倫組成的軍事三人小組，就廣東人民抗日武裝處置問題達成三點協定：一、華南有中國共產黨領導的武裝力量；二、華南中共武裝力量北撤 2,400 人，不撤退的可以復員；三、北撤人員撤退到隴海鐵路以北，撤退船隻由美國負責提供。

這時，東縱港九獨立大隊的在編人員已經全部撤離香港，復員人員則由東縱司令曾生、政委林平發給臨時復員證，返回香港原居住地。以下是港九獨立大隊一位游擊隊員的臨時復員證影印件：

游擊隊員的臨時復員證

這份臨時復員證的文字如下：

中共廣東武裝人員臨時復員證

根據三人會議代表團之調處，本隊武裝人員除二千四百名由美艦運至山東集中外，餘概進行復員，並經委員長廣州行營代表王衡少將予以不歧視之保證。茲有劉輝同志是本部人員，經核准復員，

回廣東省香港市。望沿途軍警給予保護，該員籍貫地方政府給予安居樂業。特此證明。

　　右發

　　中共廣東武裝人員劉輝存執。

　　中共武裝人員代表曾生（印）、林平（印）

　　附注：此臨時復員證俟全國問題解決後，需另換發統一的新證。

　　臨時復員證的文字表明：在東縱乃至中共黨人的心目中，港英政府殖民管治下的香港，仍然是「廣東省香港市」。

　　1946 年 6 月 30 日凌晨，美軍三艘登陸艇載着東縱北撤隊伍，從惠陽沙魚涌（今屬深圳）啟航。7 月 5 日凌晨，順利抵達中共管控的山東煙台解放區。7 月 10 日，東縱致電黨中央，報告北撤隊伍抵達煙台的人員、槍支統計：計有 2,546 人，其中小孩 30 人。攜帶各式重機槍 21 挺，輕機槍 74 挺，手提機關槍 22 挺，步槍 1,543 支，短槍 660 支，自動步槍 6 支，擲彈筒 13 個。按：當今相關論著多誤稱東縱北撤人數為 2,583 人，理應按當年東縱報告黨中央的人數加以糾正。

　　7 月 24 日，曾生致電黨中央，報告抵達煙台的北撤隊伍的幹部組成情況，計有團級以上軍事幹部 28 人，政工幹部 34 人；營級軍事幹部 53 人，政工幹部 91 人；連級軍政幹部 316 人；排級幹部 320 人。地方政權幹部：鄉級 33 人，區級 30 人，縣級 5 人。地方黨組織幹部：特委級 8 人，地委級 25 人，市委級 44 人，中心支部委員 10 人。還有財政管理幹部 77 人，衛生幹部 26 人，電台機務幹部 18 人，機要幹部 14 人，各種技術幹部 80 人。合計各級各類幹部 1,212 人，接近北撤人數的一半，可以說東縱的精銳骨幹多數北撤。

　　1947 年 8 月 1 日，東縱北撤部隊奉命與其他部隊一起，擴編為中

國人民解放軍兩廣縱隊，曾生任司令，雷經天任政治委員。[103]

1947 年 2 月 15 日，港英政府公共關係辦公室發表公報，稱：盟軍在東南亞的最高統帥發佈命令，根據香港新界地區專員的建議，決定給香港的十五組共四十九位村民、漁民頒發港幣獎勵和各種榮譽證書，他們大部分人曾經與港九獨立大隊有聯繫。[104]

同年 11 月 7 日，英國遠東陸軍總司令李芝（Neil Ritchie）上將抵達香港，隨即派代表將一面中文錦旗頒給香港西貢民眾。錦旗中間是「忠勇誠愛」四個大字，右邊是「香港新界西貢民眾惠存」，左邊是「紀念一九四一年至一九四五年西貢民眾協助盟軍功績，英軍代表李芝上將敬贈」。錦旗褒揚「西貢民眾協助盟軍功績」，這些功績其實是港九獨立大隊游擊戰士們用鮮血和生命創造出來的。英軍將領作出如此「親民」舉動，是向光榮撤退、淡出公眾視野的游擊隊員致敬嗎？

1947 年 11 月英國遠東陸軍總司令李芝上將頒發「忠勇誠愛」錦旗給西貢鄉民

---

103 以上據《彙集》（1946.1－1949.5），頁 58、63、137。

104 獎勵名單詳見陳瑞璋：《東江縱隊：抗戰前後的香港游擊隊》，頁 103。

1945
—
1949

第四章 ◆

迎接黎明

一、靜水潛流

　　1945 年 8 月 15 日，日本宣佈戰敗投降，中國人民的抗日戰爭和世界人民的國際反法西斯戰爭勝利結束。

　　中國大地隨之出現國共兩黨談判以實現全國和平的曙光，但也同時出現國民黨企圖發動內戰以消滅在抗日戰爭中崛起的中共革命力量的陰霾。

　　有鑑於此，同年 9 月 20 日，中共廣東區黨委根據 9 月 10 日黨中央的指示及廣東實際情況，重新部署長期堅持鬥爭的工作方針：「一方面堅持鬥爭，保存武裝，保存幹部；一方面是長期打算，準備將來的合法民主鬥爭。」

　　前一方面的措施是後來東縱精銳北撤，同時在東江各地留下一部分骨幹和武器，準備伺機再起，對國民黨展開游擊戰爭；後一方面的措施則是：「可能回城市的幹部，都派到城市中去。領導上分開兩個系統：秘密組織系統，除已確定梁廣、黃會齋負責外，半公開系統決定派連貫、蒲特二人負責，以宣傳與華僑、統戰工作，去開展兩個系統，並附一電台以便領導，都以香港為中心。」[1]

　　這意味，中共廣東區委將在戰後的香港組建領導華南城市工作的兩

1　《彙集》甲 38，頁 524。

個組織系統：一是梁廣、黃會齋負責的秘密組織系統，專門從事秘密情報工作；一是連貫、蒲特（即饒彰風）負責的半公開系統，從事宣傳、統戰工作。

10 月 2 日，中共廣東區委致電黨中央，報告因港九獨立大隊應英方請求延遲撤退而與港英政府談判情形，並請示「應再提什麼意見及要求事，應如何運用此一條件」。[2] 黨中央隨即覆電指示：盡量利用英、蔣矛盾，保存我之幹部和武裝；並利用港九法律，進行華南民主運動；力爭我之武裝偽為港九警察、巡捕及義勇隊等，並秘密打入一切武裝組織；利用此時與港督成立某種諒解，我以後不再在港九作非法活動，而港督允許我黨合法存在，並保障我出版日報，獲得各種職業及人員往來等自由；但不能有反對收回港九之文字宣傳。[3]

當時，港英政府與蔣介石領導的國民政府的矛盾，首先表現為後者在戰後一度允許內地團體掀起收回港澳的社會運動和輿論宣傳，廣東軍政當局甚至揚言出兵港澳，直接挑戰港英及澳葡政府繼續管治港澳的權威。其次是同年 10 月開始，根據中英兩國達成的協議，大批國軍開入九龍，乘搭美軍船隻北上，搶佔北方城市和戰略要地；國民政府乘機宣示對香港的主權，強化對香港事務的影響；國軍在港期間軍紀渙散，不時與港英軍警發生衝突。這一切都加劇港英政府與國民政府的矛盾。

這種矛盾決定港英政府不可能再像三十年代上半期那樣，與國民政府聯手摧毀中共在香港的黨組織，反而給香港中共黨組織提供分化和利用博弈對手的可乘之機。港英政府因兵力不足、治安不穩而請求港九大隊延期撤退，也給中共在香港造就合法和半公開活動的條件和可能。在這種情況下，黨中央指示香港黨組織「與港督成立某種諒解，我以後不

2　《彙集》甲 38，頁 527－528。

3　〈中共中央致中共赴渝談判代表團電〉（1945 年 10 月 3 日），原件存中央檔案館，廣東省委黨史研究室徵集；轉引自袁小倫：〈戰後初期中共利用香港的策略運作〉，《近代史研究》，2002年第 6 期。

再在港九作非法活動，而港督允許我黨合法存在，並保障我出版日報，獲得各種職業及人員往來等自由」。這就顯示出自從 1938 年中共南方工委副書記張文彬在香港提出「我們需要有計劃的、自覺的對英讓步」策略之後，中共與港英政府的博弈進入更具彈性和更加務實的新階段。

鑒於港英政府在戰後允許中共在香港進行合法和半公開的活動，廣東國民黨當局卻加緊對中共的壓迫和進逼，中共廣東區委和東縱司令部先後在 1946 年 1 月 15 日和 2 月 5 日，分別轉移到香港隱蔽起來。

為了加強同黨中央、上級黨組織以及海外的聯繫，1946 年 6 月 16 日，尹林平致電黨中央以及剛從重慶遷移到南京的中共中央南方局（改稱南京局），報告在香港增設秘密電台情形：

> 關於聯繫問題，現擬在港設三個電台，一為專管事務、情報及對海外聯繫，現由連貫負責；一為秘密系統電台，專收發有關組織上秘密電報，現由梁廣負責（以上二台已建立）；一為新增設的專管工委半公開事宜，由我負責（我電台過多，有礙機密，且梁廣對黨台管理數月來，頗感棘手，擬不另設，僅將梁廣台歸工委，由我負責。是否可以，抑或分開為宜，均請示覆，以便調整人員，開始工作。）盼速覆，因人員北上在即，時間迫切。[4]

同年 6 月 30 日，東縱司令部與部隊精銳骨幹北撤之後，尹林平領導的中共廣東區委繼續隱蔽在香港，依靠秘密電台與外界保持聯繫。

靜水潛流，渾然無波，迂迴輾轉，終達目標。

戰後中共在香港首先重建本地城市工作的領導機構，繼而組建南方革命的指揮中心。

4　《彙集》甲 56，頁 79。

1946 年 6 月 22 日，周恩來領導的中共中央南京局致電廣東區委負責人尹林平，具體指示香港黨組織需要建立領導城市工作的工委，以及需要開展的各項工作：

> 為開展港粵統戰、文化與上層僑運工作，香港應成立工作委員會，以林平、連貫、廖沫沙、左洪濤、蒲特五人組成之。林平兼書記，工作應與區黨委工作完全分開。
>
> 港粵工委應管轄下列部門：①黨派，包括民盟、民抗以及上層統戰關係的聯絡；②工、青、婦，對群眾運動的上層聯繫；③報館兼宣傳，《華商報》、《正報》、華南通訊社的指導；④文化、文藝、戲劇；⑤國際宣傳，以現在東縱辦事處為基礎，進一步發行新華社英文稿；⑥僑運管理、華僑工作及上層僑領關係與進步華僑輿論之指導；⑦組織管理公開部門內黨的生活及組織工作；⑧情報工作等。
>
> 工委組織應不公開對外，只以公開人員出面。林平已公開，但為應付香港環境，不宜過分活躍，但必須與香港主要朋友保持直接接觸。
>
> 工委與區委關係：區委書記仍由林平兼，設副書記一人（由區黨委推選），專門負責秘密黨工作，每月與工委書記（林平）最多見面一次。林平不宜與副書記直接領導下的任何人員見面，以保證秘密與公開之劃分。原則上工委工作與區黨委工作完全劃分清楚，下層更絕對不以黨的關係來往。工委及區黨委均直屬南京局。[5]

中共中央南京局是由同年 5 月從重慶遷到南京的中共中央南方局改名而來，是抗戰勝利、國共和談之後中共中央派駐民國首都南京領導南

5　中共江蘇省委黨史工委等編：《中共中央南京局》（北京：中共黨史出版社，1990），頁 63–64；轉引自袁小倫：〈戰後初期中共利用香港的策略運作〉，《近代史研究》，2002 年第 6 期。

方革命的秘密領導機關，公開對外名義是中共代表團駐南京辦事處。

同年 7 月，為了加強中共在華南的領導，應對國共爆發內戰的嚴峻形勢，中共中央派方方作為黨中央代表，抵達香港，擔任最高領導人。10 月，方方與尹林平分別在香港九龍彌敦道 180 號和港島銅鑼灣建立秘密領導機關，與黨中央保持電訊聯繫。

11 月 6 日，中共中央指示華南重啟游擊戰爭。17 日，黨中央覆電方方、林平，強調廣東黨組織應將重新開展反對國民黨的武裝鬥爭，作為首要的中心任務；盡快抽調隱蔽在香港的一部分幹部，返回廣東內地，開展游擊戰爭。電文說：「目前華南幹部盡可能下鄉或歸回部隊，堅決執行中央戌魚對華南游擊戰爭指示。」電文說的「戌魚」，是時電報採用地支代替月份、用韻目代替日期的表達方式，意指 11 月 6 日。

電文繼續指出：「你們對各地武裝應設法建立聯絡，尤應首先抽調得力幹部，加強粵北（曲江）與南路兩支隊之領導，或以此兩支隊為基礎，建立粵北與南路特委，配備電台通訊員，並就近指揮與聯絡鄰近小股。」「廣東敵人兵力空虛，災荒遍地，國民黨又徵兵徵糧，因此造成了發展與堅持游擊戰爭的客觀有利環境。應在黨內消除過去認為廣東特別長期黑暗，因而必須無了期埋伏之思想。廣東黨今後中心任務即在於全力佈置游擊戰爭。目前香港幹部集中，決非好現象，應堅決疏散一部，到武裝部隊去工作。」[6]

12 月 16 日，周恩來在延安舉行的中共中央書記處會議上，報告國民黨統治區的黨組織情況，其中說到：香港地位日漸重要，不但對兩廣、南洋方面，對歐美聯絡方面，亦日見重要。華南工作甚繁，領導機構需要適當解決，以便統一領導與秘密工作。在這次會議上，中共中央議決設立香港分局。[7]

6　《彙集》甲 56，頁 152。

7　《周恩來年譜（1898－1949）》（下）（北京：中央文獻出版社，1998），頁 743－744。

在此之前的一個星期，即同月 9 日，毛澤東在延安王家坪接見來訪的幾位西方記者，其中記者哈默詢問：「在香港問題上，中共的態度如何？」毛澤東回答：「我們現在不提出立即歸還的要求，中國那麼大，許多地方都沒有管理好，先急於要這塊小地方幹嗎？將來可按協商辦法解決。」[8]

毛澤東對西方記者的答覆，表明中共不附和戰後國民黨一度鼓動的收回香港的輿論宣傳和社會運動，而願意將此問題留待將來協商解決。這就形成後來中共確立的長期利用香港的戰略雛形。

根據周恩來提議，黨中央議決設立中央香港分局，提高中共在香港黨組織的領導規格並擴大其管轄範圍，實際上屬於利用香港的戰略運用。

1947 年 1 月 16 日，中共中央發出調整蔣管區黨組織的指示，其中對組建中央香港分局及其下屬機構與人員安排、工作分工、領導關係等事項，作出具體安排，擬由劉長勝任書記，方方、林平任副書記。同月31 日，方方、尹林平致電中央，擁護建立香港分局。

1947 年方方和蘇惠在香港

8　毛澤東：〈同三位西方記者的談話〉（1946 年 12 月 9 日），《毛澤東文集》，第 4 卷（北京：人民出版社，1996），頁 207。

在黨中央即將重組香港黨組織領導機關之際，為了統一黨內認識，切實執行中央關於重啟廣東武裝鬥爭的指示，中共廣東區委於 1947 年 1 月中旬至 3 月間，在香港灣仔召開黨委擴大會議，或稱各地負責幹部研究班，討論廣東時局與黨組織的任務。

在會上發言的有方方（中央代表）、林平（區黨委書記）、梁廣（區黨委副書記兼城委書記，改名林光華，人稱：小林）、黃松堅（區黨委副書記兼農委書記，人稱：家長）、饒彰風（即蒲特，粵港工委委員）、連貫（粵港工委委員）、梁嘉（區黨委委員、農委成員，又稱：良加）、林美南（區黨委委員、農委成員）、馮燊（海員工委書記，人稱：馮叔）、劉建華（五嶺臨時工委負責人）、嚴尚民（即嚴霜，九連工委書記）、李殷丹（香港市委書記）、謝創（原粵中地區特派員，在香港做僑務工作）、張華（即所長，五嶺地委書記）、溫焯華（原南路特派員，到香港彙報工作）、劉向東（潮汕地委副書記）、藍造（江南地區特派員）、祁烽（江南地區副特派員）、歐初（原江北地區副特派員，農委成員）、魏南金（九連工委常委）、譚天度（原東寶行政督導處主任，在香港做統戰工作，人稱：老闆）、黃文俞（《正報》社長）、謝永寬（粵中地區特派員）、李嘉人（廣州文化特派員，後為香港分局秘書，人稱：加人）等。延安來的「梁先生」、負責黨中央情報工作的潘漢年等人也在會上發言。

發言者一致強調丟掉幻想，重啟武裝鬥爭，堅定在華南恢復、發展武裝鬥爭的信心和決心。與會者還結合自己過去進行游擊戰爭的經驗教訓，交流運用毛澤東游擊戰爭的戰略戰術的心得體會，提出今後搞武裝鬥爭，應從「小搞」過渡為「大搞」；要努力組建主力部隊，建立民主政權；游擊戰爭要在合適的地理環境中，以「梅花點形式」的「波浪式發展」；要「多打小勝仗」，運用「突然襲擊」、「集中優勢兵力」和「馬上解決，迅速分散」等戰術等。[9]

9　詳見曾慶榴：〈1947 年香港灣仔會議史料解讀〉，《廣東黨史與文獻研究》，2019 年第 4 期。

灣仔會議統一中共在港幹部的認識，確立發動廣東乃至南方游擊戰爭的方針。中共廣東各級黨組織因此完成從抗戰勝利、國共和談、停止武裝鬥爭，到面對國民黨發動內戰，重新發動游擊戰爭的思想路線大轉變。

1947年5月，香港分局正式成立，原擬擔任香港分局書記的劉長勝改任中共中央上海局副書記，香港分局由方方任書記，尹林平任副書記。委員有：方方、尹林平、章漢夫、連貫、梁廣、潘漢年、夏衍，後增加饒彰風為香港分局秘書長。香港分局直接接受黨中央領導，與中央上海局發生必要聯繫，並受其指導。香港分局管轄廣東、廣西兩省的中共黨委，以及後來陸續建立的瓊崖、粵贛湘邊區、閩粵贛邊區、滇桂黔邊區、粵桂湘邊區、粵桂邊區和粵中臨時區等七個區域的黨委或黨工委及其領導的游擊隊。

香港分局既是中共中央的派出機構，也是南方各省相關黨組織的領導機關。根據嚴格區分秘密工作與公開工作的原則，分局下設三種平行組織：一是同年6月原港粵工委改稱的香港工委，領導香港、華南、南洋等地公開的統戰、報刊、文化、外交、經濟、華僑、群眾工作，書記章漢夫、副書記連貫；二是香港城委，領導香港及華南各城市的秘密地下工作，由梁廣、馮燊、陳能興、鍾明等人負責；三是各地黨委，領導各地農村的武裝游擊活動，統一接受香港分局農村工作委員會（簡稱農委或軍事組）的指揮，由方方、尹林平直接領導。其中，香港工委是半公開機構，分局、城委和各地黨委則都屬於秘密機構。[10]

中共中央香港分局成立之前，方方等人一面對東縱北撤之後的中共

---

10 中共廣東省委組織部等編：《中國共產黨廣東省組織史資料》，上冊（北京：中共黨史出版社，1994），頁370－372、387－388。

廣東黨組織進行整頓和幹部審查，一面制止內地黨組織繼續將幹部撤退到香港，對於已經暴露、不能在本地立足的幹部、黨員，則調往其他地方隱蔽。同時分批召集撤退到香港的廣東各地中共黨員，在灣仔等地參加訓練班，再將他們分配回廣東內地，重新開展工作。香港分局成立後，隨即將領導南方游擊戰爭作為首要任務，先後派遣錢興、林平、梁廣、馮燊、吳有恆、周楠、莊田、溫焯華、梁嘉、梁威林、李殷丹、鐵堅等重要幹部，以及參加中共革命的非黨同志和知識青年，從香港回到內地，開展游擊戰爭。據不完全統計，到 1948 年底，從香港回內地農村參加武裝鬥爭的中共黨員、幹部有 900 多人，非黨幹部和知識青年有 2,000 多人，他們大多成為中共在南方重啟游擊戰爭的骨幹力量。

到 1947 年 9 月，香港分局轄屬各地黨委組織的游擊隊重新發展起來。游擊隊總人數從上年 6 月底東縱北撤後不足 2,000 人，增加到 10,000 多人。1948 年底，香港分局轄屬的粵贛湘邊區、閩粵贛邊區、粵桂邊區、桂滇邊區及粵中等地游擊武裝，各自組建起主力部隊，合計人數增至 45,900 人，游擊根據地從山區推進到平原。據不完全統計，中共游擊武裝在粵、桂、閩、贛、湘等省交界處活動的區域共有 185 個縣，其中廣東全省除南澳縣之外，其餘 99 個縣都有中共游擊隊活動。

1949 年 1 月，根據中國人民解放軍總部命令，香港分局指揮的各邊區游擊武裝當中，贛湘邊縱隊、閩粵贛邊縱隊、桂滇黔邊縱隊率先列入中國人民解放軍編制。同年七八月間，粵桂邊縱隊、粵中縱隊、粵桂湘邊縱隊也相繼列入中國人民解放軍編制。其中，閩粵贛邊縱隊解放梅縣、大埔、興寧、蕉嶺、惠來、平遠、饒平等縣城，建立潮梅行政委員會及十多個縣的人民政權；粵贛湘邊縱隊解放老隆、五華、龍川、紫金、和平、新豐、連平等縣城，建立東江行政委員會及十一個縣的人民政權。8 月，廣東省大多數鄉村已獲解放，解放區人口約 1,350 萬人，佔當時全省人口的四成以上，中共武裝部隊發展至八萬人。這就為南下

解放大軍進入廣東作戰，最後解放廣東和華南，創造有利的條件。[11]

香港分局指揮南方各地黨（工）委重啟推翻國民黨統治的游擊戰爭期間，所轄香港工委也在香港積極推進宣傳、文化、教育和工人運動等工作。

早在 1945 年 9 月 14 日，正在重慶與蔣介石和談的毛澤東、周恩來就致電中共中央並轉張雲逸、饒漱石、李先念、尹林平等人，指示盡快在國民黨統治的大城市以及港英政府管治的香港開展中共報刊宣傳工作：「上海《新華日報》及南京、武漢、香港等地以群眾面目出版的日報，必須盡快出版……早出一天好一天，愈晚愈吃虧。」可以到這些地方公開活動的文化人，「要多去，快去。除日報外，其他報紙、雜誌、通訊社、書店、印刷所、戲劇、電影、學校、工廠等，無不需要」。[12]

根據這一指示，尹林平領導的中共廣東區委立即在 9 月間派宣傳部長饒彰風、東縱機關報《前進報》社長楊奇，帶領《前進報》編輯部人員抵達香港，創辦宣傳中共主張的報刊，並籌備復辦因日軍進攻香港而被迫停刊的《華商報》。

同年 11 月 13 日，實際由中共廣東區委及原東縱《前進報》編輯班底創辦的《正報》在香港出版發行，報社設於皇后大道中十號洛興行二樓寫字間。起初為四開小報，三日一刊；12 月 25 日起改為雙日刊。1946 年 7 月 21 日起，改為八開旬刊；同年 10 月 19 日，又改為週刊。該報至 1948 年 11 月 13 日停刊。

該報負責人是楊奇，督印人是黃少濤。楊子清、黃文俞等先後任主編，劉日波、張釗等任編輯。報刊不時轉載延安新華通訊社和《解放日

11　參見劉子健：〈中共中央香港分局對華南革命鬥爭的指導〉，中共廣東省委黨史研究室編：《香港與中國革命》（廣州：廣東人民出版社，1997）。

12　毛澤東、周恩來：〈盡快派人到上海辦報〉（1945 年 9 月 14 日），《毛澤東文集》，第 4 卷，頁 23。

報》的重要社論和文章。第一版刊登時事新聞，設正言、兩日一談、珍聞勾沉等欄目；第二、第四版刊登國內新聞，設新聞背後漫步、扯旗山下等欄目；第三版為副刊，設正風、新野、港澳文協等欄目。雙日刊時，每期發行八千餘份；改旬刊及週刊後，每期發行四千至六千份。發行地域除香港外，在廣州設有分銷、訂閱辦事處，還遠銷到馬來亞、新加坡等地。

《正報》籌辦期間，《華商報》復刊工作也加緊進行。1945 年 10 月 23 日，尹林平覆電周恩來、劉少奇，報告籌備復刊《華商報》進展情況，說：

> 《華商報》只是用鄧（文剑）出面，資本完全由我負責。開辦經費約需港幣三萬元，每月預算正研究中。如交通恢復，營業收入亦可支援。
>
> 印刷廠亦是用鄧出面，與陳嘉庚合辦，而資本由我負責一半。現機器齊全，只缺少字種及材料，負債港幣二萬五千元，開辦費約需二萬元。恢復營業後可有盈利。
>
> 我處經濟極端困難，現只支持《廣州晨報》（梁若塵主持的晚報）、《香港正報》（蒲特的小型日報），已感無能為力。鄧之財力有限，恐亦不能投資《華商報》及印刷廠。目前款為急辦必要，惟如此龐大經費，未知你處能負責否？
>
> 我處最缺乏的是有號召能力的寫作人才及有經驗的人，其他尚可物色。[13]

為了幫助中共廣東區委解決復刊《華商報》所急需的有號召力的辦

13　《彙集》甲 38，頁 535。

報人才，在重慶的中共中央南方局委派在 1941 年 8 月至 12 月間主持《華商報》第一版編輯工作的中共著名文化人廖沫沙，以及在抗戰前期參加共產國際遠東情報局、戰後在廣州美國新聞處工作的劉思慕等人，於 1945 年底來到香港，參與復刊《華商報》工作。

1946 年 1 月 4 日，《華商報》正式復刊，並從停刊前的晚報改為日報，社址設在港島干諾道中 123 號。

《華商報》復刊初期，由饒彰風代表中共香港黨組織進行領導。1947 年 5 月中共中央香港分局成立後，在港澳工作委員會之下設立報刊工作委員會，由章漢夫擔任書記，從此《華商報》歸屬報刊工委領導。

《華商報》的管理機構是董事會，由愛國民主人士、華比銀行華人副經理鄧文釗擔任董事長。董事有：陳嘉庚、夏衍、連貫、薩空了、劉思慕、饒彰風、廖沫沙、楊奇，並由楊奇兼任秘書。董事會屬下的機構有《華商報》社、有利印務公司、新民主出版社。

《華商報》總編輯由劉思慕擔任。1948 年 7 月至 1949 年夏天，劉思慕因事離開《華商報》，總編輯由邵宗漢接任。1949 年 8 月底，劉思慕離港北上參加中國人民政協第一屆會議，楊奇代任總編輯。廖沫沙、杜埃先後擔任副總編輯。

《華商報》國際新聞版和國內新聞版編輯人員先後有：高天、沙溪（俞鯉庭）、白麥浪、姚黎民、楊越；翻譯先後有：任以沛、李仲才、莫定國、秦似、陳眉、陸玉、丘成、潘朗、張兆漢等；港聞版先後有：鄔維梓、李子誦、劉逸生等；採訪部先後有：趙元浩、李門、麥君素、王修平、黃新波、司徒堅、林堃、周方暘、陳海雲、郁茹、成幼殊等；經濟版先後有：趙元浩、孫孺、邱陵；副刊版先後有：呂劍、嚴傑人、黃文俞、華嘉；讀者版先後有：陳木樺、黃明、張其光、吳荻舟等。此外，還有非專職的編輯人員，如《文藝週刊》主編周鋼鳴，《電影週刊》主編洪遒，《圖書週刊》主編林林，《婦女週刊》主編何明。

《華商報》復刊初期，報社總經理是鄧文釗，副總經理是饒彰風，

後由中國民主同盟負責人之一的薩空了接任總經理。經理先後有：陳東、楊奇。營業部主任由洪文開擔任。此外，報社還設有社論委員會，先後參加該委員會的有：劉思慕、薩空了、狄超白、張鐵生、陳此生、饒彰風、廖沫沙、千家駒、章漢夫、夏衍、喬冠華、許滌新、杜埃、高天、楊奇、張其光等。

當年參加復刊《華商報》編輯工作的梁洪浩，後來擔任暨南大學新聞系教授。他總結說：

> 復刊後的《華商報》遵循着中國共產黨的愛國統一戰線，本着反內戰、反獨裁、爭取和平、民主和團結的方針，以香港為陣地，向港澳文化教育界、工商業企業界以及其他各界人士和海外愛國僑胞，進行了為期三年零九個月富有成效的宣傳報道和輿論引導工作，使大批處於猶豫動搖狀態的人士由擁護蔣介石到反對蔣介石，由對中國共產黨恐懼、不了解，到支持其主張、方針和政策，走上愛國民主革命的道路。[14]

1946 年 9 月，抗戰期間中共在武漢創辦、戰後在上海復刊的《群眾》週刊，僅發行三個月，就被上海警察局黃浦分局查禁。

10 月初，周恩來派章漢夫、林默涵等人轉移到香港，負責中共對外宣傳工作，並籌備復刊《群眾》週刊香港版。章漢夫以「章翰」名義，登記為《群眾》週刊的督印人與主編。

1947 年 1 月 30 日，《群眾》週刊香港版正式創刊發行，社址位於皇后大道中三十三號二樓十號。週刊由林默涵、廖沫沙等負責日常刊務，編委和撰稿人有章漢夫、喬冠華、方方、華崗、許滌新、胡繩等。

週刊刊頭的「群眾」字體，選取魯迅手跡拼成。版式是 A3 對摺，

14　詳見梁洪浩：〈《華商報》史略〉，中共廣東省黨史研究室編：《香港與中國革命》。

篇幅二十二頁左右。每期欄目包括：社論、短評、專論、各地通訊、境外通訊、讀者來信、群眾中來、漫畫等。發行區域除中國內地外，還有香港、英國、馬來亞、澳大利亞、緬甸、菲律賓、越南、法國、美國。承擔《群眾》週刊印務和出版的機構是《華商報》的新民主出版社和有利印務公司。據估計，週刊每期發行量約三千四百份，其中三分之一在內地發行；海外發行業務由紐約、三藩市、倫敦、巴黎、馬尼拉等地的代銷處經銷。

週刊不僅及時報道人民解放軍在各地粉碎國民黨軍隊進攻，接連取得遼瀋、淮海、平津三大戰役勝利的消息，登載被俘、投誠的國民黨軍將領以及繳獲的坦克、重型火炮、槍支等新聞圖片，而且還發表深切評析解放軍為何戰勝美式裝備的國民黨軍隊的眾多文章，同時根據形勢的發展，介紹中共在土地改革、新中國籌建、城市接管以及城市工作等方面的方針政策，使各界讀者全面了解中共的最新進展和基本主張。

1948 年 9 月 13 日，章漢夫陪同沈鈞儒、譚平山、蔡廷鍇、章伯鈞等民主黨派領袖，秘密乘船離港北上，準備參加中國人民政治協商會議。夏衍繼任《群眾》週刊主編。

1949 年 10 月 1 日，毛澤東在天安門城樓宣佈中華人民共和國中央人民政府成立的當天，《華商報》全體工作人員在港島干諾道中 123 號報社天台上，舉行五星紅旗的升旗儀式。這是香港升起的第一面五星紅旗。

10 月 14 日，中國人民解放軍解放廣州。

在此之前的這年秋天，葉劍英率領南下解放大軍挺進到江西贛州，出任新成立的中共中央華南分局第一書記。他和新任華南分局書記的方方會商解放廣東事宜，其中決定一旦廣州解放，香港《華商報》即行停刊，全體工作人員趕往廣州，盡快在廣州創辦華南分局的機關報《南方日報》。

於是，10 月 15 日零時，《華商報》同仁吃過夜宵，關上報社大門，

在地下交通員引領下，取道九龍半島，經葵涌和沙魚涌去惠州，然後坐船趕往廣州，參加《南方日報》的創辦工作。

親歷其事的梁洪浩在晚年寫道：

> 香港《華商報》勝利地完成了它的歷史使命。它在前後四年零五個半月的戰鬥歷程中，對於推動與支持抗日戰爭和解放戰爭作出了不可磨滅的貢獻。這個戰鬥歷程又是中國共產黨在資本主義社會制度下辦社會主義性質報紙的獨特實踐，而且是一次相當成功的實踐。[15]

新中國成立，百廢待興。先前雲集香港的中共精英相繼北上，參加新建設的旅程。

於是，同年 10 月 20 日，《群眾》週刊香港版停刊，累計出版兩年九個月，共 143 期。

至此，中共在戰後香港創辦的「一小兩大」報，即《正報》一小報和《華商報》日報、《群眾》週刊兩大報，都相繼完成各自的使命，在近代香港報刊史上留下光輝的紅色印記。

在此期間，中共香港工委派工委委員、財經委書記、經濟學家許滌新在 1947 年元旦創辦《經濟導報》週刊。許滌新當時兼任《群眾》週刊及《華商報》編委，於是動員兩大報的財經編輯兼顧《經濟導報》的編輯工作。《經濟導報》出版發行至今，成為具有革命傳統的香港財經雜誌。

1948 年 7 月至 1949 年 5 月間，中共香港工委還派人參加《星島日報》的編輯工作，與國民黨展開博弈，爭奪該報編輯權。《星島日報》

15　梁洪浩：〈《華商報》史略〉，中共廣東省黨史研究室編：《香港與中國革命》。

在抗戰時期由萬金油大王、香港華人富商胡文虎創辦。香港淪陷後，改名《香島日報》，成為日軍允許繼續出版的漢奸報。戰後恢復原名，編輯部主管由國民黨軍事情報機關——軍統人員接任。總編輯姜綏善就是軍統香港站負責人之一，主筆楊某也是軍統高級人員。

1947 年初夏，愛國進步報人、潮汕《星華日報》總編輯張問強來到香港，拜訪剛接任《星島日報》社長的林靄民。兩人同是閩西人，有世交之誼，林靄民於是聘任張問強擔任報社主筆，兼寫《星島日報》社論和《星島晚報》短評。張問強早就認識中共香港分局秘書長饒彰風，饒彰風向他分析應該乘機擔任《星島日報》主筆，改造該報反共偏右的政治傾向。其有利條件是：林靄民是國民黨港澳總支部執行委員，與胡文虎是小同鄉，報社特務對林有所顧忌；中共領導的人民解放軍逐漸在國共內戰中取勝，林、胡會考慮自己及報刊的前途，不會固執反共主張。於是，張問強出任《星島日報》主筆，逐漸說服林靄民，在 1948 年 7 月間，將原來倒向國民黨的《星島日報》轉為傾向中共，客觀報道解放戰爭勝利消息的中間偏左報刊。

1948 年 7 月，林靄民與饒彰風等人正式會晤，同意接納饒彰風推薦的中共黨員及進步人士十餘人，分別擔任《星島日報》和《星島晚報》的編輯、記者；此外還聘請包括中共黨員在內的多位文化名士，如梁上苑、杜埃、小丁（丁聰）、廖沫沙、曹聚仁、葉靈鳳等人，分別編輯週刊、撰寫專欄文章、提供漫畫、繪製解放戰爭形勢圖等。

《星島日報》的政治轉向引起國民黨方面震怒。1949 年 5 月，解放軍渡過長江，向江南各省勝利挺進。國民黨港澳特派員緊急向港英政府政治部交涉，政治部主任黃翠微於是約見《星島日報》社長林靄民，逼迫他開除主筆張問強和外電翻譯曹綿之，遭到拒絕。兩個月後，國民黨廣州市黨部主任高信又約胡文虎之子、報社董事長胡好到廣州，要他開除要聞版編輯潘朗和華南版主編司徒丙鶴，否則將禁止《星島日報》進入內地發行。在這種情況下，胡好與林靄民被迫屈服，示意張問強，要

潘朗和司徒丙鶴「另謀高就」。鑒於華南即將解放，中共需要大量新聞工作者內遷，潘朗、司徒丙鶴、張問真、曹綿之、湯建勳、區昶、周培克等七名中共黨員及進步人士決定發表聲明，公開退出《星島日報》。此外，未被國民黨注意的中共黨員廖沫沙、梁上苑、張其光、杜埃、梁若塵等人，也不再為《星島日報》編週刊、寫專欄文章。[16]

1946 年下半年起，國民黨在出動重兵，大舉進攻中共控制區域（時稱解放區）的同時，還加緊搜捕自己控制區域（時稱國統區）內的中共組織和民主黨派，查封進步報刊及書籍，實行白色恐怖。

1947 年 3 月 8 日，周恩來指出：「現在香港成為唯一可以公開活動的地方，已去了黨的幹部，民主人士也將陸續去。」[17] 於是，在此前後，香港再度重現 1941 年「皖南事變」後大批左翼文化人和民主黨派人士彙聚香江的景象，不同之處只是這次文化人和民主黨派人士來港避難，掀起的是反對內戰、進而反對國民黨統治的文化宣傳浪潮。

戰後抵港的文化人和民主黨派人士是這股文化宣傳浪潮的弄潮兒，幫助和指導他們乘風破浪的是中共香港工委及其轄屬文委等黨組織。

當時，中共香港工委幫助左翼文化人和民主黨派人士在港創辦《願望週刊》（1946 年 1 月至同年夏天，共出版十九期）、《光明報》（民盟機關報，1941 年 9 月 18 日創刊，同年 12 月 8 日日軍進攻香港後停刊；1946 年 8 月復刊，為旬刊，隨後停刊；1948 年 3 月復刊，改為半月刊）、《人民報》（中國農工民主黨機關報，1946 年 3 月創辦）、《文匯報》香港版（1948 年 9 月創辦）、《週末報》（1949 年 5 月 28 日創刊，1952年春遷廣州）等報刊。

中共香港工委還幫助抵港文化人開展各項文化表演活動。在饒彰風

16　司徒丙鶴：〈50 年前在香港《星島日報》的一場戰鬥〉，《炎黃春秋》，1997 年第 3 期。

17　《周恩來年譜（1898－1949）》（下），頁 743。

策劃下，以話劇為主，兼有音樂、舞蹈的綜合性文藝團體──中原劇藝社在 1946 年 3 月成立。創始人有阮洪川、李楓、符公望等，理事長為李楓。該社以「掛着花環的牛頭」為徽標，寓「俯首甘為孺子牛」之意，吸納近一百名旅港文藝精英，一邊進行高水準的演出，一邊輔導工會、學校的戲劇活動。1948 年起，陸續輸送文藝人才到游擊區。1949 年 5 月，與中國歌舞劇藝社合組成以丁波為團長、李門為政委的華南文工團，返回廣東內地參加革命。

1946 年秋，在夏衍、馮乃超等人策劃下，原中國抗敵演劇隊第五、第七隊成員在香港組成中國歌舞劇藝社。吳荻舟任社長，丁波為副團長兼中共支部書記。理事會由吳荻舟、丁波、徐洗塵、岳野、鄭達、黃力丁、史進、胡振表、齊聞韶等九人組成。同年 12 月起，該社開始到南洋各地巡迴演出，同時舉辦各種短期培訓班和藝校，出版藝術報刊，傳播祖國革命新文藝。此行歷時兩年多，共演出 460 場，觀眾達 37 萬人次。1949 年 1 月返回香港，隨即在太平大戲院上演舞劇匯串《風雨牛車水》和六幕話劇《海外尋夫》。

1947 年 3 月，中共香港工委文委領導建立的香港新音樂社和中華音樂院開始活動。這是兩個名稱一套人馬的進步音樂組織，骨幹成員都是內地抵港的音樂界精英。新音樂社是在進步人士當中活動的半公開組織，中華音樂院用作在港英政府註冊。文委通過這兩個名稱，聯絡和推動香港、國統區乃至南洋的新音樂運動。主要負責人是李凌和趙渢，著名音樂家馬思聰受聘為中華音樂院院長。1950 年初，隨着眾多音樂人返回內地參加祖國建設，新音樂社和中華音樂院停止活動。

文委還派人幫助先前在港九各地高唱抗戰歌曲的虹虹歌詠團恢復活動。1946 年 3 月，該歌詠團參加港九歌詠協進會組織的紀念冼星海音樂會，8 月在香港青年會禮堂演出《民主建國大合唱》。1949 年秋，港英政府頒佈「社團條例」；同年 11 月竟然宣佈虹虹歌詠團等團體為非法組織。

1946 年秋，中共還指導成立進步美術團體──人間畫會。會長符

羅飛、張光宇，實際負責人黃新波，主要成員約四十多人，開展戰後香港新美術活動。[18]

在香港電影界，中共香港工委文委指導從內地避難到香港的影業及影評文化人，演出影響更大、意義更深遠的活劇。

1946 年至 1948 年間，郭沫若、茅盾、夏衍、林默涵、邵荃麟、馮乃超、葉以群、周而復、司馬文森、洪遒、陽翰笙、蔡楚生、歐陽予倩、于伶、史東山、張駿祥、白楊、柯靈、舒繡文、張瑞芳、王為一等左翼文化工作者，路經或留在香港工作。他們抵港之後，投身電影工作。在 1948 年下半年，先後成立了「大光明」、「南群」、「南國」等左翼文藝傾向的電影製片公司，先後拍攝《野火春風》（1948）、《珠江淚》（1948）、《戀愛之道》（1949）等優秀影片，為香港電影的新發展提供可資借鑒的經驗。

當時香港影壇盛行競拍武俠神怪片、色情片之風，為了消解這些「毒素」，中共領導及其影響下的進步報刊設立電影批評專欄。其中，《華商報》的《舞台與銀幕》雙週刊（于伶主編）、《文匯報》的《影劇週刊》（柯靈主編）、《大公報》的《影劇週刊》（章泯、洪遒主編），都是發表左翼影評的重要輿論陣地。為了更好發揮電影評論的指導作用，《華商報》專門推出「七人影評」專欄，以梓甫（夏衍）、逸君（葉以群）、蔚夫（洪遒）、達君（韓北屏）為中心，專門發表國語片的電影評論。《華商報》還邀請陳殘雲、麥大非、谷柳、盧玨、黃寧嬰、李門等人，撰寫粵語片的影評。

在此基礎上，1949 年香港成立粵語電影工作者聯誼會、旅港國語片影人聯誼會，決定對國語片、粵語片開展「電影清潔運動」，清除香港影壇的色情、武俠神怪等「毒素」。同年 4 月，香港粵語片的 164 名影

18　以上參考袁小倫：〈戰後香港進步文化活動〉，中共廣東省委黨史研究室編：《香港與中國革命》。

人聯合簽署《華南電影工作者為粵語片清潔活動聯合聲明》，表示要「停止攝製違背國家民族利益、危害社會、毒化人心的影片，不再負人負己，願光榮與粵語片同在」。同年 7 月，香港粵語片從業者聯合成立華南電影工作者聯誼會，以「聯絡同仁感情，發揚電影藝術，促進同人康樂」為宗旨。該組織在五十年代以後，成為香港左派影人的核心組織。[19]

二、再起波瀾

中共在香港進行的上述各種活動並不損害港英政府的管治與社會秩序，一般不受港英政府的壓制。不過，本節記述中共在香港進行的下列活動，卻在不同程度上挑戰港英政府的殖民管治，因而分別遭受港英政府的取締與壓制。

1946 年夏秋至 1949 年初，中共黨組織和民主黨派合作，在香港創辦大學高等教育的達德學院，為中共革命、新中國建設和東南亞國家共產黨培養幹部人才。

此事緣起於 1945 年 4 月至 6 月間，中共中央黨校校長董必武作為中共代表，參加中華民國代表團，在美國三藩市出席聯合國制憲會議，並在《聯合國憲章》簽字。其間，董必武游說和邀請擔任其翻譯的陳其瑗回國辦學。陳其瑗是資深的國民黨左派，曾任私立廣東國民大學校長，因贊成聯共而被開除黨籍，流亡海外。陳其瑗接受董必武的邀請，返抵香港，與中共廣東區黨委書記尹林平商量辦學事宜。尹林平鑒於一方面海內外廣大青年飽受戰亂失學的痛苦，懷着強烈追求進步和升學讀

19　參見鄭睿：〈中國共產黨在香港影界文化戰線的發展脈絡（1937－1956）〉，《東方學刊》，2019 年第 4 期。

書的願望；另一方面由於國民黨全面內戰，許多愛國民主人士和文化教育界人士被迫移居香港，雖有愛國民主要求和從事文化教育工作經驗及才幹，卻無用武之地，因而向寓居香港的李濟深、蔡廷鍇等國民黨反蔣派領袖等提出聯合辦學的建議，得到他們積極支持。蔡廷鍇欣然將其在九龍屯門青山的別墅借作校舍。

1946 年 9 月，達德學院董事會成立，彭澤民、蔡廷鍇、丘哲、張文、司徒美堂、陳其瑗、李伯球、楊逸棠、楊建平、蟻美厚、丘克輝等民主黨派人士出任董事，李濟深擔任董事長。學院取名達德，寓意取自儒學經典《大學》開篇第一句：大學之道，在明明德。港英政府教育司同意試辦達德學院，批准本學期在現有校舍招生，不多於二百人。

同月中旬，達德學院登報招生，借基督教青年會教室作考場。第一次招生錄取一年級生一百多人，二年級轉學生十餘人。1946 年 10 月 10日，達德學院宣告成立，20 日正式上課。

1947 年元旦，學院補行成立典禮，全院師生歡聚一堂，共慶這所特殊大學的誕生。同年 12 月，港府教育司發出立案執照，承認達德學院合法辦學地位。

學院招收的學生人數逐年增加：1946 年秋為 180 人；1947 年春為218 人，1947 年秋為 313 人；1948 年春為 265 人，1948 年秋為 444 人。

1947 年的達德學院

學生一半來自中國內地，一半來自香港、澳門以及暹羅（泰國）、馬來西亞、菲律賓、爪哇、蘇門答臘、越南、緬甸、婆羅洲、南北美洲等地。學生當中，有相當部分曾經是抗戰時期中共在廣東領導的游擊隊成員，還有東南亞國家的共產黨員及其支持者。達德學院曾經在馬來西亞共產黨的刊物上刊登招生廣告。這種特殊的學生來源，表明該學院實際上是革命人才的高級培訓機構。

達德學院的教育方針是實施廣義的愛國教育、和平的民主教育、進步的科學教育、人本的自由教育和集體的互助教育。師資力量多為內地知名的左翼學者、教授，如法政系的鄧初民、張鐵生、周新民、侯外廬、石兆棠；商經系的沈志遠、杜國庠、千家駒、章乃器、劉思慕、許滌新、狄超白、莫乃群、梅龔彬、王亞南；文哲系的黃藥眠、司馬文森、宋雲彬、林林、周鋼鳴、胡繩、鍾敬文、婁棲、翦伯贊；新聞專修班的陸詒，以及教英語的曾昭掄等。院長陳其瑗是經驗豐富的教育家，代院長楊東蓴、教務主任陳此生、朱智賢富有教育行政經驗，而且學有專長。他們授課深入淺出，嚴謹認真，深受學生歡迎。

達德學院還經常邀請社會知名進步人士到校舉辦專題講座。其中有政治活動家李濟深、何香凝、蔡廷鍇、柳亞子、沈鈞儒、章伯鈞、張文、張殊明、王紹鏊、朱蘊山、莊明理、馬敘倫、劉王立明、李伯球、鄧寶珊、喬冠華、章漢夫、連貫等；有知名學者華崗、馮乃超、王任叔、薩空了、陳君葆、劉尊棋、方蒙、孫寶鋼、羅子為、胡守愚等；有文化界名人郭沫若、茅盾、夏衍、曹禺、林默涵、邵荃麟、周而復、臧克家、歐陽予倩、靳以、黃秋耘、黃寧嬰、黃谷柳等。這些專題講座不但廣受學生讚賞，還吸引校外人士專程來到學院旁聽。[20]

達德學院的師生多參加中共或民主黨派的地下活動。據統計，到

20　參見陳瑞璋：《東江縱隊：抗戰前後的香港游擊隊》，頁 130–131；洪松勳：〈中國共產黨利用香港建立達德學院的歷史敘事探究〉，《中國史研究》，第 107 輯，2017 年 4 月；劉智鵬：〈達德學院——香港可歌可泣的人文傳奇〉，香港《紫荊》雜誌，2017 年第 3 期。

1948 年底，有 180 多名學生參加中共外圍青年組織——新民主主義青年同志會。張明生、吳平和陳燕芳在達德學院建校四十周年紀念專刊，發表〈回憶達德學院黨團組織活動〉一文，憶述在校時的中共地下活動情形：

> 從 1946 年達德學院創辦，直至 1949 年春被逼停辦為止，我們自始至終都在學院做黨的工作。當時學院教授中的黨員，另外成立一個黨小組，成員有張鐵生、黃煥秋、狄超白、周鋼鳴、林林、司馬文森、張明生等，張鐵生任組長，他們經常開會討論學院教育工作和統一戰線工作問題。夏衍、馮乃超、饒彰風等同志也常來參加開會。

與此同時，達德學院也是中國國民黨革命委員會（簡稱：民革）、中國民主同盟（簡稱：民盟）、中國農工民主黨等三個民主黨派的秘密活動之所。

1948 年 1 月 1 日，民革在香港成立，達德學院董事長李濟深擔任民革主席，院長陳其瑗、董事張文和法政系主任鄧初民是民革要員，其中鄧初民又是民盟要員。

民盟的前身是 1941 年 3 月 19 日在重慶秘密成立的中國民主政團同盟。同年 9 月 18 日，同盟機關報《光明報》在香港出版發行，由梁漱溟主持。10 月 10 日，《光明報》刊登啟事，公開宣佈中國民主政團同盟成立，並發表梁漱溟起草的〈成立宣言〉和〈對時局主張綱領〉。1944 年 9 月 19 日，中國民主政團同盟在重慶召開全國代表會議，改名為中國民主同盟。1947 年 10 月，國民政府宣佈民盟為「非法團體」並對其打壓。1948 年 1 月 5 日至 19 日，民盟在香港灣仔高羅士打道五十號召開一屆三中全會，確定以香港為民盟總部臨時所在地，並開展內地的活動；還公開宣佈與中共合作，完成從「中間派」到「民主黨派」的

過渡。達德學院董事會當中，民盟成員及其他黨派兼有民盟身份者佔五成，教師中有民盟身份者佔四成，包括鄧初民、沈志遠、黃藥眠等三位系主任，以及新聞專修科主任陸詒。

1947 年底，中國農工民主黨將黨中央遷到香港。達德學院籌備小組中的李伯球、丘克輝、楊伯愷、曾偉及董事會中的彭澤民、丘哲、楊建平等，都是該黨骨幹成員。

在中共、民革、民盟和農工民主黨的老師教導下，達德學院學生從 1947 年春季開始，就陸續返回內地，參加推翻國民黨統治的武裝鬥爭。據不完全統計，到粵桂湘邊區 40 人，粵贛湘邊區 97 人，粵中區 10 人，雲南、湖南、江西等省 10 人，在香港從事地下工作 7 人，合計 201 人。其中，有 18 名學生獻出自己寶貴的生命。[21]

達德學院鮮明的革命特質很快被香港保守報刊披露和炒作。1947 年 11 月 17 日，香港《工商晚報》以半版的篇幅，長篇報道「反政府中心人物在香港」。除點名「民盟南（方）總（部）最高負責人彭澤民」、「在香港作寓公的李濟深」之外，還將「青山的達德學院」稱為「民盟幹部大本營」。[22]

進入 1949 年，中共在全國的勝利指日可待。港英政府隨之收緊先前允許中共在港半公開活動的舉措，轉而取締致力培養中國革命乃至東南亞各國革命人才的達德學院。港英政府在不到十天之內，迅速三讀通過《再行修訂一九一三年教育條例》，禁止學校教學涉及政治活動。同年 2 月 22 日，港督葛量洪（A. Grantham）會同行政局，決定取消達德學院的註冊資格，立即封校。葛量洪聲稱：「有足夠的證據表明，該

21　參見葉漢明：〈從「中間派」到「民主黨派」：中國民主同盟在香港（1946－1949）〉，《近代史研究》，2003 年第 6 期；洪松勳：〈中國共產黨利用香港建立達德學院的歷史敘事探究〉，《中國史研究》，第 107 輯，2017 年 4 月；劉智鵬：〈達德學院——香港可歌可泣的人文傳奇〉，香港《紫荊》雜誌，2017 年第 3 期。

22　〈反政府中心人物在香港〉，香港：《工商晚報》，1947 年 11 月 17 日，頁 4。

學院正在推行政治活動，違反了香港的安全利益。」23 日，港英政府公開宣佈取消青山達德學院註冊，理由是「因其利用學校以達政治目的」。24 日，香港《工商晚報》報道這一消息，其中提到：該學院「教授多為不容於國民黨，而相繼由國內來港者，其中有不少常在報紙刊物發表文章。其程度相當國內大學，學生亦須有高中程度始能投考，但三年畢業，較國內大學縮短一年。校內之民主作風，久為教育文化界人士所熟悉」。[23]

達德學院雖遭港英政府封校，但它培養的革命人才已經散佈中國內地、港澳地區以及東南亞各國。

戰後，中共還在香港致力重建外圍工會組織，領導香港工人運動。此項秘密工作由廣東區委及後來成立的香港分局轄下的香港城委推進。香港城委領導香港及華南城市的地下工作。

1946 年 2 月 27 日，香港城委負責人梁廣致電延安中共中央組織部，報告重建香港海員工會情形：

> 香港海員工會於一月六日正式成立，會員登記已達三千。執委十五人，內黨員六人；常委七人，我佔四人；正主席李發，副主席吳理廣（即吳先，黨員）。但幹部能力弱，不能獨立處理問題，海員黨的組織在恢復領導中，但同樣很弱。望能在劉建潮、邱劍一、陳桂、曾壽龍等留延海員幹部中，提前送回二三人來加強工作。

這則電文表明，1938 年 1 月被港英政府查封的香港海員工會，於1946 年 1 月 6 日重新成立。中共黨員在新組建的工會領導層的比例分

23　陳瑞璋：《東江縱隊：抗戰前後的香港游擊隊》，頁 130；〈青山達德學院昨被取銷註冊，因其利用學校以達政治活動目的〉，香港：《工商晚報》，1949 年 2 月 24 日，頁 4。

別是：執委 6/15；常委 4/7；正副主席居其半。應該說，這在香港各工會領導層的政黨構成中屬於高比例。不過，梁廣認為「幹部能力弱，不能獨立處理問題」，因此請求中組部抽調留在延安工作的香港海員領袖返港工作。

1946 年 9 月，香港電車工會朱敬文（化名高林）、海員工會張東荃、電話工會張振南等人，爭取香港聖公會華南教區主教何明華的支持，創辦港九勞工子弟教育促進會，成為戰後「第一個團結全港九工人及工會的聯合性組織」。朱敬文任主席，張東荃、張振南任副主席，三人均為中共秘密黨員。

同月底，聖公會撥款，收容勞工子弟學生 87 人，分為兩個班教學。學生每月繳費二元（一般學校交二十元），不足之數由教會負責。「這就是我們第一個學校」，即戰後中共黨組織在香港創辦的第一所勞工子弟學校。

1946 年 11 月 28 日港九勞工子弟教育促進會全體會員合影

學校創辦之後，採用演戲籌款方式，到 1947 年 1 月，共籌得港幣三萬餘元。「有了錢後，於是又迫何明華向政府交涉撥給校舍」。同年 3 月初，學校擴充到 38 班，學生 1,349 人，教職員 40 餘人。學校將收集的三萬港幣撥作開辦費，但每月經費開支很大。1947 年年平均每月開支九千多元，學生每月繳費兩元的收入合計只有二千多元。「於是又迫使何明華向政府交涉津貼費，結果得到每月五千七百餘元的津貼。其餘每月約差二千元，便由我們各個工會想辦法籌募。」這時，學校四十多名教職員當中，過半是中共黨員。

到 1948 年 10 月，學校有 20 多間課室，每個課室分上、下午兩班上課，共有 42 個班。學生 1,400 餘人，教職員 54 人（校役除外）。這年上半年，「又通過何明華手，募得建新校基金二十四萬元，其中華民政務司也秘密（因為怕其他慈善團體找麻煩的原故）撥給一萬元，及有一位印商（啤酒廠主，名字叫律敦治）捐了五萬」。

勞工子弟教育促進會的組織理事、常務理事都由工會代表組成。校務管理委員會則由朝野各界人士擔任，成員有何明華主教、港府勞工司蘇雲、何東私人秘書施玉麒，還有管理政府撥發津貼的政府會計師和教育司代表，以及工會代表、中共秘密黨員朱敬文、張振南、張東荃、余渭泉（擔任秘書）。香港華人代表羅文錦、周竣年、周錫年和中國國民政府駐港兩廣外交特派員郭德華擔任校務管理委員會的名譽顧問。[24] 如此兼具多種政治色彩的校務管理委員會，其實方便擔任勞工子弟學校實際教學事務的中共黨人開展地下秘密工作。

1946 年至 1948 年間，通過勞工子弟教育促進會與港九各工會的聯繫，中共進一步加強對各工會及其成員的影響力。

據估計，當時全港工人除「除無組織之店員及小販約兩三萬人外，

24　《彙集（1945.11－1949.12）》，頁 242－245。

總數二十二萬人弱」。1948 年 10 月，朱敬文等人根據全港工人參加工會狀況，以及中共、國民黨與中間派分別影響的工會及成員人數，繪製如下表格，是為極為珍貴的 1948 年全港各行業工人政治傾向概覽圖。

表 4.1　1948 年全港各行業工人政治傾向概覽圖表 [25]

部門	分類	職工人員	有組織人數	工會數目	在我黨領導影響之工會及人數		在國民黨領導影響之工會及人數		群眾性中間工會及人數	
					工會	人數	工會	人數	工會	人數
運輸	鐵路	650	650	2		100	2	500		
	海員	650	650	2		100	2	500		
	汽車司機	10,000	5,500	1	1	5,500				
	手車夫	1,100	1,000	3	1	500	1	200	1	300
	山頂纜車	110	80							80
	工務局修路	500	100							100
	航空	100	不詳							
五金	五金各業	29,000	900	2	2	900				
	船塢及船廠	17,500	10,000	17	9	6,000	5	2,500	3	1,500
紡織	紡織	50,000	1,500	2	1	650	1	850		
被服	製革	2,500	不詳							
	製鞋	2,000	300	1					1	300
	製帽	500	不詳							
	縫衣	6,000	1,000	3	1	300	2	700		
印刷	印刷	3,500	3,000	3	2	2,400	1	600		
郵政	郵政	450	400	1	1	400				
	電報	200								
僱工	碼頭僱工	15,000	5,200	3			1	1,500	2	3,700
	車站腳力	600								

（續上表）

部門	分類	職工人員	有組織人數	工會數目	在我黨領導影響之工會及人數		在國民黨領導影響之工會及人數		群眾性中間工會及人數	
					工會	人數	工會	人數	工會	人數
市政	水務局	800	700	1		400				300
	電車	1,450	1,450	1	1	1,450				
	電燈	1,200	920	2	2	920				
	電話	450	450	1	1	450				
	煤汽	600	450	1	1	450				
	市政衛生	4,000	1,000	2			1	200	1	800
	醫院	4,000	2,800			2,800				
	跑馬會	400	350	1	1	350				
	消防局	650	500	1					1	500
總數		176,160	46,150	51	25	27,970	16	10,600	9	7,580
各種較大企業	化學工業	6,000	不詳							
	樹膠廠	7,500	2,000	1	1	2,000				
	玻璃廠	500								
	牛奶冰廠	900	800	1	1	800				
	外國大酒店	3,500	3,000	1	1	3,000				
	洋灰廠	400								
	火柴廠	1,000	500	1	1	500				
	煙革廠	1,200	700	1	1	700				
	製漆廠	1,000								
	飲食業店	20,000	6,500	4			4	6,500		
	煤油倉庫	1,500	600	1	1	600				
合計		219,660	60,250	61	31	35,570	20	17,100	9	7,580

朱敬文分析此概覽圖表，說：

從上表可以看出現在香港工人組織狀況的特點是：

1. 組織較好的是市政、運輸及機器工人，同時我黨在這些工人中佔優勢及起領導作用。

2. 國民黨在工人群眾的影響日趨削弱。現在只可能在某些職業工會及行會進行欺騙與壟斷，如飲食店工人及一部分行走內河海員與碼頭催工、鐵路工人。我黨已派幹部打入其領導機構，掌握下層群眾，待時機成熟，爭取過來。[26]

在中共黨人領導和影響香港眾多工會的基礎上，朱敬文等人組織成立港九工會聯合會（簡稱：工聯會）。1948 年 10 月，朱敬文在上海向上級黨組織彙報香港工人運動狀況，說：港九工聯會在同年 3 月成立，工聯會主席是電車工會主席朱敬文，副主席是電話工會主席張振南、海員工會主席張東荃，常務理事是摩托車工會主席陳文漢、洋務工會副主席譚祺科、太古船塢工會主席葉光、海軍船塢工會主席李耀全、樹膠工會主席盧政之（女）、郵政工會主席（姓名缺）、港府職工會主席袁香濤（港府特務）、木匠總工會主席鄭全。工聯會正副主席與九名常務理事當中，除鄭全、袁香濤及郵政工會主席三人外，其餘都是中共黨員。[27] 顯然，工聯會成為中共領導的外圍全港工人組織。

港九工會聯合會於 1986 年改名為香港工會聯合會，同樣簡稱工聯會。該會保留的歷史照片及文字說明顯示：1948 年 4 月 17 日，港九工聯會在灣仔六國飯店舉行第一次代表大會，會場中央懸掛孫中山畫像與中華民國國旗。

26　《彙集（1945.11－1949.12）》，頁 254。

27　《彙集（1945.11－1949.12）》，頁 242。

1948 年 4 月 17 日港九工聯會舉行第一次代表大會

　　戰後中共黨組織在領導香港工人重建工會過程中，還支持和領導工人要求加薪、改善待遇的行動。

　　據朱敬文在 1948 年講述，1945 年 9 月至 10 月間，中共在香港從事工人運動的「幹部雖很多未有復員返港，但由於同志們的努力（聽說當時只有二十八個黨員），首先積極恢復原有職工會活動。電車、海員、摩托車、香港電燈、洋務等主力工會相繼於九月至十月中恢復」。

　　1945 年 11 月初，朱敬文領導的電車工會向資方要求改善工人待遇、廢除戰前苛例。12 月 24 日上午 9 時，工會發出最後通牒，限定資方在當天下午 5 時答覆。當日，勞資雙方在港府勞工處談判，最終資方答應給工人加薪 50%，優先按工會抽籤號碼復用舊工友，還頒發三個月工資作為勝利金，每月有薪假從戰前只有一天，增加到兩天。這是戰後香港工人爭取自身利益的首次勝利。

　　朱敬文評論說：

　　　　這一個勝利大大刺激了各行各業的工友，提高了他們的信心。加上當時民族自尊心（中、英、美、蘇四強，中英是同等強國的觀

念）的影響，各行業工友，如三大船塢在華人機器會領導下，提出
改善生活及八小時工作制，得到了勝利。郵政、電話、政府職工、
水務局、煤氣、摩托車（即汽車司機）亦紛紛提出改善待遇，都得
到了部分的或大部分以至全部的勝利。其他資方亦有不等工人提出
即部分改善，以免引起工潮者。

　　這個時期工潮的特點，就是工潮幾乎天天有，但全部都用談判
方式解決。資方態度溫和，政府對勞資態度表示中立（當然是暫時
的策略），對工會活動亦不大加以干涉，只採冷眼旁觀，積極調查
研究，及進行對工會幹部拉攏收買（如勞工處副處長蘇雲請工人代
表吃飯、借錢、用汽車送工人代表，親自參加各工會開幕禮及演講
等）。最後還有一個特點，就是絕大部分（工潮）都是我黨領導。[28]

　　1945 年底至 1946 年初，雖然多間工廠給工人加薪，但由於戰後物
價高漲，工人依然入不敷出。於是，電燈、電車、電話三家公司的工會
商議再度聯合請求加薪，以及進一步改善工作條件。策略是由電燈工會
打先鋒，電車工會、電話工會作為後備軍，互相呼應；如電燈公司勞資
雙方談判破裂，則實行聯合罷工。1946 年 5 月 15 日，電燈公司工會向
資方提出最後通牒，限四十八小時答覆。資方估計電燈工人力量不足以
舉行罷工，只答應工人的少部分要求。於是，電燈公司工會在 17 日下
午 5 時宣佈罷工。電燈公司罷工，無法對外供電，電車因而停駛，電話
隨之中斷，兩間公司的工人等同罷工。電車工人坐領工薪，決定每星期
每人捐款 3 元（當時日新約 3.5 元），援助電燈工人直到罷工勝利為止，
各行業工人也紛紛捐款響應。罷工堅持十五日，資方終於答應給電燈工
人加薪 25%，生活津貼從原來每日 2 元，增加到 3 元；同時解決工人
的退休金發放、病假薪金及醫藥費等問題。6 月 1 日，電燈公司工人復

28　《彙集（1945.11－1949.12）》，頁 255－256。

工。電車、電話公司的資方也答應工人改善工作條件的要求，包括允許電車工人免費乘坐頭等車廂。

1946 年 1 月至 2 月間，中共香港黨組織還領導屬於英資的九龍船塢、太古船塢、海軍船塢等三大船廠的工人，進行爭取八小時工作制的鬥爭。

八小時工作制是十九世紀八十年代後期起國際工人運動一直爭取的目標，促使美國政府率先立法實施。1916 年美國國會通過法案，規定在跨州經營的鐵路行業實行八小時工作制，超時工作要支付額外加班費，成為美國開始實行八小時工作制的先河。1938 年美國國會再通過法案，規定每週工作 44 小時，1940 年又改為 40 小時，加班工資增至 1.5 倍。第二次世界大戰結束後，英國也普遍實行八小時工作制。在香港，1925 年爆發的省港大罷工向港英政府提出六項要求，其中一條就是要求實行八小時工作制，這些要求都遭到港英政府拒絕。

1946 年 1 月，鑒於英資三大船廠並未按照英國政府公佈的物價津貼發給工人，香港華人機器會（簡稱：華機會）的中共秘密黨員勸說該會主席歐陽少峰，要求港府勞工處主持公道。華機會在勞工處與英資方談判數次，並無結果，於是提議三大船廠工人選出代表，直接與資方談判。三大船廠工人自下而上，選出九名談判代表，其中包括中共秘密黨員葉光、黃燈明、麥耀全。他們隨即建議成立三大船塢工人同盟，共同進退，向資方提出如下要求：一、實行八小時工作制；二、基本工資每天兩元，即每小時二十五仙，超時工作另計；三、津貼照港府勞工處頒佈的物價指數發給；四、不得無理開除工人及代表；五、清發戰前工人工目薪金；六、請早發戰爭勝利金補貼。

勞資雙方代表隨即舉行首次談判，勞工代表有：華機會主席歐陽少峰（開明群眾）、華機會會長韓文惠（國民黨員）、太古船塢代表葉光

（中共黨員）、九龍船塢代表黃燈明（中共黨員）、梁勉之（國民黨員）、海軍船塢麥耀全（中共黨員）等人。勞方代表提出上述要求後，代表英資方的三大船塢經理答覆說：同意每天基本工資兩元，但每日工時要按九小時計算，對於勞方其他要求則含糊其辭。由於英資堅持 1941 年前每日九小時的勞動時間，勞資談判遂無結果。

在這種情況下，韓文惠及華機會的國民黨人主張「鬥爭局限於機工，又恐嚇工人代表不可鬥爭，不能團結領導船塢非機器工人，要求機工領導鬥爭」。中共秘密黨員則「在華機會召開代表大會，請新聞界、港九各工會團體都來參加，三廠代表報告談判經過，徵求各代表工團意見，駁斥韓文惠的投降關門路線。木匠、油工、苦力、泥水工等各工會團體代表亦表示支持三大船廠全體工友八小時工作制鬥爭到底」。

一星期之後，勞資再次談判，仍無結果。於是，九龍船塢工人代表團在廠內召開群眾大會，出席群眾一千五百餘人，大家一致投票議決如果再次談判不果，就全廠罷工。太古船塢也召開五百人以上的大會，議決再談判不解決時，即實行全廠罷工。海軍船塢的工人力量較弱，仍有半數工人同意和兩大船廠一致行動。

當時香港正開始戰後經濟恢復、重建，港英政府需要消弭罷工風潮，以利經濟發展。眼見牽動香港經濟命脈的英資三大船廠即將舉行罷工，港府勞工處長鶴健士（Brian Hawkins）緊急接見三廠代表團及華機會三主席，表示一星期內答覆。

三大船廠的工人代表團隨即在華機會召開港九工會代表會議，宣佈英資再不誠意答覆，即三廠工人實行罷工，香港電車工會也向資方發出通牒，聲明與機工一致行動；港九各工會團體代表也表示支持三廠行動。三船廠工人隨即組成罷工委員會，罷工箭在弦上。港府勞工處趕緊召集港九西商會議。最後，勞工處長宣佈，1946 年 2 月 1 日起，香港英資工廠實行八小時工作制。英資三大船廠工人爭取八小時工作制的鬥

爭勝利結束。[29]

1946 年 5 月下旬至 6 月中旬，九龍船塢的中共黨小組在勝利取得
爭取八小時工作制的基礎上，進而開展反對包工制的鬥爭。

包工制是近代中國實行的資方與包工頭雙重剝削的用工制度，香港
開埠後一直沿用這種制度。1945 年 9 月港英政府實行軍政統治，一度
中止包工制。次年 5 月，港英政府宣佈恢復民政統治，因而恢復實行包
工制。英資在九龍船塢利用華人包工頭，作為管理工人的工具，包工頭
又依靠資方，進行中層環節剝削。九龍船塢的包工制首先在造船部開始
實施，包工頭陸續裁掉不是自己招攬的工人。其他部門的工人頓時感受
到失業的威脅，他們要求先前領導爭取八小時工作制的工人代表團進行
反對包工制的鬥爭。

中共九龍船塢黨小組黃燈明、馬朝宗、何家日、何廉等人雖然認為
反包工制鬥爭的時機尚未成熟，鬥爭恐怕會失敗，但因反對包工制是中
共的一貫立場，黨員要起來領導鬥爭。於是，他們商借華機會九龍支
會，召開九龍船塢工人關於包工制的座談會，到會九十餘人，大家決定
成立抗議包工制委員會，選出馬朝宗、黃燈明、何家日、何廉、伍培等
人為委員，霍德為秘書（中共黨員），向資方提出書面抗議，指出包工
制違反世界職工聯合會的勞動決議，將造成工人失業危機。

可是，英資方拒絕廢除包工制，強調包工制是增加生產所必須，港
府勞工處副處長也表示不會出面調解。5 月下旬，包工頭陳當部無理開
除陳泉、麥福等幾名技術工人，英資方也宣佈開除女工三百餘人、學徒
數十人。6 月初，英資方進而宣佈各部門將開除工人 10%。

主要由中共秘密黨員組成的抗議包工制委員會緊急召開全廠工人大
會，到會者有數百人，大家對資方如此無理舉措，極表憤怒，議決次日

29　《彙集（1945.11－1949.12）》，頁 271－273。

在廠內舉行全體工人怠工抗議。第二天上午 8 時，工人們在廠門外集
合，港英警探將工人代表黃燈明、霍德、林禧等帶去警局詢問，恐嚇工
人怠工行動。工人與其他代表仍然按照計劃，堅持全廠怠工至當天下午
4 時。港府勞工處副處長到廠調解，英資方作出退讓，宣佈恢復全體被
開除工友的工作，包工制未得工人同意不得實行。

又過一星期之後的星期五，英資方竟然再出佈告，宣佈造船部全部
實行包工制，全部開除過去船塢直接僱傭的造船部工友，新工人改由包
工頭間接僱傭，工資由包工頭發給。工人們對資方悔約非常憤怒，召開
工人大會表決，全廠在次日再行怠工。星期六，全廠怠工。資方也宣佈
全廠關門，船塢暫停工作。

星期日，九龍船塢工友六百餘人舉行請願遊行，向港督楊慕琦請
願，要求廢除包工制。港府勞工司杜德及蘇雲代表港督接見，杜德表示
對廢除包工制有礙生產，只可對包工製作某些程度改良。但工人堅持要
求廢除包工制，呈文託勞工處轉交港督。

星期一，九龍船塢舉行罷工行動，糾察隊在廠外維持秩序。港督派
勞工處給工人代表團轉達回信，宣稱香港的包工制不同於世界職工聯合
會反對的包工制。香港的包工制是為了增加生產，與世界船業競爭，不
是封建剝削的不合理制度，勸告工人復工。

罷工繼續堅持到星期五，港英政府出動警探、警察二百餘人，又用
兩萬元收買幾十個流氓，一起破壞罷工。隸屬民盟的工人代表李德泉在
廠外遭到冒充工人的流氓毆打。華機會會長韓文惠等人在《華僑日報》
公開登報聲明，命令機工復工。國民黨籍的華機會副主席羅友帶林動搖
的部分機工首先復工，當天被迫復工的工人有一千多名，達到全船塢工
人總數的三分之一。次日，七成工人被迫復工。包工制因此在九龍船塢
恢復實施，中共黨組織的反包工制鬥爭失敗了。

不過，九龍船塢打鋼部的中共秘密黨員霍德、林榕等人仍然堅持領
導該部工人繼續罷工，前後堅持十五天，迫使英資方答應該部取消包工

制及不得無理開除工人。這就挽回工友鬥爭的信心，保存中共隱蔽在九龍船塢的黨組織。

朱敬文總結此事的失敗教訓，說：

> 這次失敗是香港（恢復）和平後，我們領導工人鬥爭受挫折最大一次。主要鬥爭中，未能掌握鬥爭有理、有利、有節，對群眾路線不了解，及時調查情況不深入。[30]

1947 年 8 月，香港華人機器會和電車、電燈、電話、中華電力及煤氣公司（時人將這些公司合稱為：五電）的工人再度掀起要求改善待遇的工潮，國共兩黨分別以不同的方式介入其中，從而使這場工潮的發展變得錯綜複雜起來。

這時，國共內戰趨向激烈，上海、廣州等地遊資轉移到香港，投機炒賣，導致物價日趨高漲；內地難民湧入香港，導致勞動力過剩，資方乘機壓低工人工資，工人要求改善生活的心情日趨迫切。

1947 年 7 月下旬，九龍船塢測繪部職員約六十人自發要求加薪，罷工數天，結果取得勝利，平均加薪 35%。這一勝利激發九龍船塢其他工人群起要求加薪，部分包工工目見此心動，乃拉攏各部工人，提出加薪口號，準備罷工。太古船塢的工人也準備一起行動。香港國民黨組織決定利用工人情緒，煽動罷工，增加與港英政府博弈的籌碼。國民黨籍的華機會會長韓文惠「乃親身到廣州活動，聽說除了到市黨部請示之外，還帶了二百（名）特務到香港活動」。國民黨在香港的「黨報《國民日報》及準黨報《星島日報》更大吹大擂，說大罷工必將爆發，一九二五年大罷工必將重演」。

8 月 9 日，華機會向英資方提出增加基本工薪 150% 的要求，未

30　《彙集（1945.11–1949.12）》，頁 274–277。

獲答覆。於是，華機會連日召開理事會議，在國民黨人主導下通過決議：在 8 月 13 日下達最後通牒，如無完滿答覆，即於 8 月 16 日起實行罷工。

8 月 15 日上午，港府勞工處邀請五電及九龍、太古、海軍三大船塢的工會負責人與華機會負責人一起到勞工處開會。五電及三大船塢的工會負責人都是中共秘密黨員，英方認為他們屬於反華機會派，因而企圖居間分化兩派工會的關係。

勞工處出席者有勞工處長鶴健士、副處長蘇雲（Chawin）及副處長碧架（Baker）。席間，勞工處只就工會代表權的問題做文章。鶴健士說：「現在華機代表機工要求加薪，你們五電及三塢工會都有很多機工會員，你們認為華機有沒有合法代表機工之權？他能代表你們工會裏面的機工會員否？」

電車工會朱敬文代表五電及三大船塢工會，說：「我們對機工要改善待遇，極端同情，至於代表權問題，我們讓工友自己選擇。」

鶴健士問：「然則你們認為華機有代表權，甚至可以代表你們的機工會員嗎？」

朱敬文答：「華機有他自己的會員，至於我們的機工，如果都信任華機的話，我們也不反對。」

鶴健士焦急地追問：「那麼你們的會員是否也參加機工的罷工？」

朱敬文等人答：「這個問題由工友自己決定。」

至此，勞工處分化國共兩派工會的企圖並未得逞。鶴健士仍然不肯甘休，繼續問：「你們既然同情機工加薪，為什麼不代表你們的會員也提出要求條件？」

朱敬文等人還是說：「我們要等工友開大會民主討論決定。」

8 月 16 日，華機會宣佈罷工。參加單位有三大船塢，還有深水埗船塢、庇利船塢、英泥廠、廣九路英段、三大店、水務局、煤氣（數十個機工，該廠大部機工未有參加）、電話（只有三個機工參加）、香港

電燈（只有高級職員國民黨員李祥一人參加）、九龍電燈（只有彭松喜一人參加）等十五個單位的機器工人，罷工人數共 11,000 餘人。其中三大船塢工人為主力，佔 8,000 多人。

當天深夜，李祥、韓文惠等華機會國民黨籍領導人走訪中共工人領袖朱敬文，要求合作，打算若遭拒絕，則扣以破壞罷工、違反工人利益的罪名。朱敬文除表示同情外，也贊成通力合作，但需與工人商議進行事宜；同時希望華機會恢復先前開除歐陽少峰、麥耀全、葉光、黃燈明、馬朝忠等五人的會籍，以示合作誠意。韓文惠拒絕恢復這五個親共或共黨份子的會籍，國共兩派工會最終在此工潮中分道而行。

朱敬文後來憶述說：

> 我黨當時對機工鬥爭策略，是站穩階級立場與民族立場；對英的分化，我們完全拒絕；但對 K，則一面同情及支持機工罷工，一面則抓緊其獨裁不公開及不理非技術工人等缺點，加以擴大宣傳，並在自己的會員中揭露 K 政治陰謀。一面則走群眾路線，以電車、電話、中華電力、香港電燈、煤氣（通稱五電）為主力組成聯盟；一面呼應機工鬥爭，在機工罷工後，五電組成龐大慰問網，分組到各廠慰問罷工工友，並直接將捐款分到各單位，不交華機會。一面獨立自主地提出自己的條件。當時華機會的條件，各廠工人都認為太高，但我又不能提得比他少，於是在深入醞釀的過程，候機工情緒低沉時，約於他們罷工半個月後，我們才以生力軍突擊的姿勢，提出適當的條件，這條件約百分之一百二十。

這裏說的 K，指的是國民黨，因為國民黨英文音譯的第一個字母是 K。

9 月 5 日，五電工會以即將舉行同盟罷工的姿態，向資方提出加薪

120% 的要求。九龍、太古及海軍三大船塢工會的中共秘密黨員也領導工人，參加各船廠的罷委會支會，同時監察國民黨在罷工中的態度。

華機會罷委會的大多數成員是國民黨員，他們「一方面見資方毫不理睬，工人情緒低降，埋怨之聲四起；另一方面見五電及時出擊，整個鬥爭形勢逐漸轉變為以五電為中心」，為了盡快取得罷工成果，竟然「秘密向資方妥協，自動將條件改為加薪百分之六十，加津貼百分之六十，共加百分之一百二十。再過兩天，竟減至加薪百分之六十。但這時消息外露，資方亦只答應加百分之三十。」「不兩日，罷委會竟宣佈接受予以加薪百分之五十條件，要工人於十三日復工。」

9 月 13 日，華機會負責人、國民黨員李祥到太古船廠向工人解釋復工事宜。憤怒的工人怒斥國民黨主持的罷委會不斷降低加薪要求，違背工人利益，結果解釋會變成公審會。九龍船塢、庇利船塢、深水埗船塢的工人也在中共秘密黨員策動下，將華機會的解釋會變成工人清算華機會退讓、妥協的大會，到 9 月 14 日才復工。太古船塢、海軍船塢則在 13 日復工。

五電公司方面，英資方一直沒答應工人提出的加薪要求。華機會復工後，「五電資方遂亦以加薪百分之五十答覆勞方，對其他非機器工人不肯加薪，其他條件也不答覆」。

9 月 17 日，電車公司工會向英資方提出最後通牒，限一天內答覆，否則舉行罷工，其餘四電公司的工人也準備罷工。結果迫使英資方屈服，答應給全體工人平均加薪 65% 及其他要求。巴士公司、牛奶公司及其他工廠工人的加薪也同時得以解決。

同月底，機工及五電工潮基本結束，累計參加此次工潮的工人有18,000 人，參加罷工的工人有 11,000 餘人。

事後，朱敬文總結深度介入其中的國共兩黨的關係，說：

　　K 政治陰謀完全粉碎。其陰謀為造成混亂局面，企圖壓迫香港

政府接受屢次為香港政府拒絕之取締香港民主人士活動，及准許 K
在港設立特務網的條件（當然也有美、蔣收復香港的陰謀在內）。其
次則為希望把我們捲入大罷工漩渦，如勝利則屬國民黨，如我們不
合作而至失敗時，則又指我們破壞。如在機工罷工後五電工人不參
加罷工，他們便說我們破壞，甚至在電車上散發電車工人沒有血性
的標語，以破壞我黨領導工會威信，及刺激電車工友，以瓦解我黨
領導下的職工會，同時也可以挽救華機會已經敗壞了的聲譽。

　　但因為我們一方面能掌握自己群眾，一方面動員工友捐出大量
款項，分頭援助及慰問各廠罷工機工，其陰謀遂不得逞，而且愈益
教育了廣大工友，結果 K 的陰謀是完全破產了。經此一役，廣大
工人更了解我黨領導下的左翼工會的確為工人利益打算。華機罷工
二十八天沒有薪水，收穫比我們又小；我們收穫大，又沒有損失，
至於民主與獨裁之間，更見明顯。我黨的政治威信大大提高，而我
黨幹部在此役中經過更大的鍛煉，對群眾路線了解及掌握，向前更
進了一大步，黨的組織亦有了發展，使到這鬥爭在政治上、經濟上
都獲得極大的勝利。[31]

　　1947 年 9 月底，中共秘密黨員還領導香港漁政署職工會要求加薪
的鬥爭。

　　戰後港英政府組建漁政署，主要任務是取消國民黨控制的漁欄對漁
民的剝削，以便政府直接統制漁獲物，因而在組建之初遭受漁欄及高利
貸者的反對，國民黨在港組織公開支持此類人物。於是，漁政司祈達
（Caten）有意利用中共黨人廉潔奉公、刻苦耐勞的精神，「通過政治關
係，大量招聘由我黨介紹的當時東江復員到港的幹部」。

　　漁政署工作開展、地位鞏固之後，卻漠視職工生活。於是，中共秘

31　以上改寫自《彙集（1945.11－1949.12）》，頁 260－265。

密黨員領導的職工會在 9 月底提出改善待遇的加薪要求,在 10 月初舉行罷工。漁政署分化拉攏罷工員工,結果「在罷工後約十天,有二十四個預先為祈達收買而又經過默契參加罷工的職員自行復工,並代為募請職工,於是罷工便全部失敗」,「約四百工友全部失業」,職工會所有幹部都被開除,中共黨組織「與漁民聯繫,及組織漁民、教育漁民的地盤全部喪失,實在是我黨一個嚴重的損失」。

朱敬文總結其中的教訓,說:

由於我黨幹部對敵估計錯誤,以為漁政署非有我們的幹部不可。同時對自己的力量估計太高(當時確能完全掌握上、下層,黨員也最多),同時也沒有了解漁政署的工作不是專門技術(工作範圍是發貸款、主理買賣、辦日用品及糧食合作社,供應漁民、運輸)。掌握了有理、有利原則,而忽略了有節,不會適可而止。[32]

鑒於戰後香港工潮連綿不絕,中共與國民黨組織深度介入其中,港英政府在 1948 年 3 月緊急制定管制勞資糾紛及職工會法例,以備打壓乃至取締進步工會之用。同月中旬,立法局通過此法例,宣佈於 4 月 1 日實施。該條例共四十八條,要點是:

1. 規定工會必須正式登記及批准註冊,向勞工處申請後經批准領得執照,方能活動。現有工會須在實施日起,六個月內進行(過去的工會只是向華民政務司備案。如華民司不阻撓時,便可以作為「華民司不反對」下公開活動)。

2. 規定工會經費,每年必須向註冊官呈報一次,並不得作任何直接的或間接的供給任何政黨或作任何政治活動。

---

32 《彙集(1945.11–1949.12)》,頁 266。

　　3. 規定工會作違反其註冊會章所規定的宗旨的活動。

　　4. 規定工會不能接受港外任何團體之訓令及指揮。

　　5. 規定工會會員及辦事人的年齡資格。

　　6. 規定工會職員（僱員除外），必須是曾在該行或該業服務者。

　　7. 規定註冊官有依法解散工會的權力。

　　8. 規定註冊官有拒絕同性質一個工會以外之工會登記之。

　　9. 規定港督於必要時有組織仲裁委員會以解決勞資糾紛之權，該委員會之判決等於法律效力，但須經勞資雙方同意。

　　10. 如職工會違反本條例，註冊官得依法向法庭提出起訴，罪名成立後，得分別予以罰款或解散之處分。[33]

　　1948 年 7 月，中共在香港各企業、工廠的秘密黨員發展到 225 人。其中潛伏在九龍船塢、太古船塢、海軍船塢佔 25%；在電車、電話、電燈、煤氣、摩托車（當時人對汽車的稱呼）、鐵路、郵政、自來水等公司佔 24%；在店舖、西人住宅佔 27%；在火柴業佔百分佔 22%。[34] 他們是戰後中共在香港工人隊伍中埋下的鼓蕩眾多工潮的震源，是植根於香港社會底層蘊藏無限能量的礦脈。

　　這年 8 月，第六次全國勞動大會在東北解放區的黑龍江省會城市——哈爾濱舉行，大會號召全國工人階級緊密團結全國人民，積極支援人民解放軍，迅速實現推翻國民黨反動統治、建立新中國的歷史任務。中共秘密黨員、港九工聯會主席朱敬文和香港九龍船塢工會主席黃燈明應邀出席大會。

　　這時，中共在香港進行半公開或秘密的活動，已經引起港英政府的

33　《彙集（1945.11－1949.12）》，頁 267－268。

34　《彙集（1945.11－1949.12）》，頁 279。

警覺。新任港督葛量洪決定改變戰後港府一度與中共修好的政策。

1948 年 6 月，葛量洪在發給英國殖民地部的絕密電文《1948 年上半年年度報告》中，詳細報告中共宣傳機構在香港編織的涵蓋通訊社、書店、勞工組織、社會福利機構等網絡。9 月，他又發密電給英國殖民地部，稱：馬來亞共產黨製造的麻煩和國民黨在中國內戰的連連失利，讓港英政府抵制共產主義運動的壓力陡增，因此他不得不採取更為強硬的行動。

葛量洪「更為強硬的行動」，是搜查所探知的中共在港機構。這年 11 月，香港警探搜查中共在新界大埔設立的榮興（Wing Hing，音譯）行、啟源（Kai Yuen）行兩家公司，果然有所查獲。

據說，榮興行成立於 1944 年，專向走私中國內地的貨品徵稅，估計屬於東江縱隊設在香港的稅卡。1946 年，有五名公司職員注資榮興行，其中四名是中共黨員。榮興行將所收稅款付給啟源行。該行責人何啟明是中共黨員，據稱其直接上級是原東縱外事組組長、時任新華社倫敦分社負責人的黃作梅。何啟明供稱，中共在港負責人連貫和尹林平在該公司都有投資，公司收入除了支付給游擊隊和中共在港組織外，並無其他用途。

1948 年 12 月 13 日，港英警探在港島天后廟道四號三樓，查獲此處中共秘密機關的一批文件，其中包括連貫的日記以及中共黨人參加秘密會議的記錄。次年初，港英警探繼續搜獲中共在港活動的各種文件。[35] 這些文件擇要譯成英文，成為葛量洪繼續向英國政府報告中共在港活動的證據及其邀功的憑藉。葛量洪的相關電文，成為當今香港歷史檔案館收藏的檔案文件。

35　參見賀碧霄：〈情報、人員和物資的樞紐：1930 至 1940 年代香港與中國共產革命〉，《二十一世紀》，2018 年 10 月號。

1949 年 4 月 21 日，港英政府再次出動政治部警探，突然搜查當時剛從中共中央香港分局香港工委改名為華南分局華南工委轄下的財經機關，其中包括先前搜查過的啟源行，並逮捕相關人員。

同月 23 日，華南工委財經委員會（簡稱：經委或財委）負責人許滌新、夏衍致電黨中央，報告港英政府破壞中共駐港財經機構情形。電文如下：

> 港政府對我財經機構進行破壞，計此次破壞波及五個單位：
>
> 一、經委研究室。馬（即 21 日）晨六時，港政治部主任大衛思，率武裝警察四人突來搜查，並將劉芳華、古念良、劉至誠傳去查問。當時古來不及將二中全會決議抄節本焚毀，揉成一團投在樓下。樓下住一裁縫，時值黎明，可能當廢紙掃去。大衛思只帶去劉芳華的幾本筆記。三人關了十四小時，以三千元擔保出來。今天再談一次，沒有證據。談話中心懷疑研究室為情報機關，定於有具結。
>
> 二、啟源行原為財委一貿易機關，現歸分局。近為籌備發行鈔票，成立銀行，集體辦公。馬（即 21 日）中午政治部來捕人，計捕去何啟明、蔡馥生夫婦、趙元浩夫婦、何竺及一些商家，如莊世平、許子奇、許戚（阿）細、詹某、葉某、李嘉人妻等十二人，皆於是晚擔保放出，每人從一百元至二千元擔保不等。其中情節較重的為何啟明，因搜出與林平、連貫有關之條子。
>
> 三、東台運輸公司，捕去二人，情節不重，已擔保放出。
>
> 四、葉某家裏查一次。葉為一群眾，因至啟源行，亦被捕，以二千元擔保放出。
>
> 五、梁隆泰傳去談話，藉口即李轉信之事。此次港政府之破壞，係有計劃之做法，與財經委原來有關之機構幾全波及，現決將部分有關撤入內地。以後發展如何再電告。

4月26日，中共中央覆電華南分局、工委、僑委，以及黨中央派到香港負責東北解放區與香港兩地貿易的錢之光，指示：「分局應即開始內遷」，「但分局機關人員應力求精簡，以便必要時容易轉移。未移動前應特別注意保守秘密，內遷經費由（錢）之光處審核撥付」；「梁隆泰即率一批幹部來（北）平工作與學習」；「（潘）漢年、夏衍、（許）滌新望速動身，來（北）平，轉上海。喬木（即喬冠華）、龔澎中，來一人到中央討論工作」。[36]

顯然，面對港英政府打壓，中共中央堅持「隱蔽精幹」的白區地下工作原則，決定將有可能遭受危險的香港中共領導人調往解放區。

同年5月18日，港英政府再度暴露蓄意壓制中國各黨派在香港政治團體的面目。當日，香港立法局初讀通過《社團註冊條例》。

同月22日，新華社香港分社社長喬冠華（喬木）致電中共中央，報告港英政府的這一動向，請示應對方針。電文如下：

中央：

巧日（即18日），港立法局初讀通過《社團註冊條例》，規定凡與港外政治團體有關聯的社團，得拒絕其註冊。警察可任意進入其所認為之社團房屋，進行搜查及逮捕。哿日（即20日），《德臣西報》社評，公開承認當局正施用壓力，限制共黨煽動份子在港活動。同日，特務黃文保約邵宗漢談話，勸民盟解散港九機關，將辦事處改為《光明報》社。首當其衝的國民黨，對此條例已在英文《虎報》上提出批評。我們至今仍保持沉默。據初步估計，被牽涉的民主黨派有七、八單位，群眾團體則約十個單位以上。請指示此地應付方針。

---

36 《中共中央華南分局文件彙集（1949.4－1949.12）》（中央檔案館、廣東省檔案館，1989），頁13－14。

6月3日，中共中央覆電喬冠華並囑轉告尹林平、方方，說：

> 港立法局所通過之《社團註冊條例》，應視其為英帝國主義企圖將香港從政治上與新民主中國隔斷的一個重要步驟，而其中將特別打擊我與南洋的聯絡機關及參加新政協的各民主黨派和香港民主工會，並尋找我與華南各游擊區的軍事聯繫。

> 因此，你們應針對這一情況，堅守我在政治上決不退讓，組織上卻須迅速隱蔽或撤退的方針，以揭露英帝的罪狀和暴露。對《社團註冊條例》的批評，應無保留，但只提抗議，不必號召行動。北平各民主黨派已在發表抗議通電，收到後可擇要登各報。

> 在組織上，僑委應準備遷北平，香港只留一輔助聯絡機關。凡能直接通電或通航的國家，均由僑委直接聯絡，香港可不再管，具體辦法由中央統戰部另行電告。

> 方方已抵東江，華南分局局即移國內，香港僅管工委，即不再與各游擊區聯繫，其通內地的交通機關，亦應成為純技術性的，不再給與政治指示。

> 香港城委應完全轉入地下，準備長期埋伏，工委應堅決與之割斷關係，只經過城委、分局與中央聯繫，有重要事件時得與中央直接聯繫。

> 新華社應堅持。《華商報》準備廣州解放後遷廣州，香港只留「大公」、「文匯」，但目前不要向他們宣佈。英文《中國文摘》俟龔、彭回港後，即準備遷北平。英文《遠東彙報》，準備遷上海，必要時，改為日報。

> 錢之光所領導的貿易機關（山東的在內）全部保留，並應逐漸公開。各民主黨派凡不能立足者，可送之來（北）平或勸其至滬，能秘密者仍應有少數人留港堅持。具體佈置，將由各民主黨派自己電告。

上海解放，南下者已停，目前只有廣州跑出及南洋和海外回國的兩類人集中香港，不久航運恢復，可由他們自己料理赴滬或北上，你們只負轉達、通知之責，只有我們專電要求你們招呼的才須北送。

統戰外 X 活動，可分為三類，即經過《華商報》關係與反蔣反美份子來往；經過新華社，容許與外國人員作非正式的側面來往；經過我貿易機關，專與外商人及某些救濟機關來往。

上述各項處置和分工，望你們嚴格遵守，以利華南這一跳板的保持，並可為華南解放多多準備幹部。[37]

這一電文將中共中央決定長期利用香港這一華南「跳板」，有理、有利、有節地與港英政府博弈的基本策略，闡述得淋漓盡致，即：「政治上決不退讓，組織上卻須迅速隱蔽或撤退」；「只提抗議，不必號召行動」；「長期理伏」，「留港堅持」。

三、策應北上

1948 年春夏，中國內地的國共內戰已經進入人民解放軍戰略反攻階段。這年 4 月 23 日，毛澤東、周恩來率領的中共中央機關堅持陝北轉戰一年多之後，東渡黃河，行軍一千餘公里，抵達河北省建屏縣（今平山縣）的西柏坡，設立準備奪取全國勝利的最高指揮中心。

5 月 1 日，中共中央發佈《慶祝「五一」國際勞動節口號》的文告，明確提出「打到南京去」、「建立新中國」的革命奮鬥目標，同時倡議各民主黨派、各人民團體及社會賢達迅速召開政治協商會議，籌組成立民主聯合政府。

37　《中共中央華南分局文件彙集（1949.4－1949.12）》，頁 76－77。

　　5月5日，在香港的民革負責人李濟深、何香凝，民盟負責人沈鈞儒、章伯鈞，中國民主促進會負責人馬敍倫、王紹鏊，致公黨負責人陳其尤，農工民主黨負責人彭澤民，救國會負責人李章達，國民黨民主促進會負責人蔡廷鍇，三民主義同志聯合會負責人譚平山，以及無黨派著名人士郭沫若等，聯名通電全國，回應中共在「五一」節口號中提出的倡議，號召「全國人士自宜迅速集中意志，研討辦法，以期根絕反動，實現民主」。他們同時致電中共中央主席毛澤東，表示回應召開政治協商會議的倡議，指出此乃「適合人民時勢之要求，尤符同人等之本旨」。

　　8月1日，毛澤東覆電李濟深等人，說：

　　　　5月5日電示，因交通阻隔，今始奉悉。諸先生贊同敝黨5月1日關於召開新的政治協商會議、討論並實現召集人民代表大會、建立民主聯合政府一項主張，並熱心促其實現，極為欽佩。現在革命形勢日益開展，一切民主力量亦宜加強團結，共同奮鬥，以促早日消滅中國反動力，制止美帝國主義的干涉，建立獨立、自由、富強和統一的中華人民民主共和國。為此目的，實有召集各民主黨派、各人民團體及無黨派民主人士的代表們共同協商的必要。關於召集此項會議的時機、地點、何人召集、參加會議者的範圍以及應討論的問題等項，希望諸先生及全國各界民主人士共同研討，並以卓見見示，曷勝感荷。謹此奉覆，即祈諒鑒。

　　同日，周恩來為中共中央起草致香港分局及潘漢年的電文，要求他們依照同日毛澤東的上述電文，徵詢各民主黨派的意見，歡迎他們到解放區來商談和進行準備工作。

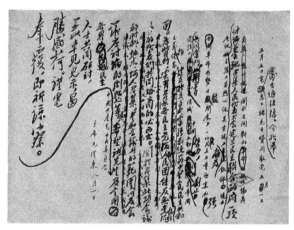

1948 年 8 月 1 日毛澤東覆電手稿[38]

　　關於香港民主人士進入解放區的路徑，起初周恩來設想開闢香港—英國—蘇聯—哈爾濱的空中航線，讓民主人士坐飛機跨國大迂迴，最終抵達東北解放區。為此，他密電潘漢年，讓民盟常委、《華商報》總經理薩空了，去找港英政府內定與中共及民主黨派人士聯絡的中介人、香港大學副校長施樂斯，通過他向港督葛量洪說明：李濟深、沈鈞儒等人想經由倫敦，前往蘇聯。可是，葛量洪回覆說，要請示英國政府，並且強調不可能很快答覆，這顯然是敷衍搪塞之詞。於是，周恩來當即決定放棄這一設想，轉而決定採取從香港坐船前往蘇聯軍隊控制的大連，再進入東北解放區的直達航道。

　　8 月 2 日，周恩來致電錢之光，讓他以解放區救濟總署特派員的名義，前往香港，會同方方、章漢夫、潘漢年、連貫、夏衍等人，從事接送在港民主人士進入解放區參加籌備新政協的工作。

　　隨後，周恩來一面協助毛澤東指揮遼瀋、淮海、平津三大戰役，一面就幫助民主人士陸續進入解放區、參加新政協事宜作出具體部署。

38　錢之光：〈四批民主人士從香港北上親歷記〉，《迎來曙光的盛會——新政治協商會議親歷記》（北京：中國文史出版社出版，1987）。

　　9 月，周恩來擬定邀請到解放區商討召開新政協的民主人士七十七人的名單，並為中共中央起草至上海局、香港分局的電文，徵詢他們的意見，希望在當年冬天及次年春天進入解放區。[39]

　　根據黨中央關於徵求各民主黨派對召開新政協意見的指示，中共中央香港分局和香港工委負責人登門拜訪寓居香港的各民主黨派領袖人物，聽取他們的具體意見。當時，李濟深住在港島羅便臣道 91 號，蔡廷鍇住在羅便臣道 111 號，兩人彼此相隔不遠，經常來往，中共香港黨組織負責人曾經前往拜訪。此外，方方、潘漢年等中共領導人還邀請各民主黨派領袖分批出席座談會，每次十多人。開會地點通常在銅鑼灣天后廟道 4 號 4 樓，也曾經在李濟深寓所舉行。民盟負責人周新民也借用灣仔某機構的一個會議室，組織報告會或討論會。每次參加者約有三十多人，主題是目前形勢與新政協會議。

　　中共代表在香港邀請民主黨派人士參加的座談會共有八次。其中 1948 年 6 月 30 日的座談會記錄最為詳細，記錄者是香港工委的統戰委員羅培元。當時座談商討五個問題：一、關於召開新政協的時間問題；二、關於新政協開會的地點問題；三、關於參加會議者的範圍、單位、個人問題；四、關於第一屆會議應解決的問題；五、關於會議由誰召開的問題。

　　會上發言踴躍，沈鈞儒、譚平山、馬敘倫、李章達、郭沫若、茅盾都多次發言，有些問題大家的意見並不一致。李濟深因當日有事請假，委託連貫轉達他的意見，他主張等到解放軍拿下北平（今北京）、天津之後，才在北平召開；李章達、譚平山則不同意。方方、潘漢年除了就北上的交通問題提出建議和徵求意見外，對大家的發言並沒有發表自己的意見，只是說明會將各人的見解如實向中央反映。

　　事實證明：中共徵求民主人士意見的態度是嚴肅認真的，是尊重民

39　金沖及主編：《周恩來傳（1898－1949）》（北京：中央文獻出版社，1998）。

主黨派人士的。不論是方方、潘漢年主持的高層民主人士座談會，抑或是周新民主持的更大範圍的座談會，會上反映的關於新政協的各種意見，都由香港分局及時報告中央，後來又轉給有各民主黨派參加的新政協籌委會。

1948 年 8 月初，中共中央香港分局書記方方獲悉黨中央指示接送民主黨派人士北上參加新政協的電報，深知這是一項極其重要的政治任務，既光榮又艱巨。於是隨手寫上一句話：「興奮與擔心交並」，表達出他和戰友們的心情。香港分局和香港工委隨即決定成立護送民主人士北上的五人領導小組，由潘漢年掌管全面，夏衍、連貫負責與各民主黨派的領導人物聯絡，許滌新負責籌措經費，饒彰風負責接送的具體工作。

為此，饒彰風從《華商報》等單位抽調人手，組成秘密工作的班子，有專職的，也有兼職的。先後參加這個班子的有：羅理實、羅培元、杜宣、陳紫秋、周而復、楊奇、趙周、吳荻舟、陳夏蘇等人，分別負責聯絡準備北上的民主人士、租賃輪船、購買船票、搬運行李、護送上船等。[40]

與此同時，根據周恩來同志的指示，1948 年 8 月初，錢之光等人通過設立在遼寧大連的中華貿易總公司，租用蘇聯船隻，建立從大連往來香港的海上貿易航線。公司利用往返於大連、朝鮮羅津和香港之間的輪船，運出大豆等東北土特產品，帶回解放區需要的物資和器材。為了與黨中央保持直接聯繫，還建立起電台通訊。這就為接送民主黨派代表人物和著名進步人士進入解放區參加新政協，創造交通便利的條件。

錢之光後來憶述說：

---

40 楊奇：《風雨同舟——接送民主群英秘密離港北上參加政協始末記》（香港：香港各界文化促進會，2004），頁 21－22、27。

　　8 月初，我從大連出發，來到平壤，會見了我駐朝鮮辦事處負責人朱理治同志。在平壤同蘇聯的辦事機構辦理了租船手續，然後便去羅津乘租用的蘇聯輪船波爾塔瓦號，開始了特殊使命的遠途航行。為了便於公開活動，恩來同志叫我以解放區救濟總署特派員的名義前往香港。

　　我們船上裝的是大豆、皮毛、豬鬃等土特產品，還帶了一些黃金，準備到香港換回西藥、電訊器材、高級紙張以及汽車輪胎等物資。在這次往香港的航行中，我們遇到過國民黨海空軍的監視，也遇到過龍捲風。有時國民黨飛機在我們船的上空盤旋，並不時呼嘯而過；有時還遇到國民黨的軍艦，也許因為掛有蘇聯旗幟，他們沒有採取什麼行動，但當時氣氛是緊張的。

　　當我們的船快到香港時，就看到海面上有許多輪船，船杆上飄着不同國籍的旗幟，香港當局的緝私快艇，也來回穿梭。當時香港當局政治上是傾向國民黨的，美蔣特務活動也十分倡狂。我感到要完成這一次任務，將會遇到很多的風險。

　　船到香港時，蘇聯方面派人乘汽艇到船上來接頭。我們先到設在香港的聯和公司商量卸貨事宜和佈置今後的任務，接着就與華南分局取得聯繫。華南分局當時由方方同志負責，潘漢年同志也是主要領導人之一，負責統戰工作。我向他們介紹了解放區的情況，傳達了中央的指示。他們也已接到中央的電報。我們一起商量了接送民主人士北上的問題並具體分了工。我們還建立了電台，隨時向中央和恩來同志彙報，並通知大連方面。[41]

　　錢之光等人抵達香港後，先到德輔道中交易行大樓二樓的聯和進出口公司安頓。該公司專門經營北方解放區與香港的進出口貿易，其前身

41　錢之光：〈四批民主人士從香港北上親歷記〉，《迎來曙光的盛會：新政治協商會議親歷記》。

是 1938 年中共在香港設立的秘密商業貿易機構聯和行。1948 年 12 月
18 日，聯和進出口公司改名華潤公司（China Resources Company），註
冊資本五百萬港元。「華」指中華，「潤」取自毛澤東的字潤之，兩字合
稱，暗含公司為中共主辦之意。公司改設香港中環畢打街畢打行六樓。

　　錢之光到香港後，隨即與中共中央香港分局聯繫。他在分局書記方
方的寓所——九龍彌敦道 180 號四樓，與方方和潘漢年商定以海上航
運方式，分批運送民主人士北上的各自分工：凡是上船前的聯絡、搬運
行李、送上貨船的工作，統一由香港方面負責；錢之光領導的中共在
香港、大連的貿易公司負責租賃貨船，並派人在船上照顧民主人士的
生活。

　　1948 年 9 月 4 日，潘漢年、連貫到李濟深家中落實第一批北上的
民主人士名單，其中有沈鈞儒、譚平山、章伯鈞、蔡廷鍇和他的秘書林
一元等十二人，準備乘坐租來的蘇聯「波爾塔瓦」號貨船，該船不大，
客房極少。在確定名單時，有些人說手上有些工作尚待處理，來不及第
一批離港；還有個別人擔心經過台灣海峽，可能會遭遇國民黨軍艦檢
查，存在安全問題。沈鈞儒、蔡廷鍇等人卻毫不猶豫，說走就走。為了
處理途中可能出現的緊急問題，中共香港工委書記章漢夫決定陪同北
上，錢之光則派祝華、徐德明隨船照顧。

　　登船前，為避免暴露行蹤，民主人士的行李由連貫派羅培元先行運
走，各人離家時只帶一個小提包隨後。大家先到連貫家，吃過晚飯，各
人化裝。沈鈞儒、譚平山鬍鬚甚長，很難收藏，只能扮作老大爺。章伯
鈞打扮成大老闆，身穿長袍，頭戴瓜皮帽。蔡廷鍇身穿褐色薯莨綢，足
登舊布鞋，儼然一個商業運貨員。他們跟着羅培元步行，大約十分鐘就
走到銅鑼灣海邊，隨即坐上事先僱好的小艇，划向停泊在維多利亞港的
「波爾塔瓦」號貨船。大家扶着吊橋登上貨船，緊張的心情才鬆弛下來。

　　9 月 12 日上午，貨船駛離香港，向北航行。9 月 16 日，在澎湖列

1948 年 6 月，左起為薩空了、沈鈞儒、章伯鈞在香港議事

島遇上強勁颱風，船被狂風惡浪沖近一個荒島，眼看將要觸礁，船長下令救船。蔡廷鍇等人和船員一起，拿着工具，合力頂住岩石，終於使貨船脫險。

9 月 18 日適逢中秋節，蘇聯船主決定殺豬加菜。蔡廷鍇、林一元自告奮勇，下廚幫工。他們把蘇聯人準備拋入大海的豬肚、豬腸撿起，洗得乾乾淨淨，紅燒出兩盤粵菜，大受歡迎。聚餐過後，章漢夫在甲板上組織「神仙晚會」，將同行的十二位民族人士稱為「十二仙人」，封沈鈞儒為長鬚公，譚平山為白鬚公，他自稱怪仙，其他人分別叫奇仙、妖仙、童仙。每位仙人都要表演一個節目。於是，有人唱民歌，有人唱粵曲，有人演雜技，有人學貓狗叫，沈鈞儒則打太極拳，動作嫻熟，贏得一片喝采聲。

9 月 27 日早上，「波爾塔瓦」經過十六天的航行，終於抵達北朝鮮的羅津港。中共中央代表李富春受周恩來委託，提前到達迎接。上岸休息過後，改乘汽車向着朝中邊境進發，當晚進入中國境內，在吉林省延邊縣的圖門歇息。9 月 28 日下午繼續北行，29 日到達哈爾濱市。中共

中央東北局領導人高崗、陳雲、林楓、蔡暢、高崇文等在火車站熱烈歡迎。晚上，東北行政委員會設宴招待。

此後幾天，沈鈞儒一行在哈爾濱休息。蔡廷鍇除寫信向香港家人報平安外，還致函李濟深，催促他盡早北上，共商國事。不久，蔡廷鍇還寫信給留在香港的兒子蔡紹昌，要他將藏在廣東羅定縣老家的大批武器送給在當地的中共游擊武裝。[42]

10 月 3 日，毛澤東、朱德、周恩來打電報給沈鈞儒一行，歡迎他們到解放區來籌備召開新政協。隨後，周恩來又將他親筆起草的《關於召開新的政治協商會議諸問題（草案）》，經由高崗、李富春轉送，請他們提意見。

此時，決定國共兩黨在東北乃至在全國勝負的遼瀋戰役正在激烈進行。

1949 年 1 月，蔡廷鍇的兒子蔡紹昌給廣東羅定的叔父寫信，由區映寰、譚朗昭兩人將信帶到羅定，轉達其父蔡廷鍇要將家中封存的武器送給中共游擊武裝之意。這時中共粵中縱隊主力在馮樂、吳有恆率領下正在附近活動，2 月 13 日，抵達羅鏡鎮。於是，蔡家將蔡廷鍇先前藏在家中的槍枝彈藥搬到祠堂，逐一點交給粵中縱隊。這批武器計有：重機槍兩挺、輕機槍六挺、步槍一百多支、駁殼槍十八支、手榴彈四千多枚、子彈五萬多發，還有糧食近一千石，粵中縱隊因此聲威大震。同年 7 月至 8 月間，粵中縱隊列入中國人民解放軍編制。

第二批北上的民主人士原定在 1948 年 10 月中旬乘船起行，但因大連租用的蘇聯「阿爾丹」號貨船到香港時，與另一艘船碰撞，需要入塢修理，只好另外租用掛挪威國旗的貨船「華中」號，在同年 11 月 23 日

42　楊奇：《風雨同舟——接送民主群英秘密離港北上參加政協始末記》，頁 29－31。

深夜才從香港開赴大連。

這批民主人士是馬敘倫、郭沫若、丘哲、許廣平、陳其尤、翦伯贊、馮裕芳、曹孟君等十一人,以及國民黨軍隊的起義將領韓練成。中共香港工委的統委書記連貫陪行,宦鄉隨行,錢之光派王華生隨船照料生活。

這批民主人士當中,郭沫若是引人注目的文壇巨星。他從 1948 年 8 月 25 日開始,在《華商報》副刊《茶亭》發表連載的〈抗日戰爭回憶錄〉。為了掩飾自己離港北上,不讓連載中斷,他在離港前三天趕寫七、八篇文稿,預先交給報社,繼續照常刊載,直至 12 月 5 日才連載完畢。文末有一後記,寫的是:「1948 年 11 月 21 日於香港。」後記在 12 月 5 日發表時,郭沫若已經離開香港十多天。

這批民主人士大都擅長吟詩填詞,在船上無事可做,便互相唱和。馬敘倫上船之初,既思念妻兒,又嚮往新中國即將誕生,賦得五言古體一首,出示郭沫若,詩云:

> 南來歲將晚,北去夜登程。
> 知婦垂離淚,聞兒索父聲。
> 戎馬憐人苦,風濤壯我行。
> 何來此彶彶,有鳳在岐鳴。
> 人民爭解放,血汗豈無酬。
> 耕者亡秦族,商人斷莽頭。
> 百郭傳書定,千猷借箸籌。
> 群賢非易乑,莊重達神州。

郭沫若和詩讚譽和勸慰他,詩中稱:

棲棲今聖者，萬里赴鵬程。

暫遠天倫樂，期平路哭聲。

　　12 月初，掛挪威國旗的「華中」號貨船駛進渤海灣，大連在望。但是，蘇軍控制的大連碼頭不准外國貨船進港卸貨，「華中」號貨船只能繼續駛往接近丹東市的大東溝拋錨。中共中央東北局負責人李富春、張聞天前往迎接，送往丹東，換乘火車專列，經瀋陽轉赴哈爾濱休息和參觀。

　　馬敘倫一行到達哈爾濱時，正好遇上遼瀋戰役勝利結束，東北全境解放。捷報傳來，大家歡欣鼓舞。馬敘倫以中國民主促進會名義，致電中共中央主席毛澤東和中國人民解放軍總司令朱德，表示祝賀。電文說：

　　　人民解放戰爭，未及三年，勝利無算。雖由同胞自覺，共起並持，實賴兩先生老謀蓋畫，領導有方。遂使民主之光，煥若朝陽；獨裁之焰，微同爝火。全球為之刮目，美帝於焉墜心。行見敵勢山崩，吾威海瀉，叩林陵於指願，得罪人於豫期。凱歌謳遍，大業永昌，作大寰民主之秘式，為世界和平之保障。謹抒慶賀，何任忭歡。

　　此次北上航船未能進泊大連，引起周恩來的關注。他立即致電大連中華貿易總公司的馮鉉、劉昂，要他們同蘇聯駐大連有關部門交涉，確保今後租用的輪船一定要在大連靠岸；民主人士上岸後，要安排最好的旅館；民主黨派負責人應住單間，並要確保安全。他還致電錢之光，說：已經送走兩批客人，很可能引起外界注意，今後行動要更加謹慎。[43]

43　楊奇：《風雨同舟——接送民主群英秘密離港北上參加政協始末記》，頁 31−33。

第二批北上民主人士登陸後合影。
左起：翦伯贊、馬敘倫、宦鄉、郭沫若、陳其尤、許廣平、
馮裕芳、侯外廬、許寶駒、沈志遠、連貫、曹孟君、丘哲。

1948 年 12 月中旬，負責護送民主人士北上的潘漢年、夏衍、連貫、許滌新、饒彰風等五人領導小組，決定安排第三批民主人士北上。這批人包括：李濟深、朱蘊山、梅龔彬、李民欣、吳茂蓀、彭澤民、茅盾、章乃器、洪深、施復亮、孫起孟、鄧初民、王一知、魏震東、徐明等二十多人。中共香港分局派李嘉人陪同，盧緒章隨行；錢之光則派李海、徐德明二人，在船上照顧一切。

李濟深是國民黨反蔣派領袖，民革主席，除了中共同他聯繫密切之外，港英政府和美國駐港領事館和他交往頻繁，企圖拉攏他出任介乎於國共之外的「第三勢力」領袖。遠在武漢的華中「剿匪總司令」白崇禧則寫信邀請他前來「主持大計」，加強桂系的反蔣力量。

為了爭取李濟深北上籌備新政協，並保障李濟深的人身安全，中共方面原本希望李濟深第一批北上，但他說時間太匆促，來不及走。到1948 年 12 月中旬安排第三批民主人士北上時，李濟深雖然表示想盡早

離港，但又推託說家屬人多，今後生活未安頓好。方方於是專誠上門拜訪，懇談之中，知道李濟深尚差二萬元現鈔安頓家人，方方當即表示予以幫助，釋除他的後顧之憂，決定隨同第三批人員北上。

如何護送李濟深安全離開香港，卻破費思量。李濟深住在中環半山區的羅便臣道九十一號，港英政府政治部在馬路對面租了一層樓，派幾個特工人員住在那裏，名為「保護」，實則監視。中共護送民主人士北上的五人領導小組經過研究，決定利用聖誕節期間港英政府監視鬆弛的機會，第三批北上人員在 12 月 25 日耶誕節的次日夜晚登上蘇聯、朝鮮合營的「阿爾丹」貨船，12 月 27 日凌晨駛離香港。

12 月 23 日，饒彰風向楊奇下達任務，要他負責運送李濟深的兩件行李，並護送李濟深等人登上「阿爾丹」號貨船。楊奇在靠近海傍的灣仔六國飯店租住一個房間，存放由饒彰風、吳荻舟從李濟深家中取出的兩個皮箱。

1948 年 6 月，李濟深在香港的家中

12月26日，太平山下仍然沉浸在節日歡樂之中，李濟深的寓所也熱鬧非常。賓主頻頻舉杯，談笑甚歡。李濟深身穿小夾襖，將外衣掛在牆角的衣架上。這一切，對門幾個持望遠鏡的特工看得一清二楚。晚宴開始不久，李濟深離席去洗手間，隨即悄悄走出家門，坐上停在寓所二十多米處的一輛小轎車，直奔堅尼地道126號人稱「紅屋」的華比銀行經理鄧文釗寓所。方方、潘漢年、饒彰風等中共要員已在此等候，即將同船北上的民革要員朱蘊山、吳茂德、梅龔彬、李民欣也已到達，何香凝、陳此生亦來送行。

9時許，打扮成採購貨物小老闆的楊奇告辭離去，先回到六國飯店，看到岸邊和海面平靜如常，便通知服務台結賬退房，由侍應生將包括李濟深兩個皮箱在內的行李搬到停泊在海傍的一艘小汽船上。隨後，楊奇打電話到鄧文釗家，按約定的暗語通知饒彰風：「貨物已經照單買齊了。」饒彰風借用鄧文釗的兩輛轎車，將李濟深等五人送到停泊在六國飯店對面的小汽船旁邊。這時，周而復接送的彭澤民等三位民主人士也按時來到。楊奇和周而復便帶領李濟深等坐上小汽船，駛向停泊在維多利亞港內的「阿爾丹」號貨船。李濟深等人登上貨船，看見章乃器、茅盾、鄧初民、施復亮等十多人已由其他護送人員先行陪同到來，甚為快慰。次日凌晨，貨船順利起航。

「阿爾丹」號貨船航速較慢，途經青島海面時又遇上逆風，損壞其中一個引擎，航行十二天，在1949年1月7日上午才抵達大連。中共中央派李富春、張聞天專程前來迎接，李濟深一行安排在大連最高檔的大和飯店住宿，並在關東酒樓舉行豐盛的歡迎宴會。他們在大連休息參觀幾天，才乘專列到哈爾濱。

這年元旦，香港《華商報》發表李濟深事先寫好的〈元旦獻詞〉，歡呼「人民革命已獲得決定性的勝利」，號召一切民主陣線的朋友，「為建立一個民族獨立、民主自由、民生幸福的新中國而奮鬥」。元旦過後，《華商報》發表一則簡短消息，題為〈李濟深等離港北上參加政

協〉。這在當時的香港，屬於爆炸性新聞。

港英政府政治部負責刺探中共和民主黨派情報的黃翠微，因此受到輔政司的訓斥。他對民革副秘書長呂集義抱怨說：「李濟深先生的安全，我們是要負責的。他離港北上，為何不告訴我們一聲？連我們都不知道，叫我們怎樣向上頭交代？」[44]

1948 年 10 月，山東解放軍解放煙台等沿海城市，這就為香港民主人士北上前往華北解放區提供新的登岸地。同年年底，在中共香港黨組織動員下，香港鉅元貿易公司利用懸掛英國旗的南美號和南元號兩艘輪船，秘密來往於煙台和香港之間，運載解放軍急需的物資。

1949 年 1 月間，李章達、陳其瑗、陳劭先、陳此生、盧於道、千家駒、夏康達、林植夫等八人循此路線，在香港乘船抵達煙台，隨後轉赴中共中央統戰部所在地——河北李家莊。[45]

同月 15 日，解放軍在平津戰役中攻克天津。這又為香港民主人士乘船北上增添又一個登岸地。

同月 22 日，「華北剿匪總司令」傅作義在《關於和平解決北平問題的協議》上簽字，將其領導的八個軍共二十五萬名國民黨官兵陸續撤出北平（今北京）市區，接受解放軍的改編。同月 31 日，解放軍和平進入市區。

隨着北平和平解放，中共中央改變早前原擬在哈爾濱召開新政協會議的安排，轉而決定以北平作為新政協會議乃至新組建的中華人民共和國中央人民政府的所在地。於是，已經北上及即將北上的香港民主人士開始向北平彙集。

2 月 16 日，吳羹梅、楊美真等人從香港北上，2 月 25 日在煙台登

44　改寫自楊奇：《風雨同舟——接送民主群英秘密離港北上參加政協始末記》，頁 40－44。

45　李紅梅、屆增林：〈民主人士從香港北上路線有幾條〉，《人民政協報》，2020 年 5 月 14 日。

陸，於 3 月 8 日左右到達北平。[46]

2 月 28 日，後來稱為從香港北上的第四批民主人士和文化精英柳亞子、陳叔通、馬寅初、包達三、葉聖陶、鄭振鐸、宋雲彬、曹禺、王芸生、劉尊棋、徐鑄成、趙超構、張綱伯、張志讓、鄧裕志、沈體蘭、傅炳然、以及柳、葉、曹的夫人及家眷共二十七人，登上照舊掛挪威國旗的「華中」號貨船，前往煙台。胡繩的夫人吳全衡作為中共中央香港分局派出的工作人員，攜子同行。

3 月 5 日，「華中」號貨船在煙台靠岸，柳亞子一行受到當地解放軍首長和中共中央華東局秘書長郭子化、宣傳部副部長匡亞明等人的熱烈歡迎。柳亞子一行參觀附近城鄉及省會濟南之後，於 3 月 18 日抵達北平。北平市市長葉劍英和先前北上的沈鈞儒、郭沫若、李德全、許廣平等多名民主人士早已在車站相迎。柳亞子心情激動，即撰《抵北平感賦》：

> 舊遊十五年前事，此日重來一惘然。
> 尊酒碧雲應告慰，人民已見太平年。[47]

同年 3 月 1 日，第五批民主人士和文化名人啟程北上，這是人數最多的一批，共有二百五十多人。主要有：李達、周鯨文、劉王立明、李伯球、周新民、黃鼎臣、楊子恒、譚惕吾、陽翰笙、史東山、曾昭掄、費振東、汪金丁、羅文玉、嚴濟慈、沈其震、狄超白、胡耐秋、黎濁、徐伯昕、薛迪暢、臧克家、丁聰、特偉、于伶、李凌、張瑞芳、黎國荃等。還有應邀到北平出席全國婦女代表會議的代表杜君慧、鄭坤廉、張

46　李紅梅、屈增林：〈民主人士從香港北上路線有幾條〉，《人民政協報》，2020 年 5 月 14 日。

47　楊奇：《風雨同舟──接送民主群英秘密離港北上參加政協始末記》，頁 45。

啟凡、何秋明、杜群玉等五十多人。中共香港工委文委副書記馮乃超陪行，邵荃麟還派三聯書店的曹健飛、鄭樹惠隨船接待。

他們租用的是香港大興船務公司掛挪威國旗的「寶通」號貨輪，載重四千多噸。起行前，香港工委接到通知，說華北解放區橡膠、西藥等多種物資奇缺，希望香港工商界朋友盡量採購，運往天津銷售。於是，饒彰風、邵荃麟通過亞洲貿易公司、京華貿易公司，利用社會關係，大量採購急需的物資運往天津，因而租用這艘較大的遠洋輪船，既裝貨物，也載客人。由於客房不多，特地買二百張帆布床，放在大艙和甲板上。除了少部分人住房間外，大多數人都睡帆布床。

考慮到這船貨多人多，為了避免例行檢查時出現麻煩，饒彰風聽取別人建議，送三千元給港英政府政治部主任黃翠微，請他轉送有關人員飲茶。果然，大家登船時，海關和水師的檢查雖然嚴格，但是沒有故意刁難。3月1日早上，「寶通」輪順利起錨啟航。

3月7日，「寶通」號輪船抵達天津第二碼頭停泊。這是天津解放後第一艘外國輪船駛入市區，引起眾多市民在碼頭觀看。天津市市長黃敬、秘書長吳硯農前來迎接，並於次日舉行盛大的歡迎宴會。

鑒於解放軍即將發起渡江戰役，奪取全國勝利，中共中央決定於同年6月在北京召開新政治協商會議籌備會。於是，從3月中旬到6月初，中共香港黨組織通過租船、代買船票等方式，安排將要參加會議的大批民主人士和社會賢達從香港安全直航到天津。這幾個月就成為整個北上期間行動最密集、運送人員最多的階段。

3月14日，著名民主人士黃炎培和夫人姚維鈞，中國民主建國會創始人俞寰澄，該會常務理事盛丕華和他的兒子盛康年等，乘坐掛着葡萄牙國旗的客貨輪，駛離香港。錢之光派劉恕隨船護送。他們在公海上先後與兩艘國民黨軍艦相遇，都曾受到盤問，但船長應對得宜，有驚無險。3月20日，貨輪駛抵天津第二碼頭。中共中央派董必武、李維

漢、齊燕銘前往迎接。3 月 25 日抵達北平，正好趕上次日舉行的北平各界歡迎民主黨派人士的盛大集會。其後，楊奇將這次行程稱為第六批民主人士離港北上，並說這是人數較少的一次。[48]

3 月至 4 月間，好些民主人士不分批次地分散乘船從香港前往天津。3 月，周士觀從香港到天津。同月 28 日，薩空了、金仲華、歐陽予倩、馬思聰一行，乘香港大成行的「三民」號輪船離港，4 月 5 日到天津塘沽。4 月 3 日，巨贊、呂集義及李濟深夫人周月卿乘船離港，抵達天津。4 月 12 日，何香凝、廖夢醒母女一行乘「大西洋」號輪船到達天津。4 月，被國民黨反動派列入黑名單的民主教授涂長望和梁希分別在中共地下黨員護送下，從南京經上海到香港，又從香港乘船到天津，於 5 月初轉赴北平。

4 月 28 日，中共香港分局領導接送民主人士北上的五人小組成員潘漢年、夏衍和許滌新奉命北上。他們乘坐華潤公司轄下華夏公司「東方」號輪船，於 5 月 4 日抵達天津，隨後前往北平。

潘漢年、夏衍和許滌新離開香港之後，安排、組織民主人士和文化人北上的任務交由華潤公司轄下的亞洲貿易公司以及中共香港工委領導的《華商報》等共同負責。同年 5 月 5 日深夜，由亞洲貿易公司董事長廖安祥出面租用的英商太古輪船公司的「岳州」號貨輪從香港起航北上。船上懸掛挪威國旗，乘客有李達、王亞南、姜椿芳、鍾敬文、黃藥眠、舒繡文、郭沫若夫人于立群等一百多人。香港分局文委副書記周而復奉調北平，擔任領隊。這次北上的民主人士和文化人的人數僅次於先前乘坐「寶通」號北上 250 人。5 月 14 日他們順利在天津登陸。楊奇將這次行程稱為第七批民主人士離港北上。[49]

48　楊奇：《風雨同舟——接送民主群英秘密離港北上參加政協始末記》，頁 49。

49　李紅梅、厲增林：〈民主人士從香港北上路線有幾條〉，《人民政協報》，2020 年 5 月 14 日；楊奇：《風雨同舟——接送民主群英秘密離港北上參加政協始末記》，頁 49。

　　5 月中下旬，更多多批次民主人士繼續從香港乘船前往天津。5 月
13 日晚，高士其、羅靜予、黎莉莉、易禮容（史衡）、呂熒、李師弼、
蔣南生、駱賓基、蔡楚生、蔣君超、楊雲慧、江天等人乘船離港，所乘
貨輪在朝鮮仁川稍停卸貨後，於 5 月 25 日靠泊天津。5 月 21 日，錢昌
照、蕭賢法、楊致英也乘船離港，31 日抵達天津。

　　1949 年 1 月 20 日，毛澤東致電南洋著名愛國僑領陳嘉庚，邀請他
回國參加新政協會議。5 月 5 日，陳嘉庚和莊明理、張殊明等人乘坐
「國泰」號輪船離開新加坡，啟程回國。5 月 9 日，陳嘉庚一行到達香
港。5 月 28 日，換乘「捷盛」號輪船繼續北上，於 6 月 3 日到達天津。
6 月 4 日，乘汽車抵達北平。[50]

　　中共香港黨組織護送居港民主人士和文化精英北上，到底共有多少
批次？這一行動的高層領導者錢之光憶述為四批次，中層領導者楊奇憶
述為七批次。不過，楊奇引述九十年代「中共廣東省委黨史研究室查核
檔案統計」的結果，可以回答到底有多少批次的問題。這一統計是：
從 1948 年 9 月至 1949 年 9 月，接送民主人士和文化精英北上的工作，
大大小小二十多次，共（護送）有一千多人，其中民主人士三百五十
多人。[51]

　　1949 年 9 月 21 日至 30 日，中國人民政治協商會議第一屆會議在
北平召開。參加這一盛會的正式代表和候補代表共有 662 人，包括各民
主黨派、人民團體、各地區、解放軍，以及少數民族、國外華僑、宗
界等方面的知名人士。

　　在正式代表中，從香港北上的民主人士和文化精英共有一百一十多

50　李紅梅、扈增林：〈民主人士從香港北上路線有幾條〉，《人民政協報》，2020 年 5 月 14 日。

51　楊奇：《風雨同舟——接送民主群英秘密離港北上參加政協始末記》，頁 50。

人。他們從 1948 年回應中共中央在發佈《慶祝「五一」國際勞動節口號》文告中倡議召開新政協會議，到經由中共香港黨組織精心策劃和秘密護送，成功離開香港，輾轉抵達北平，最終參與籌備並正式出席政協會議，顯然是與中共風雨同舟、精誠合作的結果。

四、分局返粵

　　1948 年，中共香港工委總結組織概況稱，工委機關所轄黨員總數共有 242 人，其中群委 17 人，財經委 97 人，文委 63 人，外委 14 人，新社 17 人，報館 26 人，《群眾》雜誌社 7 人，統委 18 人。從上年下半年開始，由南洋、上海轉來一些黨員幹部的關係給文委，由原有 30 多人增至 70 餘人；城委轉來一些學校黨員給群委，也由二三十人增至 170 多人。[52]

　　進入 1949 年，中共中央香港分局指揮的華南游擊戰爭呈現燎原之勢。為了避免刺激港英政府，方方在這年 1 月 5 日致電黨中央，請示可否將香港分局改名為華南分局。

　　4 月 8 日，黨中央批准香港分局改稱中共中央華南分局。方方、尹林平、梁廣、馮白駒、馮燊、魏金水、林李明為委員，周楠、莊田為候補委員；方方為書記，尹林平為副書記。

　　同月 12 日，夏衍致電中共中央，報告華南工委（亦可沿稱香港工委）改組後各委員會負責人名單。計有：

　　　外委：喬木（即喬冠華）、龔澎（副）、任以沛、譚幹、張鐵生、張瑞納（因黨齡關係列席，非正式外委）。

---

52 《彙集（1945－1949）》，頁 40。

文委：邵荃麟、周而復（副）、章泯、周鋼鳴、以群、林林、司馬文森、葛琴。

統委：（許）滌新、張鐵生、周康仁、劉芳華、羅雁子、溫康蘭〈因黨齡關係列席〉。

財經委：滌新，古念良（副）、方卓芬、劉志誠。

報委：廖沫沙、楊子清（副），林檟、范劍涯、杜埃。

工委組織會議，（邵）荃麟負責，各副書記（管組織）參加；宣傳會議，夏衍負責，各委及群眾、新華社、《華商報》各選定一人參加。[53]

4 月 24 日，華南城委致電黨中央，請求調派得力幹部來港加強城委工作。電文如下：

中央：

一、華南城委自梁廣、馮燊調農村後，由陳能興、鍾明二人負責，提拔港市委施文參加會議。鍾初期仍兼管廣州，去年底才回港。廣州組織分學生、文教、工運等部，平行線單位，不統一，直接對城委負責。港市委施文、李漢興、林彩容等能力仍弱。陳大部分時間直接領導港市委及海委組織，對桂、柳、澳等工作照顧得很不夠，對其他國內中小城市發展無大進展。現為加緊穗、桂、柳等市內應準備，已組織各樣準備接管工作小組，分工協、財經、文教、學生小組，但幹部頗缺。農村方面還要抽大批幹部走。我們希望中央能調派一、二有能力幹部來加強城委，可否調馮燊、梁廣回來，或由中央另派一些幹部來。

二、城委與分局分開後，今後城委向中央報告制度如何？請

53　《中共中央華南分局文件彙集（1949.4－1949.12）》，頁 5。

告。中央有關於一般性路線、政策、經驗的指示，可否也發一份給城委。[54]

電文中所說的「農村」，其實是指專門領導游擊戰爭的軍事指揮機關，因游擊戰爭在農村進行，故名。

5月23日，毛澤東代表黨中央致電在香港的華南分局，告知「人民解放軍秋季或冬季可能攻佔兩廣」，要求華南分局「所屬各區在夏秋兩季有步驟地加強工作，特別是加強廣州及其他城市的工作，着重工廠及學校的工作，準備迎接解放軍主力的到來」。同日，毛澤東決定派林彪率領的解放軍第四野戰軍負責兩廣作戰。[55]

5月26日，根據黨中央指示，華南分局撤出香港。當天，方方帶領華南分局機關工作人員分批乘船，離開香港，進入屬於分局指揮、解放軍閩粵贛縱隊控制的潮汕地區。6月27日，輾轉抵達粵東解放區梅縣，繼續指揮華南各地的游擊戰爭。[56]

這意味，自從1927年4月國民黨「清黨」反共導致中共廣東區委被迫轉移香港以來，中共隱蔽在香港的跨省區最高領導機關已經由於自身實力增強和解放軍即將南下解放兩廣，再也不需要借助香港「自由港」的特殊環境作掩護。

當然，這只是分局領導機關的撤離。分局轄下的工委、城委以及香港本地各級黨組織依然留在香港，分別繼續進行半公開或秘密的活動。

7月24日，毛澤東為中央軍委起草答覆林彪、鄧子恢、蕭克、趙爾陸並告劉伯承、宋任窮、張際春、李達及方方的電文，部署進攻江西

54　《中共中央華南分局文件彙集（1949.4－1949.12）》，頁14－15。

55　中共中央文獻研究室編：《毛澤東年譜（1893－1949）》，下冊（北京：中央文獻出版社，2013），頁569－570。

56　《人間世：陳嘉（杜襟南）日記初葉（1933－1950）》，第三冊（廣州：中共廣州市黨史研究室，2000），頁824－839。

戰役，並稱攻佔贛州等地後，「那時，華南分局方方及由北平南下之葉劍英、張雲逸等同志到達贛州舉行會議。這個會議是很必要的。應在這個會議上解決佔領廣東的若干重要問題」。

次日，毛澤東為中共中央軍委起草覆林彪等人及華南分局電，其中說：

> 方方來電要求入粵我軍有二路經三南、和平、河源出惠州，我們認為是必要的。在九月中旬以前，除先遣部隊外，陳、鄧兩兵團主力不要超過五嶺界限。自九月中旬起，準備陳兵團經從化、南雄兩路出北江，先佔韶州；鄧兵團可經翁源、連平、和平分兩路至三路平行南下出東江，先佔惠州，在韶州、惠州集中幹部，調整兵力；然後兩兵團配合廣東我軍，會攻廣州（估計此時廣州余漢謀等有和平解決之可能）。但九月五日，方方必須到贛州與葉、張、陳、鄧會合，商籌全局。

7月28日，方方致電黨中央及中央軍委，報告因國民黨軍胡璉盤踞贛南、閩西，他和尹林平正率領粵贛湘及閩粵贛邊區縱隊擾敵，希望「大軍迫近，配合解決之」，估計不能如期抵達贛州。

7月31日，中央軍委覆電指示：「東江、韓江是局部問題，贛州及中區是全局性問題。大軍入粵，方及華南機構必須隨軍去廣州主持，並於九月五日趕至贛州，和葉劍英一起主持會議，在會議上確定各項策略及政策。」

8月1日，毛澤東為中共中央起草致華南分局並告華中局、華東局電。其中寫道：「（一）廣西成立省委，擬以張雲逸同志為書記。（二）廣東不成立省委，可設潮梅、東江、北江、中區等幾個區黨委或地委，受華南分局直接領導。（三）華南分局以葉劍英為第一書記，張雲逸為第二書記，方方為第三書記。（四）華南分局領導廣東、廣西兩省及香

港工委。（五）華南分局受華中局領導。華中局第一書記林彪，第二書記羅榮桓（因病留北平），第三書記鄧子恢，管轄豫、鄂、湘、贛、粵、桂六省及第四野戰軍（正規軍九十萬人）。」[57] 毛澤東在這一電文中，作出重組中共中央華南分局並規定其上級領導機關的決定。

同月 8 日，中共中央軍委致電方方，要求他「應由現址帶少數武裝及電台，設法東進到五華、興寧地區，待命到贛州開會」。同時告訴方方，「葉劍英同志八月九日由北平動身，經漢口轉江西，九月五日到達贛州」。

同月 11 日，黨中央回覆方方電報，說：

> 我們很早就通知你九月五日到贛州開會，你卻到現在還在韓江以東沒有動身，卻要求主力向你靠攏，打開道路，而不是你向主力靠攏，經過會議決定方針，再向粵敵進攻。現在有兩個方針，請你決定一個：（一）你由現地拿必要精幹武裝力量，取游擊方式，每日走三、四十里，或走五華、興寧道路，或走尋都、會昌道路，爭取於九月五日到達贛州開會。如不可能，則於九月十日或十五日到達亦可。（二）你根本不到贛州會議。以上兩項採取何項，速覆為要。
>
> 　總之，要求主力先替你打開道路，接你開會，這是做不到的，因此這種要求是錯誤的。贛州會議必須在九月上旬，至遲九月中旬召開。九月中旬至遲下旬必須向廣東進軍，並十月或十一月必須佔領廣州。十二月陳賡兵團必須向廣西進軍，配合從全州南下之主力，在廣西境內殲滅白崇禧，然後陳兵團再向雲南前進。此種軍事計劃，不能因胡璉殘部在韓江而有所變更。你們如不去贛州，則應立即動身向廣州方向前進，在廣州附近迎接解放軍，並須早日到

57　《毛澤東年譜》全九卷（北京：中央文獻出版社，2013），頁 1211、1213；《中共中央華南分局文件彙集（1949.4－1949.12）》，頁 131。

達,不得遲誤。如何?速覆。

　　在黨中央一再催促下,次日方方覆電黨中央和華中局,報告堅決依照中央指示,「由梅(縣)、(大)埔、豐(順)向五華、九連、龍川前進,估計以二十天的行軍到達九連,然後聽候你們命令北上贛州」。[58]

　　9月7日至24日,根據毛澤東指示,華南分局第一書記葉劍英在剛解放的贛州主持重組後華南分局的擴大會議和高級幹部會議,第二書記張雲逸、第三書記方方等人出席會議。贛州會議研究和部署解放廣東和華南的作戰計劃,解決黨政軍各級領導機構的組成和幹部配備、支前工作,以及接管城市的政策、外交方針和對付帝國主義封鎖等問題。[59]

　　9月8日,毛澤東為中共中央軍委起草致葉劍英、方方、陳賡、鄧華並告林彪、鄧子恢電,其中寫道:「你們業已聚會於贛州,極為欣慰。你們會議內容應照中央迭次電示及面告劍英者,扼要做出決定。」「方方等同志領導的華南分局及華南各地黨委和人民武裝有很大的成績,新的華南分局及即將進入華南的人民解放軍主力,應對此種成績有足夠而適當的估計,使兩方面的同志團結融洽,互相學習,互相取長補短,以利爭取偉大的勝利。」[60]

　　10月14日,南下解放軍順利開入廣州城。21日,中共中央華南分局進駐廣州市。

　　1955年7月1日,華南分局改稱中共廣東省委。

58 《中共中央華南分局文件彙集(1949.4–1949.12)》,頁152–153。

59 蔡嘉生:〈毛澤東與贛州會議〉,《紅廣角》(原名《廣東黨史》),2016年第11期。

60 《毛澤東年譜》全九卷,頁1228。

五、華潤商機

香港是允許中外資金、人員、物流自由進出、自由貿易的自由港。中共在香港堅持進行革命活動的過程中，有一個秘密的商業機構如魚得水地充分利用香港自由貿易的特殊優勢，迅速發展壯大，為中共在香港乃至在全國的革命活動提供資金和物資支援。其前身就是本書第三章第一節敘及的八路軍駐港辦事處工作人員楊廉安創立的聯和行。

1942 年春，聯和行老闆楊廉安身穿密藏鉅款的特製馬甲，離開日軍佔領的香港，進入內地。同年 10 月，他輾轉抵達四川重慶，見到中共南方局領導人周恩來。他將攜帶的鉅款交給周恩來的特別會計袁超俊，此款其後轉送到延安。他留在八路軍駐重慶辦事處工作。次年春，根據周恩來指示，重返廣東經商。從此，他放棄楊廉安的化名，改用黨內電報用名「楊琳」，公開活動。

此時，楊琳（即前稱楊廉安）以其敏銳的經商眼光，注意到戰爭導致汽車輪胎緊缺，於是決定主要做輪胎生意。他返回香港，恢復聯和行經營，隨後在廣東抗戰的後方基地曲江開設慶生行，在廣西桂林開辦蘇新建築材料廠和協成百貨公司，形成香港—曲江—桂林三地間小型的貿易、加工、零售網絡。

1944 年 11 月，日軍攻陷桂林，楊琳在當地所辦企業全被日軍查封，損失巨大，幸好人員無恙。楊琳與黃美嫻等員工輾轉逃難到廣西梧州，發現此地存在廣西桐油出口的商機，於是就在梧州經營桐油出口外銷、百貨、輪胎進口內銷的生意，直到 1946 年 3 月才返回香港。

為了抓住戰後香港經濟恢復重建的商機，楊琳將聯和行改名為「聯和進出口公司」，簡稱「聯和公司」，公司設在德輔道中香港電話公司大廈（太子行）的一個寫字間。此外，還註冊另一家商業機構「天隆行」，並在廣州設立香港天隆行的分行，從事香港與內地的貿易活動。

1946 年 3 月 21 日，楊琳在香港向在重慶的周恩來、王若飛、劉少

楊琳

文等中共領導人發出如下電報：

> 渝周、王、劉：
>
> 　　我頃抵港。前在八步、梧州寄上函電，收到否？桂林淪陷時，損失甚大。和平後，於梧、粵仍經營業務，尚能得利。目前梧、粵所存貨物，約值一千萬元，現在業務仍在繼續進行中，擬再建立一據點。今後工作方針，請速指示。
>
> 　　楊琳 [61]

　　同年 9 月底，楊琳與中共香港工委負責人連貫一起，從香港去到南京，謁見剛從重慶遷到南京的中共代表團領導人周恩來。周恩來聽取連貫、楊琳的彙報後，說：蔣介石完全撕毀和談假面具，全面內戰已經爆發，國民黨遲早要趕走我們，我們也準備再穿幾年草鞋。有些民主人士、文化人以至我們的幹部要疏散到香港、東南亞一帶，香港工委要作好安排。[62] 周恩來還專門給楊琳佈置任務：(1) 打通海上運輸，發展國外

61　轉引自吳學先撰稿：《紅色華潤》（北京：中華書局，2010），頁 19。

62　中共中央文獻研究室編：《周恩來年譜（1898－1976）》，頁 531。

貿易，交流國內外物資；（2）完成財政任務；（3）培養對外貿易幹部。[63]

這時，中共在香港形成各自平行、直屬黨中央領導的三大系統：一是尹林平領導的中共廣東區委及所轄香港工委等黨務系統；二是潘漢年領導的中央情報系統，以及梁廣領導負責香港、廣州等華南城市秘密地下工作的香港城委；三是楊琳領導的聯和公司及天隆行等中央商業貿易機構，這些貿易機構在進行正常中外貿易以賺取收益的同時，還肩負黨中央賦予的接濟中共在華南乃至在全國部分經費開支的「財政任務」，以及時機成熟時「培養對外貿易幹部」的兩大任務。

1946 年底，中共廣東區委陷入經費拮据的困境。同年 12 月 7 日，方方和尹林平致電延安黨中央及周恩來、董必武、廖承志，請求中央撥款支持。電文說：

中央並周、董、廖：

此間經濟已至絕境，送電請示均未見覆。如無法維持，各項工作必須停止。如何，請急覆。

方、林。

同月 9 日，周恩來回電說：

洋台 AAA：

方、林：

虞電悉。前電詢全部預算及你處收支，望速告。已另電董、錢，先匯款至港。在款來到前，可向楊林（琳）處據借若干。你處經商籌款能力如何，亦望電告。

周 亥佳

63　秦邦禮自傳，轉引自吳學先撰稿：《紅色華潤》，頁 22。

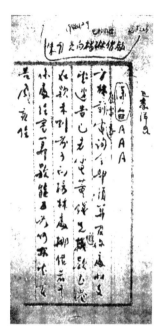

周恩來覆電及朱德批示

兼管中共在香港商貿活動的朱德總司令，還在此電文稿上方批示：
先向楊琳借款。[64]

電文中的「洋台」，指中共在香港的秘密電台；「AAA」，是特密
級別；「虞」指 7 日；「董」，指董必武，「錢」，指錢之光，當時兩人負
責中共中央對各地撥款事宜；「亥佳」，指 12 月 9 日。

周恩來的覆電和朱德的批示，表明楊琳領導的香港商貿機構具有接
濟中共在華南革命活動的「江湖救急」財力。

1947 年，為了加強中共中央在香港商貿系統的力量，黨中央抽調
一批幹部，輾轉來到香港，加入楊琳領導的聯和公司。其中，曾經擔任
八路軍駐武漢辦事處副官長，其後在重慶中共中央南方局長期擔任周恩

---

64 轉引自吳學先撰稿：《紅色華潤》，頁 24－25。

來秘書的袁超俊成為楊琳的得力助手，擔任聯和公司中共黨支部書記、副經理。

周恩來指示新任中共中央香港分局書記方方，在香港增設一部秘密電台，設在聯和公司，建立公司與中共解放區的商貿聯絡，由袁超俊管理。根據這一指示，參加過紅軍長征的中共香港工委負責人、電訊行家蕭賢法，約袁超俊在先施公司門口見面，帶來一部小型發報機。袁超俊按照蕭賢法建議，用五百港元購買一台全波段收音機，改裝成收報機。隨後，袁超俊將家人從九龍白加士街搬到香港跑馬地東邊的禮頓山道，租一幢兩層小樓，袁超俊一家住前間，報務員小李和妻子、孩子住後間。從此，聯和公司可以依靠與解放區的電訊聯絡，將解放區出口的土特產品運銷香港及海外，同時為解放區購運急需的各種戰略物資。

這時，主持東北解放區財經工作的陳雲鑒於東北盛產糧食，但缺少工業設備和生產原料，因此決定設法通過楊琳中共在香港的商貿機構，打通東北對外貿易。錢之光帶領一批中共經貿人員，在蘇聯軍隊控制的遼寧大連港開設中華貿易公司，負責打通東北至香港的貿易通道。

1947 年 11 月初，中華貿易公司將陳雲批准出口的糧食、大豆、豬鬃等東北土特產品，用火車從哈爾濱運到朝鮮西北部的羅津港，裝上租用的蘇聯貨輪「阿爾丹」號，直航香港。錢之光派王華生隨船押運，同行的還有俄語翻譯陳興華、原新四軍衛生部負責人沈其震等六人。沈其震早在 1938 年就與八路軍駐香港辦事處人員有往來，他熟悉香港，也認識楊琳。他們還隨身攜帶陳雲批准帶到香港採購返程貨物的大量黃金。

錢之光隨後致電中共中央：「請速撥二千五百兩黃金作為繼續經營的資本。」11 月 5 日，任弼時致電中共中央華東局：「請考慮撥出二千五百兩黃金交錢之光。」11 月 8 日，華東局覆電：「我們已撥出二千五百兩黃金交錢之光。」

「阿爾丹」號蘇聯貨輪航行一星期之後，抵達香港，給聯和行運來第一批來自東北解放區的土特產和繼續經營的黃金。王華生還給聯和行

帶來新的電台密碼。當晚，聯和公司就用新的電台密碼發報，向錢之光報告貨輪平安抵達的消息。同時電告延安的朱德和周恩來，報告：「東北與香港的航道已經打通。」

王華生等人帶來的黃金，形狀像金元寶，鑄有山東解放區「煙台」的鈐記，在香港不能公開流通，需要熔鑄成香港通用的金條。正好中共華東財經委員會張爾華在香港皇后大道中秘密開設的寶生銀號擁有黃金經營權，袁超俊便分批提着來自解放區的金元寶，請他熔鑄成香港金條，再將金條出售，換成美鈔、港幣，用於聯和行採購解放區所需物資，如藥品、電子真空管、捲筒新聞紙、造紙濾網，還有棉紗、鐵釘、汽車零件、紡織機械、油漆等用品，讓「阿爾丹」號蘇聯貨輪滿載而歸。

大連經由朝鮮羅津港到香港的海上貿易航線開通後，大連中華貿易公司又再租用蘇聯貨輪「波德瓦爾」號，使之和「阿爾丹」號一起，承擔這條航線的貨運。這兩艘貨輪的載重量都各有三千噸左右，在當時屬於較大的海輪。兩輪往返，讓香港聯和行的進出口生意愈做愈大。公司門庭若市，客商絡繹不絕。

1947 年 12 月聖誕節，聯和公司的員工和家屬舉行聚餐，大家歡聚一堂。

看到公司的發展，楊琳無限感慨，說：「聯和公司，這個名字當初是以我的名字『廉安』命名的。在無錫話裏，這兩個詞諧音。現在，公司發展了，要給公司重新起一個響亮的名字。」

後來，袁超俊回憶說：在討論公司改名的時候，大家七嘴八舌，起了好幾個名字。有人建議叫「德潤」，「德」取自朱德的名字，因為當時朱德總司令分管公司；「潤」取自毛澤東的字「潤之」。當時主管黨中央辦公廳事務的楊尚昆在後來憶述：朱德接到電報後，說：「不行，怎麼能把我的名字排在主席前面呢？」於是，大家又再討論公司新名。楊琳提議改為「華潤」，說：「華」代表「中華」，「潤」是毛主席的字號，還代表雨露滋潤、資源豐富。在場的人都表示同意，於是聯和公司改名

為：香港華潤公司。公司改名，得到朱德總司令的批准。公司的英文譯名為：China Resources，由華潤公司的會計、楊琳的妻子黃美嫻翻譯。

1947 年底，「華潤公司」名稱誕生。1948 年 8 月，香港華潤公司掛牌。1948 年 12 月 18 日，香港華潤公司註冊完畢。[65]

香港華潤公司徽號

隨着東北解放區工農業的發展和進行遼瀋戰役軍事大決戰的需要，盡快恢復鐵路運輸成為事關全局的大事。華潤公司為中共東北局採購的清單當中增加大量的火車零部件，甚至包括火車頭，這類大宗商品只能向英國採購。於是，華潤公司的進出口貿易便從先前面向內地解放區的國內貿易，擴展到面向英美等西方國家的國際貿易。

在華潤公司的經營下，東北的大豆、豬鬃、中藥、人參等土特產品源源不斷地運抵香港，除少量在香港銷售外，大批貨物轉口到英國、美國和東南亞地區。其中，豬鬃主要轉口英國、美國；東北豆餅全部銷往台灣；東北煤炭深受香港和東南亞地區歡迎。與此同時，英美等西方國家的各種工業用品、藥品以及印製人民幣所需要的專用印鈔紙等，也源源不斷地經由香港，轉運到北方解放區。華潤公司大量進行的進出口貿易，成為促進戰後香港經濟復蘇的動力之一。

隨着華潤公司進出口貿易的迅速增長，原來租用的兩艘蘇聯貨輪已

65　　以上據吳學先撰稿：《紅色華潤》，頁 39－42。

經不敷應付。組建公司擁有的遠洋運輸船隊，就擺到中共高層領導考慮的範圍之內。

1948 年 9 月 20 日，中共中央領導人任弼時致電主管華東地區財經工作的曾山說：「到華東局後，即電告大連，將一萬二千兩黃金撥交錢之光之妻劉昂代收，速轉已去香港的錢之光，以備急需。」[66]

當時，中共正處於與國民黨軍隊進行大規模戰略決戰的關鍵時刻。將一萬二千兩黃金的鉅額款項調往香港，可謂中央支持華潤公司急需組建船隊的大手筆。

如此鉅量的黃金如何運到香港？據船員後來回憶，有一次輪船從大連運來一千多包粉絲，每大包粉絲重約二百斤。上司吩咐他們將外包裝有記號的粉絲包留在船上，只卸下沒有記號粉絲包。當晚，華潤公司負責人親自上船，將留下的二十大包粉絲，用汽車分別運到滙豐銀行或寶生銀號。這些粉絲包裏面大概分別藏有鉅量黃金。

錢之光和楊琳得到黨中央的有力支持，決定組建相對獨立的輪船公司，以便經常與港英政府周旋。經黨中央批准，這家輪船公司名為「華夏企業有限公司」（Far East Enterprising Co. Ltd.），隸屬華潤公司，由熟悉海關業務的中共黨員王兆勳擔任經理。

該公司首先在港島干諾道海傍租用可以儲存 1,000 噸貨物的倉庫，由黃作侖管理。繼而在 1948 年秋購買一艘二手船，命名為「東方」號（Oriental），該船為 3,500 噸客貨兩用船。同時由在福建集美高級水產航海學校任教的中共廈門工委書記劉雙恩，招募該校進步學生作為華夏公司的第一批海員，還邀請在香港董浩雲航運公司工作的劉辛南、周秉鈇等人，擔任航海骨幹。其後，公司還購買奧彌托（Orbital）輪船，並在德國、美國、英國分別訂購幾條大輪船。1949 年下半年，這些船先後註冊，新增輪船有碧藍普、港星、夢荻娜、夢荻莎、莫瑞拉等，其中

---

66 吳學先撰稿：《紅色華潤》，頁 64。

有四艘是萬噸巨輪。中共中央華東局在香港開設的華東運通公司轄下幾艘小船也併入華夏公司。

1949 年 2 月底,「東方」號從香港滿載解放區急需的約二千噸印鈔紙、一千多噸桶裝汽油和一些雜貨,開始前往大連的首航。此後,其他輪船也往來於香港與中外港口之間,成為保障華潤公司進出口貿易暢通無阻的可靠運輸力量。

華潤公司迅速增長的中外中轉貿易,形成巨額的資金進出周轉。由於當時中共在香港只擁有民安保險、寶生銀號等小型金融機構,因此華潤公司的巨額資金進出匯兌,大多只能迴旋於英資的滙豐銀行、渣打銀行之間。有鑑於此,華潤董事長楊琳和經理李應吉、副經理張平商量,準備創辦屬於中共黨產的一間銀行,一方面吸引香港同胞和香港企業的外匯儲蓄,吸收海外華僑投往內地的僑匯,另一方面也方便中共企業的海內外資金流通和匯兌。這一想法很快得到黨中央的批准。

銀行的取名有一番斟酌。華潤公司、華夏公司都有一個「華」字,代表的是中國,這是從公司屬性取名的。可是,銀行有特殊性,取名需要考慮經營的地域範圍,於是楊琳等人首先選定「南洋」二字。然後考慮到「商業」二字涵蓋業務較廣,便最終決定取名:南洋商業銀行。這一名字,得到黨中央認可。

1949 年,華潤公司正式向港英政府申請開辦銀行。港英政府鑑於此時華潤公司每年進出口貿易額已達數億港元,有利於香港經濟的穩定和發展,因此很快將開辦南洋商業銀行的牌照發給華潤公司,不過規定業務範圍沒有發鈔權。

取得銀行牌照之後,華潤公司卻因內地各大城市相繼解放,公司大批幹部奉命調回內地參加城市經濟管理工作,竟然一時抽不出得力幹才在香港開辦銀行。直到這年秋季,與方方、許滌新等中共在港領導人相識的海外商業奇才莊世平回到香港,楊琳才放心地將銀行牌照和一萬美

元開辦資金，交給莊世平。

莊世平租下香港德輔道中 167 號，作為南洋商業銀行銀行寫字樓。經過幾個月籌備，南洋商業銀行終於在 1949 年 12 月 14 日正式營業。銀行外懸掛的五星紅旗，向行人宣示這是中共領導的第一家海外商業銀行。

1948 年初，內地解放戰爭顯露勝利的曙光。中共中央決定在香港培訓內地地下黨幹部，以便隨同解放軍接管一個個城市。黨中央派中央上海局組織部部長錢瑛來到香港，指導此項幹部培訓工作，日常培訓則由華潤公司經理李應吉主管，具體工作人員是萬景光。萬景光在 1947 年春奉命來到香港，開設一個小公司，接待來往人員，安排傷病員治療。這個小公司接待第一期幹部培訓的學員。

隨着培訓規模擴大，資金來往增多，加上保密工作的需要，萬景光的小公司不夠方便，於是黨中央委託楊琳、麥文瀾等人組建專門培訓內地幹部的國新公司（China Enterprising Co.），麥文瀾任公司經理，公司直屬中央領導。為培訓幹部授課的老師大多來自中共香港工委的領導，錢之光在香港時曾去講課，熟悉經濟工作的民主黨派人士也擔任培訓講師。

1948 年春至 1949 年春，中共在香港共培訓南京、武漢、台灣、上海等城市地下黨幹部學員十三期。各期培訓時間、地點及學員名單大致如下：

第一期：1948 年 2 月 8 日－4 月 20 日，灣仔渣菲道

江浩然、佟子君、夏明芳、沈默、陳瑛、程振魁、安中堅、戚懷瓊、沈涵、柯哲之、吳滌蒼、鄧裕民、羅炳權等。（江浩然負責）

第二期，1948 年 3 月，灣仔學士台

馬純古、朱俊欣、沈翔聲、丁步雲、歐陽祖潤、韓武成、紀康等。（馬純古負責）

第三期，1948 年 4 月－5 月，灣仔渣菲道

梅洛、胡沛然、鄭仲芳、曹懋慶、徐尚炯、邵健、劉豐、張汝霖等。（梅洛負責）

第四期：1948 年 5 月－6 月，灣仔永豐街

陳修良領導，南京地下黨市委幹部：陳慎言、高駿、葉再生、曾群（文委），王明遠、歐陽儀（女）、顏次青、翁禮興、胡立峰、李照定（學委）、陸少華（商場）、潘家珍（小教）、王嘉謨（公務員）等。

第五期：1948 年 7 月－9 月，永豐街

錢瑛領導，武漢地下黨市委幹部：馬識途、曾惇、王錦雯、朱語今、王漢斌、袁永熙、張文澄、林瑜等。

第六期：1948 年 9 月，石塘咀

劉曉領導，台灣幹部十餘人，（名單略）

第七期：1948 年 9 月，學士台

馬小弟、吳良傑、陳春寶、陳洪良、楊秉儒、陸象賢等。（馬純古負責）

第八期：1948 年 10 月－1949 年 1 月，學士台

上海地下黨市委、工委、職委、學委幹部：張祺、陳公琪、陸志仁、周炳坤、吳康、吳學謙、陳有辛、朱啟鑾、吳增亮、雷樹萱、施惠珍、費瑛、鮑奕珊、方茂僉、陸文才、施文、陳光漢、范富芳、張本、梅洛等。

第九期：1948 年 11 月－12 月，地點不詳

上海東方公司幹部：謝壽天、梅達君、揚宛青、方行、王辛南等。

第十期：時間不詳，永豐街

錢瑛領導，西南地區幹部：孫耀華、杜子才、劉淑文、蕭秀楷、朱虎慶、黃森、俞乃森、余乘熹、顏劍平、甘學標等。

第十一期，1948 年 12 月，地點不詳

錢瑛領導，機關女同志學習班：王曦（張執一愛人）、邱一涵（袁國平愛人）、鄭蕙英（李正文愛人）、陳蕙英（朱志良愛人）、繆希霞（何康愛人）、胡璿（蔡承祖愛人）、馮修蕙（萬景光愛人）、吳滌蒼、柯哲之等。（王曦負責）

第十二期：1948 年 12 月－1949 年 3 月，九龍上海街

俞敦華、華士德、貝樹森、程文魁、周德明、呂虞堂、羅炳權等。（羅炳權、程文魁負責）

第十三期：1949 年 1 月，學士台

沈涵、徐周良、許炳庚、何馥麟、壬克順、楊余根、陸象賢等。（沈涵負責）[67]

華潤公司資助內地中共幹部在港培訓工作。下述該公司預算報告顯示，該公司將在為錢瑛在港舉辦的西南幹部培訓班提供五千港元資助。

華潤公司通過擴展中外商貿，增強自身經濟實力之後，也相應反哺在港各級黨組織的開支。以下是華潤公司檔案館保存至今的 1948 年 12 月至 1949 年 5 月開支計劃預算報告，同年 11 月 10 日由錢之光等人電報中共中央領導人毛澤東、劉少奇、朱德、周恩來、任弼時、彭德懷、楊尚昆審閱。預算報告如下：

毛、劉、朱、周、任、彭、楊閱：

經費類 1948.11.10.

半年經費預算數字

港分局、工委及有關各單位每月經費預算，若依現狀而言，最近半年（從今年戌月〔農曆九月〕至明年五月）的數字如下：分局

67 吳學先撰稿：《紅色華潤》，頁 94－96。

一千五百元，文委一千二百元，群委一千元，經委一千三百元，《群眾》三千元，國新社二百元，勞協一千元，外委三千三百元，新華社三千元，《華商》五千元，統委二千五百元，小開三千元，錢、漢（西南）五千元，醫藥一千元，臨時費三千元，電台（現有預備台二個，現用台二個，機要處三處）四千元。

　　此次尚有二筆新增經費：（1）兒女教育費，以前組織並未負擔此項支出，但各人又不能不使子女入學，頗困難，故至酉月份起，每人（從六歲至十二歲）每月津貼二十元學費，全體大約一千元；（2）經委、外委、文委之研究室，以前皆無經費，由各負責人自籌。近為加強收集材料，決給與經費，使工作能更發展。此項經費主要用於建立滬、寧、穗之調查通訊網，及託人從紐約、倫敦剪得材料，各需七八百元，三處每月二千元。

　　以上各項，每月合共港幣四萬二千元，請中央批准。

　　這份開支預算顯示：華潤公司資助中共中央香港分局及所屬香港工委各委員會、《群眾》週刊、《華商報》、新華社及潘漢年（小開）情報機關等中共在港機構。此外，從「酉月份」，即農曆八月份起，開始資助實行供給制的中共在港幹部的大約五十名子女的學費。

　　周恩來和任弼時對此預算報告的覆電如下：

　　　你們所提預算，可以同意。惟《華商報》已撥五百兩金子，小開處經費已由中情部送去，不應包括在此預算之內，故每月經費應為三萬四千港幣。望（錢）之光照此數撥發。

　　　周、任[68]

68　吳學先撰稿：《紅色華潤》，頁 88−89。

1949 年初，中共中央指示上年因遭遇國民黨迫害而從上海撤退到香港的廣大華行，合併到華潤公司。

廣大華行是由上海的五位年輕人田鳴皋、盧緒章、楊延修、張平和鄭棟林在 1933 年 3 月創辦起來的，最初註冊資金僅二百元大洋，主要從事藥品和醫療器械的郵購業務。公司取名「華行」，是故意有別於時髦的「洋行」，顯示創辦者的愛國情懷。

1937 年 7 月全面抗戰爆發後，廣大華行的盧緒章、楊延修、張平參加中共上海地下黨的周邊組織「洋行華員救國會」活動。其後，盧緒章、楊延修、張平加入中共，該行員工張先成、舒自清、程恩樹也陸續加入中共，廣大華行建立起中共黨支部。同年 11 月，日軍攻佔上海。廣大華行轉移到西南地區並擴展業務，在重慶、成都、昆明開設分行。

到 1942 年，廣大華行在西南地區享有聲譽，資金達到二十萬元法幣，總經理是中共秘密黨員盧緒章。根據周恩來指示，廣大華行吸納各方資金以擴大業務，其中八路軍駐重慶辦事處一次就給該行投資 12,000 美元；國民黨高官陳果夫及軍統、中統等大小官員也投資該行。

1944 年秋，廣大華行在美國開辦紐約分行，中共秘密黨員舒自清前往，註冊資金二十萬美元。舒自清從美國施貴寶（Squibb）藥廠購買藥品，並取得施貴寶藥廠在中國的總代理權。廣大華行的生意愈做愈大，在香港和日本東京開設分行。

1945 年 8 月抗戰勝利後，廣大華行遷回上海。1948 年 6 月，廣大華行的中共地下黨聯絡員趙平和妻子沙平被捕，不久沙平叛變。同年 8 月，廣大華行的中共黨員全部撤退到香港分行，繼續經營該行業務。

1949 年農曆春節過後不久，華潤公司秘密電台收到周恩來、任弼時聯名在當時中共中央所在地河北西柏坡發來的電報，電文寫道：

> 廣大華行保留香港、紐約、東京、漢口四個分支機構，其餘的機構一律結束，人員除舒自清、張平留在香港工作外，其餘人員回

解放區分配任務，廣大華行與華潤公司合併，由錢之光統一領導。[69]

時任華潤公司董事長錢之光隨即與華潤公司黨支部書記袁超俊和廣大華行在港負責人張成、舒自清，以及中共上海黨組織在香港的負責人劉曉，一起商議兩公司合併事宜。決定由張平負責辦理廣大華行各分支機構的結束清理和交接工作，剩餘資金全部集中到香港。該行以 1948 年底為限進行資產結算，給小股東辦理退股與分紅，對曾經支持過廣大華行的朋友給予一定回報。不計中共原來投資和此前上繳中共的經費，廣大華行最後資產額為一百萬美元。廣大華行的幾位發起人把這一百萬美元全部交給黨組織。

廣大華行併入華潤公司後，仍保留自主經營權。舒自清任廣大華行總經理，高平叔任副總經理（協理）。總經理盧緒章以「請假半年」為由離職，乘坐華潤租用的蘇聯輪船「阿爾丹」號離開香港，前往河北西柏坡，接受黨中央委任的新使命。

同年 4 月底，錢之光也奉命北上，接受黨中央的新任務。

廣大華行在實質上併入華潤公司，將華潤公司經營範圍擴大到大宗採購外國藥品的新領域，增強了華潤公司的經濟活力。

香港華潤公司與中共北方解放區貿易的迅速增長，引起在港英資財團的注意和羨慕，他們也想參與其中，分享利潤，以免讓美國獨佔對華貿易的巨大利益。

1949 年 2 月 6 日，中共領導人羅邁（即李維漢）致電董必武，轉達華潤公司領導人楊琳、劉恕電報與香港英資財團初步接觸情形。電文如下：

2 月 6 日，羅邁致董：

69　吳學先撰稿：《紅色華潤》，頁 98。

楊琳、劉恕 1 月 29 日來電如下：

　　1. 經委會與英商銀行團（包括保守黨國會議員及戰時供應部負責人）初步接觸，彼方積極與我交換物資。

　　2. 彼方認為此種交換係商業性質，以不違犯國際公法、不裝運軍火為原則，並將取得英政府默契。英方表示不願中國交易為美國獨佔。

　　3. 交換範圍以我方農、礦產品，交換英方工業、日用等產品。

　　4. 交換地區在我控制區之港口，停千噸大船，有港務船務設備者。船由英方供應，並負責運輸船隻，在我方港口安全卸載之時限，須提供充分保證，損失須（我方）賠償。

　　5. 英方提議，要求我方能具體和詳細說明雙方之交換物質量及種類，提供交換地名、港口、船務貨艙等設備之詳情。雙方商量機構，擬設在星加坡，船掛工業旗。

　　6. 英方計劃及目的甚龐大。

　　7. 我等另提出一大規模軍用運輸，由我方負責以二千噸船之物質，至英方指定港口交換，詳另電。[70]

　　這一電文表明，英資財團已經急不可耐地主動提出：願意提供運輸船隻，駛往中共解放區的港口，以英國工業品及日用品，交換中共解放區的農產品及礦產品，而且建議雙方在新加坡（即電文所說的「星加坡」）設立「商量機構」，顯示「英方計劃及目的甚龐大」。華潤公司則乘機提出，雙方合作還可以延伸到「大規模軍用運輸」方面。

　　至於雙方談判的後續進展如何，筆者未能查閱相關檔案文獻，只好暫付闕如。無論如何，香港英資財團想與華潤公司合作，參與中共北方解放區貿易，反襯出華潤公司的成功與英資財團的豔羨。

70　吳學先撰稿：《紅色華潤》，頁 73。

　　1949 年 10 月 1 日，中華人民共和國中央人民政府在北京宣告成立。新中國的誕生，為華潤公司未來的發展開拓輝煌燦爛的前景。

　　同年 12 月中旬，楊琳、李應吉、張平等華潤公司領導奉命來到北京，與朱德、周恩來、楊尚昆等國家領導人共商華潤公司的未來路向。

　　會議紀要如下：

　　組織機構：新組建的華潤公司，組織系統屬於中共中央辦公廳。

　　1. 在北京設立委員會

　　主任委員：楊尚昆

　　委員：錢之光、葉季壯、賴祖烈、鄭潔、鄧典桃、袁超俊、劉昂、劉恕。

　　2. 委員會下設立北京辦事處（同時又是香港管委駐京辦事處），劉恕為辦事處主任。

　　3. 香港設立管理委員會（簡稱「港管委」）

　　委員：楊琳（主任）、舒自清（業務）、張平（財物）、李應吉（審核）、徐德明（業務副）。

　　4. 港管委管理機構：華潤公司、華潤駐京辦事處、華夏航運公司、天隆行、穗勵興公司、廣大華行及紐約分公司、東京分公司、天津廣大華行、國新公司。

　　5. 大連站（中華貿易公司）撤銷，不設立機構（採取船運交貨辦法）。香港華潤公司、廣大華行等組織形式不變，實際統一，由香港管委統一領導。

　　6. 大連電台及機要報務人員，借給東北輸出公司使用，保留調動權。

　　這次會議還對華潤今後的工作做出了明確規定：

　　一、任務

1. 幫助國家發展對資本主義國家的貿易，完成政府委託的經濟任務，在此任務下同時完成一定的財政任務。

2. 搜集國家貿易所需之資料，提供對國家貿易的意見與情報（香港原有之研究室應保留並加以充實）。

3. 精通國際貿易業務，培養幹部。

（一）業務方針

1. 代辦

2. 自營

（二）業務範圍

1. 進出口

2. 航運

3. 其他

（三）制度

1. 香港管委或北京辦事處與各方來往貿易，均按正常商業方式簽訂合同。

2. 各方如須委託香港管委撥款或代辦事項或代購貨物等，均須先經楊琳主任批准執行。否則港管委或來電請示，或拒絕。

3. 凡有關政策性、政治性、原則性及某些大的事項，港管委均須事前請示及事後報告。至於業務計劃、佈置、進行及港管委資金調動、人事配備，港管委全權處理。

4. 港管委財務賬目及資產、負債、損益，每年度總結一次，每半年度小結一次，並須列表造冊，向委員會報告。必要時，委員會指定人員審核之。

二、關於人事變動

大連徐德明、徐靜調香港。

徐景秋（李應吉妻）原則同意調回學習或工作。

郭里怡調回，回童小鵬處。

　　黃惠（于凡妻）如身體許可，送學校學習，將來送回香港。

　　吳震調香港。

　　曾映到學校學習。

　　高士融調海關總署（已調）。

　　袁超俊、李丹、王華生、李澤純等調紡織部，天津代辦處王應麒暫不調動。

　　中共中央辦公廳

　　1949 年 12 月 21 日 [71]

　　這份會議紀要明確規定華潤公司是直屬中共中央辦公廳的黨產；華潤公司既是公司經營機構，又是政府管理機構；華潤公司代表「港管委」，「港管委」設在華潤公司；「港管委」對外稱「華潤公司董事會」；中央辦公廳組織的相關委員會領導「港管委」。

　　會議紀要還明確指出華潤公司肩負的三大任務，即發展與西方資本主義國家的對外貿易，完成國家委託的經濟任務和一定的財政任務；為國家提供國際貿易情報和建議；精通國際貿易業務，培養相關幹部。紀要還要求華潤公司與各方來往貿易，「均按正常商業方式簽訂合同」，實際上是要求華潤公司與國際營商規則接軌，業務活動正規化、國際化。

　　會議結束後，「港管委」隨即在北京舉行第一次工作會議，亦即華潤公司第一屆董事會。公司領導楊琳、舒自清、張平、李應吉、徐德明等人，和朱德、周恩來、陳雲、楊尚昆等國家領導人一起，共同謀劃華潤公司未來的發展藍圖。依靠歷經千難萬險終於站起來的新中國的有力支持，華潤公司將再創輝煌。

71　吳學先撰稿：《紅色華潤》，頁 124-125。

六、發動「起義」

　　1948 年底，人民解放軍相繼在遼瀋、淮海、平津三大戰役中大獲全勝，蔣介石的嫡系主力部隊喪失殆盡。蔣被迫於 1949 年 1 月 21 日宣佈辭去中華民國總統職務，引退下野，由桂系首領、副總統李宗仁代行總統職權，同時部署將效忠自己的軍隊和重要的民國資產陸續轉移到台灣，作為日後「反攻復國」的憑藉。

　　1949 年 4 月，解放軍百萬雄師渡過長江，國民黨軍隊兵敗如山倒，國民政府最終敗退台灣。在國民黨潰敗的過程中，有相當部分的民國資產轉移到香港。其中，原來設在上海的中國航空公司和中央航空公司是將最多資產轉移到香港的機構。

　　中國航空公司（China National Aviation Corporation, CNAC），簡稱：中航，是國民政府與美國柯帝士・賴特飛機公司（Curtiss Wright）合資成立的航空公司。1929 年 5 月 1 日在南京正式成立，額定資本 1,000 萬美元，美方佔六成股份，中方佔四成，公司由中華民國交通部管轄。1942 年 4 月至 1945 年 9 月間，中航開闢從雲南昆明翻越西藏喜馬拉雅山、飛往印度的駝峰航線。累計往返飛行八萬次以上，運載五噸抗戰貨物到中國，運出將近 25,000 噸貨物，空運中國遠征軍 7,000 多名官兵到印度接受美軍訓練，損失 48 架飛機和 168 名飛行員，為中國抗戰作出重大貢獻。1948 年，中航有運輸飛機 60 架，職工 4,808 人，其中飛行員 242 人，各類技術人員 1,688 人。公司在國際民航運輸協會的排名中居第八位，在國際上屬於較為先進的航空公司。

　　中央航空運輸公司（Central Air Transport Co., CATC），簡稱央航。其前身是 1931 年 2 月中華民國交通部與德國漢莎航空共同出資成立的歐亞航空公司（Eurasia Aviation Corporation），資本最初為 300 萬元，後增至 510 萬元，中方出資三分之二。1941 年 7 月 1 日，德國承認汪精衛在南京建立的偽國民政府，蔣介石領導的重慶國民政府隨即於次日

宣佈與德國斷交。8月1日，交通部宣佈終止和德國漢莎航空簽訂的合同，凍結德方所有股權，將歐亞航空公司改為中國獨資企業，由交通部管轄。1943年3月1日，國民政府進而將歐亞航空公司改組為中央航空公司，委任曾在廣東空軍服役的空軍上校陳卓林擔任總經理。抗戰勝利後，陳卓林利用銀行貸款，採購美軍作為剩餘物資低價出售的適航飛機，並接受美軍惠贈的飛機，將公司迅速發展成為國內僅次於中航的第二大航空公司，號稱擁有各式飛機五十餘架。

1949年1月31日，北平和平解放。上海工商界和愛國民主人士呼籲恢復因內戰一度停航的北京—上海航線。於是，在上海的中共地下黨負責人潘漢年，通過香港工委夏衍、張駿祥、蔡景超、于伶等人介紹，經中航駐香港辦事處處長何鳳元引薦，與中航總經理劉敬宜面商中航飛機通航北平事宜。何鳳元早年加入中共，1936年因「西安事變」交通中斷，與黨組織失去聯絡，1946年6月在上海與中共情報工作負責人吳克堅取得聯繫，成為中共地下工作者。潘漢年通過他引薦，與中航總經理劉敬宜會晤，開啟中共與中航聯繫之先河。

不久，中共與央航的秘密聯繫也隨之展開。1949年2月，央航總經理陳卓林與營業組主任鄧士章利用從上海派飛機送人民團體代表赴北平之便，密派雷仲仁隨機到北平試探投誠事宜。3月，吳克堅通過央航副總經理查夷平，與央航總經理陳卓林、副總經理陳文寬、營運組主任鄧士章建立聯繫。4月，國民黨和談代表團張治中、邵力子、黃紹竑等人，由南京飛北平參加國共和談。其後和談破裂，周恩來勸張治中留在北平。中共隨之請央航在4月30日派飛機，秘密將張治中夫人洪希厚從上海護送到北平。國民黨當局追查此事，查夷平借病回蘇州，陳卓林避居香港，鄧士章在滬被拘留一日後獲保釋。

1949年5月上旬，解放軍開始包圍和進攻上海。在此之前，中航、央航已經根據國民政府命令，撤離上海。不過，中航總經理劉敬宜在撤離時，採納機航組副主任趙際唐的意見，留下一件密示，上書：

「公司留存上海之飛機及各種設備，均應妥善保管，並清點造冊，將來移交給新政權。」他在上海留下公司部分人員和資財，以備退路；又派一部分人將中航總公司的牌子掛到台南，以應付迫遷；同時利用美方董事，對國民政府施加壓力，同意其將大部分飛機、維修工廠和營業重心轉移到香港，開闢新的國際航線，擺脫戰爭造成國內航線銳減的窘境。

央航總經理陳卓林則與中共上海地下黨達成默契，組織「留守委員會」，計劃隱藏一部分器材，並拆散一些飛機。但被敵特發覺，「留守委員會」主任顧樂邨等人被捕，國民黨派軍警押解央航器材南遷，以致原計劃未能全部實現。[72] 1949 年 8 月，央航及其四十二架飛機、一千九百多名員工，從廣州轉移到香港，繼續營業運行。

1949 年 5 月下旬，解放軍解放上海。華東航空接管委員會主任蔣天然在接收中航資產時，發現中航總經理劉敬宜留下的密示：「公司留存上海之飛機及各種設備，均應妥善保管，並清點造冊，將來移交給新政權。」

蔣天然立即將此情況上報上海軍管會主任陳毅、副主任粟裕。

鑒於中航和央航的領導人在撤離上海之前，已經和中共有秘密往來，陳毅和粟裕當即以中共中央華東局名義，向黨中央呈交《爭取兩航公司的工作報告》，建議策動兩航起義。

同年 6 月，中共中央華東局統戰部副部長吳克堅致電中共中央軍委副主席周恩來，彙報兩航資產轉移情形，說：「原在上海的國民黨中央航空公司和中國航空公司的資產約值五千萬美元，其中包括飛機一百一十四架，現主要都集中在香港，技術人員亦多在香港，留滬資產

---

72 劉樹堂：〈關於《兩航起義始末》幾則史實的商榷〉，《航空史研究》，1999 年第 1 期。

約十分之一，故目前工作重心在香港。」[73]

　　當時，國民黨軍隊還在西南各省負隅頑抗。蔣介石召集軍事會議，妄圖依託西南，伺機反撲。由於陸路交通的中斷，空中運輸便成為國民黨最後支撐戰局的生命線。可是，台灣空軍的運輸力量不足，因此亟欲調動兩航參加空運，向西南國民黨部隊運送補給。在這種情況下，中共策動兩航起義，就可以切斷敵人的西南空運，使其陷入絕境，有利於解放軍進軍大西南，解放全中國。

　　同年 6 月，周恩來作出策動兩航起義的決策，指定由主管中央情報工作的李克農負責，中央軍委情報部一局局長羅青長具體辦理，動用中央情報部在香港及上海的力量，策動兩航起義。任命蔣天然為解放軍策動兩航起義工作的首席代表，吳克堅為第二代表，負責進行策反兩航工作。潘漢年隨即指示香港情報系統的負責人張唯一，讓他派人與中航香港辦事處何鳳元等人聯繫，進行策動兩航駕駛員起義事宜。不久，上海中共黨組織派人到香港，勸說中航總經理劉敬宜起義，但未獲其信任，沒有成功。

　　7 月，吳克堅和粟裕面談，決定另選中共黨員幹部呂明及留在上海的央航副總經理查夷平去香港，加強策反兩航工作。呂明於 1943 年考入國民黨空軍，擔任飛行員、飛行教官，在美國接受飛行培訓時，中航總經理劉敬宜是領隊，呂明稱他為老師。查夷平在 1925 年國共合作期間加入中共及國民黨，與中共領導人李維漢有深交。1946 年，查夷平在南京見到中共代表團成員的李維漢，對中共理念早有了解。

　　8 月，呂明和查夷平到達北平，周恩來對他們作出三點指示：一、發動兩航員工全面起義，停止單機起義的策反工作；二、先把兩航的基地拖在香港，拒遷台灣；三、新中國需要強大的民航事業，爭取人是最

73　〈對開展「兩航」公司工作意見的批語〉，《建國以來周恩來文稿》第一冊，頁 46；轉引自季衛兵：〈周恩來與「兩航」留港資產的護運──以《建國以來周恩來文稿》為中心的考察〉，《廣東黨史與文獻研究》，2020 年第 3 期。

重要的。兩航員工回來後，保證都有工作做。希望查、呂二人找劉、陳
兩位總經理做工作，並代表黨中央和他本人歡迎劉、陳兩位總經理回來
同商祖國大事，參加祖國民航建設，新中國的民航一定會超過舊兩航的
規模。回來後保證繼續營業，發展民航，保障私有財產，人員來去自
由，不加干涉。[74]

周恩來的指示提及「停止單機起義的策反工作」，事出有因。當
時，兩航的中共秘密黨員陸元斌、陳耀寰「策反單個飛行員的工作進展
得很順利」。8 月 25 日，央航飛行員李福遇在廣州白雲機場成功駕駛
C-47 型客機，實現單機起義，飛抵解放軍佔領的南京。此事卻讓央航
總經理陳卓林「極為惱火。他認為共產黨不夠朋友，當面說得好聽，私
底下卻在挖他的牆角」。

8 月下旬，呂明和查夷平抵達香港，除與中共香港黨組織聯絡之
外，還在兩航內部組成起義工作核心小組，成員有呂明、查夷平、朱漢
明、何鳳元、陸元斌、陳耀寰等。「呂明等人立即調整工作計劃，首先
做好陳卓林的工作，把陳卓林變成轉變劉敬宜的因素」。[75]

這時，中航總經理劉敬宜正處在左右不定的十字路口。同年 7 月，
何鳳元安排新華社香港分社社長喬冠華與劉敬宜會晤，喬冠華力勸劉敬
宜起義，劉敬宜明確表示不會去台灣，但仍想繼續留在香港，依靠美國
幫助，發展國際航線，讓中航維持發展下去。

劉敬宜的算盤首先被港英政府打破。原因是兩航遷移到香港營運之
後，客貨空運量迅速佔全港各航空公司的七成，其中中航佔四成，居通
航香港的十四家航空公司之首。這不啻反客為主，觸動港英政府的經濟
乳酪。此外，英國殖民地部擔心：「在中國本身的形勢下，並且在共產

74　林欣捷：〈中共中央對「兩航」起義的重要決策〉，《黨史文匯》，2009 年第 4 期。

75　〈「兩航」起義始末〉，載新影網，網址：http://www.cndfilm.com/20091218/101930.shtml。

黨力量顯然獲勝的情形下，如果共產黨政府發現大部分中國民航在英國殖民地避難，那麼我們將面臨極其令人不快的政治問題。」

　　因此，1949 年 6 月 3 日，港督葛量洪在接見中航總經理劉敬宜時，通知他：港府將要徵用中航設在啟德機場的飛機庫。6 月 10 日，中航接到香港民航局的正式通知，要求中航在一個月內，將飛機和發動機廠從啟德機場遷出。7 月 29 日和 8 月 11 日，港英政府又接連下令，徵用中航設在啟德機場七號跑道南北兩側的兩處廠房，並規定在 8 月 15 日徵用令生效時，將這些移交港英當局。8 月 15 日，港英政府通過「緊急法令」，隨即在次日依據這一法令，頒佈新的緊急徵用令，接管中航在啟德機場的部分設施，並派警察驅逐公司所有僱員。[76]

　　8 月 17 日，中航被迫停航兩天。劉敬宜要求台灣的國民黨政府向英國交涉，但國民黨政府腐敗無能，抗議無效，反過頭責怪劉敬宜將中航飛機遷港，招致麻煩，並再次壓迫中航遷台。劉敬宜又活動美方董事飛去美國華盛頓，向美國政府求援，但幾經奔走呼號，均無結果。台灣國民黨政府擔心兩航滯留香港，夜長夢多，先後派交通部長兼中航董事長端木傑、蔣介石的親信兼中航董事吳忠信、交通部參事吳元超、顧問凌士芬、財政部長徐湛等人，到香港召集兩航會議，催促兩航遷台。

　　9 月 13 日，港英政府又徵用七號跑道以南的中航倉庫，步步逼驅。兩航在港員工都不願遷台，人心動搖，難以繼續營運。9 月下旬，何鳳元、吳景岩建議劉敬宜找中共商量對策，呂明、查夷平等人正式與劉敬宜洽談起義事宜。這時，上海市長陳毅派張志鵬、楊柳風來到香港，勸說劉敬宜帶領中航起義，但劉敬宜猶豫不定。

　　10 月 21 日，蔣介石電令兩航總經理劉敬宜、陳卓林在 26 日到台北述職。陳卓林稱病未往，劉敬宜抵台險遭不測，僥倖返港。10 月底，何鳳元、華祝等 10 餘名中航中層人員請劉敬宜聚餐，借討論中航

76　王菲：〈「兩航」起義中的英國因素〉，《智庫時代》，2017 年 10 期。

前途問題，再勸劉敬宜起義。劉敬宜知道中共正在中航員工中策動起義，既未表示同意，也不加阻撓。何鳳元等繼續對劉做爭取工作，劉表示進退兩難，仍在遲疑觀望。

國民政府交通部長兼中航董事長端木傑又佈陷阱，電令劉敬宜、陳卓林於 11 月 5 日赴重慶商談問題。陳卓林對劉敬宜說：「萬萬去不得。」劉不敢再入虎口，加上傳聞蔣介石將撤換劉、陳兩人職務，陳卓林以兩航公司休戚相關，催劉敬宜速作抉擇。

11 月 7 日，何鳳元、吳景岩等拿着中航中層主要部門負責人、業務骨幹和飛行員等四十二人簽署的起義宣言書，懇請劉總經理領導起義。同時說明已控制中航各主要部門，一切準備工作都已完成，聯絡好的二百多名員工舉事堅決，假如劉總經理不肯領導起義，我們將被迫採取行動。在這種情況下，劉敬宜終於拋棄猶豫彷徨，毅然參加起義密謀。[77]

根據計劃，兩航公司將在 11 月 10 日各派十架飛機，率先起義北返。沒想到，離預定起義日期不到兩天，起義計劃被央航副總經理陳文寬察覺了。陳文寬是兩航公司的元老級人物，是抗戰時期飛越駝峰航線的第一個中國籍機長，還曾擔任過蔣介石的專機駕駛員。好在陳文寬念舊，沒有將這件事報告國民黨當局。但為了不再洩密，陳卓林決定將央航原定十架飛機起義減為兩架，劉敬宜則表示中航起義飛機依然十架不變，但將起義提前到 11 月 9 日。

為了避免懷疑，起義人員在十二架即將起義的飛機航班中，安插幾名美籍飛行員，機票也照常出售。但在起義前一天晚上，地面控制中心工作人員暗地給美籍飛行員和乘客打電話，告以因天氣原因，取消航班。這就瞞過機場管理當局及監視兩航動向的國民黨特務。

11 月 9 日凌晨 5 時許，兩航駕機起義人員登上停在啟德機場的

---

77 劉樹堂：〈關於《兩航起義始末》幾則史實的商榷〉，《航空史研究》，1999 年第 1 期。

十二架飛機，搭載五十六名起義人員和大批航空器材。劉敬宜、陳卓林在呂明、查夷平等人陪同下，坐在號稱「空中行宮」的 CV-240 型飛機上，率先從停機坪滑向跑道起飛區。在航班表上，這架飛機將飛往台北桃園機場。

6 時 30 分左右，起義飛機在「空中行宮」帶領下相繼升空，脫離香港機場塔台的監控範圍之後，立即調整航向，冒着可能被廣西桂林和浙江舟山群島國民黨空軍發現和攔截的危險，朝長沙、漢口、鄭州、北京方向飛去。

飛過長沙約十分鐘，機組人員聽到一個盼望已久的聲音：「這裏是武漢人民廣播電台」，「這裏是武漢人民廣播電台」。這個呼號每隔十五秒，反覆播放。這是內地接應兩航起義飛機的導航呼號，機艙頓時一片歡呼。

中午 12 時 15 分，機長潘國定駕駛的「空中行宮」在北京西郊機場安全落地。其餘十一架飛機按計劃降落在天津張貴莊機場。[78]

當天，劉敬宜、陳卓林及兩航公司全體員工向中央人民政府毛澤東主席等領導人發表公開通電，宣佈：「自即日起，開始復員回國，所有人員、器材亦將逐步運回國內，以便籌備恢復原有業務。並自即日起，宣佈停止通航蔣管區域，與國民黨政權斷絕關係，歸附中央人民政府。」[79]

11 月 12 日，毛澤東簽署嘉勉兩航公司總經理劉敬宜、陳卓林及全體員工的電文，電文讚揚他們「毅然脫離國民黨反動殘餘，投入人民祖國懷抱，這是一個有重大意義的愛國舉動。特向你們表示祝賀、歡迎和慰問，希望你們團結一致，為建設人民航空事業，並為保衛留在香港的祖國財產而奮鬥」。

78　劉朝暉：〈兩航起義如何在國民黨眼皮下瞞天過海〉，《新民週刊》，2019 年第 26 期；〈「兩航」起義始末〉，載新影網，網址：http://www.cndfilm.com/20091218/101930.shtml。

79　〈兩公司通電原文，復員回國，協助建國大業，即日起停止通航蔣管區〉，香港《大公報》，1949 年 11 月 10 日，頁 1。

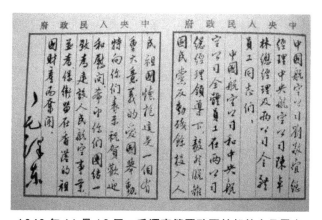

1949 年 11 月 10 日香港《大公報》報道兩航起義

1949 年 11 月 12 日，毛澤東簽署致兩航起義人員電文

　　兩航公司領導人和五十六名機組人員駕駛十二架飛機北返，宣佈全體員工起義，這一消息震動香港各界，激勵留在香港、原屬中華民國國民政府管轄的眾多機構員工，在中共各級黨組織策動下，相繼宣佈起義，回歸祖國，接受中華人民共和國中央人民政府的領導。其中，首舉義旗的是原國民政府行政院資源委員會駐港貿易處及國外貿易事務所的員工。

　　資源委員會成立於 1932 年，是民國政府在抗戰時期設立的專門負

責重工業發展與管理相關工礦企業的政府機構，隨後成為國民政府最高經濟領導部門。其運作不僅支撐中國的抗戰，而且為戰後中國工業現代化奠定發展基礎。1946 年 5 月 20 日，資源委員會擴編直屬行政院，愛國民主人士、中國工礦業界泰斗和能源工業奠基人孫越崎任主任委員。

1948 年 10 月，在國共內戰初顯國民黨失敗、中共勝利趨勢之際，孫越崎在南京召集資源委員會所屬各工礦企業負責人參加的秘密會議，說：「我們這些人，都是學工程技術的，都是懷着工業救國的理想，在抗日戰爭開始前就參加了中國的工業建設。資源委員會現有的工礦企業，是中國僅有的一點工業基礎，我們有責任把它們保存下來。」這一表態有助於後來資源委員會所轄各廠礦企業在原地保存。

1949 年 6 月，孫越崎辭職離開廣州，遷居香港，與在港中共黨組織取得聯繫，得知中共領導人周恩來已將他列入邀請北上、參加新政協的民主人士名單之中。但他並未即時前往北平，而是留在香港，配合中共在港負責人之一的饒彰風（化名張楓），策動駐港貿易處及國外貿易事務所的員工保護資產，伺機起義。

這時，接替孫越崎職務的民國經濟部部長兼資源委員會主任委員的劉航琛鑒於資源委員會轄下香港「國外貿易事務所存有大量礦品及外匯，乃即以之為第一目標，指派親信方崇森接任該所所長」。該所員工「在孫越崎先生指示之下，並得張楓先生介紹羅哲明先生聯繫指導，同時有上海資源委員會派港人員戴世英、孫常齡兩先生之協助，發動拒絕移交運動，僅持逾月」。亦即該所員工在香港中共黨員羅哲明，以及上海派來的中共黨員戴世英、孫常齡的指導幫助下，進行抵制新任所長方崇森就任行動，持續一個月之久，直到 8 月 29 日才進行新舊所長的事務交接。

9 月 1 日方崇森上任之後，將資源委員會材料事務所華南辦事處合併到國外貿易事務所內。但他未能實際控制國外貿易事務所的運作，該所員工「龔家麟、孟頌南等十三人，經設法繼續留用，以便監視反動派

當政之行動，伺機起義。而方崇森派用之新人梁燊亦本正義之立場，積極參加護產工作」。

10 月初，資源委員會貿易處遷港辦公，同時成立香港辦事處，吳志翔為主管，在職權上可以指揮方崇森。但因方是劉航琛任用的親信，實際上貿易處對他無可奈何。

10 月 14 日，解放軍解放廣州。遠在四川重慶的劉航琛急於調走香港國外貿易事務所管理的資產，「於十月二十一日捏造茂興行名義，先後虛購貿易所全部存錫八百噸，及存鎢一千一百噸，合同上訂明不在香港付款，以便利其狡計之實行」。準備起義的該所管理人員「秘密集議採取拖延政策，除以種種技術上之理由，認為不合商業手續，勸使方崇森不敢交貨外，並發動輿論攻擊」，在香港《大公報》、《文匯報》揭露這一虛假交易。方崇森「見報後驚惶失措，不敢有所動作，乃於取得劉航琛之同意後，取消合同，以緩和同人之反對情緒」。

同月 26 日，劉航琛又「改用華茂行及明星行虛購錫八百噸，鎢一千一百噸。該合約在渝秘密訂立，不歸檔卷，並規定交貨後在渝分期付款。此外另欲將全部存錫售予加拿大商人皮亞士，半數售現款，半數償債」。

11 月 1 日，在港代理劉航琛虛購礦品、捏造商行的四川商人楊錫祺手持劉航琛蓋章的合同，來到國外貿易事務所，要求提貨，遭到拒絕。當晚，該所員工在太子道宿舍召集全體大會，決議發表公開聲明，拒絕交貨。

11 月 6 日，劉航琛從重慶飛抵香港。11 日中午，召集國外貿易事務所各部主管人李新民、龔家麟、梁燊、尹保泰、馬日明、馮日賓等談話，略謂今日必須出貨，本所即將結束，同仁等則厚予資遣，其出殊力者，則另有獎賞。「當時籌劃起義諸人恐洩露機密，不予置簽。當日下午，方崇森即挾持貨倉主管人馮日賓前往出貨。馮則趁方某赴運輸行接洽車輛之時，攜帶貨倉匙避匿。方返後覓馮不得，留條謂明日出貨，悻

悻而去。」

　　這時，孫越崎已於同月初離港北上。臨行前，他「認為同仁等對本會資財，在十一月一日聲明未發表以前，僅係暗中拖延維護，以後則對立地位，已見明顯，如無堅強之組織，則易淪於散漫，不能發揮力量。指出應秘密組織一護產委員會，嚴肅紀律，分配工作，期能達成任務」。

　　於是，就在 11 日方崇森提貨未遂的當晚，起義人員「在辦公室召集全體員工大會，決定組織員工護產委員會，公舉吳志翔、龔家麟、李新民、馮日賓、梁燊、林艾園、孟頌南等七人為常務委員，並以吳志翔為主席，設文書、聯絡、收察、財務、會計、事務、學習七組辦事，擬定約章，以從事正式鬥爭」。護產委員會還致函領導起義的香港中共黨員羅哲明，表示「以十一月十四日為公開發表脫離國民黨政府之日期。蓋以十二、十三兩日均為例假，倉庫人員可以藉口避去，不虞方崇森之提取。而在此兩日期間，吾人可作充分準備起義之工作」。

　　12 日上午，方崇森偕同幫兇多人，到貨倉出貨，不得要領而去。13 日，起義員工「在辦公室再度召開全體大會，決議全體簽字發表宣言，正式脫離國民黨政府，歸附中央人民政府，並致電毛主席聲明立場。上項文件均分送各報社署名公開發表」。次日，香港中英各報刊都刊載資源委員會駐港貿易處及國外貿易事務所員工起義的宣言。

　　19 日，起義員工「即奉毛主席來電慰問，並指示嚴守崗位，努力鬥爭」。

　　至此，孫越崎領導的資源委員會成為國民政府各中央部會中唯一成建制地舉行起義，歸屬中華人民共和國中央人民政府管理的機構。

　　1950 年 3 月，台灣國民黨當局宣佈開除孫越崎的國民黨黨籍，加以「叛黨叛國」罪通緝。

　　資源委員會在港機構員工宣佈起義，他們管理的資產將移交北平中央人民政府。這些資產包括在香港及美國的銀行存款、庫存現金、器材

及礦產等項，合計約值港幣 2,700 餘萬元。其中有：

（一）銀行存款：存香港銀行英鎊 5,000 鎊（已凍結），港幣 73 萬元（已凍結）；美國銀行存款 563,000 元（已去函止付）。

（二）庫存現金：港幣 25,000 元（已封存），美鈔 5,000 元（已封存）。

（三）進口器材約值 30 萬美元。

（四）港存鎢砂，約 1,100 噸，約值 88 萬美元。

（五）港存鎢，約 17,000 餘噸，約值 102 萬美元。

（六）港存錫，約 470 噸，約值 64 萬美元。

（七）存美國銻，約 480 噸，約值 30 萬美元。

（八）美國、加拿大政府及其他應收貨款，約值 40 萬美元。

國民黨當局當然要爭奪這些資產。11 月 24 日，香港法庭根據原告人方崇森的控告，向被告人畢文翰等三十一名起義員工發出第 519 號禁制令，規定被告在禁止令有效期五日之內，禁止進入辦公室、化驗室及倉庫，並移動資產。

於是，起義員工聘請律師，展開法律抗爭，要求撤銷禁制令。12 月 21 日至 23 日，香港法庭內庭連續三日審理劉航琛、方崇森控告起義員工護產案。此時，傳聞英國政府即將承認中華人民共和國，法官心有顧忌，建議原、被告雙方自行達成協議，以免「現在爭持中之財產不致因被凍結而受損失，及避免因此項停頓而引起業務上之困難」，等於將此案踢回國共雙方自行解決。判案時，國民黨方面已經獲悉結果，只有自稱是新任國外貿易事務所所長的潘鶴一人到場，「聞判後黯然迅即離去」。

1950 年 1 月 6 日，英國政府宣佈與台灣的中華民國政府斷交，正式承認中華人民共和國，成為五六十年代率先和唯一承認新中國的西方資本主義國家。於是，資源委員會在港資產的「產權已定，一旦中央

人民政府派員接管，即可向法庭方面完成法律手續，取回全部資產」。[80]
資源委員會駐港貿易處及國外貿易事務所員工的起義勝利結束。

　　兩航起義以及接踵而至的資源委員會駐港機構起義，激勵在香港的
其他原民國機構員工加緊準備起義。其中，影響較大的是招商局香港分
局起義。

　　招商局創始於 1872 年清朝北洋通商大臣李鴻章在上海創立的輪船
招商局。次年，招商局在香港設立分局。1932 年，國民政府將招商局
收歸國有。抗戰勝利後，招商局通過接收及購買方式，迅速形成龐大的
商船隊伍。

　　1949 年 3 月，國民黨政府在向台灣等沿海島嶼撤退的過程中，指
令分拆招商局領導機構，由董事長徐學禹、副總經理韋煥章帶一批人到
台灣，將原來台灣招商局改為台灣招商局總管理處，將所有萬噸輪船和
大噸位船舶集中到台灣基隆港；由俞大綱、曹省之率一批人員前往香
港，成立華南招商局總管理處，接受台灣招商局指揮，加強對包括香港
在內的招商局華南各分支機構的領導；將上海招商局總公司改稱為上海
分公司，由總經理胡時淵、副總經理黃慕宗等留守人員成立上海招商局
應變工作小組。

　　同年 5 月 27 日，上海解放。6 月 5 日，招商局上海分公司改名總
公司，由上海軍管會接管。招商局上海總公司和招商局台灣總管理處形
成招商局的兩個權力中心，處在港英政府管治下的招商局香港分局歸屬
何方，就面臨重大的歷史選擇。

　　台灣國民黨派已經調離招商局的曹省之、俞大綱來到香港，利用同
鄉、同學、朋友和熟人等關係，拉攏香港招商局的上層職員和一般員

80　以上據〈資源委員會駐港員工起義護產經過報告書〉，《檔案與史學》，1995 年第 3 期。該刊
　　　現改名《檔案春秋》。

工。台灣招商局總管理處也派船務處處長王鶴、基隆港港務長唐桐蓀來到香港，企圖直接掌控招商局香港分局。

中共華南分局香港工委、華東財委香港工委、中共中央情報部門，以及中共外圍組織——香港海員工會等，都以不同的方式，秘密策動招商局香港分局員工起義。連貫、朱學範、饒彰風、吳荻舟、陳明、劉若明、米國鈞、朱叔和等中共在港人員，加緊聯絡湯傳簾、陳天駿、錢公鑄、奚毓弟等香港招商局上層人士。

根據中央的要求，中共在港各級組織制訂策動香港招商局起義的方針：一、爭取盡可能多的船舶起義，不要一條船、一條船地搞；二、因為船長有司法權，先做船長的工作；三、一方面做上層工作，一方面做船員的工作，以做各船船長工作為主。

針對招商局香港分局人員對起義後的去向、前途有所疑慮，9月初，招商局上海總公司派船長陳邦達乘船抵達香港，給陳天駿和湯傳簾帶來胡時淵、黃慕宗的親筆信。胡、黃兩人指示香港招商局「克服困難，抓住時機起義」。為了讓更多的招商局輪船在香港參與起義，陳邦達、陳天駿和湯傳簾商定了備起義的四條原則：一是表面上與台灣不分裂；二是找適當藉口扣留來香港的船舶；三是維持南洋業務，盡量將船出租，以增加收入；四是對船員加緊宣傳發動。

在中共地下黨組織和招商局上海總公司的領導和協助下，湯傳簾和陳天駿沉着應對，有條不紊地開展舉行起義的各項策劃工作。

9月19日晚上8時，排水量三千噸級「海遼」號輪船，在早已與中共有秘密接觸的船長方枕流指揮下，駛離香港，以大迂迴的繞道航行路線，取道巴林海峽進入太平洋，繞開台灣島，穿過硫球群島東北部海域，折向南朝鮮海域北上，於9月28日清晨成功抵達蘇聯軍隊控制的遼寧大連，拉開香港招商局系列起義的序幕。

10月24日，毛澤東致電嘉勉方枕流船長及全體起義船員：「慶賀你們在海上起義，並將海遼輪駛達東北港口的成功。你們為着人民國家

的利益，團結一致，戰勝困難，脫離反動派而站在人民方面。」

到同年 12 月 3 日，相繼停留在香港水域，準備參加招商局香港分局起義的海洋輪船達到十三艘，合計載水量 2.6 萬餘噸，船員 539 人。台灣招商局眼看制止香港方面起義無望，便斷絕對香港招商局的經濟接濟，對湯傳篪和陳天駿施加壓力。當時，停泊在香港的招商局船舶每艘船的員工月工資合計需要一萬港元。根據中共黨組織的建議，香港招商局將招商局擁有的西環碼頭一部分倉庫，出租給中共中央華東局設在香港的運通公司，運通公司預付租金給香港招商局。這就解決船員工資和香港招商局在陸地上的各種開支，渡過了財政困難。

同月 29 日上午，陳天駿、湯傳篪和周魯伯在港島中環思豪酒店，邀請香港招商局駐埠各船長吃午餐。餐後，陳天駿先宣讀台灣招商局總管理處的電文，大意是：英國政府可能要承認中共政權，在香港的船舶要盡速開往台灣。隨後，宣讀上海招商局總公司號召香港招商局和滯留在香港的招商局輪船起義回歸新中國的電文，徵詢大家對起義的態度和決心。多數船長在會議記錄上簽名，表示即日起與台灣當局斷絕關係，留港招商局船隊屬於中華人民共和國財產，一切服從新中國領導。「中106」號登陸艇船長金鴻興、原「海康」號輪船長朱聚遐和「鄧鏗」號輪船長劉維英因有親屬在台灣，為防國民黨迫害而不便簽名，但表示擁護起義。

1950 年 1 月 6 日，英國正式宣佈承認中華人民共和國。這一外交承認為香港招商局起義排除最大的障礙。同月 11 日，湯傳篪、陳天駿與中共華東財委工委、華南分局香港工委商定香港招商局《起義宣言》。1 月 13 日，中共中央批准香港招商局於 1 月 15 日起義。

14 日晚上 7 時，香港招商局派駐埠船長左文淵、駐埠輪機長瞿唐、駐局報務主任高曉峰及駐局業務主任龔以恂，帶着十三面五星紅旗及十三份通知，乘汽艇分送各輪，同時將船上的中華民國青天白日旗及密碼本收回，通知各輪於翌晨 8 時，升掛五星紅旗。

1月15日早晨8點，在香港招商局辦公大樓的樓頂、招商局的倉庫、碼頭上，升起五星紅旗。在「海康」、「海漢」、「海廈」、「鴻章」、「林森」、「教仁」、「蔡鍔」、「成功」、「鄧鏗」、「登禹」、「中106」、「民302」、「民312」等十三艘輪船的甲板上，各輪船長率領全體船員，舉行升旗儀式。十三艘輪船同時汽笛齊鳴，宣告舉行起義。

香港招商局及十三艘海輪宣佈起義後，由於國民黨軍隊還佔領當時珠江口外島嶼，起義輪船不能開航返回內地。台灣國民黨宣佈通緝湯傳簇、陳天駿、左文淵等香港招商局起義領導成員，還派特務到香港，利用香港招商局起義後船舶停航、船員生活困難，散佈謠言，威逼利誘船員反對起義。

2月1日，香港招商局負責人湯傳簇、陳天駿、周魯伯和十三艘起義輪船船長，在招商局辦公房四樓會議室召開護產委員會成立大會，決定各輪建立護船糾察隊，由船長、工會主席、部門負責人和積極份子組成，在船上站崗放哨；船舷扶梯日放夜收，人員上下嚴行檢查；船中各部確立分部負責保管制度，按日檢查工作。同時加強招商局樓頂的總瞭望哨值班，護產巡邏隊日夜駕艇巡邏。

同年6月25日，朝鮮戰爭爆發。美國隨即派重兵增援南朝鮮軍隊；派第七艦隊開入台灣海峽，援助風雲飄搖的國民黨政權；糾合西方國家對華進行經濟封鎖，港英政府隨之加入對華封鎖行列。

7月初，港英政府港務處藉口港內船舶擁擠，強令招商局十三艘起義輪船開出香港港口，到港外下錨。招商局申請購買浮筒，港英政府沒有理由拒絕，才停止驅趕起義輪船出港。台灣國民黨交通部長端木傑親到香港策劃劫船；香港可以收聽到的台灣電台反覆廣播：船開到台灣有重賞；原地不動既往不咎；開往廣州的，待到「光復大陸」後則將嚴懲。

這時，珠江口外的萬山群島已經解放，香港至廣州已經可以通航。於是，吳荻舟、陳明、劉若明等人前往廣州，請示華南分局領導葉劍

英，獲得批准將招商局起義船隻開回廣州。7月14日至10月20日，香港招商局十三艘起義海輪全部成功歸航廣州。其中，「海廈」號輪在10月9日駛向廣州途中，國民黨特務放置的定時炸彈爆炸，船員唐達雄、陸寶仁身亡，另有三名船員受重傷。此後，「海遼」號輪和「中102」號艇也宣佈起義來歸，香港招商局的起義船隻增加到十五艘。[81]

1950年1月9日，中國中央人民政府政務院總理周恩來發佈對香港原民國資產管理者和員工的命令：

> 令駐在香港的原屬國民黨中央政府和地方政府的一切政治、外交、財政、經濟、文化、教育、僑務等機構的主管人員及全體員工，你們務須各守崗位，保護國家財產檔案，聽候接收。嚴禁反動份子有任何偷竊、破壞、轉移、隱匿等情事。原有員工，均可量才錄用。其中保護國家財產有功者，將予以獎勵；有偷竊、破壞、轉移、隱匿等情者，必予究辦。

為了加強對於接收香港原民國資產工作的領導，中央人民政府決定組織「政務院接收港九中國偽政府機構工作團」，由冀朝鼎任團長，張鐵生任副團長。1月底，工作團抵達廣州，立即與原來在港策動護產的中共香港工委羅哲明、吳荻舟等人聯絡，吸收他們參加工作，籌劃正式入港接收的方案和步驟。3月底，冀朝鼎奉調回北京，籌備去聯合國事宜。

4月1日，政務院將工作團改為「政務院特派接收港九國民黨政府機構專員辦事處」（簡稱專辦處），派冀飲冰為專員，雷任民、張鐵生

81　〈國家在港重要經濟視窗招商局紀念起義60周年〉，載「國務院國有資產監督管理委員會」網站，網址：http://www.sasac.gov.cn/n2588025/n2588124/c4215280/content.html。

為副專員。其後，龔飲冰因另有任務未到任，專辦處實際由雷任民負責。同月初，雷任民到廣州，領導接收原民國在港機構和資產的工作。

中國銀行香港分行總經理鄭鐵如早與香港中共黨組織建立聯繫，有心保存該行四千多萬港元資產。他得知周總理發佈命令後，立即帶領員工起義。在該行帶動下，屬於在港國有資產的交通銀行、中國農業銀行、福建省銀行、廣東省銀行、廣西省銀行和中央信託局、郵政儲金匯業局、中國保險公司等機構員工隨之宣佈起義。

在此前後，屬於國民政府駐港貿易機構的中國紡織公司香港辦事處、中央信託局易貨處、中國植物油料廠、中國石油公司駐港代表處也宣佈起義。

同年 6 月，九龍海關將包括 35 艘緝私艦在內的 554.8 萬港元資產交給人民政府管理。粵漢路港九辦事處主任陸以銘率員工起義。交通部駐港購運處員工以秘密起義方式，秘而不宣地將七千多噸鐵道交通器材運回內地。

1949 年 11 月 9 日兩航人員駕駛十二架飛機起義北返之後，兩公司滯留在香港的大批飛機和航空器材，就成為國共兩黨繼續爭奪、博弈的主要目標。港英政府則根據英國對華政策的演進以及與美國的關係，調整其對於處理兩航留港資產爭奪案的判決。

這年 11 月 24 日，台灣國民黨政府指使其重新任命的兩航駐港負責人沈德燮、戴安國，向香港法院控告在港保護兩航資產的員工王新章、何守宗等人「劫持和霸佔」兩航留港資產，並申請在訴訟期間頒佈臨時禁制令，香港高等法院予以立案並暫時凍結兩航留港資產。

12 月 5 日，周恩來批示同意負責領導兩航資產保護工作的張鐵生建議，即：「在法律上，暫讓辦公處及物資凍結，並利用法律進行反訴，打擊國民黨在港勢力」。兩航總經理劉敬宜、陳卓林隨即分別委託律師 George Ford、律師劉瑞驥提出反訴。新中國中央外貿局聯絡處處

長羅靜宜在香港會晤這兩位律師，闡明中共的立場及訴求。次年 1 月 6 日，英國政府宣佈承認中華人民共和國，沈德燮、戴安國代表的原告方「中華民國」隨之失去法律支持，香港高等法院於是撤銷此案訴訟，但未解除對兩航留港資產的臨時禁制令。

台灣國民黨政府派人向香港高等法院請求臨時禁制令之餘，還導演由美國人作為第三方，出面爭奪兩航留港資產的鬧劇。先是請台灣民航總局民運航空隊的美籍負責人陳納德和美國人魏勞爾，自認向國民黨方面購買兩航資產，參加訴訟。後來，又讓美國人杜諾萬以美國民用航空公司負責人名義，宣稱已向陳納德和魏勞爾兩人購得兩航留港資產，在 1950 年 1 月 5 日請求香港法庭判定由美國民用航空公司直接接管這些資產。

1950 年 1 月 9 日，香港法庭判決美國民用航空公司及陳納德、魏勞爾敗訴。同月 22 日，美國民用航空公司重新提出上訴，並增加兩航公司作為被告。

2 月 23 日，香港法庭再次判決美國民用航空公司及陳納德、魏勞爾敗訴，宣佈兩航公司留港飛機的所謂「出售」無效，並解除對兩航公司資產的禁制令。

3 月 8 日，陳納德、魏勞爾再次向香港法庭提出上訴。

4 月 1 日早晨，國民黨特務用定時炸彈，將停放在啟德機場的七架兩航飛機炸毀，以示爭奪兩航飛機的決心。

5 月 10 日，英國樞密院向香港法庭發出樞密院令，用行政手段再次凍結兩航留港飛機及器材。

5 月 17 日，中國外交部副部長章漢夫在北京向英國政府代辦胡階生提出嚴重抗議，要求英國政府立即解除對兩航留港飛機的扣押。

5 月 27 日，美國民用航空公司再次向香港法庭上訴，要求裁決兩航留港飛機及器材的歸屬問題。

6 月 25 日，朝鮮戰爭爆發。英國政府派兵加入以美軍為首的聯合

國軍，入朝作戰，同時參加美國為首的西方國家對華經濟封鎖。

英國樞密院隨之在 1952 年 7 月 28 日，宣佈將央航留在香港的四十架飛機及器材判給美國民用航空公司。次日凌晨，港英警察進入存放兩航留港飛機的啟德機場以及存放器材的新亞藥廠、庇利船廠兩個倉庫，打傷和逮捕兩航公司護產員工多人。同年 10 月 8 日，在英國樞密院直接干預下，香港法庭裁決將中航留港的三十一架飛機判給美國民用航空公司。

新中國中央人民政府當即抗議港英政府的倒行逆施，還相繼宣佈徵用上海英商英聯、馬勒兩船廠的全部財產，以及英資企業上海電車公司、自來水公司、煤氣公司以及隆茂洋行在華全部財產，以作反制。

中共在與台灣國民黨當局爭奪兩航留港資產、與港英政府進行飛機歸屬權的司法博弈期間，鑒於港英政府民航處以種種理由拒絕發放飛機適航證，已經明白停在啟德機場的兩航飛機再難以獲准起飛，因而將實際工作主要放在搶運兩航在港航空器材之上。

1949 年 10 月 19 日，首批搶運中航三百餘箱航空器材，由中航員工方宗惠、錢忠華等人押運，搭乘美國商船「湖南」號，冒險穿越台灣海峽，終於安全抵達天津。11 月 29 日，周恩來致電天津市委書記、市長黃敬，告知「由香港來的湖南輪運回引擎及零件一百四十五噸，約一二日內即可到津」，要求「指定倉庫與交通工具並給應用便利，軍委民航局即派人來津洽辦」。

1950 年 3 月 14 日，中航第二批航空器材 5,977 箱，由戚少俊押運，租用英國商船「帝國」號啟程北上，前往天津。

同年 4 月 5 日，中航第三批航空器材 3,692 箱，由王洪芳、唐祖光等人押運，租用英國商船「哈帝提督」號離港北上，輾轉航行近半個月後，於 4 月 19 日安全抵達天津。

5 月 12 日，裝有兩航器材的「海後」號輪船在離港前被港英海警

阻止，兩航物資搶運被迫中斷。

　　三次成功搶運的結果，合計運回內地「一個飛機修理廠、一個電訊修配廠及數千噸設備器材、航空油料」。

　　更重要的是：兩航起義前在港員工有 2,340 人，到 1950 年底，中航復員回內地 1,005 人，央航復員回內地 712 人，亦即大部分人返回內地，成為建設新中國航空事業和其他行業的人才。

　　終止 1950 年底，在香港屬於原民國資產的二十九個大小企業的員工先後宣佈起義，將各自管理的飛機、輪船、機器、交通器材、礦品、銀行資金、棉花和其他物資交給人民政府，成為新中國的資產，價值總計二億港元，其中許多物資是新中國建設所急需。

　　同年底，起義機構共 4,855 名員工中，八成以上的人投身新中國建設事業。其中 3,420 人回內地工作，540 人留港工作。他們大多是經驗豐富的科學技術人員和經營管理人才，許多人成為新中國民航、交通、金融、外貿等各行業的重要骨幹。[82]

　　中共策動原屬國民政府管轄的香港國有資產各管理機構員工起義，其實是國共內戰在香港的延續反映。

　　隨着這些起義相繼完成，中共革命在香港的歷程隨之勝利結束。中共在香港的地下組織將以新的姿態，迎接來自新中國的新使命。

82　以上參見王彪：〈新中國接收國民黨政府在香港機構和資產曲折過程的台前幕後〉，《檔案天地》，2009 年第 9 期；季衛兵：〈周恩來與「兩航」滯港資產的護運——以《建國以來周恩來文稿》為中心的考察〉，《廣東黨史與文獻研究》，2020 年第 3 期。

大事記

1920 年

約 12 月 22 – 23 日 　正在領導上海、廣州等地馬克思主義者組建共產黨的陳獨秀，從上海乘船路過香港，隨船停留一兩天。此行是應廣東省長陳炯明邀請，前往廣州，擔任廣東省教育委員會委員長。香港青年林昌熾、張仁道、李義寶攜帶所編宣傳馬克思主義的刊物《真美善》，登船謁見陳獨秀，彼此建立聯繫。25 日，陳獨秀抵達廣州。

1921 年

3 月　中共北方支部黨員張太雷向共產國際遠東書記處報告：「截止於 1921 年 5 月 1 日，中國共產黨已經有了七個省級黨組織（均由選設的委員會），即上海、廣州、北京、天津、武漢和香港等。」

6 月 10 日　張太雷致共產國際第二次代表大會的書面報告，提及中共「香港組織，它不僅依靠香港 30 個工會組織中的 12 個工會組織，而且還同汕頭、福州、澳門等城市的工人保持着聯繫」。

1923 年

6 月 4 日　阮嘯仙致施存統信，介紹廣東團組織現狀，其中稱：香港新組織一組，有八人。

6 月 19 日　阮致施存統信，附上香港八名團員名單。

8 月 22 日　下午，團香港特支召開全體團員選舉會，林君蔚、梁鵬萬、梁九等三人為幹事，組成幹事會。次日，幹事會決定發起「救國十人團」，幫助木匠工會與木業工會聯合，調查本港各工會狀況，「推倒我們主義的障礙物聖教總會」。

8 月 24 日　特支發出有關幹事會成立的第一號通告。

9 月 20 日　阮嘯仙致函鄧中夏等稱，他出席團全國代表大會後回粵途經香港，在港「連續開了四天晚上的集會」，向香港團員傳達會議情況，並認為港地方團可以成立。

9 月 29 日　團粵區代執委會第 24 次常會議決，廣州、海豐、香港三個地方團已成立，擬組織區執行委員會。

9月30日	阮嘯仙致寶庵函稱，香港團員已增至二十餘人。當晚，團香港地委開全體大會，報告本月成績和今後計劃。
10月14—16日	香港代表林君蔚出席社會主義青年團粵區代表大會。
10月20日	梁鵬萬致劉仁靜函，彙報香港團開辦工人免費學校情況和設法組織香港國民黨支部等事。
10月24日	梁鵬萬作關於香港各工會及工人情況的調查報告。
10月25日	晚上，香港團員大會選舉林君蔚、梁鵬萬、彭月笙、梁九、區直之為執行委員，李義葆、杜滄州、蘇南為候補委員。
10月26日	晚上，團香港地委執委會召開第一次會議，決定委員職位：委員長梁鵬萬，秘書彭月笙，會計梁九，教育宣傳委員林君蔚，勞動運動委員區直之。會議還通過「組織三支部案」和「印傳單反對和平會議案」。
10月27日	梁鵬萬致函鄧中夏，談關於改香港團為特區和津貼等問題。
10月28日	梁鵬萬致函劉仁靜，介紹他與林君蔚的關係和組織國民黨支部問題。稱其為避免團內分裂，決定下月離港往南洋。晚上團香港地委召開第二次常務會，通過杜兆倫、潘典、郭少泉三人入團。
10月	梁鵬萬發出組織救國十人團開展救國運動的聲明。
11月4日	團香港地委舉行第三次常務會，議決組織勞動運動委員會和教育委員會。
11月7日	香港團組織舉行慶祝十月革命會。
11月10日	團粵區委致函劉仁靜等，稱香港已成立三個團支部。中環支部分三組，共十二人，孝德為書記；灣仔支部只一組，共四人，書記為李義葆；紅磡油麻地支部分二組，共七人，書記為寶廉。
11月11日	團香港地委執委會舉行地四次會議，議決第三支部（油麻地）書記寶廉因失業，改屬中環支部，其職務由梁九兼任。
11月17日	團香港地委給中央發出第五號、第六號、第七號通告，分別彙報暫緩組織「社會科學研究會」、對基督教會取緩攻態度和開展青年工人、學生、農民運動等問題。
11月18日	團地委開第五次會議，議決吸收楊開、易全、培一等入團。

11 月	團粵區委確定各支部人數，其中香港紅磡油麻地支部七人，灣仔支部四人，中環支部十二人。
12 月 2 日	團香港地委開第七次常務會，出席二十人，缺席六人，梁鵬萬因往外國，提出辭職，補選蘇南為委員。
12 月 9 日	團香港地委開第八次會議，選舉梁九為委員，蘇南繼任會計；決定停辦木匠補習夜校。
12 月 30 日	團香港地委第 17 號通告，吸收杜鐸、黎燦、謝四入團；第 17 號通告，關於收回關稅運動；第 18 號通告，關於加強團的紀律問題。
12 月	團香港地委建立圖書室，存放《社會主義史》、《社會主義討論集》、《資本論入門》、《第三國際議案及宣傳》、《共產黨宣言》、《唯物史觀解說》、《共產黨禮拜六》、《中國共產黨對於時局之主張》、孫中山《建國方略》和《女子參政之研究》、《中國風俗史》等書。團地委稱：「書籍是傳播新知識新理想的唯一工具，我們同志既醉心主義，不能不研求學理。」

1924 年

1 月 4 日	林君蔚、彭月笙覆信劉仁靜，分析香港社會狀況，並稱國民黨的改組還未進行，團員中有十多人參加國民黨。
1 月 9 日	團香港地委開組織會議，議決組織國民黨改組委員會，選出彭月笙、理中、鄭全為委員。
1 月 12 日	彭月笙致函劉仁靜，報告香港團地委改選和工會組織情況。
1 月 13 日	團香港地委開第十三次會議，通過蘇佳入團，決定組織工人講演會，並請團粵區委和譚平山迅速解決香港分部出席國民黨第一次全國代表大會名額。
1 月 28 日	團香港地委有團員二十九人，其中二十八歲以上者十五人，已加入國民黨二十一人。因接團中央 22 號通告，特致函團中央，請示如何辦理年逾二十八歲的團員入黨手續問題。函中稱香港尚未有 C.P.（中共）的地方組織。
2 月 3 日	彭月笙致函劉仁靜，稱國民黨早已在港成立分部，分部長阮旺（香港南北行的管貨員，港公平公會會長）是孫中山指定出席國民黨「一大」的香港代表之一。

3月5日	團香港地委報告香港經濟政治情況，稱機器、船澳、航業最為發達，機器工人及海員約十餘萬人，每月工資三四十元。九龍一帶居民在二十萬以上，多為自耕農。
3月8日	香港海員工會召開慶祝海員罷工勝利紀念大會。
3月23日	香港工團總會發起召開勞工先烈追悼會，追悼列寧及京漢鐵路被難工友和沙田被難工友。
4月12日	因運動《香港新聞報》停版，二十餘名工人和團香港地委三名委員被捕。
5月7日	團香港地委開會，到會二十人，通過鄧啟譜入團。粵區特派員阮嘯仙報告粵區執委會擴大會議情況。
5月8日	團香港地委開常委會，議決張瑞成（新會人，早年到廣州做工，1922年加入中國共產黨，為團廣州地委領導人之一）為組織部主任，林君蔚為宣傳部主任兼學生部主任，鄭全和杜純鋼為農工部主任，李義葆為秘書。
5月13日	團香港地委報告一年來的工作情況，已加入CP的團員有李義葆、林均惠（君蔚）、杜純鋼、羅朗佳、楊開、易全、黎熾等七人。
6月7日	團香港地委開會，張瑞成報告上月底在廣州舉行的團粵區委第二次團員代表大會情況。
6月29日	團香港地委開會，到二十人。特派員馮菊坡報告來港改組國民黨支部問題，林君蔚報告有耶教徒破壞我們的工作，李義葆報告在教育會活動的情況，杜純鋼報告木匠工會將於夏曆七月改選職員。因張瑞成赴俄留學，會議補選楊兆為委員。
9月3日	團香港地委開團員大會，李乙（義）葆演說少年國際和我國SY的歷史，林均惠演講團員加入國民黨的理由。因楊兆、易全、馮全調省工作，補選黎熾、朗佳為農工部委員，楊開、易全、馮全為候補委員，杜純鋼改任組織部委員。
9月7日	團香港地委開會，議決反對英帝國主義強令九龍新界人民建屋補地價等事。
11月5－12日	團粵區委在廣州召開第三次代表大會，香港彭月笙當選為團粵區委候補委員，旋任團粵區委農工部助理之一。

11 月 14 日	團粵區委與黨粵區委開聯席會議，對各地黨團組織關係提出處理意見，稱香港羅朗佳、黎熾、易全、杜純鋼、林均惠、李乙葆、楊開等已入黨，應成立黨小組。其中純鋼、乙葆未超齡，仍為團員。
12 月 8 日	團香港地委開大會，討論工作。選舉五名地委委員：組織鄭頁川，秘書彭次亭，宣傳杜純鋼，勞工馮全，學生李乙褖；宣傳助理李俠魂，勞工助理楊兆，學生助理馬念曾。

1925 年

1 月 1 日	團粵區委組織部報告稱：香港地委現有六個支部共三十三人，其中木匠二十人，電報員四人，教育界三人，苦力工人三人，排字工人三人。
1 月	根據團中央同月 8 日的通知，團香港地委派鄭全（即頁川）前往上海，參加定於同月 23 日舉行的團全國代表大會。團香港地委的通訊人暗號為「江棣芳」。
2 月 7 日	劉爾崧到港。10 日晚召開團香港地方大會，傳達團全國代表大會精神，改選地委委員。劉致函團中央稱：會議議決調現任團粵區委「工科農科主任」的彭月笙返港任「教務長」，庶務兼會計李乙褖，訓育主任彭次亭；工科羅瑞明（現在港機廠任工程）、鄭頁川；助理為劉琴西（現在廣州任油工書記，將調往港任該處工會書記）、李俠魂（任電話局工程）、馬念曾（印務工程）。
2 月	團香港地委在木匠總工會舉行「二 · 七」紀念會，到會三十多人。林君蔚、李乙褖、彭次亭、李俠魂等人演講。
3 月 8 日	本日為香港海員罷工三周年，中共在港黨團組織聯合發表傳單，並到海員工會演講。
3 月 10 日	團香港地委「初級教務長」（書記）彭月笙致函團中央，稱港支部改組為三：排字工社、大東電報局、木匠；正與中共香港支部討論加強「主義上之教育」；通訊人暗號改為「梁偉」，地點「香港大道末九十三號三樓彭寓轉」或「香港黃泥涌村八十一號李乙褖轉」。

3月16日	本日起，國共兩黨在港組織與香港工團總會等聯合組織香港各工會工人，舉行悼念孫中山大會。本日，工團總會舉行追悼活動，到會約五百多人，中共黨團員多作演講。港英當局出動警察滋擾，逮捕四人。中共在港負責人林君蔚家遭華探查問。中共在港黨團組織連日發動工人悼念孫中山。
5月15日	團香港地委在報告中稱，所辦《真美善》雜誌因印刷費困難，未能繼續出版。有同志參與的刊物有聯義社的《聯義月刊》、洋務職工聯合會出版的《職工月刊》、香港勞動週刊社出版的《勞動週刊》，各發行五百份。
5月17日	國佐在信中稱，蘇兆徵「已經加入西比」，即加入共產黨。此外，中共還有兩三個同志在香港海員中活動。
5月18日	團香港地委致函團中央稱，香港青年社已成立，同志已有入內活動，並設法與聖保羅學校的罷課學生聯繫。
5月25日	彭月笙致函團中央，報告工作。稱他與李乙褓要兼任「港大學工作」（即黨組織工作），彭次亭體弱，鄭頁川因挪用經費十元被革職，代職的梁典因病到廣州就醫，因此地委組織頗不健全，各支部亦不免渙散，應急謀改正。「五・七」聖保羅學校罷課風潮後，同志進入活動，已被香港政府發覺和監視。
6月2日	中午，中共廣東區委根據黨中央的電令，在廣東大學召開聲援滬案的群眾大會和示威遊行，參加者約二千人。會後遊行至沙基。
6月6日	廣州發生「楊劉叛亂事件」。
6月8日	中共中央廣東臨時委員會與廣東區委派鄧中夏、孫雲鵬到香港，連同在港的蘇兆徵、何耀全、黃平等人發動香港各界聲援滬案。香港各工會表示願意舉行罷工。於是派黃平返省報告，請臨委定奪。臨委旋指定黃平、鄧中夏、楊殷、蘇兆徵、楊匏安五人組成黨團，作為指揮機關。黃平返港後，鄧、黃邀請工會領袖十五人，在每餐樓秘密開會，決定發佈通電。另據19日及26日的團廣州地委宣傳部報告稱，楊劉叛亂期間（同月8日至12日），曾派周文雍、藍裕業兩人到香港發動罷課。香港學生聯合八校組織學會，通電援助滬案，宣言罷課回國。香港學生聯合會委員長是 N. S.（新學生社）社員。

| 6 月 12 日 | 團香港地委致函團中央，報告「五卅慘案」後香港工、學界憤起相應上海風潮，並稱警署於 11 日晚十一時封禁《中國新聞報》，逮捕陳秋霖等二人。 |

6 月 12 日　團香港地委致函團中央，報告「五卅慘案」後香港工、學界憤起相應上海風潮，並稱警署於 11 日晚十一時封禁《中國新聞報》，逮捕陳秋霖等二人。

6 月 14 日　先是，香港各工團代表在車衣工會舉行會議，決定組織全港工團委員會。中共黨人蘇兆徵任幹事局長，黃平任外交委員，鄧中夏為總參謀；並決定派兩名代表隨鄧、黃返省接洽。本日，鮑羅廷向國民黨中央提議支持香港罷工，故香港代表與廖仲愷、胡漢民等人接洽時，極其順利。

6 月 18 日　由中共主持的廣東各界對外協會舉行擴大會議，廖仲愷、汪精衛等也參加。香港有學生代表駐廣州。

6 月 19 日　晚，香港海員工會、電車、西文排字、洋務等工會工人開始舉行罷工。此後至 7 月 2 日，香港有十萬工人參加罷工。

6 月 20 日　廣州沙面二千多名洋務工人罷工。

6 月 23 日　廣州各界群眾舉行援助滬案大會，會後舉行示威遊行。遊行隊伍經過沙面租界對岸的沙基時，遭到沙面英、法軍隊的射擊，死一百五十多人，傷五百多人，是為「沙基慘案」。

7 月 1 日　廣東成立中華民國國民政府，所轄軍隊改稱國民革命軍。

7 月 3 日　中華全國總工會省港罷工委員會在廣州東園成立，是為省港罷工工人代表大會下的最高執行機關。蘇兆徵任委員長，曾子嚴、何耀全任副委員長。委員會設幹事局，執行一切事務，李森任局長。中共廣東區委在罷工委員會建立黨團，鄧中夏任黨團書記。

7 月 5 日　省港罷工委員會成立工人糾察隊，鄧中夏為訓導長，徐成章任總教練。

7 月 10 日　省港罷工委員會正式宣佈對香港實行武裝封鎖，禁止所有輪船、輪渡開往香港和新界口岸。封鎖線起初僅及珠江口一帶港口，同年底廣東統一後，封鎖線擴大至汕頭、廣西北海及海南島，全長數千里。

8 月 1 日　為解除封鎖香港而給廣東帶來的經濟困難，促使廣東商人中立和瓦解列強對罷工的聯合戰線，省港罷工工人第七次代表大會決定實行「特許證」制度。規定凡不是英國貨、英國船及經過香港者，可發給特許證，准其直來廣州。

8 月 20 日　國民黨左派領袖廖仲愷被暗殺。

11月4日	港英當局糾集陳炯明殘部一千多人，襲擊在沙魚涌執行封鎖香港任務的罷工工人糾察隊，造成「沙魚涌事件」。事後，實際由中共黨人領導的國民政府鐵甲車隊從深圳馳援，斃敵傷敵軍二百人。寶安三區農會協助鐵甲車隊撤出敵方包圍。
11月27日	香港團組織在廣州成立特委，彭月笙為書記，吳儕白負責組織，梁若鴻負責宣傳。
12月7日	因彭月笙兼任中共工作，團粵區委指定李耀先接任香港團特委書記。李耀先是廣東揭陽人，1928年8月任中共廣州市委書記，9月被捕犧牲。
12月	香港特支報告，團員人數原有97人，增加189人，合計286人。支部原有7個，增加到10個。香港學生聯合會現有人數300人。

1926 年

1月17日	團香港特支書記李耀先作關於教育宣傳工作的報告，談及與新學生社香港分社、香港學生聯合會及中共黨組織的關係。
1月	團香港特支發展團員至115人。
3月18日	省港女工大會第一次籌備會議召開，蔡暢、李耀先等人出席。
3月28日	省港青工大會在廣東省教育會舉行，到會人數約千餘人。李耀先在籌備會負責宣傳。
3月30日	省港女工大會在國民黨中央黨部禮堂召開，到會團體四十餘，出席人數一千五百多人。

1927 年

4月12日	蔣介石在上海發動反革命政變，捕殺共產黨人和革命群眾。
4月15日	國民黨在廣州、汕頭、惠州等地捕殺共產黨人和革命群眾。
4月17日	中共廣東區委召開緊急會議，決定將區委機關撤往香港。同時在廣州成立市委，就地堅持鬥爭。
7月2日	陳權、祖詒致函蘇吉，報告香港海員活動近況。
7月6日	中共廣東特委（代號「鄺德福」）致函武漢黨中央，請求繼續撥發經費，匯至香港南北行街陳李濟藥行陳叔屏轉李榮收，或香港中環永安公司船具部楊興發轉楊典樂收。
8月1日	南昌起義。

8月20日	張太雷在香港召集會議，傳達中央「八七」會議精神。會議決定在廣東各地組織暴動，並宣佈正式成立中共廣東省委，張任書記。
10月5日	（劉）國佐在香港致函鄧中夏及黨中央，報告南昌起義軍撤退出汕頭的情況，請匯大批款項。電匯地址為：香港利六西街元昌泰莫德潤轉李榮。
10月15日	張太雷召集中共中央南方局、廣東省委聯席會議，總結南昌起義失敗的經驗教訓。共產國際代表指定中共南方局六名委員：張太雷、周恩來、惲代英、黃平、楊殷、彭湃，下設軍事委員會；同時改組廣東省委，「實行黨的工農化」。其中正式委員二十五人，候補委員十一人。南方局由中共「八七」會議決定成立，10月23日，根據中央決定而撤銷。
10月中旬	領導南昌起義軍轉戰廣東潮汕地區失敗後，身患重病的周恩來和葉挺、聶榮臻，在中共汕頭市委常委楊石魂護送下，從陸豐縣金廂鎮渚村乘小船，飄泊兩天一夜，抵達香港。
11月26日	廣東省委召開常委擴大會議，張太雷等及共產國際代表出席。會議決定組織廣州暴動。
12月8日	中共廣東省委致函中央，報告廣州起義的準備工作，並稱省委已決定完全遷省，港只留一交通處。
12月11日	廣州起義爆發。13日，起義失敗，起義軍撤出廣州。14－19日，國民黨在廣州屠殺數千名起義者和群眾。香港有數百人參加廣州暴動。
12月13日	香港市委曾決定在九龍、跑馬地兩處舉行全港工人慶祝廣州暴動勝利大會，後因暴動失敗而停止。
12月18日	中共中央任命李立三為廣東省委書記，處理廣州起義善後工作。
12月20日	李立三抵達香港，召集省委會議，決定由張善銘代理省委書記，李立三以中央巡視員資格指導省委工作。
12月28日	李立三在給中央作的關於廣州起義善後報告中，肯定中共香港市委工作，並稱其下轄十三個支部。
本年	中共香港市委報告職工運動工作、海員工作。其中稱：省港罷工時，香港海員的中共黨員人數達五百人以上。

1928 年

1月1-5日	李立三在港主持中共廣東省委全體會議，決定發動各縣農民暴動、奪取全省政權，將廣州起義失敗的原因歸咎領導者的個人責任，對主要領導人施行政治紀律處分；改組省委，李立三為書記，張善銘為軍委書記，沈青為編輯委員會書記，羅登賢為職工運動委員會書記。
1月15日	沈寶同談廣東黨組織情況，稱香港市委有工人黨員四百餘人，市委委員中僅一名知識份子，餘皆工人。黨員中有十餘人加入第三黨。
1月16日	李立三致函中央，不同意政治局通過的「廣州暴動之意義與教訓」決議案。
1月31日	團廣東省委向中央報告各地組織工作，其中稱香港青工至少有五萬人以上。但1月上旬發生第三黨後，香港工作受打擊，開除七個參加第三黨的團員，改組市委。改組後仍有支部十五個，人數約一百二十。昨日決定取消團市委，由省委直接管理工作。
2月9日	本月上旬，李立三到上海向中央彙報廣東省委與中央在評價廣州起義的分歧，中央派鄧中夏到香港，代理廣東省委書記。本日，廣東省委常委擴大會議討論廣州暴動的評價問題。鄧中夏維護中央決議，李立三等省委領導反對。香港代表盧永熾認為不能取消對起義領導人的處分，稱處分「使一般同志非常開心」，因為有人說張太雷「該死」。
2月20日	晚七時，省委常委在港開會，被港英政府偵探十餘人破獲。書記鄧中夏、常委王強亞、羅登賢及黃謙等四人被捕。沈寶同、惲代英、聶榮臻等因外出得免。省委通訊處在香港中環士丹利街寶安商會轉李更新。
3月中旬	周恩來受中共中央委託，抵達香港，主持召開中共廣東省委擴大會議，糾正李立三對廣州起義所作錯誤結論和懲辦做法，宣佈撤銷省委對起義領導人的處分；指示中共廣東省委組織營救在香港被捕的廣東省委書記鄧中夏。不久，鄧中夏獲釋出獄，離港北上。

4月13日	李立三在港主持廣東省委第一次擴大會議,中共中央代表周恩來出席。會議認為廣東革命仍處於高潮,已發展到「爭奪城市」階段,急需擴大各路暴動。會議改選廣東省委,李立三任書記。中旬,周恩來返回上海。
6月18日至 7月11日	中共第六次全國代表大會在莫斯科召開。蘇兆徵當選為中央政治局常委,任中央工委書記。會後,李源接任廣東省委書記。
7月29日	香港海員支部報告海員組織情況稱,現在港海員有黨員121人,分佈在三十四艘船,其中有三艘成立支部。
8月27日	陳郁等三人在香港海員俱樂部開會時被捕。後經營救,於29日晚釋放。
10月4日	香港市委交通陳采華被捕,一週後引致革履支部被破獲,五人被捕。
10月17- 18日	廣州派偵探到港,破獲省委所辦的《針鋒》報社,捕去非黨人員三人,後釋放。
11月8日	中共中央巡視員毅宇(即賀昌)在給中央報告中,提到香港有「同志約600,支部32個,較健全者8個」;「現在有秘密工會組織四五個,會員300-400人」,「省委提議中央在香港組織交通局,管理粵、閩、桂及南洋交通」。
同日	港府偵探在上海街66號的中共臨時秘密招待處,捕去中共黨員九人,繳獲傳單一包。兩天後,有五人被判令驅逐出境。
11月13日	廣東省濟難總會給全國濟難總會報告,內有在港組織及營救情況。
11月16- 24日	廣東省委召開擴大會議,決定以香港、廣州、汕頭、鐵路、海員為第一位工作。「特別指出香港是英帝國主義太平洋根據地、廣東經濟中心、南方唯一重要產業區域、中央佈置全國的四大城市之一。為國際、為全國、為廣東革命前途、為創造無產階級的黨,都要特別注意香港工作。」議決黃釗為省委書記,盧永熾負責組織兼全總書記,聶榮臻為軍委書記。

12月4日　　惲代英在上海向中央局彙報廣東黨組織情況，稱「廣東最大工人區域在香港，有船廠、市政等。廣州、汕頭產業工人很少」。中共在香港有船廠四個支部（太古、九龍、水師、紅磡）、貨廠兩個支部（太古、九龍），還有海員流動支部。「香港無市委，設三區直屬於省委。」「香港有100工人同志」。

12月6日　　中央巡視員毅宇向中央報告廣東經費困難，稱：中央擬減少粵省經費，「結果省委機關生活交通費大減特減（人減到二十人，機關減到八個，生活費減到十元），省委用費沒有超過八百元。同日，廣東省委就海陸豐紅軍出境及省委經費問題，給中央報告稱：「中央決定省委十二月津貼4,200元。」

12月23日　　毅宇向中央報告稱，已分區巡視中共香港各區特支，召開區代表大會，省委領導盧永熾、聶榮臻等參加支部。香港各工廠工人自發鬥爭甚多，「但黨不能領導，甚至於連頭都接不到」，故擬改變工作方法。

12月28日　　省委就香港職工運動，給香港各區委各支部發出第一號通告，稱香港工人已經自發起來鬥爭，區委「要擴大群眾組織和組織群眾」。「擴大會以後的省委，既下十二分的決心，集中一切力量以建立香港的工作。」「假使我們又空空的放過了鬥爭的機會，那末黨不僅不能成為領導群眾的黨，簡直是中國革命的罪人。」

12月29日　　毅宇就香港市委、海委被破壞事件，向中央報告稱：因前在特務科及市委發行科工作的人員叛變，市委代理書記羅某被捕，「口供甚好，已進行營救」；市委油印科被捕兩人；11日海委被捕三人，包括正在機關打麻將的全總特派員；省委外交科也被捕一人。

12月31日　　廣東省委致函中央稱：「最近香港西區機關破壞」。

同日　　　　毅宇報告中央稱：省委經常派人參加香港各區工作，並巡視各支部。分工：九龍區毅宇，東區盧永熾，西區聶榮臻。全總方面：九龍區何務光，東區甘卓棠，西區鄧發。全總發行有《工人消息》刊物。

12 月	省委關於職工運動的報告稱：「香港是工人最集中的地方，但工人的組織最不好。」今後工作方法：「加緊公開的運動」、「深入群眾的組織」、「注意工廠委員會組織」。香港赤色工會組織有五百多人，正在組織赤衛隊及工廠委員會；發行《工人之路》週刊一千五百份，主要在香港分發。

1929 年

1 月 1 日	中共廣東省委致函中央稱，團省委常委機關、團交通機關、中共香港西區機關相繼被破壞，被捕同志十餘人。
1 月 8 日	毅宇向中央報告稱：「最近 C.Y. 省委機關破壞共三處，黨的西區與工作亦遭破壞。」又稱香港工人受香港政府改良主義及工團主義影響；《紅旗》印一千五百份，《教育雜誌》印三百本。
1 月 12 日	廣東省委就目前形勢與黨內政治偏向發表通告，其中稱香港政府一面「勾結華紳」，欺騙文員及廣九鐵路工人的加薪運動；一面「利用工賊，組織御用工會，如『中華船員總會』，以企圖消滅香港工人運動與分散工人的聯合戰線」。
1 月 13 日	省委就肅清浪費腐化現象、節省經費問題發出第四十八號通告。
1 月 18 日	省委就重新分配省委工作，給中央報告稱：黃同志仍任書記兼參加海員及南全黨團工作；盧永熾仍任書記兼參加香港九龍區委及 C.Y. 工作；聶榮臻參加香港西區及省濟總黨團工作；陳郁任全總黨團書記及參加宣委及香港東區工作。
1 月 25 日	省委就改進支部工作，發出給香港各區委及支部的第四號通告，號召到產業工人群眾中去，領導日常的鬥爭。
1 月 27 日	省委就經費核查及撥款營救負責同志致函中央，稱營救馮菊坡共付 500 港元，營救香港西區黨委及團機關負責同志共需 1,400 元。該批被捕人員在同年 2 月釋放，驅逐出境。其中有九人到上海。
1 月 30 日	省委召集香港東、西區委聯席會議，決定香港島合併為一個區委，任命五人組成新的區委，各支部直接受區委領導。

2月3日	廣東省委就成立統一的香港區委，給香港東、西區各支部發出第五號通告稱：「香港、廣州、汕頭三大城市為重要的工作中心，尤其香港。因為香港是英帝國主義侵略南中國的大本營，產業工人最多而又集中的地方。」
2月4日	廣東省委就經費問題致函中央。
2月19日	廣東省濟難總會黨團致省委函，報告營救各地同志的工作。
2月23日	廣東省委就香港工作等致函中央稱，香港支部對很多自發鬥爭未能及時發動領導。
2月	香港東區區委被破壞，區委常委鮑觀容被捕，入苦工監十二個月。
3月13日	毅宇就廣東省委工作情況等向中央報告，稱省委常委現在港五人：黃釗、陳郁、盧永熾、聶榮臻、周仲年。馮菊坡被捕，姚常自首。
3月22日	廣東省委向中央報告上年11月省委擴大會議以來的工作，稱香港工作自接受省委直接指揮後，省委常委常參加區委工作，工作自然有新氣象。香港區委現有支部24個，黨員171人；九龍區委有支部20個，黨員142人。最近準備正式成立香港工人代表會，籌備工作已在上年12月開始。
3月23日	廣東省委就香港報刊報道朱毛紅軍消息及省委對該部意見致函中央，稱暫不擬轉交中央給朱毛的信，「省委希望中央能收回成命，重新給予指示」。
3月	廣東省委報告一、二月份在港進行黨內教育訓練及黨外宣傳工作，稱上年12月已決定成立「香港訓練委員會」，現已舉辦一個多月的訓練班；在香港發行《紅旗週刊》八百份。
同月	省委婦委接頭機關被破壞，婦委姜瑞蘭、中共香港織造支部負責人黃慕貞被捕。
4月7日	廣東省委致函東江特委，其中稱東江以向富豪「捉豬」方式獲取經費，「東江各縣每月經費開支可算是全國之冠」，興寧曾一月用二萬餘元之多，而省委經費僅二千元，「你們一縣便超過了一省」，「故東委要有幫助省委的精神」。

4月17日	省委就宣傳工作發佈第六十二號通告稱，省委經常出版的刊物有：省委政治機關報《紅旗週刊》、工人普通刊物《工人三日報》（內容側重於香港）、海員讀物《海員月刊》、青年工農讀物《少年先鋒》、黨內幹部工作讀物《學習》半月刊，還有不定期的黨內讀物《政治通訊》、專門登載香港支部生活的《支部生活》（不定期），以及團內讀物《新生活》。
同日	省委就解決黨的經費問題發出第六十四號通告，稱「機關群眾化，黨員職業化」，才可以解決黨內經濟問題，使黨做到經濟自立。
4月27日	中央致函廣東省委，決定將廣西省委改為特委，由廣東省委領導；指定盧永熾（即盧德光）、陳郁、聶榮臻、黃蘇和中央巡視員賀昌為廣東省委常委。盧為書記，賀為宣傳部長兼黨報委員會書記，陳郁為組織部長，聶榮臻為軍委書記。此後賀昌實際主持省委工作。
4月	〈廣東省工人、農民鬥爭情況〉一文敘及中共在港工運，稱：香港有紅色工會十幾個，七百至八百名會員；海員支部十幾個，原有九百多紅色工會會員，現減至五六百名；建立十幾個糾察隊，有一百多人，大部分在造船廠；全省黨員一萬三千人，香港有黨員二百五十人，廣州有六十人。
5月10日	廣東省委就貫徹中央關於將中共海員組織由「海總」改為「海委」、直接改由省委指揮等事，給中央報告。
5月26日	省委《軍閥戰爭與廣東黨的工作大綱》對香港工作稱：「黨的組織要以鞏固支部為中心任務」；省委刊物減少為五種；組織部要召集各地來港同志，予以訓練後分配各地工作。
同日	省委就發動群眾鬥爭等致函東江特委，並「希望東委在極短期間能在各地沒收土豪劣紳的款項中，盡量籌些款項送來省委」，以解決省委因中央接連減少下撥經費的困難。
5月29日	省委發行科負責人陳魯祖攜帶紅色刊物路經香港中環，被警察查獲，被判苦工監兩個月。
6月7日	省委秘書處致函中央秘書處，報告香港機關秘密工作情形，並請求予以指導。
7月4日	香港工代會籌委會發表為召開第一次全港工代會告工友書。
7月26日	省委就東北中東路事件發出告香港工友及勞苦群眾書。

7月27日	香港工代會發表紀念「八一」宣言，號召全港工人總罷工一天，到中環示威。團廣東省委發表告青年群眾書，號召參加 7 月 28 日的示威大會。
7月	省委制定《「八·一」國際赤色日的香港工作大綱》，稱：「香港是英帝國主義的屬地，是南中國無產階級的中心」，香港黨部必須發動「罷工一天，到中環市委」的總行動。工代會黨團及兩區委要有計劃地準備 28 日的示威，以便推動廣大群眾參加「八·一」示威。
7月28日	星期日，中共原計劃在正午 12 時舉行示威遊行，但因天雨，「到會場的群眾只百餘人」，且太古及九龍兩個大船廠的支部不動。「太古因為有了幾個反對派在內煽動，太古支部內本來已有了大部分同志不動，加以這個壞影響，更加加深不動的精神」；九龍廠「支部負責人與支部同志鬧意見，故無形中把黨的工作削弱」。
7月31日	省委覆函中央，認為：「自第二次擴大會後，廣東省委本身對於政治路線的確沒有左傾、右傾的表現，完全依照六次大會指出的正確政治路線進行工作。不過各地黨部確有地方表現和平發展而走到右傾方面去。」省委無時不加以指示糾正。省委同意取消「南全」（全總南方辦事處），成立「工委」，由陳郁、鄧發（原「南全」負責人）、C.Y. 一人、九龍區一人、香港區一人共五人組成。陳郁兼工委書記，鄧發兼香港工代會黨團書記。
8月1日	下午 6 時半，中共在香港中環先施公司門前組織飛行集會。事後黨內文件一說參加示威的群眾不到二百人；一說「示威者有五百餘人」，「港政府拘去十二人」；一說到會四百多人，其中三百多人為中共黨員，「數十人為非同志」。
同日	廣東省委致函中央稱：區芳前在莫斯科留學，返國後進香港太古船廠工作，任中共太古支部書記，「最近發覺他為托洛茨基反對派在香港領袖之一」，省委決定開除其黨籍。另有前留學莫斯科的梁大慈也有反對派傾向，省委已於 7 月 5 日將其開除黨籍。
8月14日	中共外圍組織香港工代會就「俄國皇后號」四百多名海員的抗爭事件，發表援助海員鬥爭宣言。

9 月 1 日　　省委關於上月香港職工運動的報告，列表詳細介紹十餘家工廠的工人鬥爭情況，以及工會、工代會情況。

同日　　　香港工代會被破獲，全體代表被捕，各工廠的紅色工會瓦解，煙廠工會被封閉。

9 月 14 日　中央巡視員章龍向中央彙報的記錄稿《廣東問題談話記》，敘述香港、廣州等地黨組織活動。

10 月 12 日　廣東省委就秘密工作發出第一號特別通告，稱：「最近一星期內，香港政府破壞我們的機關已有多起，逮捕革命群眾領袖和我們同志已達六七十名。」通告提出「機關絕對家庭化、群眾化及安設地主天神灶君等」等十二條「戒嚴條例」。

10 月 22 日　省委致函中央，彙報兩廣軍閥混戰形勢，談及香港政府在兩廣倒蔣戰爭中支持擁蔣的陳濟棠，檢查國民黨改組派在港機關報《真真報》；香港警司還到廣州協商取締反蔣活動。

10 月　　　省委常委會議通過《廣東黨的目前任務與廣暴紀念周的工作大綱》，其中反省香港工作的缺點，指出：「香港的黨部更須加緊反帝工作，應將工人的日常鬥爭聯繫到反帝國主義運動，並推進這一運動使之成為爭自由的鬥爭。」大綱還稱：最近工代會全體代表被捕；工代會在工作中存在缺點；「香港工代會的工作必須針對過去的缺點，力求工作的公開與群眾化」，經常組織飛行集會是其五項任務之一。

11 月 6 日　聶榮臻向省委報告朱毛紅軍在東江梅縣活動情況。

11 月 11 日　省委致函東江特委，檢討省委對朱毛紅軍來東江游擊的工作錯誤，並指示今後方針。

11 月 17 日　香港市委向省委報告工作，包括下屬 31 個支部的各自工作情況、工運情況等。

11 月 18 日　香港市委向省委報告紀念十月革命活動情況。

11 月 23 日　省委常委分工：書記盧永熾，兼參加海委；宣傳部賀昌，兼參加香港市委、工代會及團省委工作；組織部鄧發，兼任香港市委書記；軍委書記聶榮臻，兼負責組織部工作；陳郁派到廣州指導工作；黃蘇巡視中路。

12月6日	省委就香港減租運動致函香港市委，稱：「現時香港正在進行的減租運動，雖然是在資產階級領導之下，但確帶有群眾運動的性質，且必然的要發展成為廣大的群眾運動。」「因此共產黨對於這減租運動，應加以嚴重的注意。」「應當站在群眾的前途〔頭〕，領導群眾的運動，使之成為革命的運動。」「在這次減租運動和年關經濟鬥爭中，必須與黨的政治任務聯繫起來，特別要與反香港打躬作揖統治和反軍閥戰爭聯繫起來。」
12月8日	省委發出第八十一號通告，指示年關鬥爭工作大綱。其中談及發動香港鬥爭。
12月28日	省委常委全體會議討論中央第60號通告，貫徹武裝保護蘇聯的指示，主張在香港組織總同盟罷工。有人甚至提出：「在武裝擁護蘇聯底下，我們要無情的打擊『愛國主義』的欺騙宣傳，指出『愛國主義』的罪惡。」但「現在香港一般工人還不明白這一點。有人說我們中國人為什麼要擁護蘇聯呢？」
本年	香港工代會被捕出獄代表告工友書稱，香港政府逮捕工代會代表五十多人，並逐批釋放驅除出境。號召工人團結在工代會周圍。
本年	中共九龍區委轄下十八個支部，黨員一百五十二人；香港區委轄下十三個支部，黨員九十六人。

1930 年

1月22日	中央巡視員仲丹寫信給正西稱，與王灼由全總及中央派來港巡視海總及職工運動的工作，但廣東省委「在客觀上是『拒絕巡視』」；上年12月25日新舊海委聯繫會議前後，海委與海總的工作是混合的，現海委由陳郁負責；九‧一工代會被破獲；對職運看法與省委有分歧。
2月	省委就黨內經費問題發出第八十六號通告，稱省委堅決在最短期間停止各地津貼、實行黨費自給、黨員職業化，批評香港市委姑息產業工人不繳黨費及容許重要支部給津貼才工作。

3月26日　中共中央決定在「五一」組織全國總示威。省委就「五一」工作發出第二號通告，計劃在香港、廣州、汕頭等重要城市組織示威，並準備巷戰。香港、廣州要建立工人糾察隊，「予糾察隊以武裝巷戰等鬥爭訓練，而使之成為將來武裝暴動的基本力量」，「每個工人支部要堅決執行在『五一』以前至少要成立一隊糾察隊」。

4月5日　省委就「五一」工作發出第三號通告，其中指示香港等地要擴大赤色工會、建立開展外國水陸軍的組織、關注九龍農民的鬥爭。

4月13日　香港工代會在油麻地京士柏球場舉行紀念上海「四・八」慘案後援會，到會三四百人，演講十五分鐘後散會。高呼「打倒帝國主義」、「打倒反革命國民黨」等口號。

4月16日　省委宣傳部「五一」宣傳大綱中有關香港的口號：「反對香港帝國主義的苛例！反對香港政府火燒草屋、驅逐勞苦群眾的殘酷行為！反對香港帝國主義搜查工會、宿舍、逮捕罷工代表工友！反對香港政府壓迫、虐待政治犯！」

4月27日　香港工代會在皇家碼頭召開紀念「五一」演講集會，到會四五百人。大會主席、糾察隊長和印務領隊當場被差人毆打逮捕。

4月28日　港府派巡警檢查各工廠工人宿舍，破獲印務俱樂部，逮捕五六人。因散發傳單而被捕者判兩人監禁，其餘無罪釋放。

4月30日　省委就發展產業工人黨員發出第四號通告，其中談及香港工廠黨組織情況：香港太古支部的黨員介紹工人入黨要觀察十五個月。為執行中央規定廣東發展黨員一千人、其中產業工人四百人的決定，省委分配香港發展二百人，其中產業工人一百人、女黨員三十人。

4月底至
5月份　港英當局搜查工人宿舍，逮捕中共及工人二十餘人。

5月1日　原計劃在香港、廣州舉行示威遊行未遂。

5月2日　省委召集會議，檢查香港「五一」工作及討論「五卅」、「六二三」的準備工作。重新組織香港行動委員會。工代會黨團書記鄧發任書記，太古、印務、九龍倉等支部參加。

5 月 15 日	省委致函香港市委，同意市委及太古支部開除托派張志、羅仲覺兩人黨籍。
5 月 30 日	下午 6 時 50 分，有一百多人參加在皇家碼頭舉行的飛行集會，其中六成是中共黨員。
5 月	為加強省委對籌備香港「五卅」、「六二三」示威的領導，盧永熾、鄧發參加香港市委專門成立的行動委員會。後覺得會削弱省委力量，乃決定盧回省委，鄧任行委書記。
同月	香港赤色工會會員有八百餘人；能經常調動的糾察隊有二十八九個小隊，每小隊五人；中共在香港吸收百餘人入黨。
6 月 1 日	廣東省總工會工作報告稱，香港工人的鬥爭有長足進步，在四・二七、五卅紀念日動員百餘名工友到皇家碼頭開紀念會，散發傳單，秩序井然。「自省港罷工後，香港民眾示威運動得到好的成績者，這次恐怕要算破天荒第一朝吧！」
同日	互濟會香港市總成立，負責香港革命互濟會工作。市總委員由群眾直接選出。省總只由組織部派一人幫助工作。出版有「香港小日報」。
6 月 4 日	中共香港行動委員會為紀念同盟罷工、紀念「六二三」發佈特別通告。
6 月 16 日	省委向中央報告，原中共香港九龍船塢支部書記李甫擅自離港，有托派嫌疑。
6 月 17 日	省委 5 月工作報告，敘及香港籌備「五卅」、「六二三」示威的工作，並計劃在「六二三」之前，香港要組織一二個中心工廠的罷工。「省委每次常委會必討論香港的鬥爭和罷工問題」。
6 月 23 日	下午 1 時，四百多人在香港皇后大道的皇后戲院參加飛行集會，經砵甸乍街，出電車路，遊行至中環街市而散，圍觀群眾參與者達五六千人。沿途散發傳單，唱《國際歌》、《少年先鋒隊歌》，高呼「打倒帝國主義！組織第二次省港大罷工！準備第二次廣州暴動！」
本月	香港市委報告紅五月中的香港工運稱，香港工代會領導下的赤色工會有二十多個。

7月25日	省委就建立發行交通網發出第十三號通告，指示利用交通關係及郵寄方式，建立與攜帶機要文件有所區別的發行網；並通報省委經常發行的書報：《南方紅旗》、《香港小日報》、《中央紅旗》等。
8月5日	廣東省互濟會本月工作計劃稱，將在10月1日召集全省代表大會；決定恢復先前停刊的省總《戰鼓》小報，以伍離夫、張蓮、周南、莫叔寶為編輯委員會委員，張蓮為編輯主任，暫出週刊。
同日	楊劍英（不久後任省軍委書記）向中央報告廣東省委工作，其中稱省委每月開支四五千元，經費拮据，「借無可借」，「當無可當」。要求中央撥款補貼「小日報」、綠波書店的經費開支。
9月3日	中華海員總工會香港辦事處關於加拿大船工人鬥爭情形的報告稱，香港辦事處欲鼓動該船罷工，打工賊梁源和，但因糾察隊調動不到，工賊改變策略，工人發動不起來而失敗。
9月15日	中華海員總工會香港辦事處作8月16日至9月15日的工作報告，敘述香港各輪船海員工會組織及鬥爭情形。
10月31日	中華海員總工會香港辦事處報告9月下旬至10月底的工會組織名單、各項工作及經費開支等。
本年	香港市委報告香港市活動份子大會的工作檢查及今後方針稱，要鼓動清淨工人總罷工，糾正在水師中號召打人的鼓動。
本年	在港被廣東省行委開除黨籍的有：7月8日，在革命互濟會油印工作的謝樂群竊款私逃；8月30日，原龍州蘇維埃財政負責人王逸在港腐化、拒絕工作，西江巡視員鄔光漢拒絕工作；9月3日，原香港團市委書記梁曡昌（又名梁一柱）挾款私逃。

1931 年

1月8日	上午，團廣東省委第八次常委會會議，討論中央反立三路線的指示，佈置年關鬥爭。
1月12日	廣東省委內部交通莫叔波叛變。

1月14日	省委、香港市委及工代會等五處機關被破獲。16日及22日，大盛（李富春）兩次向中央報告稱：林道文、楊劍英、盧永熾等被捕，電台被破獲，特務科人員也被捕。李富春不會講廣東話，只能坐在家中。李請求派陳賡等來重新建立特科。
1月18日	省委鉛印廠、油印所被破獲。
1月22日	中共廣東省臨時常委向中央報告省市委被破獲的具體情況及被捕名單，稱共被捕四十八至五十人，其中女十一人，機關十處。省委書記盧永熾、香港市委書記張家驤等重要領導被捕，原省委常委未被捕者只有大盛一人。由大盛代理省委書記，捷芳任組織部長；鄧大理、梁廣等五人組成香港市委。
1月23日	廣東臨委向中央報告稱：被捕共五十二人，破獲機關十個，損失機關十四個；香港市委四同志因謝案問題被毒打。「謝案」指中共特科在港處決叛徒謝安。
1月31日	中共中央政治局常委會議決定由周恩來負責軍委和蘇區工作。周恩來在會上報告其主持建立的從上海—香港—汕頭—大埔—永定—中央蘇區的秘密交通線，已經打通。
2月1日	香港工代會擴大紅軍委員會向省委報告組織香港工人參加紅軍情況稱，報名參加紅軍多為失業工人，三次共有數十人。但因交通問題，不能全部前往。因此不能像從前那樣只定一個月內將五百、七百工人送到紅軍，卻缺乏實際工作及效果。
同日	廣東省委致函中央稱：1月29日全總巡視員李振瀛來港，帶來全總對黨的四中全會的決議案及《常識引言》小冊子。省委認為「這顯然是超組織的行動」，因此希望中央速寄四中全會文件來。
2月2日	省委向中央報告省委常委名單：大盛、捷芳、連異、鄧大理（工人）、徐德（軍委書記）五人。許紀文、張德（鐸也船廠支部書記）接替鄧大理、梁廣的香港市委工作。
2月6日	省委分工：大盛省委書記兼宣傳，捷芳組織部長，徐德為軍委書記，大理任職委；特科負責同志由滬回港，傳達中央指示，要求召集擴大會議；廣東省委工作範圍包括兩廣、海南及閩粵贛特區。

同日	省委向中央報告稱，「自從我們在香港的組織被發現之後，形勢非常嚴重，特務在街上監視得很嚴」，將於 3 月 7 日進行人口檢查。
同日	團廣東省委致函中央，報告全總巡視員到港散發反對四中全會的文件，而沒有黨中央的介紹信，是超組織的行為。決定收到在黨的四中全會決議案之前，對四中全會暫不討論。
2 月 12 日	廣東省臨委通過接受四中全會決議和反右傾鬥爭的決議。
2 月 15 日	省臨委向中央報告對中央四中全會決議案的意見稱，同意開除羅章龍等黨籍，建議中央嚴重處分「右派最近指派來粵活動的全總巡視員」李振瀛；中央政治局的文件側重於在組織上揭發右派的罪行，但對機會主義的理論駁斥不夠；右派攻擊陳紹禹（即王明）當政治局委員，是不對的，但陳缺乏實際工作經驗，希望中央注意分配他的工作；大盛及林異去後，暫由捷芳代理省委書記。
3 月 1 日	團廣東省委工作報告敘及團省委、團香港市委成員情況，香港團員四十多人。同日，團香港市委二月份工作報告敘及香港工運、青工組織、團支部及團市委情況。
3 月 9 日	中共中央特科在港擊斃叛徒游德仁。「因為省委與特科的關係不密切，事前不知道，無從注意，事後香港帝國主義大搜捕，省委視若無睹，動搖的機關不遷移。」
3 月 10 日	香港市委向中央報告貫徹中央四中全會的決議稱，堅決反對羅章龍等組織江南第二省委的分裂黨組織行為，擁護中央開除羅等黨籍，要求處分上海派來的李大漢藉口巡視、來港分裂黨的活動。
3 月 12 日	中央巡視員文遠向中央報告廣東工作等情況，稱曾參加兩次香港市委會議。在立三路線時期，「同志號稱三百多，赤色工會會員號稱六七百人，赤色先鋒隊有三十幾隊。」現香港有同志九十餘到一百人，工代會會員群眾一百六十十人，工人糾察隊二十餘人。「市委書記是離國很久從莫（斯科）回國不久的同志，對於香港的情形還不十分了解」。報告還分析香港工作的缺點及任務。
3 月 16 日	省臨委向中央報告香港等地及省委工作。
3 月 19 日、20 日	港英政府破獲廣東省委三處機關：新建的油印科、機要科及特科一機關，逮捕五人。

3月24日	大盛向中央報告稱，香港黨組織「右傾的危機卻成為嚴重問題」，「省委本身也是立三路線的繼續」；老叛徒游德仁已打死，「省委事前既不佈置」，事後被破獲三個機關；港英當局大肆搜捕，「較之打謝安更甚」。
同日	大埔交通站負責人盧偉良報告潮汕、大埔等地交通站情況，提及在港被捕的工代會秘書林俊良夫婦解回廣州後，由廣州當局派到汕頭當偵探。
同日	團廣東省委接受團四中全會決議及團中央局對廣東的決議，決定兩個月內香港要建立三個團支部和三個海員支部。
3月29日	中共兩廣省委向中央報告，新省委由一秋、捷芳、（謝）啟泰、徐德、鄧拔奇組成；「全省工作自省委直到各級黨部，一般的是完全繼續立三路線」；香港黨員由131人減少到108人，赤色工會成員由200餘人減少到170人。報告還介紹在港被捕人員押解回廣州的情況，並彙報與蘇區及中央的交通狀況，香港曾護送項英、葉劍英、任弼時等到蘇區。
同日	省委「接受中央對廣東工作決議的決議」稱：承認當右派派人來粵活動時，省委不能即時領導反對右派的鬥爭，實際上是對右派調和的錯誤；「目前廣東當在繼續立三路線錯誤之時，右傾危險特別嚴重」。省委決定從香港、澳門支部和赤色工會中抽調人員，到廣州、汕頭等地發展組織，參加紅軍。
4月2日	團廣東省委貫徹團中央工作決議的報告稱，省委決定取消工作委員會，而組織衝鋒隊和革命競賽，並敘述香港團組織工作及省委領導人的情況。
4月6日	廣東省委發出關於五一工作的第一號通告，決定「中心城市以香港為中心，香港必須做到罷工一天，舉行巡遊集會、廠內會議」。
同日	大盛向中央報告廣東省委遭破壞後的工作狀況。
4月13日	團廣東省委關於五一工作的通告。
4月20日	團廣東省委工作報告，敘及在香港動員青工參加紅軍、團支部活動等。

同日	香港市委機關被破獲，牽連六處省委機關，並被破獲一處機關。省、市機關及互濟會共被捕二十餘人。新任市委書記廖獨航失蹤，舊市委書記許紀文等仍在。此後，徐德向中央報告稱：4月29日至5月5日，被捕二十餘人，其中叛變四人，即陳育英（省委發行科，曾在南路工作）、陳猛光（省委發行科）、廖獨航（香港市委書記）、國華（中央發行科潘先甲老婆的從妹，瓊崖人）。機關被破獲的原因：叛徒多，機關外江人多，工作方式不好。廖獨航原籍瓊崖，叛變後在香港當偵探。
5月6日	射文（蔡和森）向中央報告香港市委遭破壞及省委工作情況。
5月17日	團廣東省委關於富田事變的決議稱，擁護政治局對富田事變的決議和毛澤東解決事變的手段；原廣東黨、團省委負責人楊節〔捷〕芳、黃連一「說毛澤東逮捕整個省委，無論如何是不對的」，這是幫助AB團。東江同志否認東江存在AB團。
6月10日	蔡和森等五人在海總機關被捕。此後，謝啟泰向中央報告兩廣省委分工：謝啟泰任兩廣省委臨時兼代書記，洪波代理組織部長，袁跛子代理軍委書記。
6月30日	兩廣省委發出第四號通告，分析形勢，提出各地在紀念八一鬥爭的任務。其中決定省委要幫助香港市委健全三大船廠和鐵路支部，在八一前出版兩期《香港工人》，市委要注意反對一切香港法例的反帝宣傳。
7月11日	徐德報告兩廣情況，稱：香港還有上百個同志、百多個赤色工會會員，但因香港的領導機關不斷被破壞，「尤其是市委的負責同志叛變或作敵人的暗探，下面的同志根本不相信組織或害怕逃跑」，因而「把香港的工作弄得不生不死」。
8月20日	兩廣省委向中央報告兩廣政治、經濟及工作情況，其中敘述香港工人、師生的生活狀況及工資收入，以及香港市委及下屬支部情況。
9月20日	香港報界登載日軍發動侵華的「九一八」事件。兩廣省委就「九一八」事件發出第六號通告，號召加緊群眾反帝工作，認為日本轟擊東北的主要目的之一，是進攻蘇聯。指示香港應動員群眾組織「九一八」事件委員會，建立各廠的工人反帝小組。

9月22日	香港交通大站致函中央交通局，報告與大埔交通路線聯絡及輸送人員情況，其中提到7月下旬曾送鄧小平夫婦等。
9月31日	團省委給中央的報告稱，中央巡視員唐同志傳達中央指示後，省委常委完全接受，現省委仍未恢復。香港青年毆打日人及日商店，口號是打倒日本仔、抵制劣貨。
10月3日	團廣東省委巡視員給中央報告，敘及省、市委領導人的表現，稱「不三不四的同志非常的多」，有與托派接近，有反對省委。「目前港市的工作，只有派大批（外省）的人來」。
10月6日	省委向中央報告香港群眾自發的反日活動及市委、下屬支部活動情況等。稱中秋節前兩天到中秋節晚上，香港群眾自發打砸日本商舖。中秋節數千群眾包圍警署。中秋節後，港府頒佈戒嚴令，不許登載反日消息。但群眾仍毆打英警長兩名。在此期間，水師支部曾寫標語，開廠內群眾大會，「領導群眾打了八家日本店和代銷日本貨的先施、永安等」。港英當局逮捕百餘人，槍殺數十人。一說在搗毀日本商店時，與軍警衝突，死十幾人。
10月30日	兩廣省委紀念十月革命十四周年的緊急通知稱，「香港應恢復過去赤衛隊」，至少發展三十二人；徵調同志到廣州、東江工作等；東江要調兩人到廣州、香港工作。
11月1日	團中央巡視員唐洵的工作報告，不滿團省委負責人師武、蔡俊、老袁、老張、老陳的表現。
11月3日	廣東省委向中央報告各地及省委工作，稱香港反日情緒高漲，市委及下屬各支部有明顯的進步。《香港工人》出版到第七期，每期二百份左右。
11月21日	廣東省委就原香港市委書記蔡俊在團東江特委工作時被永遠開除團籍發出通知，要求香港同志揭露其反對反AB團的叛徒行為。
11月22日	兩廣省委就接受中央指示檢查及佈置兩廣工作發出第八號通告，其中對香港工作的佈置包括擴大組織、《香港工人》增刊到五百份、在學校建立反帝同盟小組等。
11月	兩廣省委主辦的《兩廣實話》第二期刊登〈十月革命十四周年紀念和香港市委的任務〉一文。

12 月 10 日	兩廣省委第十號通告提出反對日本帝國主義運動目前階段的任務,其中包括「要求槍斃中秋夜晚槍殺香港民眾的兇手」。
12 月 11 日	香港市委代理書記羅某在街上被捕,市委油印科及海委被破獲,全總巡視員也被捕。海委被破獲的原因是將一個與蔡和森被捕事件有嫌疑的人帶進機關。
12 月 28 日	兩廣省委書記謝啟泰(即史東)在街上被捕,因其撤銷省委特務隊長工作,導致該人叛變所致。此後,到港僅兩個月的軍委幹事陸更夫代理省委書記兼宣傳及軍委工作,洪波任省委秘書長兼組織部長。

1932 年

1 月 12 日	中央巡視員向中央報告東江抓獲社民黨,供出洪波也是社民黨,省委決定減少他的工作;省常委三人,除洪外,都可靠。
1 月 14 日	廣東省委向中央報告派來的幹部分配工作問題及省委經費困難情況。其中稱中央分不清派來香港的人員是男是女;越南黨特委來信,希望通過中共中央或國際,與東洋中央取得聯繫,因「中央港站」(香港交通站)不知,故上報;省委因聘請律師,營救被捕同志,經費拮据。
2 月 29 日	中央巡視員定川向中央報告:香港交通大站交通王學孔叛變,導致王弼、黃春元被捕;代理省委書記也牽連被捕數天,因叛徒誤指為土匪而拍照後釋放。
2 月底	市委擬在水師工廠門口組織反日的飛行集會,中午放工時到場有百餘人,但因警探滿佈廠門及馬路,未能舉行。有十多人被捕,內有市委委員兩人,被捕後押解出境,抵滬後回粵。
3 月	二三月之交　根據中央給廣東省委的信,香港市委撤銷。5 月後,成立香港區委和九龍區委。
3 月 15 日	省委常委兼香港特派員阿廖(廖亦通,又名多汶、一通),因曾在廣州被監禁,被廣州來港偵探認出而在九龍被捕,受拷打後即叛變。廖的籍貫是惠陽,黃埔軍校第六期學生,曾任廣州特支書記、省軍委幹事。

3月16日　　上午 10 時，省委開常委會時遭警探圍捕，捕去中央巡視員定川、代理省委書記陸更夫、秘書長黃姑娘、婦委余亦夢等四人。同日，省委臨時招待所也被破壞，多人被捕。廖亦通和住機關的女同志國芳、廣西巡視員詹行祥叛變。

3月24日　　兩廣省委組織部向中央報告：本日下午阿廖帶差人搜查省委宣傳部機關。至此，省市委機關、宣傳部、外交科全部被破獲，僅餘組織部機關。請中央速派人及寄款來營救。

4月30日　　洪波到上海，向中央報告兩廣省委被破壞的前後情形。稱其因巡視北江而不曾被捕；省委現僅餘組織部二人、油印科三人、外交科一人、發行科一人、機要科一人。組織部秘書阿李為四川人，留法、俄生，上年八九月由中央派來港工作。洪波與團中央巡視員、互濟會黨團書記等四人組成省工作委員會，此後稱兩廣工委。

4月底　　　在港負責省委工作的老李也被捕。5月初，老李帶人捕其老婆。

5月17日　　阿唐致函中央政治局，報告兩廣黨、團省委被破壞後，與中央總站的聯絡已中斷，請速派洪波或別的同志回來。

5月22日　　中央巡視員定川向中央詳細報告廣東省委被破壞及被捕同志被押解到上海情形：省委油印科的同志到瓊崖同志的家玩，瓊崖人時常聚在小房間，「甚至叫娼妓到房間大玩特玩，結果這一地方被破壞了」；香港政府政治偵探部根據交通大站王弼等人的電車月票，到跑馬地抓獲陸更夫，後有意釋放；廖多汶因被取消補助費而消極不滿，碰見叛徒被捕後即叛變；定川、陸更夫等六人因獲省委大站營救，遞解上海，定川得以脫險。

5月24日　　定川向中央彙報兩廣工作，敘及香港黨、團各支部人數及外圍群眾人數。

5月30日　　定川向中央報告兩廣形勢及黨的工作，其中敘述香港工人工資；十九路軍淞滬抗戰後傳來日將陣亡消息，「香港整天的爆竹之聲不絕」；香港市委沒有正確領導煤炭搬運工人罷工。香港現已撤銷市委，香港、九龍各成立一區委。

6月26日　　兩廣工委向中央報告兩廣政治形勢及工作情形。工委成立後，即佈置「六二三」工作，市委會決定舉行飛行集會，但區委同志「說飛行集會是立三路線」，經過鬥爭才承認錯誤。

8月13日	兩廣工委給中央報告稱：叛徒廖一道（即廖亦通）在港活動猖獗，九龍區委書記、省工委委員、互濟會黨團書記、前組織部長等五六人被捕；省委經費告罄；正營救被捕同志。
8月14日	兩廣工委向中央轉呈越南特委代表呂梁的信。
8月30日	團廣東省委對香港市委執行衝鋒季工作工作的報告，批評省市委不力。9月5日，省委致函中央，檢討；並稱香港現有團支部十三個，同志六十二人；將改組支部和市委、省委。
9月2日	兩廣工委宣佈開除亞茂、亞發、文涯的香港區委、九龍區委的委員職務，號召全黨向消極怠工右傾機會主義「作殘酷無情的鬥爭」。
9月4日	兩廣工委就青年團衝鋒週工作發出通知，稱團省委必須集中幫助太古、馮強等中心產業支部的青年鬥爭；吸收青工入團，建立團支部。
9月9日	兩廣工委致函中央稱，正擬將香港、九龍兩區委改組為香港市委，前禮拜六香港區委書記及兩個支部同志被捕；本禮拜三中央派來的暨大李同志失蹤。估計為廖一道捕去。中共曾領導香港藤器廠工人運動，提拔領導藤器工運的陳均華到省委工作。
9月10日	團中央巡視員報告香港「改造團及發展團員運動週」工作情況。
9月20日	中共兩廣省委、團省委聯席會議決議稱：香港團支部有十七個，其中七個全是黨員，其餘的支部黨員也佔大半數；前團中央巡視員唐洵犯錯誤，將團變成「第二黨」；決定將香港團市委領導下的全部成年同志支部移交市黨委。
9月21日	兩廣黨團聯席會議向中央報告唐洵的先鋒主義、英雄主義、官僚主義、機會主義和 AB 團式領導的錯誤。
9月22日	團廣東省委致函中央，報告紀念「九一八」飛行集會流產，只到十多人。請中央派三個能說廣州話或東江話的人來，參加省、市委工作。
9月27日	兩廣省委向中央報告省委分工等情況：洪波任書記兼管秘書處，陳允才負責組織，徐國聲宣傳，陳均華組織幹事，鍾鼎負責軍委。

10月4日	兩廣省委向中央報告香港工作稱：創建五個新支部，恢復十幾個支部；但組織部負責人被捕，其負責的五六個支部暫時失去關係。
10月11日	香港市委報告紀念十月革命十五周年工作大綱，計劃在11月3、4日舉行群眾飛行集會，在十月革命前恢復工代會。
10月17日	兩廣工委就紀念十月革命、發展黨的組織發出通知，要求香港市委在每人介紹一個新同志，每個支部發展一個新支部的原則下工作，發展一百個以上新同志。
10月底 11月初	兩廣工委發表告群眾書，紀念十月革命十五周年與中國蘇維埃臨時中央政府成立一周年。文中號召「保衛我們的祖國——蘇聯，以爭取蘇維埃中國的勝利」。
11月10日	團廣東省委向中央報告十月革命紀念活動流產的原由：本月7日香港市黨委發行科被破獲，省黨委外交科、發行科、油印科同志被捕。
同日	易孟、區夢覺等向中央檢舉叛徒及表現不好的人。
11月13日	徐國聲致函中央，報告兩廣各地工作。其中稱：香港已恢復二十五個支部，同志百餘人。還有六七個工會組織，十二個互濟會，二百人。
11月21日	團廣東省委第二次徵收團員運動的決定稱，開展冬季衝鋒週活動，香港在三週內要號召三千青工入團。
11月29日	兩廣工委致函中央，報告已恢復油印、發行、交通工作，將建立文書科。香港市委幹部能力還十分薄弱，決定先開辦兩個市委幹部流動訓練班，每班五人；結束後再開支書訓練班。團省委與黨工委的組織形式需統一。
12月10日	團香港市委容同志因攜帶文件過海被捕。13日晚上，省委書記潘洪波在馬路上被捕，隨即叛變。14、15日，黨、團各機關相繼被破獲，被捕同志約有二十人。
12月	兩廣工委關於廣州公社五周年決議，計劃香港在12月7日舉行飛行集會。

1933 年

1 月 21 日	中共兩廣臨時工作委員會（林偉）向中央報告稱，黨團省委被破獲後，由省委巡視員陳同志、發行科陳同志、市黨委張同志、團省委王同志、團市委亞光五人組成省委臨時工作委員會，由張、巫、周三人組成香港市工委，亞光、吳、王組成市團委。
1 月 23 日	中央組織部發出廣東報告的叛徒名單。
2 月 28 日	兩廣臨委致函東江特委，敘述省委被破獲經過及善後工作，決定與東江特委調換幹部，以免叛徒在港追捕；臨委尚未與中央取得聯繫，請協助。
4 月	中共外圍組織「香港文藝研究會」成立，出版《前哨》（報紙副刊），進行學校壁報活動。此後又出版《春雷》半月刊。會員約二十人。八九月間，該會為擴大吸收青年，改為「新興讀書會」。雙十節、孔誕兩晚演出白話劇。會員增至四五十人。到 1934 年 2 月，讀書會有會員一百多人，共四個分會。讀書會的五個成員成立學生團支部，領導該會工作。
10 月 1 日	兩廣臨委、香港市委向中央報告稱：省委陳同志（即矮子陳）失蹤，兩廣臨委與香港各單位（互濟會香港市總會、香港市委、團省委）、廣東各地及中央的交通斷絕。4 月間，臨委曾派趙任英經青島到上海，尋找中央，迄今無音信。後悉已在上海發生問題。
10 月 20 日	兩廣工委鍾少幹（仲衡）向中央報告整頓兩廣工作委員會情況，稱，9 月 1 日巫坤從中央回來後，產生兩廣工作委員會。現已恢復在港五個支部，有同志二十五六人，赤色群眾七八十人。外圍組織「香港青年文藝研究社」，出版一期《春雷》半月刊，有同志在內活動。因被注意及經濟困難而停刊。此後，鍾仲衡在同年 12 月 13 日向中央報告稱，巫坤返回後，轉達恢復組織問題，與鍾召集七個同志開會，推鍾為工委書記，（張）福華（女）為組織，巫坤為宣傳。後張失業，脫離組織；巫坤離港，實際負責僅鍾一人。

12月1日	兩廣臨委向中央報告兩廣形勢及各地工作情況稱，一部分脫離組織的同志在港出版《春雷》，被禁後，又組織新興讀書會，從事學生工作。該會有八十多名會員，主要領導人為陳光。廣州則有《地下火》發行。兩廣工委實際僅三人，不能進行日常工作，決定盡快健全兩廣省委。香港原報告有三個支部，現只有一個進行文化活動的支部。鍾仲衡已去中央彙報。
12月7日	兩廣臨委向中央報告工作稱，臨委現有四個同志，正在進行恢復兩廣省委、香港市委的工作，尋找廣西、瓊崖、北江、廣州等地的組織聯繫，打通與東江特委的交通。請求中央派人來港；撥給經費，營救囚禁在廣州及惠州監獄的同志；請示如何處置香港市委中被迫自新的同志。
12月13日	鍾仲衡向中央直接寫報告，彙報工委組成情況，稱已成立支部五個，有兩個支部因張福華失業，脫離組織而失去聯繫。其餘三個支部共有二十五人。群眾組織有新興讀書會、車衣工人研究社等，約有群眾二百人。準備成立文化委員會。
12月26日	兩廣臨委負責人向中央口頭彙報稱，自矮子陳失蹤及任英在滬出事後，臨委暫由陳應任書記，蔡步墀為組織部長，林得隆為宣傳部長，呂麗為組織宣傳幹事。

1934 年

1月14日	春雷社向中央報告香港文化運動情況，要求派人指導工作。其中稱前幾個月派拉特到上海恢復香港與中央的聯繫，拉特後在上海被捕，拘禁在南京拘留所。
1月10日	兩廣臨委半月工作計劃稱，香港有一部分同志已將工作擴展到很久沒有的文化上面，領導組織有一百六七十多人。計劃在半月內在港建立八個支部，恢復入黨、入團工作。
1月22日	鍾仲衡向中央報告兩廣臨委工作稱，返港後於本月8日在香港沙田山麓召開工作人員、支部書記聯繫會議，到會九人，制定出半月工作計劃。計劃發展五個支部，擴大群眾領導五百人。「擴大『普羅』文學革命宣傳影響，同時向小資產階級學生份子開門。」
1月	兩廣臨委調整領導人，鄭懷昌任書記，黃昌任組織部長，宣傳部由林景春（又名林春）、陳光（又名陳華，原名吳敬業）負責。

2 月 17 日	兩廣臨委報告稱,「兩廣自動工作委員會的成立和狀況是有實際的,是在省委破獲後自動團結起來恢復強固下層的工作的。」「我們這個(組織)是鍾仲衡從你處(指中央)回來,交給惠陽團縣委的書記鄭懷昌負責。鄭同志在工作的關係中和對各方考慮,而與自動臨委、春雷社發生關係」。此時,因黨組織被港英政府接連破壞,未被捕的黨員自動建立領導機關,故使中共在港「工委」短暫並存兩個組織:一以鍾仲衡為首,一以陳應同為首,兩組織互稱對方為「自動」,其後才合併為統一的組織。
3 月 21 日	根據中央指示,兩廣臨委改為香港工作委員會。林德隆任書記,巫坤為組織部長,陳光為宣傳部長。
4 月 10 日	因陳光提出,香港工委宣傳部長改由鄭懷昌擔任。
7 月 7 日	香港工委向中央報告在港發動工運、香港各支部發展及各地工作。
8 月 18 日	香港工委向中央報告,稱鄭懷昌於 13 日從上海抵港;工委改組,鄭任書記,葉同志為宣傳部長,胡森(原香港海船塢支部書記)為組織部長,林德隆為組織幹事,陳光為宣傳幹事。並報告香港各支部的工作計劃。
9 月中旬	中共香港黨組織被破壞,鄭懷昌、陳光等領導人先後被捕。此後,鄭被殺害,香港及廣州黨組織完全被破壞。
本年	中共香港黨組織只剩僅有幾個人的一個海員支部。1936 年,香港警察總監在報上宣稱:「兩年來香港沒共產黨的案件,共產黨的組織被消滅了。」

1935 年

5 月	中共上海臨時中央局派宣俠父到香港,與寓居香港的李濟深、陳銘樞等原福建事變領導人聯絡,開展抗日統一戰線工作。同年秋,李濟深等人在香港成立「中華民族革命大同盟」,創辦《大眾日報》,宣傳抗日救亡。宣俠父、梅龔冰等共產黨人加入該同盟,在內部建立黨組織。
7 月	上海中央局機關被破壞。原在臨時中央局文委發行科工作的王均予從上海轉移到廣州,在廣州成立「中國青年同盟」,開展抗日救亡活動。1936 年 7 月,王與中共北方局取得聯繫,恢復黨籍,在廣州重建黨組織。

1936 年

2－3 月	民族革命同盟機關報《大眾報》在港組織《大眾報》讀者會，聚集數十名左傾青年。
4－5 月	中共北方局派孔志成到華南，與華南救國會負責人何思敬聯繫，並參加救國會工作。
5 月 31 日	全國各界救國聯合會在上海成立。此後，何思敬、李章達等人在香港成立「全國各界救國聯合會華南區總部」（簡稱「南總」），在兩廣開展抗日救亡活動。由中共中央北方局派到南方恢復和建立黨組織的薛尚實（又名羅根）加入「南總」，擔任組織部長。隨即通過該組織，在香港及兩廣發展黨員，恢復組織。
5－6 月	屬於民主黨派的民族革命同盟在港組織《大眾報》讀者會，宣傳抗日。失去組織關係的一名工人老黨員聯絡左傾青年，將讀者會改組為香港抗日救國會。該會秘密出版油印刊物，散發擁護紅軍及反英傳單，號稱有會員五百人。
5 月	港英當局逮捕抗救會幾名幹部，查封民族革命同盟開辦的現代書店，搜查該同盟的半島書店及《大眾報》。到 6 月，共逮捕抗救會及民族革命同盟成員十九人。
9 月 18 日	抗救會在香港一間小學校舉行秘密紀念會。港英當局逮捕到會抗救會員八十六人。後有九人被遞解出境，在廣州被槍斃。抗救會瓦解。此後第三黨的張梅生自稱為中共兩廣特派員，與抗救會組織幹事曾眉等組織「中共香港市委」和抗救會臨時指揮部，有黨員約二十人。
9 月	孔志成在港個別發展中共黨員，主要發展對象是抗救會幹部。通過救國會華南總部，組織香港各界救國聯合會，下設學生、婦女、工人等救國會，並籌備組織文化界救國會。這些組織成員總共不足五百人。
同月	薛尚實根據北方局指示，在香港成立中共南方臨時工作委員會（簡稱「南臨委」），領導兩廣及港澳地區的各級黨組織的恢復和重建。薛尚實任「南臨委」負責人，蘇惠、姚鐸、莫西凡、饒彰風為領導機關成員。陸續派人到兩廣、雲貴及福建各地建立中共組織、恢復聯繫。

10 月	中共在香港吸收華僑中學學生石昂為黨員。此後，鍾明、林劍鳴也入黨。11 月，正式成立學生支部，石昂為支部書記。學生運動逐漸開展。
10 月底	中共在港推動基督教青年會召集追悼魯迅群眾大會。隨後又發起援助綏遠抗戰的募捐活動，合法舉行「幾乎十年未見」的有七百人參加的海員工人大會等。中共以「爭取公開，利用合法，改變左傾作風」的口號，促使左傾青年脫離張梅生等人的影響，最終迫使張承認還沒有與中共中央取得聯繫，將所謂「中共香港市委」改組為和平促進會。但該會成立一個月後，因各個幹部不肯參加而解散。
11 月	「南臨委」出版機關刊物《大路》，饒彰風任主編。《大路》創刊號公佈「南臨委」的名稱。
12 月	中共香港工作委員會成立，下設文化、學生、婦女、工人四個支部及一個海員支部（即未曾被破壞的原海員支部）。工委書記姚鐸曾在大革命時期入黨，後與黨失去聯繫，參加民族革命同盟後，恢復黨組織關係；組織部長吳有恆，曾參加民族革命同盟，新入黨；宣傳部長陳卓凡，為恢復關係的老黨員，後到國民黨翁照垣部做官。
12 月	「南臨委」成立中共香港海員工委，丘金任書記，曾生任組織委員。
本年	中共中央派曾任中國工農紅軍第七軍軍長的張雲逸和原紅七軍骨幹雲廣英（均為海南文昌縣人）到香港，指導「南臨委」和華南的地下黨活動。

1937 年

1 月	中共組織秘密的香港各界救國聯合會，總人數約四五百人，都是「當時的左傾份子」。 香港工委改組，吳有恆任書記。組織部長胡作民（苦力工人，後查出是自首份子，開除出黨），宣傳部長徐青。後姚鐸調到中共南方臨時工作委員會，陳卓凡調到汕頭。
2 月	根據南委轉來的解散救國會、進行公開合法的群眾運動的決議，中共解散香港救國會，集中力量於公開合法的群眾組織，實行爭取公開、利用合法的原則，甚至參加香港華商總會發起的「慶祝蔣委員長五十大壽」大會，逐漸取得「不承認的承認、不合法的合法地位」。

2月下旬	原紅軍駐西安辦事處電台台長、廣東人林青等在廖承志指示下，在香港組裝成無線電發報機，首先和武漢的八路軍辦事處電台建立聯繫。3月上旬，又和延安的中共中央電台建立聯繫。
3月28日	中共南方工作委員會給中央報告提綱稱，香港海員中已召集四次代表會；成立工救聯、學聯、文救、農救等組織；香港有市委；文化特委管理香港《珠江》、《大眾》、《港》、《工商》、《超然》、《民族戰線》等報刊；在香港建立有情報機關。今後工作計劃包括建立情報網，建立港、滬交通網。
4－5月	香港市委有黨員約七十人，在印刷工人、機器工人中增設支部。5月，中共南方臨時工委（簡稱「南委」）與廣州市委發生無原則糾紛：孔志成因廣州市委書記黃達功到陝北，想取得對廣州市委的領導權，便將香港市委書記吳有恆調任廣州市委書記，調廣州市委一學生支部書記李士洋任香港市委書記。另任命李油子任組織部長，劉名標為宣傳部長。李只是十八九歲的中學生，曾擔任一個只有三個人的支部書記，從前沒有到過香港。他在香港只工作兩三個月，就回廣州升學去了。
7月7日	盧溝橋事件爆發，抗日戰爭全面展開，國共兩黨隨之開始聯合抗日的第二次合作。
8月15日	香港餘閒樂社、崇義工會等六十多個海員團體聯合成立香港海員工會，宣佈抗日救國十大綱領，會員發展到一萬多人。
8月21日	日本輪船「唐山丸」的上海籍海員四十四人，因拒絕為日輪開船，毅然在香港登陸。海員工會及時地將他們送回上海家鄉。隨後，多艘日輪及其他外國輪船的中國海員都相繼因為拒絕運貨到日本而罷工離船。香港海面上，一度竟有四十多艘船隻不能開航。香港海員工會及中共香港黨組織參與領導海員拒運日貨行動。

9 月 21 日	香港學生賑濟會（簡稱學賑會）成立，總部設在港島德輔道中 32 號四樓。該會由華僑教育會、基督教青年會及香港大學發起，以學校為成員單位，港大學生會主席李政耀為學賑會主席。隨後，中共香港工委青年部部長、英皇書院學生鍾明擔任學賑會組織部計劃股股長，學賑會副主席林家耀及該會眾多骨幹成員相繼秘密加入中共，學賑會逐漸成為中共開展學生抗日救亡運動的外圍組織。
8－9 月間	中共中央派參加過二萬五千里長征、後來擔任毛澤東秘書的紅軍高級幹部張文彬，前往香港，直接領導中共南方黨組織。同年 11 月，又派剛從蘇聯返國的中共幹部梁廣回到香港，負責城市工人運動等工作。
10 月	因受南委與廣州市委無原則糾紛牽連，中共香港工委工作渙散，剩下黨員不足三十人。當年「可算是香港黨的組織工作最嚴重的一年，最混亂的一年」。
同月	根據黨中央指示，張文彬在香港主持召開幹部會議，宣佈撤銷「南臨委」，正式成立中共南方工作委員會（簡稱南委）。張文彬任書記，薛尚實、饒彰風、梁廣分別任組織、宣傳、工運委員。南委最初隸屬中共中央領導，同年 12 月後改屬中共中央長江局領導。南委隨之解決原「南臨委」和中共廣州市委負責人之間的糾紛；審查、整頓各地黨組織；反對群眾運動中的「左傾」關門主義。將中共香港市工委改組為香港市委，書記吳有恆。
12 月 12 日	中共南方工委報告稱，上海淪陷後，中共組織香港海員工會拒運軍火去日本，籌措香港工人統一戰線，現正與國民黨廣東省黨部籌備建立總工會，從中爭取領導權；香港文化界座談會理事會在我黨影響下，全港學生賑災會也在我影響下工作，其宣傳部有同志。在港黨組織有香港工委，已建立約一年，有支部十八，黨員一百，其中工人黨員六十多，尚有許多老黨員未恢復關係；還有海員工委，有支部四（九），黨員三十二，有許多老黨員未恢復關係。兩工委活動範圍均為香港、九龍、澳門。
12 月	香港市委正式成立。南委書記張文彬指定吳有恆任書記，李吉明任組織，周伯明任宣傳。市委管轄有黨員 120 人。

本年　中共南方工委關於香港特區群眾工作的報告稱，南方黨的主
　　　要領導機關在香港。西安事變前，香港一些失掉關係的同志
　　　領導組織「香港抗敵救國會」，有會員百餘人。在「九一八」
　　　紀念會，在某學校被捕八十餘，大半是香港公務人員。該會
　　　遂無形解散。後秘密成立「香港各界救國會」，旋接受中共
　　　中央指示而解散，幹部分配到公開或半公開團體，進行活
　　　動。最近成立的全港九文化界座談會有會員一百六十人，其
　　　中黨員十一人。香港海員工會會員由成立時四百人增加到
　　　一千多人。發動工人拒運汽油到日本，其後將該批汽油轉運
　　　內地，中共與國民黨駐港代表合作說服工人復工。
　　　中共香港工委將被國民黨第四路軍偵探收買的林坤開除出
　　　黨，並將袒護他的職工運動委員會書記胡作民開除出黨，將
　　　印刷支部馬超凡、李景雲、李甫等「托派」開除出黨。還批
　　　判李遊子消極怠工行為。

1938 年

1 月 21 日　香港海員工會被港英政府查封。3 月 20 日「香港海員一年
　　　半來抗日工作報告」稱，海員工會成立後，五個多月發展到
　　　2,300 人，洋務工會有一千多人。海員工會被封閉原因是表
　　　現過左，提出封鎖日本、經濟要求過高。

1 月　周恩來與英國駐華大使阿奇博爾德·克拉克·卡爾商談後，
　　　經卡爾幫助，香港總督批准，廖承志、潘漢年等人在皇后大
　　　道中十八號二樓設立八路軍駐香港辦事處機關，廖承志為辦
　　　事處主任。鑒於港英政府在中國抗戰初期宣佈實行「中立」
　　　政策，八路軍駐香港辦事處的對外名稱是經營茶葉批發生意
　　　的粵華公司。

2 月 18 日　《救亡日報》刊載〈香港在轉變中——文化活動報告〉，介
　　　紹香港文化界的救亡活動。

2 月　1 月，中共香港市委提出發展一倍黨員的口號。到本月，全
　　　市黨員發展到 217 人。

同月　張文彬主持召開香港市委擴大會議，市委委員由原來三人增
　　　加到七人，增加者為職工運動委員會（簡稱職委會）書記陳
　　　森、學生支部書記鍾明、婦女支部書記曾莉芳、文化支部書
　　　記羅雁子。

同月	中共南方工委從香港遷到廣州。
4月18日	中共南委在廣州召開幹部會議，歷時四天。根據中央指示，撤銷中共南方工委，選舉廣東省執委八人、候補四人，正式成立廣東省委。張文彬任書記，薛尚實（後為李大林）任組織部長，饒彰風任宣傳部長，尹林平任軍委書記，梁廣任職委書記。此後同時成立廣州、香港的正式市委。
6月14日	保衛中國同盟（簡稱保盟）在香港成立。宋慶齡為主席，宋子文為會長，香港醫務總監司徒永覺的夫人克拉克任名譽書記，廖承志兼任保盟中央委員。保盟呼籲國際社會向抗戰的中國提供援華救濟物資。
6月	中共香港市委發展工作第一階段結束。市委領導下的黨員增加到五百人，海委領導下有六七十人。
7–8月	深水埗總統紡織廠的中共女工支部發起抗日義賣活動，隨即蔓延深水埗區各工廠。活動持續一個多月。
8月	下旬，省委工作報告稱，省委成立至今大約四個月；兩年前在香港、廣州開始了黨的組織，香港有了市工委，海員有了海委。香港黨領導的工會有八個，群眾八千人；領導和影響的海員團體十五個，有三十八艘船，群眾一萬人。
同月	省委組織部關於黨組織狀況稱，上年10月至今年3月，香港黨組織整理後，發展到470人，其中工人成分佔六成；海員也發展到210人。4月以後，香港成立三個回鄉工作團，分別到西江七縣、海陸豐、惠陽活動；還舉辦六個訓練班，訓練中下級幹部八十多人。在廣東組織分佈表中，香港市委所轄地區包括香港、九龍、澳門，有黨員550人，在廣東省各地黨組織中黨員人數最多。
10月12日	侵華日軍在廣東省惠陽縣大亞灣登陸。
10月13日	八路軍駐香港辦事處主任廖承志召集中共香港市委書記吳有恆、中共海員工委書記曾生開會，傳達黨中央關於東江地區可能迅速淪陷，急需在東江敵後組織人民抗日武裝的指示。
10月21日	日軍佔領廣州。

10 月 24 日	曾生、周伯明、謝鶴籌等人組成臨時工作組，帶領由共產黨員、進步工人、青年和學生共六十多人的隊伍，在香港分批出發，去到廣東惠陽縣坪山（今深圳市坪山區）。中共黨員劉宣隨後領導香港惠陽青年會回鄉救亡工作團，到坪山匯合。曾生等人隨後成立惠寶人民抗日游擊總隊，組織起中共領導的抗日游擊武裝。
10 月	中共香港市委有黨員 620 人（含澳門支部 50 人），連同海委的黨員，共 670 人。
11 月 20 日	廖承志、梁廣向中央報告稱：粵東南特委由吳有恆、虞煥章、梁廣、曾生、呂良五名委員組成，潘、鍾為候補委員；梁廣任書記，虞任宣傳部長，吳任組織部長，均為常委，曾兼惠寶海工委書記，周為宣傳部長，呂為香港區委書記，鍾為九龍區委書記，潘暫代海委書記。已在港訓練同志十一批 109 人，在澳訓練同志三批十九人。 「廣州淪陷以後，香港市委改組為粵東南特委（取消市委，只設香港、九龍兩區委）。」粵東南特委管理的地區為東江的惠陽、東莞、寶安三縣，中區的中山、南海、順德及廣州近郊，開展這些地方的敵後游擊戰爭成為特委的中心任務。
本年	張文彬關於廣東工作的報告稱，香港工人約有一萬人參加中共影響的工會組織；海員工會解散後，團結工人的是中共獨立領導的餘閒樂社，有社員九千多人，四個分社；中共領導獻金運動，得到「無產階級領導富人獻金救國」好評。同年 1 月海員工會被港府解散，說明「我們需要有計劃的、自覺的對英讓步，不在香港進行大的群眾運動足以使其不安的事件」。

1939 年

1 月 13 日	中共中央批准在重慶成立中共中央南方局，周恩來為書記。廣東省委劃歸南方局領導。
1 月 29 日	粵東南特委報告稱，上年特委成立後，解散香港市委，成立兩區委。香港的中心工作是動員幹部回國工作，支援淪陷區的工作。在香港領導中華書局絕食罷工；青年工作；香港有黨員約 470 人，海員黨員約 160 人；後又有統計稱九龍黨員 229 人，香港 170 人。

3 月 11 日	港英政府藉口查禁從香港郵寄到印尼和馬來西亞的反英宣傳品，派警察搜查粵華公司（實為八路軍駐港辦事處），逮捕七名工作人員，還逮捕餘閒樂社的海員三人。後經周恩來與英國駐華大使交涉，同月 15 日港英政府釋放被捕人員和歸還收繳的文件。獲釋人員中有些人被驅逐出境，1938 年初擔任中共香港市委組織部部長的歐照漢，則被判一年苦役的監禁。八路軍駐港辦事處人員隨之分散辦公。
7 月 10 日	廖承志向王明等報告在港聯絡南洋各地創辦報館情況。
7 月 25 日	香港印刷工會就中文報館罷工工人復工告各界人士書，反駁托派馬超凡破壞罷工的言論。
1938 年 11 月 到 1939 年 7 月	香港共動員約 230 名黨員回內地參加抗戰，澳門也動員約二十人回國，從而 1938 年 10 月中共中央長江局巡視員黃文傑同志交給的動員三分之一黨員回內地工作的任務。不過，此項動員也使香港黨組織的人數大幅減少，元氣大傷。
8 月 13 日	時值上海「八・一三」抗戰兩周年紀念，南京汪精衛偽政府在香港主辦的《南華》、《天演》、《自由》等三家報社印刷工人舉行抗日反汪罷工。
8 月 15 日	中共在重慶的機關報《新華日報》發表〈港汪逆報紙工友全體罷工辭職〉的報道和〈工人偉大〉的短評。在延安的中共中央職工行動委員會發起募捐援助香港反汪罷工工友運動，毛澤東、秦邦憲、林伯渠、吳玉章、董必武、鄧穎超等中共領導人每人捐助五十元，並致電罷工工人，表示慰問和敬意。陝甘寧邊區總工會發起「五分錢捐募運動」，募集捐款 19,000 多元。八路軍駐重慶、桂林等地辦事處也回應募捐。同年 10 月，這些捐款陸續匯給在香港的宋慶齡，轉交香港工人。
9 月 7 日	周恩來致電廖承志轉香港工委告方方、張文彬並黨中央，提出對香港的地方工作，應徹底執行中央的長期埋伏、積蓄力量、等待時機的方針，並提了具體建議。
11 月	香港黨組織包括市委、海委及八路軍駐港辦事處領導的文化支部三個系統，共有 631 名黨員。
同月	撤銷粵東南特委，香港市委由省委直接領導。

12 月	廣東組織報告大綱稱，香港有黨員 535 人，其中海員 150 人。工人佔 89%，知識份子佔 11%。原粵東南特委時工人佔 32%，知識份子 42%，農民 22%，其他 2%。香港開除黨員 70 多人，包括工頭、貪污、腐化、被收買的嫌疑份子等。次年 7 月「廣東黨的研究」檢討說：「香港一下洗刷了 70 幾個人，其中有許多是可以教育的，但只注重洗刷」，「懼怕知識份子，見知識份子一有缺點便開除」。
本年	廖承志介紹在香港主編《時事晚報》的喬冠華加入中共，喬冠華隨即成為中共在香港評論與觀測國際時局變幻的骨幹。中共香港市委電告中央，上報出席黨的七大的代表名單：吳有恆（香港市委書記）、鍾穴（九龍區委書記）、何潮（特委候補委員，1927 年入黨）、周桂（餘閒樂社委員長，1925 年黨員）、周小鼎（中華書局罷工領導人，1938 年入黨）。 周小鼎 1939 年 11 月離港，1940 年 12 月到延安。1941 年 1 月，他在香港馬列學院報告香港中華書局分廠黨總支工作及領導工人罷工情形。 1941 年 4 月，吳有恆也在延安彙報 1937－1939 年香港的政治、經濟、文化、教育狀況，以及中共在香港的工作及組織機構沿革。

1940 年

4 月 27 日	廣東省委書記張文彬介紹省委及下屬各級黨委領導成員的個人簡況。香港市委原書記吳有恆，二十七歲，大學生，1936 年入黨；現任書記虞煥章（即楊康華），大學生，二十七歲，1938 年入黨。
9 月	曾生、王作堯分別領導的廣東人民抗日游擊隊第三大隊和第五大隊，在八路軍駐香港辦事處和中共香港黨組織支持下，開始在香港設立後方辦事處、交通聯絡站、被服廠和藥房。

1941 年

1 月 4－14 日	國民黨軍隊在安徽涇縣茂林地區襲擊北上抗日的新四軍軍部及隨行部隊，造成震驚中外的皖南事變。為了防範國民黨迫害集中在重慶、桂林兩地宣傳抗戰的左翼文化人，中共中央南方局決定動員他們疏散到香港，開闢海外和國際的抗日統一戰線。

2月4日	廖承志致電中央及周恩來稱，陳嘉庚、柳亞子等在港不顧國民黨壓迫，同情中共，請毛、朱、周致電鼓勵。
2月24日	廖承志致電中央及周恩來稱，國民黨及英國當局對陳多責難，已用毛、朱名義致電陳嘉庚鼓勵。
3月24日	廖承志、潘漢年、劉少文致電中共中央書記處及周恩來，報告組織重慶、桂林來港左翼文化人開展統戰工作和進行抗日文化宣傳的安排。
4月8日	中共在香港創辦的《華商報》正式出版發行。
5月17日	鄒韜奮先前在上海創辦的《大眾生活》，本日在香港復刊。
5月18日	廖承志就《華商報》出版事致電周恩來及中央書記處。
5月31日	鄒韜奮、茅盾、金仲華、惲逸群、范長江、于毅夫、沈志遠、沈茲九、韓幽桐等九人，在《華商報》發表聯合宣言〈我們對於國事的態度和主張〉，指出只有團結、進步、民主，才能堅持抗戰。
8月1日	中共中央成立領導情報工作的中央調查研究局，毛澤東兼任局長，康生、葉劍英任副局長。香港設第二調查研究分局，分局長為潘漢年，廖承志、劉少文也在分局擔負領導工作，主要搜集歐美國家的情報，同時搜集日本及華中、華南地區的情報。
9月19日	方方等致電中央及周恩來，建議佈置對港工作，可提出「保衛香港」口號，號召中、蘇、英、美聯合，開展反德抗日運動。
9月22日	張文彬致電方方，稱已平安抵港。
9月27日	廖承志致電延安，報告國共兩黨在港開展華僑宣傳工作情形。
10月9日	潘漢年、廖承志、劉曉致電洛甫、周恩來，報告港英當局正式勸告家眷離港，潘、廖準備秘密離港，中共在港機關從11日至20日實行緊急戒嚴。
10月25日	廖承志致電毛、周，稱英軍欲與海南馮白駒部合作以炸毀日軍飛機場，廖提出與之合作的條件，特請示如何進行談判。
10月26日	毛澤東覆電廖承志，指示與英方談判要點。

11 月 14 日	廖承志致電毛、周，報告兩次與英方談判的經過。21 日，毛澤東覆電「開口不要太大」。
12 月 8 日	本日早晨，日軍發動太平洋戰爭。從廣州天河野戰機場起飛的日軍飛機轟炸香港，早已陳兵深圳的日軍第 38 師團從羅湖橋和沙頭角分別攻入香港新界地區。
同日	周恩來及中共中央致電廖承志，指示準備搶救在港民主人士與文化人。次日，周恩來又急電廖承志、潘漢年，提出營救民主人士與文化人的方案。
同日	廖承志在港島召集中共在港各機關負責人會議，決定調曾生等率領的中共游擊隊部分力量進入新界，以便進行疏散工作。
12 月 10 日	港督派高官與國民政府軍事代表團團長陳策、八路軍駐港辦事處主任廖承志會商應變對策，陳策、廖承志要求英方武裝華人，共同禦敵。陳、廖兩人還協議動員民眾，保衛港九。
12 月 11 日	英軍撤出九龍，退守港島。 同日，曾生、王作堯領導的中共游擊隊分作幾個小分隊，潛入香港新界西貢半島。
12 月 15 日	身處粵北的中共南方工委書記方方等人致電中央，彙報粵南應急工作安排，其中包括「曾生部隊應積極向敵後發展」，「注意必要撤退之文化人」。
12 月 18 日	下午，廖承志在港島中環告羅士打大酒店分批會見在港民主黨派負責人和文化界人士，決定分批撤退時各小組的負責人、聯繫地點，分發隱蔽和撤退時的必需經費。 當晚，日軍登陸港島。
12 月 25 日	當晚，港督楊慕琦與英軍司令在尖沙咀半島酒店，向日軍酒井隆司令官投降。 當晚，陳策及其隨從與五十餘名英軍乘坐五艘魚雷艇突圍，駛向大鵬半島南澳港。在國共兩黨游擊隊幫助下，抵達國軍控制的惠州。

1942 年

1 月 2 日	廖承志、連貫和喬冠華等人在中共游擊隊掩護下，從九龍紅磡乘船出海，偷渡大鵬灣，次日凌晨 3 時到達沙魚涌，進入廣東內地。

1月10日	張文彬報告香港陷落後的撤退事宜，並稱擬堅持開展新界游擊戰，集中主力消滅梁仔華，請中央撥款百萬到韶梅，以便護送文化人北上。
1月11日	清晨，鄒韜奮、茅盾等文化界二十多人，由中共游擊隊掩護，經青山道，進入元朗十八鄉，會合其他幾批文化人士共一百多人，食宿一晚後，經落馬洲進入深圳。13日抵達廣東人民抗日游擊隊總部駐地白石龍村。
2月9日	廣東省委報告各工作人員及文化人均已安全抵達韶關，香港仍留有四五人繼續工作；茅盾因沿途照顧不周而大發牢騷，認為中共是擴大影響。
2月	劉少文致電中央書記處，稱疏散工作大體結束。留港還有三個情報部門：小開（潘漢年）已由滬派人來港，與小開部門留港人員聯繫；廖承志部門有吳華等人留港，劉少文部門亦有人留港。劉擬佈置就緒後去滬。留港人員正設法打進敵偽機關作長期埋伏。
2月	中共南方工委副書記張文彬在白石龍召開游擊隊領導人會議，宣佈成立廣東人民抗日游擊總隊，梁鴻鈞任總隊長，尹林平任政治委員，曾生任副總隊長，王作堯任副總隊長兼參謀長。對外則稱曾生、王作堯分別為正、副總隊長。總隊轄屬一個主力大隊和四個地方大隊，其中港九地區成立港九獨立大隊，大隊長為蔡國梁，政治委員為陳達明。
本年初	中共香港黨組織選調香港黨員青年和各界抗日志士共一千多人，分批到毗鄰香港的游擊隊根據地白石龍等地，參加軍事訓練，培養成為游擊隊在東江及港九地區開展游擊戰爭的骨幹人才。
6月	梁廣致電方方等稱，同意取消粵南省委，認為港、廣、澳工作交給原東莞縣委張書記、現任香港市委書記王玉宗負責。並稱其可在9月離港到南委去。

1943 年

2 月	林平致電中央，報告香港淪陷後敵偽統治情況及黨組織活動情況。香港現有黨員八十人，女性二十七人，比戰前減少五分之四；海員黨員十二人。主要負責人王玉宗、張南、周權等；省、港、澳、灣四個城市的黨組織由梁廣負責指導，各城市分設一名特派員。執行中央指示的「長期埋伏、積蓄力量、培養幹部、埋頭苦幹」的方針。
4 月 20 日	林平致電中央，報告與英軍服務團合作營救國際友人的詳細經過。
6 月 17 日	林平致電周恩來，報告香港黨組織自香港淪陷以來今未發生意外。英方工作人員叛變，司徒覺等百餘人被捕；我方未向英方證實港九部隊是曾、王領導。
7 月	林平覆電周恩來，請示香港黨組織是否發展以及鄧文田兄弟與中共合作經商問題。
11 月	港九獨立大隊派短槍隊襲擊沙田到大埔之間的四號隧道，消滅守衛該處的印度兵，繼而擊斃增援日軍兩人，繳步槍十支。隨後，短槍隊又在夜間襲擊窩塘的日軍兵營，擊斃十二名日軍。
12 月 2 日	廣東人民抗日游擊隊東江縱隊正式成立。同日發表成立宣言，聲明「在中國共產黨領導下，為打敗日本帝國主義，建設獨立、自由、幸福的新中國而奮鬥！」旋致電中共中央軍委。
12 月 15 日	梁廣致電周恩來稱，目前香港共有黨員七十九人，海員十三人，比去年減少三十多人；黨員均有職業。

1944 年

2 月 11 日	美國駐華空軍「飛虎隊」機群轟炸啟德機場，中尉飛行員克爾（Lt. Donald W. Kerr）乘坐的戰鬥機被日軍擊落後，跳傘降落到沙田觀音山，得到港九獨立大隊游擊隊員的救援。游擊隊隨後將他護送到東縱司令部惠陽葵涌土洋村（今屬深圳大鵬新區）。經國軍和英軍服務團接力護送，克爾安全返回「飛虎隊」基地廣西桂林。

2 月 12 日　香港日軍出動上千軍警，包圍西貢地區，對當地的中共游擊隊進行「大掃蕩」。包圍圈內的西貢游擊隊分散隱蔽，避敵鋒芒；包圍圈外的粉嶺游擊隊則在同月 15 日襲擊當地日軍哨所，斃傷十餘名敵人；前來增援的東縱惠陽大隊也在 17、18 日連續襲擊沙頭角之敵，斃傷二十餘人；2 月 24 日，市區中隊也在港九各處張貼與散發抗日傳單。包圍西貢的日軍最終無功而返。

3 月 10 日　東縱司令部人員黃葵等四人在新界大埔被捕，其後黃奎叛變。

3 月 12 日　中共香港海員工委被日軍破獲，負責人符鏡洲等被捕。其後符鏡洲叛變。

4 月 21 日　深夜，港九獨立大隊市區中隊炸毀旺角窩打老道的九廣鐵路四號鐵橋。

5 月 9 日　林平致電中央，報告「關於為救一美機師而擊退敵圍攻情況」。

6 月 21 日　周恩來致電東縱尹林平，指出：為了避免引起敵人過多注意和保全城市地下工作，目前在香港、九龍市區散發大量宣傳品和採取所謂軍事攻勢都不合適，這些作法會「引起敵對我之嚴重掃蕩」，「依目前情勢，尚不應採取此過分的暴露行動」。

9 月 20 日　東江縱隊致電中央，報告 7 月以來依附日軍的香港印度士兵投誠情況，及護送其至惠州英軍服務團等情況。

10 月 4 日　東江縱隊向中央報告國民黨軍隊進攻東縱情形，其中提及 9 月間港九大隊在香港對日偽作戰情況。

10 月 17 日　林平向軍委等報告美國在華航空隊歐樂義博士與曾生談話情況，其任務是與東縱聯繫，建立電台，收集情報，負責香港等地。

本年　港九大隊完成粉碎敵人掃蕩的總結。

1945 年

3 月 5 日　林平向周恩來及中央請示盟軍若在沿海登陸，應取何種態度。

3 月 14 日　林平請示周恩來，如何處理美十四航空隊欲在沙魚涌設立電台事。

同日	東江軍政委員會向中央軍委報告中共在廣東的軍隊、武器及黨員統計。
7月30日	林平向周恩來及中央請示如何處理與第三黨的組織關係。
7月31日	林平向周恩來及中央報告派人與李濟深等兩廣第三黨聯絡情形。
8月15日	日本宣佈戰敗投降。
8月16日	港九獨立大隊各中隊分別出動,收繳日偽武器。
8月19日	廣東區黨委致電中央,報告按照中央指示收繳敵偽武裝情況。其中稱港九工委會以馮燊為書記,施文、潘柱、李佩群、楊職為委員。
8月23日	林平致電周恩來及中央,稱擬以香港為中心,由梁廣(正)、黃會齋(副)為特派員,專門負責指導廣州、港澳、汕頭及廈門等大城市的工作。
8月30日	英國海軍特遣艦隊駛入維多利亞港。。
9月16日	英國、中國和美國的軍事代表舉行香港日軍受降儀式。
9月20日	廣東區黨委根據中央指示,作出堅持長期鬥爭的佈置。城市工作方面,分為秘密組織系統,由梁廣、黃會齋負責;半公開系統,派連貫、蒲特負責。另附一部電台,「都以香港為中心」。
9月28日	港九大隊發表撤退宣言,聲明於一週內撤退完畢;同時派人與港英政府談判,英方希望該部留駐九龍以西及大嶼山地區。
10月2日	廣東區黨委致電黨中央,報告在港與英方談判撤退情況,並請示相關問題。黨中央隨即覆電,指示盡量利用英、蔣矛盾,保存我之幹部和武裝;並利用港九法律,進行華南民主運動;利用此時與港督成立某種諒解,獲得各種職業及人員往來等自由。
10月9日	林平將港九大隊與英方談判的初步結果電告中央,稱英方允許游擊隊留駐香港,想會見曾生等領導人;游擊隊擬設兩部電台在附近山地(市內台除外),並進行秘密工作。
10月19日	林平致電中央,請示可否將澳門日本特務送澳葡當局公審。澳方表示願意給游擊隊提供援助。

| 10 月 23 日 | 尹林平覆電周恩來、劉少奇，報告籌備《華商報》復刊的進展情況。 |
| 11 月 13 日 | 中共廣東區委及原東江縱隊《前進報》編輯班底創辦的《正報》，在香港出版發行，報社設於皇后大道中 10 號洛興行二樓寫字間。 |

1946 年

1 月 4 日	《華商報》正式復刊，並從停刊前的晚報改為日報，社址設在港島干諾道中 123 號。
1 月 6 日	香港海員工會重新成立。
1 月 15 日	中共廣東區委轉移到香港隱蔽。
1 月	中共領導英資九龍船塢、太古船塢、海軍船塢等三大船廠的工人，準備舉行罷工，爭取八小時工作制，迫使資方同意從 2 月 1 日起，將原來每日九小時工作，改為八小時。
2 月 5 日	東江縱隊司令部轉移到香港隱蔽。
2 月 27 日	梁廣致電中組部稱，香港海員工會會員登記已達三千人。該會執委十五人，其中黨員六人；常委七人，其中黨員四人。正主席李發，副主席吳理廣（即吳先，黨員）。希望派現在延安的香港海員幹部劉建潮等二三人回港加強各種工作。
6 月 2 日	南京局指示港粵工作：「為開展港粵統戰文化與上層僑運工作，我們認為香港應成立工作委員會，以林平、連貫、廖沫沙、左洪濤、蒲特五人組成之，林平兼書記，工委工作應與區黨委工作完全分開。」林平仍兼任廣東區黨委書記。
6 月 16 日	尹林平致電中央轉南京局稱，擬在香港設立三個電台，一專管事務、情報及對海外聯繫，現由連貫負責；一為秘密系統電台，專收發有關組織的秘密電報，現由梁廣負責（兩台均已建立）；新增一台，由尹林平負責。此後周恩來覆電指示：香港電台不宜過多。
6 月 22 日	周恩來領導的中共中央南京局致電廣東區委負責人尹林平，具體指示香港黨組織需要建立領導城市工作的工委，以及需要開展的各項工作
6 月 23 日	尹林平致電黨中央轉南京局，報告香港工委的主要工作及具體分工，內中談及與越共聯繫。

6月30日	曾生率領東江縱隊司令部與部隊精銳骨幹，奉命北撤到中共控制的山東煙台。尹林平領導的中共廣東區委繼續隱蔽在香港。
7月3日	方方致電黨中央，報告東縱乘坐美國軍艦北撤情形。
9月	香港電車工會朱敬文和海員工會張東荃、電話工會張振南等人，爭取香港聖公會華南教區主教何明華的支持，創辦港九勞工子弟教育促進會，成為戰後「第一個團結全港九工人及工會的聯合性組織」。朱敬文任該會主席，張東荃、張振南任副主席，三人均為中共秘密黨員。
10月10日	中共與民主黨派聯合創辦的達德學院在九龍屯門青山宣告成立，20日正式上課。
11月6日	中共中央指示華南重啟游擊戰爭。
11月17日	黨中央覆電方方、林平，強調廣東黨組織應將重新開展反對國民黨的武裝鬥爭，作為首要的中心任務；盡快抽調隱蔽在香港的一部分幹部，返回廣東內地，開展游擊戰爭。
12月16日	中共中央書記處議決設立中央香港分局。

1947 年

1月30日	中共原來在內地創辦的《群眾》週刊香港版正式發行，週刊社址位於皇后大道中33號2樓10號。
1月31日	方方、林平致電擁護成立中共中央香港分局，報告香港城委分工及各省黨組織分工。
1月中旬－3月間	中共廣東區委在香港灣仔召開黨委擴大會議，討論貫徹落實中央重啟廣東武裝鬥爭的指示。
4月24日	葉、羅致電周恩來，提出對於香港工委的工作佈置意見，準備環境逆轉時仍能堅持工作，試探香港當局態度，暗示其不要上蔣美的當。
5月	中共中央香港分局正式成立，方方任書記，尹林平任副書記，饒彰風為秘書長。香港分局管轄廣東、廣西兩省的黨委，以及後來陸續建立的瓊崖、粵贛湘邊區、閩粵贛邊區、滇桂黔邊區、粵桂湘邊區、粵桂邊區和粵中臨時區等七個區域的黨委或黨工委及其領導的游擊隊。

8月16日	香港華人機器會（簡稱華機會）舉行要求加薪的罷工，參加罷工的機器工人達 11,000 餘人。其中九龍、太古、海軍等三大船塢有八千多人罷工。9月13日，控制華機會的國民黨人降低加薪要求，號召復工。
8月17日	香港電車、電燈、電話、中華電力及煤氣公司（時稱：五電）的工會在中共黨人領導下要求加薪，準備罷工，英資方終於答應工人的加薪要求。
8月底	國共兩黨深度介入的香港機工及五電工潮基本結束。累計參加此次工潮有 18,000 人，參加罷工有 11,000 餘人

1948 年

3月	港九工會聯合會成立，主席是電車工會主席朱敬文，副主席是電話工會主席張振南、海員工會主席張東荃。
5月1日	中共中央發佈《慶祝「五一」國際勞動節口號》的文告，倡議各民主黨派、各人民團體及社會賢達迅速召開政治協商會議，籌組成立民主聯合政府。
5月5日	在香港的民主黨派負責人李濟深、何香凝、沈鈞儒、章伯鈞等人聯名通電全國，回應中共「五一」節口號，同時致電中共中央主席毛澤東，回應召開政治協商會議的倡議。
7月	中共在香港各工廠、企業的秘密黨員發展到 225 人。
8月1日	中共中央致電香港分局及潘漢年，指示他們徵詢各民主黨派對於召開新政協會議的意見，歡迎他們到解放區來商談和進行準備工作。
8月2日	周恩來致電錢之光，派他以解放區救濟總署特派員名義，前往香港，會同方方、章漢夫、潘漢年、連貫、夏衍等人，從事接送在港民主人士進入解放區參加籌備新政協的工作。
9月4日	潘漢年、連貫到李濟深所住港島羅便臣道九十一號家中，落實第一批北上的民主人士名單，其中有沈鈞儒、譚平山、章伯鈞、蔡廷鍇和他的秘書林一元等十二人。
9月12日	沈鈞儒一行乘坐「波爾塔瓦」號貨船，駛離香港。27日早上，抵達北朝鮮的羅津港。中共中央代表李富春受周恩來委託，提前到達迎接。29日，沈鈞儒等人到達黑龍江哈爾濱市。

1948 年 9 月 － 1949 年 9 月	中共護送寓港民主人士和文化精英北上，合計二十多批次，合計一千多人，其中民主人士三百五十多人。
10 月 10 日	中共黨員、港九工聯會主席朱敬文（化名高林）和香港九龍船塢工會主席黃燈明（化名鄧民光）在上海寫成《關於香港工運報告》，具體講述戰後至 1948 年 7 月間香港工會狀況、工人生活，以及中共與國民黨分別領導香港工運情形。
本年	中共香港工委總結組織概況：黨員總數 242 人，其中群委 17 人，財經委 97 人，文委 63 人，外委 14 人，新社 17 人，報館 26 人，《群眾》雜誌社 7 人，統委 18 人。從上年下半年開始，由南洋、上海轉來一些黨員幹部的關係給文委，由原有 30 多人增至 70 餘人；城委轉一些學校黨員給群委，也由二三十人增至 170 多人。

1949 年

2 月 23 日	港英政府以利用學校從事政治活動為由，公開取消青山達德學院註冊。
4 月 8 日	中共中央批准香港分局改稱華南分局。方方、尹林平、梁廣、馮白駒、馮燊、魏金水、林李明為委員，周楠、莊田為候補委員；方方為書記，尹林平為副書記。
4 月 21 日	港英政府政治部警探搜查中共香港工委轄下的財經機關，逮捕相關人員。
5 月 23 日	毛澤東代表黨中央致電在香港的華南分局，告知「人民解放軍秋季或冬季可能攻佔兩廣」。
5 月 26 日	根據黨中央指示，華南分局撤出香港。當天，方方帶領華南分局機關工作人員分批乘船，前往屬於分局指揮、解放軍閩粵贛縱隊控制的潮汕地區。6 月 27 日，分局輾轉抵達粵東解放區梅縣，繼續指揮華南各地的游擊戰爭。
6 月	周恩來作出策動兩航起義的決策，指定由主管中央情報工作的李克農負責，中央軍委情報部一局局長羅青長具體辦理，動用中央情報部在香港及上海的力量，策動撤退到香港的中國航空公司、中央航空公司起義。

8月1日	毛澤東為中共中央起草致華南分局並告華中局、華東局電。其中寫道:「(一)廣西成立省委,擬以張雲逸同志為書記。(二)廣東不成立省委,可設潮梅、東江、北江、中區等幾個區黨委或地委,受華南分局直接領導。(三)華南分局以葉劍英為第一書記,張雲逸為第二書記,方方為第三書記。(四)華南分局領導廣東、廣西兩省及香港工委。」
9月21-30日	中國人民政治協商會議第一屆會議在北平召開。從香港北上的民主人士和文化精英當中,有一百一十多人作為正式代表,參加會議。
10月1日	中華人民共和國中央人民政府成立。
10月14日	解放軍解放廣州。
10月15日	香港《華商報》停刊。全體編輯人員前往廣州,創辦中共中央華南分局機關報《南方日報》。
10月21日	中共中央華南分局進駐廣州。
11月9日	早晨,兩航起義人員駕駛停在香港啟德機場的十二架飛機,搭載五十六名起義人員和大批航空器材,分別飛往北京和天津。當天,兩航公司領導人和全體員工發表通電,聲明「與國民黨政權斷絕關係,歸附中央人民政府」。
11月12日	毛澤東簽署嘉勉兩航公司總經理及全體員工的電文。
11月13日	原國民政府行政院資源委員會駐港貿易處及國外貿易事務所員工發表宣言,宣佈起義,「正式脫離國民黨政府,歸附中央人民政府」。

1950 年

1月9日	中央人民政府政務院總理周恩來發佈對香港原屬國民黨政府的一切機構的主管人員及全體員工的命令,要求他們保護國家財產檔案,聽候接收。
1月15日	早晨8時,香港招商局及所轄十三艘輪船宣告起義。
終至1950年底	在香港原屬民國資產的二十九個大小企業的員工都先後宣佈起義,將各自管理各種資產交給人民政府所有。起義機構共4,855名員工中,八成以上的人投身新中國建設事業,其中3,420人回內地工作,540人留港工作。

參考文獻

一、史料

《人間世：陳嘉（杜襟南）日記初葉（1933－1950）》，第三冊，廣州：中共廣
　　州市黨史研究室，2000 年。

《八路軍新四軍駐各地辦事機構（4）》，北京：解放軍出版社，1999 年。

中央檔案館、廣東省檔案館編：《中共中央華南分局文件彙集（1949.4－
　　1949.12）》，1989 年。

中央檔案館、廣東省檔案館編：《廣東革命歷史文件彙集》（內部發行）相關分
　　集，1982－1987 年。

中共中央文獻研究室編：《毛澤東年譜（1893－1949）》，北京：中央文獻出版
　　社，2013 年。

中共中央文獻研究室編：《周恩來年譜（1898－1976）》，北京：中央文獻出版
　　社，2007 年。

中共中央黨史研究室第一研究部編：《共產國際、聯共（布）與中國革命文獻
　　資料選輯（1917－1925）、（1926－1927）》，北京：圖書館出版社，1997
　　年。

中共惠陽地委黨史辦公室編：《東江黨史資料彙編》，第三輯（搶救文化人史料
　　專輯），1984 年。

中共廣東省委組織部等編：《中國共產黨廣東省組織史資料》，北京：中共黨史
　　出版社，1994 年。

中共廣東省委黨史研究委員會、中共廣東省委黨史資料徵集委員會辦公室編：
　　《東江縱隊資料（紀念東江縱隊成立四十周年專輯）》，廣州，1983 年。

中共廣東省委黨史研究委員會辦公室、中共珠海市委黨史辦公室編：《蘇兆徵
　　研究史料》，廣州：廣東人民出版社，1985 年。

中共廣東省委黨史研究室編：《中共廣東黨史大事記》，北京：中共黨史出版社，
　　1993 年。

中共廣東省委黨史資料徵集研究委員會：〈1936 年廣東黨組織的重建和南方臨
　　時工委成立始末〉，載《中共黨史資料》第 28 輯，北京：中共黨史資料

　　出版社，1988年。

毛毛（即鄧榕）:《我的父親鄧小平》，香港：三聯書店，1993年。

《毛澤東文集》，第四卷，北京：人民出版社，1996年。

司徒丙鶴:〈50年前在香港《星島日報》的一場戰鬥〉，《炎黃春秋》（北京），1997年第3期。

《朱家驊檔案》卷三十「香港黨務‧工作報告」，台北「中研院」近代史所圖書館藏。

李立三:《黨史報告》（1930年2月1日），《中共黨史報告選編》，北京：中共中央黨校出版社，1982年。

茅盾:《脫險雜記》，北京：中國社會科學出版社，1980年。

林青:〈十二年秘密電台通訊鬥爭的回憶〉，載《廣東黨史資料》第5輯，廣州：廣東人民出版社，1985年。

周海濱、滕達:〈聶力回憶父親聶榮臻：開國元帥的「潛伏」生涯〉，《中國經濟週刊》（北京），2009年，第50期。

《南方局黨史資料‧統一戰線工作（三）》，重慶：重慶出版社，1990年。

〈馬林給共產國際執委會的報告（1922年7月11日）〉，載《馬林在中國的有關資料》，北京：人民出版社，1980年。

夏衍:〈白頭記者話當年——記香港《華商報》〉，載鍾紫主編:《香港報業春秋》，廣州：廣東人民出版社，1991年。

徐向前:《歷史的回顧》，北京：解放軍出版社，1987年。

唐章:《中國海員工人運動大事年譜》，北京：中國海員工會全國委員會，1984年。

陳策:〈香港突圍紀實〉，載陳安邦、陳安國編纂:《陳策將軍紀念文集‧附錄》，香港：邦國國際工程公司承印，2011年。

梁上苑:《中共在香港‧八路軍香港辦事處建立內情》，香港：廣角鏡出版社有限公司，1989年。

梁復然:〈廣東黨的組織成立前後的一些情況〉，《「一大」前後：中國共產黨第一次代表大會前後資料選編》，北京：人民出版社，1980年。

《曾生回憶錄》，北京：解放軍出版社，1992年。

《資源委員會駐港員工起義護產經過報告書》，《檔案與史學》（上海），1995年第3期。

廣東省檔案館、中共廣東省委黨史研究委員會辦公室編:《廣東區黨、團研究史料（1921－1926）》，廣州：廣東人民出版社，1983年。

廣東哲學社會科學研究所歷史研究室編:《省港大罷工資料》，廣州：廣東人民出版社，1980年。

《廖承志文集》上冊，香港：三聯書店，1990年。

鄧中夏:《中國職工運動簡史（1919－1926）》，北京：人民出版社，1953年第

2 版。

錢之光：〈四批民主人士從香港北上親歷記〉，載《迎來曙光的盛會——新政治協商會議親歷記》，北京：中國文史出版社出版，1987 年。

《聶榮臻回憶錄》，北京：戰士出版社，1983 年。

譚天度：〈抗戰勝利我與港督代表的一次談判〉，《中共黨史資料》第 62 輯，北京：中共中央黨史 料出版社，1997 年。

饒衛華：〈我所知道的華南交通總站紅色交通線情況〉，《廣州文史資料》第二十四輯。

《香港華字日報》、香港《工商日報》、香港《工商晚報》、香港《大公報》、香港《華商報》等報刊的相關報道。

二、著作

Chan Lau Kit-ching（陳劉潔貞），*From Nothing to Nothing: The Chinese Communist Movement and Hong Kong*（從無到有、從有到無：中國共產運動與香港 1921 — 1936），London, Hurst & Company, 1999.

中共廣東省委黨史研究室：《中國共產黨廣東地方史》，第一卷，廣州：廣東人民出版社，1999 年。

中共廣東省委黨史研究室編：《香港與中國革命》，廣州：廣東人民出版社，1997 年。

本書編寫組：《港九獨立大隊史》，廣州：廣東人民出版社，1989 年。

江關生：《中共在香港（1921 — 1949）》，香港：天地圖書有限公司，2011 年。

吳學先撰稿：《紅色華潤》，北京：中華書局，2010 年。

宋超等編：《中國海員運動史話》，北京：人民交通出版社，1985 年。

梁柯平：《抗日戰爭時期的香港學運》，香港：香港各界紀念抗戰活動籌委會有限公司，2005 年。

莫世祥編纂：《香港抗戰親歷記》，香港：中華書局，2022 年。

陳瑞璋：《東江縱隊：抗戰前後的香港游擊隊》，香港：香港大學出版社，2012 年。

陸恭蕙：《地下陣線——中共在香港的歷史》，香港：香港大學出版社，2011 年。

陸雅達（Tim Luard）著、章昌文譯：《一九四一香港大突圍（*Escape From Hong Kong*）》，台北：「國防部」政務辦公室，2015 年。

楊奇：《風雨同舟——接送民主群英秘密離港北上參加政協始末記》，香港：香港各界文化促進會，2004 年。

楊奇：《虎穴搶救——日軍攻佔香港後中共營救文化群英始末》，廣州：廣東

　　人民出版社，2005 年。

劉智鵬：《香港達德學院：中國知識份子的追求與命運》，香港：中華書局，
　　2011 年。

廣東工運史研究會：《工人將軍梁廣》，廣州：廣東人民出版社，1995 年。

廣東青運史研究委員會研究室編：《香港學運的光輝》，廣州：廣東人民出版社，
　　1992 年。

盧權、禤倩紅：《省港大罷工史》，廣州：廣東人民出版社，1997 年。

三、論文

王菲：〈「兩航」起義中的英國因素〉，《智庫時代》（太原），2017 年 10 期。

王彤：〈新中國接收國民黨政府在香港機構和資產曲折過程的台前幕後〉，《檔
　　案天地》（鄭州），2009 年第 9 期。

王曉嵐：〈抗戰時期中共在香港及海外的新聞宣傳機構簡介〉，《黨史研究與教
　　學》（福州），1995 年第 6 期。

方強：〈秦邦禮與紅色華潤〉，《黨史博采》（石家莊），2018 年第 9 期。

杜俊華：〈廖承志和香港抗戰報紙〉，《文史雜誌》（成都），2002 年第 1 期。

李紅梅、扈增林：〈民主人士從香港北上路線有幾條〉，《人民政協報》（北京），
　　2020 年 5 月 14 日。

李曉勇：〈國民黨與省港大罷工〉，《近代史研究》（北京），1987 年第 4 期。

何炎牛、馬福龍：〈廖承志與潘漢年〉，《上海黨史與黨建》。2002 年 1 月號。

何薇：〈1947－1949 年國共在香港的宣傳爭奪戰：以《群眾》周刊為考察中心〉，
　　《黨的文獻》（北京），2018 年第 1 期。

邵明眾：〈虹虹歌詠團與香港地區抗日救亡運動〉，《西昌學院學報·社會科學
　　版》，2016 年第 4 期。

林欣捷：〈中共中央對「兩航」起義的重要決策〉，《黨史文匯》（太原），2009
　　年第 4 期。

峁貴鳴：〈廖承志和戰時的香港文化〉，《百年潮》（北京），2003 年第 2 期。

季衛兵：〈周恩來與「兩航」留港資產的護運——以《建國以來周恩來文稿》
　　為中心的考察〉，《廣東黨史與文獻研究》（廣州），2020 年第 3 期。

洪松勳：〈中國共產黨利用香港建立達德學院的歷史敘事探究〉，《中國史研究》
　　（香港教育大學），第 107 輯，2017 年 4 月。

袁小倫：〈統一戰線與省港抗戰文化運動〉，《廣東黨史資料》第 23 輯。

袁小倫：〈周恩來與戰時香港文壇〉，《周恩來百周年紀念：全國周恩來生平和
　　思想研討會論文集》，上集，北京：中央文獻出版社，1999。

袁小倫：〈戰後初期中共利用香港的策略運作〉，《近代史研究》（北京），2002
　　年第 6 期。

袁小倫：〈「立功」與「立言」——讀楊奇同志新著《虎穴搶救——日軍攻佔香
　　港後中共營救文化群英始末》〉，《廣東黨史》（廣州），2006 年第 1 期。

莫世祥：〈也談國共兩黨和香港海員大罷工——兼訂正馬林報告中的不實之
　　詞〉，《近代史研究》（北京），1987 年第 5 期。

莫世祥：〈中共黨、團組織在香港的最初建立與發展〉，載《昨天的革命》，香
　　港新苗出版社，1999 年。

莫世祥：〈評《從無到有，從有到無：中國共產運動與香港（1921－1936）》〉，《中
　　共黨史研究》（北京），2000 年第 6 期。

莫世祥：〈於無聲處——陳劉潔貞著《中國共產運動與香港》評介〉，《學術研
　　究》（廣州），2001 年第 7 期。

莫世祥：〈抗戰初期中共組織在香港的恢復與發展〉，《中共黨史研究》（北京），
　　2009 年第 1 期。

莫世祥：〈國共兩黨與省港大罷工〉，載《港粵工人大融合——省港大罷工
　　九十週年回顧論文集》，香港社會保障學會、香港工運史研究小組，2017
　　年。

陳劉潔貞著、吳慧堅譯：〈共產運動在粵萌芽及向港擴展（1921－1923）〉，《廣
　　東黨史》（廣州），2009 年第 3 期。

陳學然：〈「五四在香港」話語的形成與重探〉，《二十一世紀》（香港），2012
　　年 6 月號。

孫楊：〈全面抗戰時期香港國共兩黨組織工作析論（1937－1941）〉，《抗日戰
　　爭研究》（北京），2020 年第 2 期。

葉漢明：〈從「中間派」到「民主黨派」：中國民主同盟在香港（1946－
　　1949）〉，《近代史研究》（北京），2003 年第 6 期。

曾慶榴：〈1947 年香港灣仔會議史料解讀〉，《廣東黨史與文獻研究》（廣州），
　　2019 年第 4 期。

湯樂毅：〈解放戰爭時期中共領導香港工運之經驗〉，《江西社會科學》（南昌），
　　1997 年第 6 期。

游海華：〈抗戰時期香港秘密大營救若干問題考辨〉，《黨的文獻》（北京），
　　2020 年第 4 期。

賀碧霄：〈情報、人員和物資的樞紐：1930 至 1940 年代香港與中國共產革
　　命〉，《二十一世紀》（香港），2018 年 10 月號。

蔡嘉生：〈毛澤東與贛州會議〉，《紅廣角》（廣州），2016 年第 11 期。

鄭睿：〈中國共產黨在香港影界文化戰線的發展脈絡（1937－1956）〉，《東方
　　學刊》（上海），2019 年第 4 期。

慧冰：〈中國共產黨的老朋友鄧文釗〉，《廣東黨史》（廣州），2004 年第 3 期。

劉智鵬：〈達德學院——香港可歌可泣的人文傳奇〉，《紫荊》雜誌（香港），
　　2017 年第 3 期。

劉樹堂：〈關於《兩航起義始末》幾則史實的商榷〉，《航空史研究》（北京），
　　1999 年第 1 期。

潘琦：〈解放戰爭時期中共在香港的活動〉，《黨史博覽》（鄭州），2015 年第 2
　　期。

潘琦：〈抗戰期間中共領導下的省港文化活動〉，《黨史博覽》（鄭州），2018 年
　　第 3 期。

後 記

　　為紀念中國共產黨建黨 100 周年，應內地有關部門邀約，我在 2021 年 4 月下旬到 5 月底，以一個來月的時間，完成這部近三十萬字的書稿《中共革命在香港（1920–1949）》。

　　這當然不是倉促完稿的急就章，而是二十多年學術積累與長久心結的淋漓抒發。

　　1990 年代初，我在暨南大學歷史系與同事一起創立「港澳台歷史與現狀」的研究方向，招收碩士研究生，以邊學邊教的方式，將自己的鑽研範圍從中國近現代史延伸到港澳台研究。

　　1999 年 8 月，香港大學歷史系主任陳劉潔貞教授將她撰寫並在當年英國一家出版社出版的 From Nothing to Nothing: The Chinese Communist Movement and Hong Kong（《從無到有，從有到無：中國共產運動與香港 1921–1936》）英文書贈送給我。我欽佩她在當時西方史學界早已「告別革命宏大敘事」的氛圍下，仍然堅持探究中共在香港進行革命活動的歷史，並且在此研究領域率先發表第一部學術著作，因而寫成〈於無聲處——陳劉潔貞著《中國共產運動與香港》評介〉的書評（載廣州：《學術研究》2001 年第 7 期），向內地學術界介紹這部拓荒之作。我在書評中感慨：「內地迄今還沒有一部通史類的中共在港革命活動史的學術專著問世，以致於讓一位無黨籍的香港女學者後來居上，獨領風騷。」「相信該書的出版將會策勵內地的相關研究者急起直追，早日讓海內外的讀者看到中國內地學者撰寫的有關中共在香港促進中國革命的通史類學術專著。」

　　這番感慨激勵我自己閱讀有關中共在香港進行革命活動的黨內大量
檔案文件及相關資料，編成記錄事件及史料出處的數萬字大事記，並在
1999 年寫成〈中共黨、團組織在香港的最初建立與發展〉一文（載《昨
天的革命》，香港：新苗出版社，1999 年出版）。該文獲中國社會科
學院近代史研究所與中共廣東省黨史研究室聯合主辦的「中國革命史中
青年學術獎」論文一等獎。2009 年，我在北京《中共黨史研究》發表
〈抗戰初期中共組織在香港的恢復與發展〉一文（載該刊 2009 年第 1
期）一文，顯示繼續探究中共在港革命活動歷史的意向。這兩篇論文後
來成為江關生所著《中共在香港（1921－1949）》（香港：天地圖書
有限公司，2011 年出版）一書在敘述相關史事時多次引用的依據。此
外，我和內子寫成《日落香江——香港對日作戰紀實》一書（廣州出
版社 1997 年初版，2015 年香港三聯書店和廣東人民出版社出版修訂
版），我編成《香港抗戰親歷記》一書（將由香港中華書局在 2022 年
出版），兩書分別揭示中國、英國、美國和中共及國民黨等三國四方在
香港抗日的史實。這一切前期準備，構成可以在短暫時間順利完成《中
共革命在香港（1920－1949）》書稿的學術基礎。

　　有幸的是，我還和這部書稿所寫中共在港活動的兩位參與者直接
晤談。一位是原港九獨立大隊市區中隊領導人方蘭（原名孔秀芳）。
1998 年初，我在廣州拜訪她，她已患上癌症，仍然坐在籐椅上接受我
的採訪，講述在港抗日往事以及她的母親馮芝為保守游擊隊秘密而英勇
就義的事蹟，並將她所寫的《馮芝：我的母親》手稿以及她本人寫的個

人簡歷，交給我影印，作為史料保存。不久，她就因病長逝。

　　另一位是戰後在香港《華商報》擔任編輯工作、1980 年代在暨南大學新聞系任教的梁洪浩教授。年青時期的梁洪浩與家父既是房東之子與房客之子，又是中學與大學的同學。戰後，他到香港《華商報》任職，曾邀請家父也到該報工作，惜家父未能成行。這一遺憾終於由我來補償。1980 年代後期，我和梁洪浩教授成為同在暨南大學不同學系任教的同事以及暢所欲言的忘年之交，世代的演繹就是如此奇妙。

　　和這兩位先後在香港參加中共活動的前輩交往，增加我準備撰寫中共在港革命歷史的使命感。

　　2011 年我完成《中山革命在香港（1895－1925）》（同年由香港三聯書店出版）一書，展示清末民初孫中山及其領導的興中會、同盟會、中華革命黨、中國國民黨在香港推進近代中國民主革命的鮮為人知的史實。此後，我曾想接着撰寫《中共革命在香港（1920－1949）》一書，以作為姊妹篇，展示接踵而起的中共在香港進行革命活動的同樣鮮為人知的史實，但因各種原因而擱置。

　　今年 3 月下旬，內地有關部門的友人邀約我撰寫 1949 年以前中共在香港革命奮鬥的歷史，以迎接中共建黨 100 周年。這就激勵我在 4 月下旬開始，依據長期積累的檔案文獻和相關史料，撰寫這部書稿。

　　書稿即將完成之際，突聞我的博士導師、原華中師範大學校長章開沅教授在 5 月 28 日長逝的噩耗，悲慟之餘，知道恩師已不能像先前給我撰寫的《護法運動史》（1991 年廣西人民出版社簡體字版，台北稻

禾出版社繁體字版）和《中山革命在香港（1895－1925）》賜序那樣，
再為我的習作指點改進方向。我唯有自己努力完善書稿，俾能告慰章
師：弟子不辱師門。

　　我在這部書稿中，力圖如實展示一批又一批的中共黨人在香港革命
奮鬥的歷史畫卷，以揭示在高度商業化的香港社會之中，曾經還有一群
愈來愈多的人為了祖國的獨立、民主和富強，而不惜在港苦鬥與犧牲。
倘能引起讀者回眸這段歷史，進而掩卷長思，於願已足。

作者　莫世祥

記於香港寶馬山

2021 年 6 月 1 日

中共革命在香港 1920-1949

莫世祥　著

責任編輯　黎耀強
裝幀設計　簡雋盈
排　　版　陳先英
印　　務　劉漢舉

出版

中華書局（香港）有限公司

香港北角英皇道四九九號北角工業大廈一樓 B

電話：（852）2137 2338

傳真：（852）2713 8202

電子郵件：info@chunghwabook.com.hk

網址：http://www.chunghwabook.com.hk

發行

香港聯合書刊物流有限公司

香港新界荃灣德士古道 220-248 號荃灣工業中心 16 樓

電話：（852）2150 2100

傳真：（852）2407 3062

電子郵件：info@suplogistics.com.hk

版次

2022 年 2 月初版

2023 年 6 月第 2 次印刷

©2022 2023 中華書局（香港）有限公司

規格

16 開（230mm×170mm）

ISBN

978-988-8760-62-6